高等职业教育"十三五"规划教材

U0653210

大学生
创新创业教程
——放飞梦想 扬帆起航

主　编　王敏弦　杨　涵
副主编　刘巧芝　邓红燕　卡米来　傅　冬
编　委　张　敏　徐培江　顾建疆　李　森
　　　　弓中伟　李　芳　栗劲松

南京大学出版社

高等职业教育"十三五"规划教材

编 委 会

编辑委员会主任:

    王敏弦

编辑委员会副主任:

    王华东　周赞梅　耿　荣　李　卫

主　审:王华东

主　编:王敏弦　杨　涵

副主编:刘巧芝　邓红燕　卡米来　傅　冬

编　委:张　敏　徐培江　顾建疆　李　森

       弓中伟　李　芳　粟劲松

前　言

中国特色社会主义进入了新时代,深化高等院校创新创业教育改革,是国家实施创新驱动发展战略、促进经济提质增效升级的迫切需要,是推进高等教育综合改革、促进高校毕业生更高质量创业就业的重要举措。党的十九大对创新创业人才培养做出重要部署,国务院对加强创新创业教育提出了明确要求。高校必须要适应新时代的要求,加快培养规模宏大、富有创新精神、勇于投身实践的创新创业人才队伍,为建设创新型国家、实现"两个一百年"奋斗目标和中华民族伟大复兴的中国梦提供强大的人才智力支撑。按照教育部"教学[2015]12号文件"要求,各地各高校都要把提高教育质量作为创新创业教育改革的出发点和落脚点,根据人才培养定位和创新创业教育目标要求,促进专业教育与创新创业教育有机融合。从2016年起所有高校都要设置创新创业教育课程,对全体学生开发开设创新创业教育选修课和必修课,纳入学分管理。本书立足高校实际,对大学生创新创业的基本知识、基本理论、实务操作进行了系统分析和全面讲解,从实用的角度出发,系统地阐述了创新创业的相关知识。本书可作为高校创新创业教育基础理论教材,也可作为其他求职者和创业者的自学参考书。

本书共设置了十个模块。在内容编排上注重系统性、全面性和实用性。本书既有理论概括,又有案例分析、课内拓展阅读等,融理论、知识、趣味和思维创新于一体。全书由王敏弦、杨涵任主编,刘巧芝、邓红燕、卡米来、傅冬任副主编。王敏弦负责全书的总体策划和统稿,王华东负责审稿。各章的编写者分别为:杨涵(第一章、第四章);刘巧芝(第二章、第七章);邓红燕(第五章、第六章);卡米来(第八章、第九章);傅冬(第三章、第十章)。

教材编写过程中参阅和借鉴了一些专家学者的理论研究成果,并引用了一些教材、文献资料以及创业者的案例(见参考文献),得到了教学同行的支持和帮助,在此一并表示感谢!

在本书编写中,难免会有疏漏和错误,恳请广大读者批评指正!

目　录

第一章 创新与创新意识

【内容提要】

创新是一个民族进步的灵魂,是一个国家兴旺发达的不竭动力,也是中华民族最深沉的民族禀赋。在激烈的国际竞争中,唯创新者进,唯创新者强,唯创新者胜。世界经济长远发展的动力源自创新。抓创新就是抓发展,谋创新就是谋未来。我们必须把发展基点放在创新上,通过创新培育发展新动力,塑造更多发挥先发优势的引领型发展,做到人有我有、人有我强、人强我优。

生活从不眷顾因循守旧、满足现状者,从不等待不思进取、坐享其成者,而是将更多机遇留给善于和勇于创新的人们。青年是社会上最富活力、最具创造性的群体,理应走在创新创造前列。

【学习目标】

知识目标:

1. 掌握创新、创新力的内涵和要素
2. 了解创新和创业的关系
3. 了解创新意识的含义和作用
4. 创新型人才应该具备的素质

能力目标:

1. 能结合创新的含义、过程、原则和类型等进行创新思考
2. 培养学生的创新意识

【案例导入】

今天,我们已经进入了一个大众创业,万众创新的时代,新一轮科技革命和产业变革浪潮席卷而来。信息、能源、材料、医药、环保等领域的技术不断取得激动人心的突破,催生了新的制造模式和商业模式,也催动着一场全人类走向智能生产、绿色生活的新迁徙,其中蕴含的诸多革命性变化,将对国家竞争力和世界经济政治格局产生重大深远的影响。顺应这一潮流,我们只有加快创新和推动创业,扎实推进经济转型升级和提质增效,抢占国际竞争的战略制高点。今日之中国,正处于全面建成小康社会、全面深化改革、全面推进依法治国、全面从严治党战略布局而构筑的新时代,这注定又是一段激情燃烧的岁月。

大疆公司:我们欣赏创新者

2015 年初,美国《时代》杂志评选出 2014 年度十大科技产品,深圳市大疆公司的"精灵"系列航拍飞行器"Phantom 2 vision＋"成为唯一入选的中国产品。在随后《纽约时报》发布的 2014 年杰出的高科技产品中,大疆"悟"系列的无人机产品"DJJ Inspire 1"则荣登榜首。这个几年前还在深圳一套民房里办公,只五六个大学生的航模公司,如今客户已遍布全球 100 多个国家,占有国际无人机市场份额近七成。《华尔街日报》评价大疆公司为"首个在全球主要的消费产品领域成为先锋者的中国企业"。作为大疆的掌门人,汪滔丝毫不敢懈怠,工作态度仍旧像他 2006 年在大学宿舍中创建大疆时一样,一丝不苟。汪滔说:"我很欣赏史蒂夫·乔布斯(Steve Jobs)的一些想法,但世上没有一个人是让我真正佩服的。你所要做的就是比别人更聪明——这就需要你与大众保持距离。如果你能创造出这种距离,意味着你就成功了。"

汪滔在上大学的头三年,一直没找到自己的人生目标,但在大四的时候他开发了一套直升机飞行控制系统,他的人生由此改变。为了这最后一个小组项目,汪滔可谓付出了一切,不惜逃课,甚至经常熬夜到凌晨 5 点。虽然他开发的这个机载计算机的悬停功能在班级展示前一晚出了问题,但他付出的心血并没有白费。汪滔最初在大学宿舍中制造飞行控制器的原型,2006 年他和自己的两位同学来到了中国制造业中心——深圳。他们在一套三居室的公寓中办公,汪滔将他在大学获得的奖学金的剩余部分全部拿出来搞了研究。

核心团队建立后,汪滔继续开发产品,并开始向国外业余爱好者销售,这些人从德国和新西兰等国家给他发来电子邮件。在美国,《连线》杂志主编安德森创办了无人机爱好者的留言板 DIY Drones,上面的一些用户提出无人机应该从单旋翼设计走向四旋翼设计转变,因为四旋翼飞行器价格更便宜,也更容易进行编程。大疆开始开发具有自动驾驶功能的更为先进的飞行控制器。开发完成以后,汪滔带着它们到一些小型贸易展上推销,比如 2011 年在印第安纳州曼西市举办的无线电遥控直升机大会。

在深圳的办公室里,汪滔正畅想着消费级无人机行业的未来。随着无人机开始向农业、建筑业和地图等商业应用领域的扩展,汪滔下定决心要保持大疆的市场主导地位。"我们当前面临的主要发展瓶颈是,如何快速解决各类技术难题,他说,"你不能满足于眼前的成绩。"

【点评】 大疆的成功源于它的创始人汪滔的创新精神和永不放弃的坚持。汪滔的今天也可以是我们千万在校大学生的明天,不管前方有多少障碍,只要我们一直走在创新的路上。

第一节 创新赢得未来

一、创新的内涵

创新是以新思维、新发明和新描述为特征的一种概念化过程。在英语里,创新(innovation)一词起源于拉丁语的"innovare",意思是更新、制造新的东西或改变。拉丁语中的创新有三层含义:第一,更新;第二,创造新的东西;第三,改变。创新是人类特有的认识能力和实践能力,是人类主观能动性的高级表现形式,是推动民族进步和社会发展的不竭动力。一个民族要想走在时代前列,就不能没有科技创新,也不能停止理论创新。创新在经济、科技以及社会科学等领域的研究中都有着非常重要的意义。

二、创新的概念

创新的本质是突破,即突破旧的思维定式,旧的常规戒律。创新活动的核心是"新",它或者是产品的结构、性能和外部特征的变革,或者是造型设计、内容的表现形式和手段的创造,或者是内容的丰富和完善。在经济学上,创新这一概念是由美籍奥地利经济学家约瑟夫·阿洛伊斯·熊彼特(Joseph Alois Schumpeter)在其1912年德文版《经济发展理论》书中首次提出的。他将创新定义为"新的生产函数的建立",即"企业家对生产要素之新的组合",也就是把一种从来没有过的生产要素和生产条件的"新组合"引入生产体系。按照这一观点,创新包括技术创新(产品创新与过程创新)与组织管理上的创新,因为两者均可导致生产函数的变化。一般认为,熊彼特的创新概念大致是:一项创新可看成是一项发明的应用,也可看成发明是最初的事件,而创新是最终的事件。在他看来,企业家的职能就是要实行创新,引进"新组合",从而使经济获得不断地发展。他还认为,创新是一个经济范畴,而非技术范畴;它不是科学技术上的发明创造,而是把已发明的科学技术引入企业之中,形成一种新的生产能力。具体来说,创新包括以下五种情况:

第一,引入一种新产品,即消费者还不熟悉的产品,或提供一种新的产品质量。

第二,采用一种新的生产方法,即在有关的制造部门中未曾采用过的方法。这种新的方法并不需要建立在新的科学发现基础之上,可以是以新的商业方式来处理某种产品。

第三,开辟一个新的市场,即使产品进入以前不曾进入的市场,不管这个市场以前是否存在过。

第四,获得一种新的供给来源,不管这种来源是已经存在的还是第一次创造出来的。

第五,实行一种新的企业组织形式,例如建立一种垄断地位或打破一种垄断。

后来,许多研究者对创新进行了定义,有代表性的定义有如下几种:

第一,创新是开发一种新事物的过程。这一过程从发现潜在的需要开始,经历新事物的技术可行性研究阶段的检验,到新事物的广泛应用为止。创新之所以被描述为是一个创造性过程,是因为它产生了某种新的事物。

第二,创新是运用知识或相关信息创造和引进某种有用的新事物的过程。

第三,创新是对一个组织或相关环境的新变化的接受。

第四,创新是指新事物本身,具体说来就是指被相关使用部门认定的任何一种新的思想、新的实践或新的制造物。

由此可见,创新概念包含的范围很广,可以说各种能提高资源配置效率的新活动都是创新。其中,既有涉及技术性变化的创新,如技术创新、产品创新、过程创新,也有涉及非技术性变化的创新,如制度创新、政策创新、组织创新、管理创新、市场创新、观念创新等等。

显然,创新具有多个侧面。有的东西之所以被称作创新,是因为它提高了工作效率或巩固了企业的竞争地位;有的是因为它改善了人们的生活质量;有的是因为它对经济具有根本性的影响。但创新并不一定是全新的东西,旧的东西以新的形式出现或以新的方式结合也是创新。创新是生产要素的重新组合,其目的是获取潜在的利润。经济中存在着潜在的利润,但并不是人人都能发现和获取的,只有从事创新的人才有可能得到它。从事创新活动,使生产要素重新组合的人称为创新者。在这里,创新者并不是指发明家,而是指企业家。企业家必须具备三个条件:一是要有发现潜在利润的能力;二是要有胆量,敢于冒风险;三是要有组织能力。

三、创新的分类

提起创新,人们往往联想到技术创新和产品创新。其实,创新的种类远不止两种。创新主要包含思维创新、产品(服务)创新、技术创新、组织与制度创新、管理创新、营销创新、商业模式创新等。

(1) 思维创新

思维创新是一切创新的前提,任何人都不应该封闭自己的思维。若思维成定势,就会严重阻碍创新。有些部门或企业提出"不换脑筋就换人",就是这个道理。有的公司不断招募新的人才,重要原因之一就是期望其带来新观念、新思维,不断创新。国内外近年来还出现了"思维空间站",其目的就是进行创新思维训练。

(2) 产品(服务)创新

对于生产企业来说,产品要创新;对于服务行业而言,服务要创新。手机在短短的几年内从模拟机、数字机、可视数字机发展到可以上网的手机,手机的更新演变,生动地告诉我们产品的创新之迅速。而"王永庆卖米"的创新就是服务创新。不要以为创新就非得轰轰烈烈、惊天动地,把卖米这样细小的工作做好同样也是一种了不起的创新!

📁 **拓展阅读 1-1**

王永庆卖米

2008 年 5 月 12 日,汶川发生特大地震。灾情牵动了大陆人民的心,也牵动了台湾同胞的心。你还能想起来台湾同胞中是谁,或是哪家企业第一个向灾区捐款吗?那就是著名的台塑集团,捐款数额达 1 亿元人民币。大家知道,台塑集团的创始人王永庆先生倍受各界推崇,是令人尊敬的华人企业家,被誉为"经营之神"。

虽然现在台塑集团的生意都是大手笔,但早年王永庆可是从卖米开始的。下面我们看看王永庆早年卖米的故事,看看他卖米和别人卖米有什么不同。

王永庆早年因家贫读不起书,只好去做买卖。16 岁的王永庆从老家来到嘉义开了一家米店。那时,小小的嘉义已有近 30 家米店了,竞争非常激烈。而他的米店开办得最晚,规模最小,没有任何优势。怎么办呢? 怎样才能打开销路呢?

那时,所有的米店都是坐等顾客上门的,只有王永庆沿街去推销。那时候的台湾,农业还处在手工作业状态,由于稻谷收割与加工的技术落后,很多小石子之类的杂物很容易掺杂在米里。人们在做饭之前,都要淘洗好几次米,还得拣出石子,很不方便。但大家都已见怪不怪,习以为常。王永庆就从这司空见惯中找到了突破口。他和两个弟弟一起动手,一点一点地将夹杂在米里的秕糠、砂石之类的杂物拣出来,然后再卖。一时间,小镇上的主妇们都说,王永庆卖的米质量好,省去了很多麻烦。这样,一传十,十传百,王永庆米店的生意日渐红火起来。

另外,王永庆还增加了"送货上门"的服务方式,这在当时也是一项创举。更重要的是,在送货上门时,他还做了以下工作:

第一,在送米上门的同时,他还总是见缝插针地做一些精心的统计,如这户人家有几口人,每天用米量是多少,需要多长时间送一次,每次送多少,他都一一列在本子上,据此估计该户人家下次买米的时间。到时候,不等顾客上门,他就主动将相应数量的米送到对方的家里了。

第二,在送米的时候,王永庆还细心地为顾客擦洗米缸,记下米缸的容量;如果米缸里还有陈米,他就将陈米倒出来,把米缸擦干净后,再把新米倒进去,然后将陈米放回米缸上层,这样陈米就不至于因存放过久而变质。王永庆这一精细的服务令顾客深受感动,赢得了很多顾客的心。

第三,王永庆还会了解顾客家发工资的日子,并记录下来,然后在他们发工资后一两天内去收米钱。

王永庆这些精细、务实、跟别人不同的服务,使嘉义人都知道在米市马路尽头的巷子里,有一个卖好米并送货上门的王永庆。王永庆就是这样从小小的米店生意开始了他后来问鼎台湾首富的事业。

【课堂思考与讨论】

1. 面对激烈的市场竞争,王永庆是如何寻找突破口,打开销路的? 他做了哪些别人没有做的创新举措?

2. 王永庆的创新属于什么创断,对你有什么启发?

(3) 技术创新

就一个企业而言,技术创新不仅是商业性地应用自主创新的技术,还可以是创新地应用合法取得的、他方开发的新技术,或已进入公有领域的技术,从而创造市场优势。技术创新是企业发展的源泉和竞争的根本。但创业者要认识到,技术上的领先不等于创新成功。

拓展阅读 1-2

三星,从学习模仿到自主创新

有人说,韩国以三星电子公司为代表是学习模仿日本,有一个发展电子工业的基本大法——"电子工业振兴法"。三星电子公司自创立至今,其产品开发战略演变大致经历了拷版战略、模仿战略、紧跟技术领先者战略和技术领先战略四个阶段。

三星电子公司成功地重走了日本同类公司的发展之路,特别在作为电子工业的基础——IC和FPD方面。日本电气股份有限公司和当时日本最大的半导体商东芝研制的动态随机存取存储器(Dynamic Random Access Memory, DRAM)曾经战胜了美国的因特尔公司,一度称霸于世。韩国的三星公司还以 DRAM 打败了日本 Elpida,至今稳执世界 DRAM 市场牛耳。正如三星电子公司成立之初的总裁李秉喆说:"要是在电子革命中落后,我们就会永远沦为落后国家。"20 世纪 90 年代掀起的以 TFT-FCD 为代表的平板显示器浪潮,三星电子公司不甘落后,紧跟日本 Sharp 公司,于 1995 年推出 22 英寸 LCD 屏,1997 年上市 30 英寸屏,1998 年开发出高清 LCDTV,并出口美国。

三星电子公司在引进外国技术的同时,始终强调内部研究与开发的重要性,强调在提升内部技术能力的基础上寻求市场、产品和技术的动态匹配。三星电子公司认为:正是自主、不懈的研究与开发,才使三星电子成为一家冉冉升起的全球领导企业。1990 年三星电子的研发经费为 2.09 亿美元,1997 年增加到 9.04 亿美元,1998 年为 11.4 亿美元,2003 年则高达 29 亿美元;2003 年,三星电子在韩国有 6 个研发中心,在世界其他国家有 10 个研发中心,建立了一个全球研究与开发网络,研发人员共 19 700 人,占全部员工的 34%。

发展至今,三星集团已是集电子、机械、化工、金融及贸易于一身的国际特大型企业,其中电子是重中之重。人员约占公司的三分之一。这一切都离不开三星自主、持续、高投入和高强度的研究与开发活动和坚持自主创新的发展方向。

(资料来源:百度文库)

(4) 组织与制度创新

典型的组织变革和创新是通过员工态度、价值观和信息交流,使他们认识和实现组织的变革与创新。情景理论:在企业中没有一成不变、普遍适用的最佳管理理论和方法。行为理论:企业中人的行为是组织与个人相互作用的结果。通过企业的组织变革和创新,可以改变人的行为风格、价值观念、熟练程度,同时能改变管理人员的认知方式。

组织与制度创新主要有以下 3 种:

第一,以组织结构为重点的变革和创新,如重新划分或合并部门,流程改造,改变岗位及岗位职责,调整管理幅度等。

第二,以人为重点的变革和创新,即改变员工的观念和态度,知识的变革、态度的变革、个人行为乃至整个群体行为的变革。通过电气公司(General Electric Company, GE)总裁韦尔奇执政后采取了一系列措施来改革 GE 这部"老机器"。有一个部门主管工作很得力,所在部门连续几年盈利,但韦尔奇认为他可以干得更好。这位主管不理解,韦尔奇便建议其休假一个月。放下一切,等你再回来时,变得就像刚接下这个职位,而不是已经做了 4 年。休假之后,这位主管果然调整了心态,像换了个人似的。

第三,以任务和技术为重点,即把任务重新组合分配,更新设备、技术创新,达到组织创新的目的。

(5) 管理创新

管理创新是指企业把新的管理要素(如新的管理方法、新的管理手段、新的管理模式等)或要素组合引入企业管理系统以更有效地实现组织目标的活动。

如何跳槽

想必大部分人想也想不到还会有这样的企业，在培训计划中把"如何跳槽"作为必学内容之一。

原来，这家企业的老板也面临一个民营企业普遍存在的问题，就是人员流动率较高，尤其是销售人员。这直接或间接地影响了企业的发展。

怎样才能稳定员工队伍，特别是骨干员工队伍呢？

于是，这位老板开始留心观察。他很快发现：员工流动率最高的是两个时间段，一个是试用期刚结束时，一个是工作两年之后。因此，他得出结论：如果针对这两个时间段的员工重点做工作，就会大大降低人员流动率。

但是又该如何做呢？

经过反复座谈、调研等，除去一些其他企业也采用的常规办法之外，该老板竟然大胆地推出了一般企业不敢做的一件事，那就是：试用期满和工作满两年的员工必须接受一项培训，内容是"如何跳槽"，由老板亲自讲课。人力资源部还会根据每个员工的情况，着眼于他们的特点和职业生涯发展的要求，对他们提出特定的建议。例如，××员工如果想跳槽的话，比较适合到什么样的企业去等。

令所有人没想到的是，开展这样的培训后，不但没有促使员工的大批离职，反而让大家觉得老板很人性化，为他们着想，在这样的老板手下工作感觉很舒服。再者，到了另外的企业就一定会比这儿好吗？什么都要重新开始……

结果，员工的流动率持续降低。

（资料来源：胡飞雪.创新思维训练与方法.北京：机械工业出版社.2015）

（6）营销创新

营销创新是指营销策略、渠道、方法、广告促销策划等方面的创新，海尔集团的"亲情营销"和"事件营销"皆是营销创新。

海尔集团由一个亏空 147 万的集体小厂，最终发展成为享有国际盛誉的世界百强企业。同时，"海尔"这两个字的价值也从无到有，从小到大，目前已发展成为一个涵盖所有家电产品，市场占有率第一的中国家电第一品牌，其显赫成功的背后离不开不断创新的营销理念。

（7）商业模式创新

商业模式创新是指企业价值创造提供基本逻辑的变化，即把新的商业模式引入社会生产体系，并为客户和自身创造价值。通俗地说，商业模式创新就是指企业以新的有效方式赚钱。新引入的商业模式，既可能在构成要素方面不同于已有商业模式，也可能在要素间关系或者动力机制方面不同于已有商业模式。

阿里巴巴凭借电子商务商业模式的不断创新，成为中国乃至世界最大的电子商务企业。

四、创新与创新力

创新力就是创新能力。创新能力是人们革故鼎新和创造新事物的能力,包括发现问题、分析问题、发现矛盾、提出假设、论证假设、解决问题以及在解决问题的过程中进一步发现新问题从而不断推动事物发展变化等。创新能力最基本的构成要素是创新激情、创新思维、科技素质。创新激情决定了创新的产生;创新思维决定了创新的成功和水平,科技素质则是创新的基础。创新能力是我们每个人都具有的能力,如果只是少数人才具有的话,那么创新理论就失去了它存在的意义。但是在现实中错误的观念会导致人们偏离或远离创新。这些错误观念导致人们步入四个误区:第一,年纪大了,不能创新;第二,文化较低,难以创新;第三,智商不高,难以创新;第四,身为外行,不能创新。

五、创新与创业的关系

(一)两者的联系

1. 创业与创新有着本质上的契合

创新是生产要素和生产条件的一种从未有过的新组合,这种"新组合"能够使原来的成本曲线不断更新,由此会产生超额利润或潜在的超额利润。创新活动的这些本质内涵,体现着它与创业活动性质上的一致性和关联性。

2. 创业是一个从无到有的实践过程

尽管有人认为,创新不是"创造新东西"的简单缩写,而是具有特定的经济学内涵。但是,通过理论或实践创新推出新的认识成果和物质产品,毕竟还是创新实践的标志性内涵正是在这样的意义上,创业从本质上体现着创新的特质。创业的核心是创办企业,即通过创业者的努力,导致一个新的生产或服务性企业的诞生。是否创办企业或者创办企业是否成功,是判断创业与非创业、成功的创业活动或失败的创业活动的根本标志。

3. 创新是创业的基础,创业推动着创新

从总体上说,科学技术、思想观念的创新,促进着人们物质生产和生活方式的变革,引发新的生产、生活方式,进而不断地为整个社会提供新的消费需求,这是创业活动之所以源源不断的根本动因;另一方面,创业在本质上是人们的一种创新性实践活动。无论是何种性质、类型的创业活动,它们都有一个共同的特征,那就是创业是主体的一种能动的、开创性的实践活动,是一种高度的自主行为。在创业实践的过程中,主体的主观能动性将会得到充分的发挥和张扬,正是这种主体能动性充分体现了创业的创新性特征。

4. 创业在本质上是人们的一种创新性实践活动

无论是何种性质、类型的创业活动,它们都有一个共同的特征,即创业是主体的一种能动的、开创性的实践活动。

(二)创新与创业的区别

1. 创新是创业的源泉

创业者只有在创业过程中具有持续旺盛的创新思维和创新意识,才可能产生新的富有创意的想法或方案,才可能不断寻求新的模式、新的出路,最终获得创业的成功。

2. 创业推动并深化创新

创业可以推动新发明、新产品或新服务的不断涌现，创造出新的市场需求，从而进一步推动和深化科技创新，因此提高了企业或是整个国家的创新能力，推动经济的增长。

3. 创新的价值在于创业

从某种程度上讲，创新的价值就在于将潜在的知识、技术和市场机会转化为现实生产力，实现社会财富的增长，造福于人类社会。而实现这种转化的根本途径就是创业。创业者可能不是创新者或发明家，但必须具有能发现潜在商业机会并敢于冒险的特质；创新者也并不一定是创业者或企业家，但科技创新成果则经由创业者推向市场，使潜在的价值市场化，创新成果才能转化为现实生产力。

第二节　创新创业浪潮引领新常态

一、中国开启"双创"行动

中国的创新社会正在快速发展，大众创业、万众创新正由梦想照进现实。国家层面上，《关于扶持小型微型企业健康发展的意见》《关于深化体制机制改革加快实施创新驱动发展战略的若干意见》《关于发展众创空间推进大众创新创业的指导意见》等相继出台，为万众创新搭建了广阔的平台。

中观层面上，北京、上海、深圳、杭州、重庆等城市已经进行了众创空间的探索，多个地区统筹自身地域特征、经济水平、文化特色提出了创业规划，为大众创业提供支持。

微观层面上，风投专家和创业者正活跃在资本市场上，企业、大学、科研机构正在完成资源整合，每天都有无数新的企业在全国各地的高新产业园区中挂牌，每个毕业季，都有无数毕业生在就业去向一栏填上"创业"二字。几年前都看不到这样的景象：在车站等车，人群中总会有年轻人在兴奋地对着手机谈论一个"idea"；在饭店吃饭，总会有一桌人在热烈地讨论着融资。而人们今天谈论的创业故事，不仅属于马克·扎克伯格和乔布斯，也属于马云和雷军。

二、新常态中的新动力

步入新常态的中国经济，呈现出速度变化、结构优化、动力转换三大特点。顺应新常态，重塑新动力，是我们保持中高速、迈向中高端的必由之路。应对经济的下行压力，在市场竞争中依靠新动力，我们才能尽快生成发展新动力。

新常态中的新动力是创新、创业，要注重培育创造性劳动。创新、创业的目的，就是要激发出蕴藏在 13 亿人口、9 亿劳动力、7 000 万企业和个体工商户中的无穷创意和无限潜能，使整个经济机体充满生机活力。

推动经济增长的传统动力正逐步减弱，要实现经济较长时期的中高速增长，需推动经济提质增效。加快实施创新驱动发展战略，适应和引领经济发展新常态，打造"大众创业、万众创新"和"增加公共产品、公共服务"是实现中国经济中高速发展不减势的"双引擎"。

当前必须造就扶持创业创新的体制机制、统筹各部门形成支持创新创业的政策合力、以"互联网＋"为驱动推进我国经济社会创新发展、改造传统引擎增强发展后劲、充分发挥金融的扶持作用,为推动"大众创业、万众创新"提供政策支持,打造经济发展新引擎。

【创新训练】

"大众创业,万众创新"的重点是要推进各项产业"互联网化"发展。信息化是当今时代的突出特点,互联网已经成为人们生产和生活的重要组成部分,这就必然要求我们各项产业要适应"互联网化"的时代要求,更要求我们各项产业要主动的、广泛的、深度的与互联网结合,在"互联网化"发展中创造更多的经济和社会价值。正如李克强总理所说:"制定'互联网＋'行动计划,推动移动互联网、云计算、大数据、物联网等与现代制造业结合。""互联网＋"战略就是利用互联网的平台,利用信息通信技术,把互联网和包括传统行业在内的各行各业结合起来,在新的领域创造一种新的生态。比如,"传统集市＋互联网"有了淘宝,"传统百货卖场＋互联网"有了京东,"传统银行＋互联网"有了支付宝,"传统的红娘＋互联网"有了世纪佳缘,"传统交通＋互联网"有了滴滴出行。

【课堂思考与讨论】

1. 请按"传统××＋互联网"有了××模式,仿写一种新的业态,并分析"互联网＋"战略对市场主体的影响。

2. 我国"双创"的现实与困难。

第三节　创新意识

名人语录

人的创造性思维过程就绝不是单纯的抽象思维,总要有点形象思维,甚至要有灵感思维。因此,离开抽象思维或形象思维,就没有创造性思维。

——钱学森

【实践拓展】

美丽景观

团队创意是一个团队取得成功的根本前提,而个人创意是团队创意不可或缺的部分。所以作为一个团队的领导者,一定要明白他的小组的各个成员的特点并善加利用,此游戏可以帮助他们做到这一点。

1. 游戏说明:

(1) 参与人数:每 10 人一组

(2) 时间:50 分钟

(3) 场地:教室

(4) 道具:每组一套:A4 的纸 50 张,胶带一卷,剪刀一个,彩笔一盒

2. 游戏规则和程序:

(1) 将学员分成 10 人一组,然后发给每组一套材料,要求他们在 30 分钟内建造一处景观,要求景色美观、创意第一。

(2) 要求每组选出一个人来解释他们的景观的建造过程,比如:创意、实施方法等。

(3) 由大家选出最有创意的、最具有美学价值的、最简单实用的景观,胜出组可以得到一份小礼物。

3. 相关讨论:

(1) 你们组的创意是怎样来的?

(2) 在建造景观的过程中,你们的合作过程如何? 大家的协调性如何? 各人扮演什么角色,这一角色是否与他平时的形象相符?

4. 游戏总结:

(1) 创意的优劣关系到景观的成败。如果一开始的思路就是错误的,或者根本没有明确的目标,就会在以后的工作中面临越来越多的问题,比如时间管理、审核标准、资源分析等。

(2) 当想出足够好的创意后,每个人根据自己不同的特长选择不同的任务,比如空间感好的人可以搭建模型,手巧的人可以进行实际操作,但是最重要的是,一定要有一个领导者,他要纵观全局,对创意进行可行性评估,以及最后总结。

(3) 对于组员来说,如果你有了新的创意,一定要跟其他人交流,让他们明白你的意思,并让大家评定你的创意是否可行。

5. 游戏目标:

(1) 团队创新能力的培养。

(2) 团队合作中的角色分工和协作问题。

人类所取得的一切文明成果都源于劳动实践。劳动实践本质上是一种创造,是人类特有的创新性行为。而创新行为的源头则是创新意识,创新意识是人们追求更好生活的愿望和改变现状的动机。创新意识催生创新思维,创新思维引导人们进行创造性实践,从而使得人类社会发生一次又一次的飞越。

📁 拓展阅读 1-4

创新创业从"精英"走向"草根"

近年来,世界各地的旅行者们开始使用 Airbnb(AirBed and Breakfast)网站来预订、安排自己外出旅行时的食宿。这个中文名为"空中食宿"的服务型网站成立于 2008 年,其用户遍布 190 个国家。2011 年,Airbnb 服务增长了 800%,2015 年,这家网站正在进行新一轮的融资,估值将达到 200 亿美元。Airbnb 成立于 2008 年 8 月,总部位于加利福尼亚州旧金山市。

Airbnb 是一个旅行房屋租赁社区,用户可通过网络或手机应用程序发布、搜索度假房屋租赁信息并完成在线预定程序。Airbnb 是为了联系旅游人士和家有空房出租的房主而设立的服务型网站,它可以为用户提供各式各样的住宿信息,并从成交金额中提取

10％的服务费作为公司主要的盈利来源。这种简单的商业模式在这7年中却迸发出了惊人的增长速度。

Airbnb的创始人布莱恩·切斯基（Brian chesky）的父母都是普通的社会义工，他没有很好的家庭背景，完全是白手起家。Brian毕业于罗德岛设计学院，学的是美术专业，没学过经济学理论，毕业不久就失业了。最穷的时候，Brian连房租都交不起，险些露宿街头。2007年，Brian和他的同窗好友兼Airbnb联合创始人之一乔·杰比亚（Joe Gebbia）已经失业多时了。他们手头正紧张的时候，房主又来催租金。二人经历了失业和创业失败，心灰意冷，只好跑出去喝酒消愁。在饮酒过程中，Brian说："要是有人帮咱们付房租就好了。"两人一愣，随即一拍大腿，对呀，找人来交房租呀。当时，城里正举办一个大型的商品展览，很多慕名而来的参展商和游客都租不到称心的旅馆房间。他们决定把自己租来房间的客厅腾出来给游客住，再用游客交的住宿费来交房租。说干就干，Gebbia从壁橱里拉出了几个被束之高阁的充气床垫，Brian在当地网站上发出了招租广告。

就在那个周末，三个前来参展的年轻人成功入住他们的客厅，这个月的房租就此有了着落。捞了第一桶金，他们的"生意"越做越大。几个月后，他们共同的朋友内森布莱卡斯亚克（Nathan Blechal Czyk）也前来寻求合作。就这样，Airbnb有了最初的雏形。

Airbnb的创办并不"高大上"，其主要业务是给旅游人士和家有空房出租的房主提供联系平台，在全世界范围内将资源和需求进行对接。但就是这样贴近普通民众生活的事业，获得了快速地成长和发展。在中国，也已经开始有诸如"小猪短租"之类的服务平台，努力拓展着自己的业务。

Airbnb短租是众多"草根"创业的典型。在今天"互联网＋"的环境中，诞生底层创业者的概率越来越大，而且社会给他们的空间也越来越大。所以，创业离我们很多大学生并不遥远。

一、创新意识的内涵

创新意识是指人们根据社会和个体生活发展的需要，引起创造新事物的观念和动机，并在创造活动中表现出的意向、愿望和设想。它是人类意识活动中的一种积极的、富有成果性的表现形式，是人们进行创造活动的出发点和内在动力，是创造性思维和创造力的前提。

创新意识包括创造动机、创造兴趣、创造情感和创造意志。创造动机是创造活动的动力因素，它能推动和激励人们发动和维持进行创造性活动。创造兴趣能促进创造活动的成功，是促使人们积极探求新奇事物的心理倾向。创造情感是引起、推进以及完成创造的心理因素，只有具有正确的创造情感才能使创造成功。创造意志是在创造中克服困难，冲破阻碍的心理因素，具有目的性、顽强性和自制性。

创新意识与创造性思维不同，创新意识是引起创造性思维的前提和条件，创造性思维是创新意识的必然结果，二者之间具有密不可分的联系。创新意识是创造性人才必须具备的。创新意识的培养和开发是培养创造性人才的起点，只有注意从小培养创新意识，才能为成长为创造性人才打下良好的基础，一个具有创新意识的民族才有希望成为知识经济时代的科技强国。

拓展阅读 1-5

善观察　勤思考

住在纽约郊外的扎克,是一个碌碌无为的公务员,他唯一的爱好便是滑冰,别无其他。纽约的近郊,冬天到处会结冰。每到冬天,他一有空就到那里滑冰自娱,然而到夏天他却没有办法到室内冰场去滑个痛快,因为去室内冰场是需要钱的,一个纽约公务员收入有限,不便常去。但待在家里也不是办法,觉得日子特别难熬。有一天,他百无聊赖时,一个灵感涌上来:"如果在鞋子底面安装轮子,就可以代替冰鞋了。普通的路也可以当作冰场。"几个月之后,他跟人合作开了一家制造 roller-skate 的小工厂。做梦也想不到,产品一问世,立即就成为世界性的商品。没几年工夫,他就赚了 100 多万。

【点评】　机遇只垂青于那些勤于思考的人。有了机遇还不够,还要有实力。实力就是要善于观察,有对生活的冲动。

二、创新意识的作用

(一) 创新意识是决定一个国家、民族创新能力最直接的精神力量

创新意识推动社会生产力的发展。科学的本质就是创新。科学技术的每一次进步都是通过创新实现的。科学技术的迅猛发展对人类社会各个方面都产生了深刻而广泛的影响。创新更新了人们的生产工具和生产技术,提高了劳动者的素质,开辟出更广阔的劳动对象,推动了社会生产力的发展。在今天,创新能力实际就是国家、民族发展能力的代名词,是一个国家和民族解决自身生存、发展问题能力大小的最客观和最重要的标志。

拓展阅读 1-6

要有创新意识

有个社会学家说过这样一个故事,在某个国家的一条街上有一个饭店生意兴隆,每天吃饭的人都非常多,于是有个头脑灵活的商人就在饭店的旁边租了一间房子,开了一家超市,没想到超市的生意也非常好,来饭店吃饭的人们会顺便在超市买了所需要的东西。可是这样的事情在我们国家会怎样呢?如果在这条街上有一家饭店生意好,明天就会在这条街上出现十家饭店,到最后谁也不赚钱,倒闭的倒闭,关门的关门。

【点评】　不管做什么事情都不要一窝蜂,要有创新意识。世界上的一切事物都是在不断发展的,大多数人总是习以为常地沿着以往熟悉的方向和路径进行思考,而不会另辟新路。任何成功首先来源于创新意识,一个创意可以赢得一场战争,一个创意可以救活一个企业,一个创意可以改变一个人的一生,一个创意可以创造一个奇迹!

(二) 创新意识促进形成社会多种因素的变化,推动社会的全面进步

创新意识根源于社会生产方式,它的形成和发展必然进一步推动社会生产方式的进步,从而带动经济的飞速发展,促进上层建筑的进步。创新意识进一步推动人的思想解放,有利于人们形成开拓意识、领先意识等先进观念;创新意识会促进社会政治向更加民

主、宽容的方向发展,这是创新发展需要的基本社会条件。这些条件反过来又促进创新意识的扩展,更有利于创新活动的进行。

（三）创新意识能促成人才素质结构的变化,提升人的本质力量

创新实质上确定了一种新的人才标准,它代表着人才素质变化的性质和方向,它输出着一种重要的信息:社会需要充满生机和活力的人、有开拓精神的人、有新思想道德素质和现代科学文化素质的人。它客观上引导人们朝这个目标提高自己的素质,使人的本质力量在更高的层次上得以确证。它激发人的主体性、能动性、创造性的进一步发挥,从而使人自身的内涵获得极大丰富和扩展。

三、互联网时代的微创新

创新是企业发展的永恒主题,在社会生活日新月异的互联网时代,企业的微创新显得尤为重要。微创新就是对产品持续地进行微小的改进,一点一滴地优化。

（一）精益求精的工匠精神

传统意义上的工匠出现在制造业领域,而且很多工作需要手工完成。享誉全球的瑞士手表就是工匠精神的代表,那里的一个工人甚至可以花费一年的时间去手工制作一款高档的手表。瑞士手表执着于机械表的功能微创新,开发出诸多极其复杂的工艺,以工匠精神成就了自己高端手表的品牌。北京同仁堂是中国中药行业著名的老字号,是我国工匠精神的代表。创建于1669年的同仁堂,300多年来一直恪守着这样一个古训:"炮制虽繁必不敢省人工,品味虽贵必不敢减物力"。这种坚守产品品质的工匠精神是同仁堂长盛不衰的秘密。互联网时代的企业处在玻璃房里面,消费者更容易了解企业的产品品质。企业只有坚持工匠精神,打造优质产品,才能获得消费者的信赖。

（二）简约极致的用户体验

互联网的发展让消费者掌握了越来越大的话语权,尤其移动互联网能使消费者的声音迅速扩散,甚至可以集体发声,形成强大的舆论力量。作为"上帝"的消费者能惩罚产品和服务不佳的企业,也能奖赏产品和服务优良的企业。用户一旦感受到自己享受产品的服务优良,甚至只是有所改善,他们也会表达出自己的好感,从而使得企业的好名声得到迅速传播。当然,微创新需要关注用户体验并不意味只是跟随用户的需求亦步亦趋,用户提出什么样的需求就完善什么样的服务,还要能站在用户的角度去想问题,将产品的微创新走在用户的前面,开发出超出用户意料的产品。1982年,在苹果办公室的乔布斯被问到是否做市场调查时,他回答说:"不,因为人们不知道他们想要什么,直到你把它摆在他们面前。"马化腾和周鸿棉都有一个非正式的职务,他们分别是腾讯产品和奇虎360产品的首席体验官,很多简约极致的用户体验设计就是他们自己提出来的。简约极致的用户体验深受广大消费者的青睐,谁的用户体验好,谁就能获得和留住更多的用户。

（三）产品人格化的人文情怀

微创新要求的工匠精神和用户体验赋予了产品人格化的人文情怀。打造人格化、有情怀的产品已经成为一种时尚,成为产品营销的重要方式。产品人格化其实长久地存在于我国的自然经济时期,比如王麻子剪刀、张三膏药等。因为在自然经济社会里,产品的生产能力和消费范围都有限,人们更多地把自己的产品卖给熟人。产品人格化既是产品品质的承诺,也是产品营销的需要,能让人一提及某商品,就想到去某个商家那里买。

在今天的市场上,人文情怀已经成为一种可以赢得尊重和效益的东西。在 2014 年的商品市场上出现了三种非常奇特的产品——褚橙、柳桃和潘苹果。"褚橙"是云南的一种特产冰糖脐橙,因种植人褚时健而得名。"柳桃"因柳传志的经营而得名,曾是联想总裁的柳传志是一位广受尊重的企业家,他对水果品质的要求比较苛刻,对猕猴桃的种植进行全过程的跟踪管理,"柳桃"因此又被称为"良心桃"。"潘苹果"因地产大亨潘石屹的代言而得名。市场对"褚橙""柳桃"和"潘苹果"的反应是不一样的,"褚橙"和"柳桃"的被认可度较高,"褚橙"又是三者之中最能打动消费者的,这是因为"褚橙"的人文情怀最浓厚。

太阳每天都是新的,在科学技术日新月异、市场环境瞬息万变的互联网时代,企业要随时调整自己的发展策略和管理方式,不懈地进行产品的微创新。但太阳底下又没有新鲜事物,微创新需要具备的工匠精神、用户体验和人文情怀是不变的。

四、创新型人才应具备的素质

美国哈佛大学校长普西曾经深刻地指出:一个人是否具有创新能力,是"一流人才"和"三流人才之间的分水岭"。高等院校是培养创新型人才的主阵地。在具体实践中,对于创新型人才应具备何种素质、如何界定创新型人才,仍然是我们应予以关注的问题。我们认为,作为创新型人才应具备以下基本素质:

1. 宽厚的文化知识基础

知识文化素质对提高人的综合素质和创新能力具有至关重要的作用,是取得创新性成果的重要资源。知识广博、文化知识基础宽厚,是创新型人才素质的一个基本特征,其重要标志之一是学历层次高、知识面宽、功底扎实。知识文化素质的储备,大概可以分为两个阶段:一是本科及本科以前阶段的教育,注重基本知识的构建;二是研究生阶段的教育,注重对相关学科领域前沿知识的了解和深化。二者缺一不可,前者是创新的基础,后者是创新的前提。需要指出的是,这里的知识文化素质不是狭隘的仅仅专指"专业"领域内的知识,而应当是一个复合性的知识体系。理工科专业的学生不但要做到对领域内相关学科知识的融会贯通,还要了解一些人文社会科学知识;与之对应,人文社会科学专业的学生也要适当了解自然科学的前沿研究进展。此外,适当培养一些艺术类的兴趣爱好,对于成长为一名创新型、做出原创性成果的人才有着极大的帮助。

2. 活跃的创新思维

所谓创新思维,就是创新人才在思维活动中所表现出的思维的独创性、灵活性、敏锐性、严密性和预见性等思维品质。创新活动,是一种探索性的活动,表现为对客观事物发展变化本质的认识和对客观事物发展变化规律的揭示。它需要走前人、别人没有走过的路,做前人、别人没有做过的事,提出前人、别人没有提出过的想法和见解。要做到这些,就要求创新型人才具有创新性思维。

创新思维的培养不是一朝一夕的,更多地依赖于平时的潜移默化,主要体现在以下几个方面:

(1)强烈的好奇心

好奇心是人对新奇刺激事物的一种探究反应,当新奇刺激出现时,会引起人们的注意,进而接近、了解事物,尝试解决"这是什么""为什么"等问题。从不同角度尤其是从新奇的、不同寻常的角度思考问题的能力,以及改变自己思考角度的意愿与能力,是创造性思维非常重要的一个方面。创新性活动中,具备足够的好奇心,不愿意把什么事物都当成既定事实而不加批判地接受,而是强烈要求得到解释的好奇特质具有很重要的意义。创新型人才应具有强烈的求知欲和敏锐的好奇心,不满足于一成不变的事物、现象和行为,从往往在常人看来司空见惯的现象中看出不平常的东西和其中所包含的特殊意义。

（2）广泛的兴趣特征

兴趣可以对一个人的行为产生持久的驱动力。人们有了兴趣的推动,就能提高感知的效果,就能耐心细致地去观察,就能大胆设想,就能勤于动脑、积极思考。所以,兴趣是一种特殊的认识倾向。当这种认识进一步发展成为从事实际活动的倾向时,就等于是从事自己的爱好,把工作当成一件乐事,在身心愉悦的前提下工作,往往会使人思维活跃、想象丰富、精力充沛,自然创造能力就高、创新能力就大。从事创新工作需要付出很大的体力、脑力劳动,它需要坚韧不拔的意志和持久的毅力,兴趣则可以有效地激发人的耐力。

（3）发散的想象力

想象力是一种由已有形象创造新的形象的能力,是一种举一反三的创造性思维能力,是一种由不知到了解的发散思维能力。亚里士多德精辟地指出:"想象力是发现、发明等一切创造活动的源泉。"想象力无疑会对人进行创造活动和掌握新的知识经验起到重要作用,影响乃至决定着创新的方向和水平。创新首要的问题是提出新颖的、有价值的研究课题,其次需要理解和记忆相关资料,联系和分析相关领域的理论和事实,而这些都需要丰富的想象力和联想能力。在一定意义上,发散的想象力是培养创新型人才的核心素质。

3. 高效的创新行动力

创新型人才不仅要能够发现问题,敢于提出问题,而且要具备解决问题的能力,这就是创新行动力。有了宽厚的基础知识,运用活跃的创新思维,再具备高效的创新行动力,就可将创新思维的成果付诸实践。具体来说,创新行动力包括:恒心和毅力、迅速展开行动的能力。

（1）恒心和毅力

恒心就是一种持之以恒的精神。因为所有的创新型成果的产出都由一个量变到质变的过程,量变的不断积累才能达到质变的飞跃。毅力就是在追求目标的过程中,抵抗各种挫折、压力、痛苦的能力。如果说恒心是一条线的话,毅力就是一个点。因为任何创新型成果的取得都需要一个过程。所以,恒心和毅力是所有创新型人才必备的素质。拥有恒心和毅力不一定能够成功,但是没有恒心和毅力则一定不能成功。

（2）迅速展开行动的能力

许多人在计划了某一件事之后,却迟迟不能开始行动,这些人往往还有着无数个理由和借口,最终一事无成。所谓"成功者在行动,失败者找借口",创新型人才做出创新成果的过程实际上就是"有条件要上,没有条件,创造条件也要上"的过程。只有行动起来,才能取得实质性的进展。

4. 高度的合作意识

创新更是需要借助集体的智慧、团队的力量,需要不同学科、不同专业、不同层次的人相互配合、通力合作才有可能完成。"闻道有先后,术业有专攻。"因此,要实现某一创新,往往需要多名研究者的参与,参与者的合作意识必不可少。

创新型人才的成长不是一蹴而就的,其素质的锻造更多来源于个人平时的积累和周边良好环境的熏陶。明确创新型人才应具备的素质,有利于个人对照相应的素质要求在日常学习工作中逐步锻炼,有利于高等院校按照相应创新型人才的素质要求制订合理的管理制度与机制,有利于社会各界按照创新型人才的素质要求选贤任能,切实发挥创新型人才的重要作用。

五、大学生创新意识的培养

📂 **拓展阅读 1 - 7**

不创新才是华为最大的风险

华为从 2 万元起家,用 25 年时间,从名不见经传的民营科技企业,发展成为世界 500 强和全球最大的通信设备制造商,创造了中国乃至世界企业发展史上的奇迹! 华为成功的秘密就是创新。创新无疑是提升企业竞争力的法宝,同时它也是一条充满了风险和挑战的成长之路。尤其在高新技术产业领域,创新被称为一个企业的生存之本和一个品牌的价值核心。

"不创新才是华为最大的风险",华为总裁任正非的这句话道出了华为骨子里的创新精神。"回顾华为 20 多年的发展历程,我们体会到,没有创新,要在高新科技行业中生存下去几乎是不可能的。在这个领域,没有喘气的机会,哪怕只落后一点点,就意味着逐渐死亡。"正是这种强烈的紧迫感驱使着华为持续创新。

【点评】 创新是一个民族进步的灵魂。是一个国家兴旺发达的不竭动力。创新思维是人类最高层次的思维,它是创新教育的核心。培养学生的创新精神必须着力于培养学生的创新思维能力。21 世纪是知识经济时代,知识经济的本质就是创新,培养创新思维是时代对大学生提出的基本要求,也是大学生必备的素质。

大学生创新思维的培养应着重从以下三个方面做起。

(一) 破除创新思维枷锁

影响大学生进行创新思维的枷锁大致有如下五种:

1. 从众型思维枷锁

大多数人都有从众心理,即人云亦云。比如你骑着自行车来到个十字路口,看见红亮着,尽管你清楚地知道闯红灯违反交通规则,但是你发现周围的骑车人都不停车而是直着往前闯,于是你就也会跟着大家闯红灯。这种跟在别人后面消极的思维永远是滞后的,没有新意的。

2. 权威型思维枷锁

权威枷锁是指思维中的权威定势。人是教育的产物,来自教育的权威定势使人们逐渐习惯以权威的是非为是非,对权威的言论不加思考地盲信盲从,唯独缺少"自我思索、冲破权威、勇于创新"的意识。一味盲从权威,大学生的思维就失去了积极主动性。

3. 经验型思维枷锁

经验是相对稳定性的东西,然而正因为这些经验的稳定性可能导致人们对经验的过分依赖乃至崇拜,从而形成固定的思维模式,结果就会削弱头脑的想象力,造成创新思维能力的下降。从思维的角度来说,经验具有很大的狭隘性,它束缚了人的思维广度。创新思维要求大学生必须拓展思路,海阔天空,束缚越少越好。

4. 书本型思维枷锁

书本是一种系统化理论化的知识,是千百年来人类经验和体悟的结晶,它可以带给我们无穷多的好处,但如果我们一味地死读书,也不会有好的效果。大学生不应该成为书本的奴隶,而应该活学活用,读书不为书所累,"睹一事于句中,反三隅于字外",做书本的主人,善于驾驭知识,理论联系实际。否则,死抠书本将严重影响一个人创新思维的发挥。

5. 自我贬低型思维枷锁

做事没有信心,总认为"我不行,我做不到",而从来不敢去尝试下。及时打破这种思维枷锁,从内心深处树立起信心,大学生才会发现自己的潜力。因此,对于大学生来说,思维的枷锁就像一座监狱,只有将守旧观念丢掉,勇于冲破思维藩篱,才能走进创新的世界。

(二)充分激发创新思维潜能

1. 精通所学,兴趣广泛

创新绝不是无本之木、无源之水。唯有打牢知识的基础,创新才有可能。因此,大学生应精通所学课程,并培养广泛的阅读兴趣。试想一想,牛顿、伽利略、爱迪生等哪个不是满腹经纶、学问大家!

2. 处处留心皆学问

学习绝不仅限于课堂和读书,事实上,学习无处不在,与他人交流是学习,上网是学习,看电视也是学习,其关键在于我们是不是用心,例如,看古装电视剧,我们可以了解一些历史知识,如古人的习俗、衣着、饮食习惯、家具陈设以及计谋等;看现代电视剧可以了解当代年轻人所思所想所为等。

3. 理论与实践相结合

古人云:读万卷书行万里路。唯有理论与实践相结合,理论才有意义。大学生应该活读书、读活书,而不应死读书、读死书。只有精通理论,才可能去改进实践;只有拥有丰富的实践经验,才可能产生新的理论。

4. 打破砂锅问到底

学生要有自己的创新意识,应富有怀疑精神,探究各种事物的本源及其实质,打破砂锅问到底。例如,牛顿看到苹果落下,进而发现了万有引力定律。

拓展阅读 1-8

伽利略发现摆的规律

伽利略1564年生于意大利的比萨城,就在著名的比萨斜塔旁边。他的父亲是个破产贵族。当伽利略来到人世时,他的家庭已经很穷了。17岁那年,伽利略考进了比萨大学。在大学里,伽利略不仅努力学习,而且喜欢向老师提出问题。哪怕是人们司空见惯、习以为常的一些现象,他也要打破砂锅问到底,弄个一清二楚。

有一次,他站在比萨的天主教堂里,眼睛盯着天花板,一动也不动。他在干什么呢?原来,他用右手按左手的脉搏,看着天花板上来回摇摆的灯。他发现,这灯的摆动虽然是越来越弱,以至每一次摆动的距离渐渐缩短,但是,每一次摇摆需要的时间却是一样的。于是,伽利略做了一个适当长度的摆锤,测量了脉搏的速度和均匀度。从这里,他找到了摆的规律。钟就是根据他发现的这个规律制造出来的。

5. 梅花香自苦寒来

创新之路总是充满艰辛和坎坷,因此,大学生为了强化自己的创新意识,应注意培养自己坚忍不拔的精神和顽强的毅力。

6. 开拓创新斗志高

大学生若要强化自己的创新意识,应精神奋发,斗志昂扬,敢于打破对传统、权威、书本的迷思,敢走前人没有走过的路,敢创前人没有开创的新事业。

7. 日有所思,夜有所梦

学者们认为梦是一种形象思维,梦会给我们带来许许多多的启示和创新意念。因为当我们做梦时,将超越白天清醒状态缠绕于头脑中的"可能与不可能""合理与不合理""逻辑与非逻辑"的界限,而进入一个超越理性、横跨时空的自由自在的思维状态。柴可夫斯基梦中谱曲,凯库勒发现苯分子结构都是是梦境创新的结果。

8. 无限风光在险峰

人在绝境或遇险的时候,会展示出凡的能力。没有退路就会产生爆发力,这种爆发力就是潜能。所以,只要你能给自己制造绝境,就会开发出无穷无尽的潜能。在任何困难面前,你认为你行,你就会面对困境想出有效对策,激发头脑中潜在的能量,从而产生有效行动。

(三) 投身社会实践

马克思主义认为:"实践是检验真理的唯一标准",毛泽东同志说:"读书是学习,使用也是学习,而且是更重要的学习。从战争中学习战争,这是我们的主要方法。"所以,要开发大学生的创新思维,培养大学生的创新能力,必须投身社会实践。每一项的发明,无论是成功与失败,都是无数次创新思维实践过程的组合。

现代高校应针对大学生创新思维的培养,多组织开展行之有效的社会实践活动,让广大同学在课堂学习之余,充分走向社会,融入实践劳动,进行创新思维锻炼。只有在实践中才能找出想与做的差距,只有在实践中创新理念才能变为现实,也只有在实践中才能让大学生的创新意识、创新能力得到真正的发展。

【本章小结】

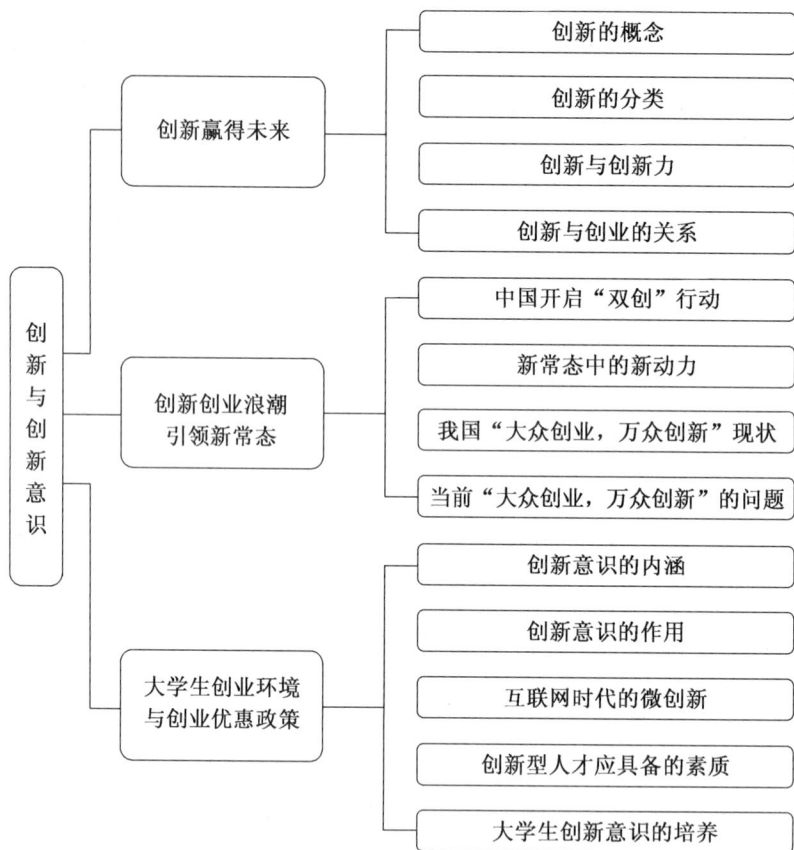

创新与创新意识
- 创新赢得未来
  - 创新的概念
  - 创新的分类
  - 创新与创新力
  - 创新与创业的关系
- 创新创业浪潮引领新常态
  - 中国开启"双创"行动
  - 新常态中的新动力
  - 我国"大众创业，万众创新"现状
  - 当前"大众创业，万众创新"的问题
- 大学生创业环境与创业优惠政策
  - 创新意识的内涵
  - 创新意识的作用
  - 互联网时代的微创新
  - 创新型人才应具备的素质
  - 大学生创新意识的培养

【实践活动】

创新方案设计

一、创新方案设计书内容

主要内容包括以下五部分：

（1）做什么：创新总目标是什么？分解后的小目标是什么？有哪些创新点？

（2）为什么做：创新的由来，为什么要上这个项目？为什么要这样改变和革新？

（3）能不能做：创新的可行性分析。

（4）怎么做（谁来做，时间安排）：采用哪些新材料、新工艺、新方法？怎样做效率最高？怎样改进？怎样避免失败？

（5）做到什么程度，达到什么目标。

二、创新方案设计书的写作格式

（1）创新产品的名称：创新产品的名称一般不得超过 25 个字，不应有型号、代号、公司名称等非技术词语。

从创新产品的名称可以看出创新选题的目的是否明确，即选定的课题是否具有一定的新颖性和先进性,对经济发展和社会进步有一定的意义,是否能够促进生态环境保护和可持续发展。

（2）创新的由来:描述一下创新点的发现过程和背景技术,重点指出现有产品和技术的缺点、不足。

（3）创新产品的用途、功能和创新点:用类似产品说明书的方法对创新产品的用途、功能进行简明扼要的说明,创新点主要说明与其他类似产品比较有哪些优点。可以提供必要的实物、照片、录像等,以充实其说服力。

（4）实施方案:具体说明创新课题的实施过程,包括采用哪些原材料、技术原理和手段来实现创新目标;实验(观察、考察)的时间、地点;考察(观察)的对象或实验材料来源;使用的工具器材、仪器设备;研究方法;操作或实施的步骤、过程和进度等。涉及方法,应描述工艺步骤及所需要的条件;涉及结构,应描述其形状、构造及其连接关系(如:电路的发明创造应根据信号的走向来描述电源的连接关系)。

实施方案要重点说明实施步骤和方式:本技术方案的优点和效果等。实验要有对照、有重复,整个实施过程要科学、规范、可行。

实施方案应当提供能够清楚地体现构造及连接关系的结构示意图、剖面图、电路连接关系示意图、工艺流程图等附图,图中可以有文字、尺寸,但应将文字写在框里。

（5）收获和不足:包括在创新过程中学到的新知识,对新知识的认识理解,或参加活动的收获,创新产品的不足,对创新产品今后改进的建议等。

要注意收集和保存创新全过程的第一手、完整的原始记录,如观察日记、实验记录、原始的数据记录和统计表格、照片、录像、活动情况记录、新闻报道材料等。

第二章 创新思维与创新方法

【内容提要】

创新思维是一种有创见的思维,即人脑对客观事物未知成分进行探索活动,是人脑发现和提出新问题,设计新方法,开创新途径,解决新问题的活动;创新方法是指创新活动中带有普遍性和规律性的方法和技巧。本章主要介绍了创新思维的概念和形式,以及典型的创新方法。

【学习目标】

知识目标:

1. 理解创新思维的概念,掌握创新思维的形式
2. 了解典型创新方法的特点及用法

能力目标:

1. 掌握典型创新思维方法,能用这些方法去思考和解决问题
2. 掌握典型创新方法,能用这些方法去解决学习和生活中的现实问题

【案例导入】

电磁感应定律的发现

1820年,丹麦哥本哈根大学物理教授奥斯特通过多次实验证明了电流存在磁效应。这一发现传到欧洲大陆后,吸引了许多人参与电磁学的研究。美国物理学家法拉法第怀着极大的兴趣重复了奥斯特的实验。果然,只要导线通上电流,导线附近的磁针会立即发生偏转,他深深地被这种奇异现象所吸引。

当时,德国古典哲学中的辩证思想已传入英国,法拉第受其影响,认为电和磁之间必然存在联系并且能相互转化。他想,既然电能产生磁场,那么磁场也应该能产生电。

为了使这种设想能够实现,他从1821年开始做磁产生电的实验。无数次实验都失败了,但他坚信,这个想法一定是正确的。

十年后,法拉第设计了一种新的实验,他把一块条形磁铁插入一只缠着导线的空心圆筒里,结果导线两端连接的电流计上的指针发生了微弱的转动!电流产生了!

随后,他又设计了各种各样的实验,如两个线圈相对运动,磁作用力的变化同样也能产生电流。

法拉第十年不懈的努力并没有白费,1831年他提出了著名的电磁感应定律,并根据这一定律发明了世界上第一台发电装置。

如今,他的定律正深刻改变着我们的生活。

第一节　创新思维的概念及形式

一、创新思维的概念

所谓创新思维(或称创造性思维),就是以创新的意识、开放的心态和突破各种思维定势的束缚进行思考,并产生创新成果的思维。简明地说,就是不受现成的、常规的思路约束,寻求对问题全新的、独特的解决方法的思维过程。

这里所说的创新成果,主要是指对事物的新认识、新判断和解决问题的新方案、新途径等"思维的创新产物"。

创新思维不是一般性思维,它不是单纯依靠现有的知识和经验进行抽象和概括,而是在现有知识和经验的基础上进行想象、推理和再创造,对前人尚未解决的问题进行探索、寻究、找出新答案的思维活动。

创新思维的对立面主要是常规思维,反映在思维习惯上就是单一片面、机械刻板、思路固定,反映在思维结果上就是重复模仿、千篇一律、答案雷同。

创新思维不是天生就有的,它是通过人们的学习和实践而不断培养和发展起来的。

二、创新思维的特点

创新思维是思维的高级形态,具有自身的特点,这些特点主要包括新颖性、灵活性、求异性、突发性、反常规性等。

1. 新颖性

任何一项构思都会使人耳目一新,展示出一种新的概念、新的形象、新的结构、新的范畴。

2. 求异性

求异性是指在别人司空见惯、习以为常、不认为有问题的地方能看出问题,表现出常中见奇、标新立异、独树一帜、非同寻常的能力。

3. 灵活性

灵活性是指思维灵活,能及时应变转换思路,善于从多角度、多方位、多层次、多学科进行立体思考。

4. 突发性

所谓突发性,就是在极短的时间里,以突发形式迸发出创造性的思想火花,新的观念随之脱颖而出。

5. 反常规性

采用"反常规"思路,追求新、奇、特,避免"构思平庸""与人雷同",做到不落俗套。

三、创新思维是创新能力的核心

人们早就从实践中得知:只有想得到,才能做得到;只有想得好,才能做得好。因为,不论我们进行何种创新,如科技创新、管理创新、理论创新或其他方面的创新,都必须首先要用头脑去思考,从而产生出新观念、新点子、新思路、新方案、新办法等,然后才能去开展创新活动。因而人们常说:"没有思路就没有出路。""思路决定出路"。换句话说,搞创新,最根本、最核心的是要靠创新思维发挥作用。事实上,人类的一切创新成果,都是创新思维的具体体现和物化。所以,若要提高创新能力,最重要的就是必须提高创新思维能力,因为创新思维是创新能力的核心。

四、创新思维具有广泛而重要的意义

开发和运用创新思维去处理问题,具有广泛而重要的意义。

📁 **拓展阅读 2－1**

新颖的毛巾

毛巾是一种日常生活用品,生产厂家非常多,竞争十分激烈。要想扩大市场,取得主动权,必须努力创新,出奇制胜。某毛巾厂出于这一目标,经过一番探索研究,终于找到一种特殊染料,生产出变色毛巾,这种毛巾图案设计很奇特,例如:毛巾干燥时的图案是猪八戒背媳妇,入水后则变成猪八戒背孙悟空;干燥时的图案是贾宝玉娶薛宝钗,入水后则变成贾宝玉牵手林黛玉;干燥时毛巾上画着小学生刻苦攻读的图案,入水后便成为头戴博士帽的青年……各式各样,丰富多彩。这种毛巾上市后,果然一枝独秀,倾倒各路经销商。

【点评】 通过以上案例,我们对创新思维的重要意义和特点,及其在广泛的工作领域或不同场合下的灵活应用,便会有一个比较具体的印象和理解。

如前所述,创新思维是人类最本质的特征,是人类从原始社会能够发展到今天的最根本的决定因素。

我们正是在邓小平理论中关于"解放思想,实事求是"一系列创新思维的指引下,排除了一道又一道障碍,闯过了一重又一重禁区,从而开拓出一个又一个崭新的局面,才迎来了今天的辉煌。

所以,怎样夸赞创新思维重要而广泛的意义都不过分。

【练习巩固】

创新思维训练 1

对号入座票

小李去电影院看电影,票价有两种:对号入座的 18 元,不对号的 13 元。小李拿出两 10 元递进去,售票员问:要对号吗?后面的人递进去的也是 20 元,售票员问也没问,给了一张对号入座票,小李很奇怪,问售票员:他是你熟人吗,你知道他一定要对号入座票?售票员摇了摇头。小李想了一会儿,忽然明白了,你知道这是为什么吗?

创新思维训练 2

巧列算式

用 4 个 9,列出一个算式等于 100。

创新思维训练 3

旅游缆车

一座著名的死火山旅游区,有登山缆车,上山和下山的速度相同,每隔10分钟错一次车,请问一小时有几个缆车登上山顶?

创新思维训练 4

谁跟谁是夫妻

有三对夫妻在一起聚会,先生们分别姓赵、钱、孙,女士们分别姓周、吴、郑。已知钱先生和周女士的丈夫,吴女士和郑女士均为第一次见面,所以请和大家都熟悉的孙先生给大家作介绍。根据这些条件,请回答,谁和谁是夫妻?

创新思维训练 5

聪明的预言家

一个国王抓住了一位预言家,国王说:"如果你说错了我将绞死你"。预言家笑着说,你无法处死我,接着,就做了一次预言,国王真的无法处死预言家。请问预言家是怎样预言的?

五、创新思维的形式

创新思维有很多种,以下是几种常见的、主要创新思维形式或种类。

(一)换位思维

很多创新思维都源于思维角度的改变。对任何事情,都应该尝试从不同角度、不同位置、不同群体等方面去看一看,想一想,这样往往会有一些意想不到的发现。例如,开发产品时最好把自己当成终端客户,想想客户具体的要求,对每个环节都考察一遍,是不是可以做得跟别人不一样。也可以把自己当成竞争对手,想想他们的情况,多问问为什么这样,反过来问问为什么不这样,这样思考的时候,就可能发现问题并能够对产品加以革新和完善。

📁 **拓展阅读 2 - 2**

巧买大宅

有一个警察,叫罗伊,在他的日常巡逻中,他总是习惯性地去拜访一位住在一座令人神往的、占地500平方米建筑中的老绅士。从那栋建筑物往外看,就是一座幽静的山谷,老人在那儿度过大半生,他非常喜欢那儿的视野,葱葱郁郁的树林、清澈纯净的河流……每周罗伊都会拜访老人一两次,当他来访时,老人都会请他喝茶,他们坐着闲聊,或者就在花园里散一会儿步。有一次的会面令人悲伤,老人泪流满面地告诉罗伊,他的健康状况已经很差,他必须卖掉他漂亮的房子,搬到疗养院去。

霎时,罗伊忽然产生一个疯狂的念头:用一种创造性方法买下这巨宅!困难太大了,老人想以30万美元的价格将这栋房子卖掉,但罗伊手中只有1 000美元,而且,每月还得付500美元房租,虽说警员待遇还算过得去,但想要找个主意成交,真是太难了,除非,将爱的力量也算进账户里。这时,罗伊想起一个老师说的话,找出卖方真正想要的东西给他。他寻思许久,终于找到答案:老人最牵挂的事就将是不能再在花园中散步了。

罗伊就跟老人商量说："要是你把房子卖给我,我保证会每个月都能接你回到你的花园一两次,就坐在这儿,或者和我一起散步,就像平常一样。"

听了这话,老人那张皱纹纵横的老脸,绽开了灿烂的笑容,笑容中,充满爱和惊喜,当即,老人就要罗伊写下他认为公平的合约让他签署,罗伊愿意付出他所有的钱,但他兜里只有3 000美元,可房子卖价却是30万,怎么办呢? 罗伊想了一下,就这么草拟合约:卖方将29.7万美元设定第一顺位抵押权,买方每月付500美元利息。

老人很开心,他把整个屋子的古董家具都作为礼物全送给了罗伊,而且,还包括一架可供孩子玩的大钢琴。

罗伊不可思议地赢得经济上的胜利,真正的赢家却是快乐的老人和他们之间的亲密关系。

(二) 逆向思维

逆向思维也叫求异思维,它是对司空见惯的似乎已成定论的事物或观点反过来思考的一种思维方式。例如,有人落水,常规的思想模式是"救人离水",而司马光面对紧急险情,运用了逆向思维,果断地用石头把缸砸破,"让水离人",从而救了小伙伴性命。

运用逆向思维,可以从三点把握:

一是,面对新的问题,我们可以将通常思考问题的思路反过来,用常识看来是对立的,似乎根本不可能的办法去思考问题。"油水不合",即使在今天仍被人们当作常识。油水真的不相合吗? 在印刷业,人们从相反的方向进行思考。经过试验发现,常规搅拌,油水确实不合,而采用超声波技术进行油水混合,再适量加点活性剂,问题就解决了。

二是,面对长期解决不了的问题或长久困扰着我们的难题,我们不要沿着前辈或自己长期形成的固有思路去思考问题,而应该"迷途知返",即从现有的思路上返回来,从与它相反的方向寻找解决问题的办法。日本有一个叫中田的人,他想发明一种圆珠笔,并试图解决圆珠笔中最令人头痛的漏油问题。冥思苦想了好久,就是找不到解决的办法。后来,他反回来想,圆珠笔漏油,一般发生在写了两万字之后。那么,造一种写了两万字就用完了的圆珠笔,问题不就解决了吗? 新式圆珠笔问世之后,果然很受人们的欢迎。

三是,面对那些久久解决不了的特殊问题,我们可以采取"以毒攻毒"的办法,即不是从彼一问题中来寻找解决此一问题的办法,而是相反,就从此一问题本身来寻找解决它的办法,免疫理论的创立和付诸实践,就是这种思考方法的结果。当时,面对给千百万人的生命造成严重威胁的瘟疫,许多科学家都在寻找一个能防治瘟疫的药物,而巴斯德却沿和大家相反的方向去思考,给人或动物注射少量的菌苗,增强其免疫力而达到防疫的效果。巴斯德获得了成功。

(三) 发散思维

发散思维又称辐射思维、放射思维、扩散思维或求异思维,是指在对事物或对问题的研究中,保持思想活跃和开放状态的思维。

发散思维作为一种创新思维方法,不仅被广泛运用科学研究和科技发明中,也被泛运用于企业经营中。

如果说创新是一个民族的灵魂,那么发散思维便是创新的基石。它是典型、艺术化的思维,它能使我们对工作、生活和学习产生激情。它是智慧的发源地,是兴趣的乐园。

刘墉论"夫"

某日,乾隆皇帝下江南,见一农夫荷锄而过,即问左右道:"这是何人?"和坤抢前一步答道:"是个农夫。"乾隆又问:"这农夫的夫字怎写?"

和坤微微一怔,不知皇上此问何意,便即答曰:"农夫之夫,即两横一撇一捺。与轿夫的夫、孔夫子的夫、夫妻的夫和匹夫的夫同一写法。"乾隆听罢大摇其头,大摆其手,说:"你身为宰相,纵无经天纬地之才,却如何连一个'夫'字都不能解!"转脸道:"刘墉,你来说说看,农夫的'夫'字当作何解?"

刘墉见皇上点名让他解答,便不慌不忙地上前朗然答道:"农夫是刨土之人,故而上为土字,下加人字;轿夫为肩扛竹竿之人,应先写人字,再加两根竿子;孔夫子上通天文,下知地理,当作天字出头之夫;夫妻是两个人,该是心心相印,二字加人可也;匹夫乃天下百姓之谓也,可载舟亦可覆舟,是为巍巍然大丈夫,理应作大字之上加一才对。用法不同,写法自当有别,岂可混为一谈?"乾隆闻言,拊掌大笑,赞道:"真不愧大学士也。"

在解决具体问题的过程中,如何运用发散思维并没有固定不变的模式。对于不同的外界条件,运用这种思维的方式也是不同的。一般来说,发散思维的具体方法有以下几种:

1. 多向求解法

多向求解法,是指思维主体在解答问题的过程中尽可能从多个不同方向来考虑,强调跳出点、线、面的限制,能从上下左右、四面八方去思考问题。这种多向求解法的目的在于产生和提出新颖独特的设想,这样可以通过多种途径不断地摸索和试探。

爱迪生在研制灯泡的灯丝材料时,先后试用了 1 600 种热材料和 6 000 多种植物纤维,甚至连头发丝和胡子都利用到了,1879 年,终于找到了"炭化了的棉线",这是当时最佳的灯丝材料。

2. 多级发散法

多级发散法,是指思维主体在问题求解时,通过对多个相关因素的离散解析,逐层或逐级探索事物本质的一种思维方法。日常分析问题和解决问题时,人们就在头脑里将事物分成不同的部分、阶段、层次,通过层层离散分解的思维探索过程,以求思路有所突破。

多级发散法的实质就是在两级或两级以上的层次或阶段上发散求异,有时每级均有多个导出点,使认识不断深入,后一层次都是在前一层次的基础上不断扩展。

人类对物质结构层次的认识就体现了多级发散法。在 20 世纪 60 年代以前,人们一般认为:物质是由分子构成的,分子是由原子构成的,原子是由电子、质子、中子等基本粒子组成的,而这些基本粒子是组成物质的最小粒子。后来,在做这些基本粒子以极高的速度发生碰撞的实验时,发现原来这些"基本"粒子是由更小的粒子所组成的。

3. 交叉发散法

交叉发散法是一种立体的、动态的、多维系统的构思,通过借助多维坐标系,将一个轴上的各点信息与其他轴上各点信息相结合而求解的方法。这种相交叉的点就是创新点,并借此产生系列的创新信息交合的反应场是一个"魔球",信息的引人与层次的变换,会引出系列的新信息组合。"魔球"旋转能使思维在信息变幻莫测的交合中更富有发散性,新构思就会源源不断地出现。

交叉学科的发展是运用交叉发散法的一个典型例子。现代科学的发展特点是学科越来越多、越来越细。同时,学科之间的关系也越来越密切,它们相互交叉、相互渗透,已经形成一个有机的整体、一个大的系统。各个学科知识的交叉应用将会为复杂问题的研究提供新的视角,学科交叉点往往就是科学新的发展点、新的科学前沿。1953 年,DNA 的双螺旋结构的重大发现就是化学家鲍林,生物学家沃森,物理学家克里克、富兰克林和威尔金斯等合作的结果,更是这些科学家思维交叉发散的结果。

4. 侧向发散法

侧向发散法是指思维主体在正向思维直接解决问题遇到困难时,改从侧面发散来思考,从而产生新设想的一种思维方法。

科学研究中常常出现这种情形:研究者对研究目标孜孜以求,但从正面一直无法解决问题,一旦这种思维受到偶然事件的启发,就容易从其他领域或偶然事件中侧向产生好主意或新设想。例如,19 世纪 30 年代,美国的莫尔斯发明了有线电报(电磁式电报机),但在实用中遇到了困难:信号在传递中衰减而无法远距离传送信息。正在一筹莫展时,有一天,他乘坐马车从纽约到巴尔的摩,无意中发现车到每个驿站都要换马。这件事启发了他,是不是有线电报也可以用这种方式。他认为,如果沿线设立若干个信号放大站,使每传一站后所衰减的信号都经过放大而得到恢复,这样远距离传输问题就解决了。果然,由于这一创造性设想的实现,有线电报不久就成了远距离传输信息的通信工具。

(四) 联想思维

联想思维是在原先并不相关的事物之间搭起座认识的桥梁,将表面看来互不相关的事物联系起来的一种创新思维方式。联想思维可以使我们扩展思路、升华认识、把握规律,它又可细分为如下几种:

1. 接近联想

接近联想是指由一事物联想到在时间上或空间上相接近的另一事物。例如,由"阳春三月"联想到"桃花",由"天安门"联想到"人民大会堂",由"三角形的外角和是 360 度的"联想到"四边形、多边形的外角和是不是也都是 360 度"等。

拓展阅读2-4

很多重大发明都是接近联想的成果。例如,鲁班受山上可以割破人皮肤的野草启发,发明了锯;人们从鸟和蜻蜓的飞行中受到启发,发明了飞机;从鱼儿可以在水中有升有浮中受到启发,发明了潜水艇,等等。

2. 对比联想

对比联想是指由一事物联想到和它具有相反特点的另一事物。例如,由朋友想到敌人,由水想到火,由战争想到和平等。

3. 相似联想

相似联想是指由一事物想到另一个在与它性质上接近或相似的事物。例如,由大海想到海浪,想到鱼群,想到轮船,想到海底电缆,想到资源的开发和利用等。

4. 关系联想

关系联想是指由事物所具有的各种关系而形成的联想思维。

拓展阅读 2－5

"钱"的来历与联想

古时候,最早做生意用的钱是贝壳,其价值按贝壳大小、优劣、多少而定。《说文解字》中讲,"至秦废贝行钱"。但是,虽然贝壳作为钱已废止,但汉字中以"贝"站字做偏旁的大部分汉字仍然与钱有关,例如:

货物的"货"由"化"与"贝"组成。化者,变也,货就是变钱的。商谚云:"货不停留钱自来,薄利多销照样能发财。"

赚钱的"赚"由"贝"与"兼"组成。辞典讲"兼"可作"加位"、"合并"解,"赚"就是使钱加位、成倍、翻番。

"贪"由"今"和"贝"组成,"今"指现在、眼前。急功近利者只求眼前,不顾将来;只管捞钱,不问后果,这是由于自私所致。今日有钱今日花,"贪"是万恶之源,"人为财死"就是由贪而来。

"贫"字由"分"和"贝"组成,表示把钱分了。钱分了就会导致贫穷、贫困。

在"赌"字中,贝表示钱,者表示人。人在无所事事时如果和钱在一起,就会玩钱、耍钱,这就是赌博。

玩味钱的结构,给人的启发实在不小。钱,用明人郑暄的话说:"金旁着戈,而且两个,真杀人之物,而人不自悟也。"君子爱才,要取之有道。取之无道而贪,迟早会有被"杀"的一天。"从来有名士,不用无名钱,"说的就是这个道理。

(五) 纵向思维

纵向思维又称纵深思维或纵深思考,通俗地讲,就是按照既定目标、方向,在现有基础上,向纵深领域深化、挖掘的一种创新思维方式。

老子曰:"挖井七仞而不及泉,废井也",(仞是计量单位,7 仞约等于 2 丈多一点)挖井七仞没有出水,是废井,而 7.1 仞出水了,甘泉涌流,就是好井。可见,成功就差那么一点点。

纵向思考的创新思维方法不仅对我们搞好重大发明有帮助,而且对我们加强品德修养,塑好人格形象,其影响和作用也是不可低估的。

拓展阅读 2－6

说文解字

俗、仙、佛这三个字,按照《现代汉语词典》中的解释,似乎没有什么感情色彩,没有什么新鲜味道。如果我们结合品德修养实践做深入思考,结果则大不一样。

俗:左人右谷。意思一是民以食为天,人是吃五谷杂粮的;二是如果世人的心态往山谷坠落,那就没有超凡脱俗,注定是个凡人,是个凡夫俗子。

仙:左人右山。意思一是人要修身养性,必须得到僻静处,即山里去,只有在僻静处,到山里修行,才能成仙;二是如果世人的心态,价值取向,奋斗目标,一直向上攀登,向山上攀登,向高处攀登,才可能成仙。

佛:左人右弗,弗即不是。意思就是佛不是凡人,不是一般的人,"人弗即成佛。"所以,六祖慧能说,一念"觉",即是佛,一念"迷",便是众生。

再如:眼、耳、鼻、舌、心。

眼:人有两只眼睛,并且是平行的,所以应当平等看人。既不能眼睛只会朝上看,也不能一味狗眼看人低。

耳:人有两只耳来,并且左右并列,所以不能偏听一面之词。

鼻:人的鼻端共有两个孔,所以不应当随着别人一个鼻孔出气。

舌:人只有一条舌头,所以不能说两面话,阴一套,阳一套;当面一套,背后一套。

心:人只有一个心,然而有左右两个心房,所以做事不但要为自己着想,也要为别人着想。

(六) 灵感思维

灵感思维,是指在事物的接触及思考中,因受到某种启发而产生的某种创新思维方式。它同顿感思维一样,是在科学研究和文学艺术创造中经常出现和运用的一种创新思维方式。

由于这种创新思维方式具有转瞬即逝的偶发性,所以,要善于抓住这种稍纵即逝的灵感思维,对此进行深入思考和研究,以促成新生事物的应运而生或疑难问题的解决。

拓展阅读2-7

巧移"钟王"

北京大钟寺的一座大钟,有八万七千斤重,号称钟王。这是明朝皇帝朱棣为了防止民众造反,派军师姚广孝收集老百姓的各种兵器后铸就的。不知是什么原因,这口大钟沉到了西直门外万寿寺前面的长河(就是动物园和北京展览馆后面的那条河)的河底。

一百多年后的一天,一个打鱼的老汉发现了河底埋的这口大钟。清朝皇帝得知此事后,下令将这口钟打捞上来,并挪动到觉生寺(即现在的大钟寺)然后再修建一个大楼来悬挂这口大钟。从河底把大钟打捞上岸虽非易事,经过一番努力、总算克服了困难。但要把这八万七千斤重的大钟,挪动到五六里以外的觉生寺去,却谁也想不出一个可行的办法来,钟是夏天捞出来的,到秋天还没有人想出主意。

有一天,参与此事的一个工头和几个工匠在工棚里喝闷酒。工棚内只有一块长长的石条当桌子用,大伙就围坐在石桌旁。这时天正下雨,从棚顶上漏下来的雨水滴了不少在石桌上,坐在石桌这一头的一个工匠叫坐在另一头的一个工匠再给他倒一盅酒。酒倒好后,由于手上有水,在传递时没留神把酒盅给弄翻了,引得大伙连声抱怨:"太可惜了! 太可惜了!"

这时,一个工匠很不耐烦地说:"何必用手传呢! 石桌子上有水,是滑的,轻轻一推不就推过去了。"坐在旁边的一个平时很少说话的工匠沉思了片刻,然后将石桌子一拍,大叫起来:"有啦! 有啦! 挪动大钟有办法啦!"。

这个平时很少说话的工匠联想到的办法是:从万寿寺到觉生寺,挖一条浅河,放进一二尺深的水,河里的水结冰后,不要费多大力气便能将大钟从冰上推走。后来就采用这个法将大钟从万寿寺挪动到了觉生寺。

(七)求异思维

所谓求异思维,是指思维主体对某一研究问题求解时,不受已有信息或以往思路的限制,从不同方向、不同角度去寻求解决问题的不同答案的一种思维方式。

求异思维方法的内核是:积极求异,灵活生异,多点创异,最后形成异彩纷呈的新思路、新见解。可以说,求异思维方法是孕育一切创新的源头,科学技术史上许多发现或发明就是运用这种思维方式的结果。

拓展阅读2-8

最佳受热烹饪盘的发明

美国发明家斯坦梅森发明最佳受热烹饪盘,就体现了求异思维。要制造这种炊具,首要的难点就是找出微波炉内各处的"热点",梅森想到把一层层放有玉米粒的隔板放进微波炉,一处一处地试,一次又一次地试,看哪个地方的玉米先爆成玉米花,这个点就是"热点"。

他先按传统的做法,试了烹饪盘入口处,可那里的玉米粒并没能很快爆成玉米花。后来,将玉米放在烹饪盘中央,仍然不理想。他做了很多次试验都没能成功,这时他想,是不是这个热点不是在一个点,而是分散或者是以某个图形的方式存在呢?

最后,通过不断尝试、不断修正,他发现了微波护内的热点分布模式:它们既不在入口,也不在中央,而是呈一种蘑菇云状分布。

1. 求异思维的特点

(1)灵活性。求异思维的灵活性又称变通性。这里的变通是指思维随机应变,触类旁通,不局限于某一视角或某一方面,能从思维的某一方向跳到更多的方向,从而形成多向思维。

(2)积极性。求异思维的积极性是指思维主体面对问题时能主动、积极地寻求不同的解决方案。

(3)多元性。求异思维的多元性是指思维方式多方发散、多路运行。

(4)试错性。求异思维的试错性表现为思维主体为寻求科学合理的解决方案而不断地探索,反复地尝试、纠错、论证。

2. 转换求异思维

求异思维通常包括发散求异和转换求异等思维方式。其中,发散求异思维就是发散思维,我们已在前面对此进行了介绍,因此,下面重点介绍一下转换求异思维。

转换求异思维是指思维主体在问题求解时,通过变换或改变原有思维的视角、方向、方法或依据,从而获取不同答案的一种思维方式。

📁 **拓展阅读 2-9**

草船借箭

三国演义中"草船借箭"的故事是运用转换求异思维方式解决问题的典型案例。周瑜为了杀掉诸葛亮,要求他在 3 天之内造出 10 万支箭,诸葛亮知道,如果用传统的方法,3 天之内是无论如何也造不出 10 万支箭的。于是,诸葛亮就想到了转换方法,变造箭为借箭,他巧借大雾做掩护,假造进攻的声势,断定曹军会心疑而不停地射箭,再用草人接箭,得来全不费工夫。

转换求异思维的具体方法主要包括如下几种:

(1) 思维视角转换法。思维视角转换法是指思维主体在解决问题过程中,通过思维切入和关注点的改变,把眼界放在一个不同的参照系中进行求异的方法。这里的参照系范围很广,可以是不同的世界观、方法论或理论框架,也可以是不同的人物角色或不同的历史阶段等,如以功能分析法替换结构分析法,由质的考察改为量的考察,将纵向分析改为横向分析,以动态分析替换静态分析,由现实角度改为历史角度或未来角度等。

例如对同一个对象或同一种运动,通过思维视角的转换,可达到多种不同甚至更理性更精细的认识。杜甫的"会当凌绝顶,一览众山小",苏轼的"横看成岭侧成峰,远近高低各不同。不识庐山真面目,只缘身在此山中。"都是随着思维视角的改变,从而有不同认识的典型。

📁 **拓展阅读 2-10**

相对论的诞生

从转变时空观来转换思维,能使科学取得重大的进步。爱因斯坦以相对时空观替换牛顿的绝对时空观,就是思维视角转换成功的典型例子。牛顿的绝对时空观认为:绝对的时间和空间与任何其他外界事物无关。这种观点 19 世纪末以前一直占统治地位,被认为是各门科学的理论基础。所以,当麦克斯韦电磁理论与牛顿经典力学理论发生尖锐矛盾时,当以大漂移实验和黑体辐射问题出现后,许多物理学家仍然坚信牛顿力学是全部物理学理论不可动摇的基础,采取修补旧理论的办法解决矛盾。爱因斯坦却不这样认为,他灵活地转换思维视角,采用了与众不同的态度,抛弃了牛顿的绝对时空观,创立了相对论。相对论深刻揭示了时间、空间和物质运动之间的对立统一关系,使以前无法解释的现象都能圆满解释了。

(2) 思维方向转换法。思维方向转换法是指思维主体在解决问题的过程中,通过沿正反、上下、左右、前后、增减等方向转换思维方式,来求解问题的一种求异思维方法。

正反思维互换是最明显的思维方向转换法。正向思维是指按照常规方式思考问题的一种思维方式。反向思维,又叫逆向思维,是指人们在思考问题时,跳出常规,改变思路,从相反方向寻找解决问题的办法和思路,这种反向思维的方法在科学技术史上运用得较为普遍。

例如,英国化学家戴维方向转换了一下:既然化学能可以转换成电能,那么,电能是否也可以"反过来"转化为化学能呢？他做了电解化学的实验，结果成功了。他通过电解各种物质，陆续发现了钾(K)、钠(Na)、钙(Ca)、锶(Sr)、镁(Mg)、钡(Ba)、硼(B)等 7 种元素。再如，爱迪生将"声音引起振动"反向思考为"振动还原为声音"，于是产生了发明留声机的设想；赫柏布斯把吹尘器的原理反过来，设计出新的除尘装置，结果发明了吸尘器。

（3）思维依据转化法。思维依据转化法是指在科学研究过程中，当原有的理论依据已不适应新实验或新事实时，科学工作者被迫放弃旧理论，采用新理论来求解的种思维方式这里的依据包括理论、方法、标准和条件等。

（4）思维方式转换法。思维方式转换法是指思维主体根据求解的需要，通过变换不同的思维方式而获得不同答案的思维方法。

思维方式根据不同的标准分为很多种：横向思维和纵向思维、理性思维和感性思维、逻辑思维和形象思维、男性思维和女性思维等，思维方式转换没有机械的程序，但有些启发性的方法。这里讨论几种思维方式转换法。

第一，横向思维和纵向思维互换法。例如，爱德华·德波诺教授认为纵向思维者对局势采取最理智的态度，从假设一前提一概念开始，进而依靠逻辑认真解决，直至获得问题的答案，而横向思维者是对问题本身提出问题、重构问题，它倾向于探求观察事物的所有不同方法，而不是接受最有希望的方法，并按照去做。他还比喻说，纵向思维是在深挖一个洞，横向思维是尝试在别处挖洞，因此，纵向思维是为了把一个洞挖得更深的工具，而横向思维则是用来在别的地方挖个洞的工具。

第二，理性思维和感性思维转换法，理性思维体现人的判断能力、分析综合能力和演绎推理能力，感性思维体现人的感知能力与想象力等，这两种思维方式的转换处理是非常重要的。例如，牛顿运用想象推测落体现象的原因，到理性地证明这种原因而发现了万有引力定律。

第三，逻辑思维和形象思维转换法。逻辑思维主要体现为抽象推理能力，其本身存在着一种内在的严格形式。形象思维以原有的表象为基点，融合思想情感及其他"意"的因素。逻辩思维对表象进行加工、改造和创造性的重建，从而使"意"与"象"达成完美的结合。逻辑思维与形象思维相互转换、联合使用可以使问题得到完美的解决。

第二节　创新方法

一、创新方法的概念

创新方法是指创新活动中带有普遍性和规律性的方法和技巧。创新方法一直为世界各国所重视，在美国被称为创造力工程，在日本被称为发明技法，在俄罗斯被称为创造力技术或专家技术，我国学者认为创新方法是科学思维、科学方法和科学工具的总称。其中，科学思维是一切科学研究和技术发展的起点，始终贯穿于科学研究和技术发展的全过程，是科学技术取得突破性、革命性进展的先决条件。科学方法是人们进行创新活动的创新思维、创新规律和创新机理，是实现科学技术跨越式发展和提高自主创新能力的重要基础。科学工具是开展科学研究和实现创新的必要手段和媒介，是最重要的科技资源。由此可见,创新方法包含实现技术创新的方法,也包含实现管理创新的方法。

通过应用创新的方法,能诱发人们潜在的创新能力,使长期以来被人们认为是神秘的、只有少数发明家或创新者所独有的创新设想为每一个普通人所掌握。

二、创新方法的种类

到目前为止,创新的方法已经达到 340 种之多,但常用的方法大概只有十几种。如此多的方法,我们必须有选择地进行学习。因此,我们选择了用途最广泛、最实用的 5 种方法。

(一)缺点列举法

所谓缺点列举法,就是通过对已有的、熟悉的事物进行深入的分析,在对其缺点一一列举的基础上,找出相应的解决方案,从而完成创新的方法。

缺点列举法可以帮助我们突破"问题感知障碍",启发我们发现问题,找出事物的缺点和不足,从而有针对性地进行创新和发明。而对于企业来说,如果能站在消费者的立场上,切实改进产品的缺点,就能进一步满足消费者的需求,赢得到市场的认可,从而为企业带来可观的经济效益。

📁 **拓展阅读 2－11**

两相插座的发明

1894 年,松下幸之助出生在日本一个贫寒的家庭里。正如一些朋友了解的那样,又瘦又小的他 9 岁起就开始打工养家。后来,他凭着一项发明开创了自己的事业。

在那个时代,电源的插口只有一个,与就是说点上电灯就不能干别的了,如熨衣服等,人们使用起来很不方便,但大家都对此习以为常了,没有人着手进行改进。

勤奋好学的松下幸之助很快就注意到了电源插座的这个缺点。于是他开始动脑筋想办法,怎样才能克服这种不便呢?经过反复思考和实验,他终于发明了两相插座,有效地克服了以前电源插座的缺点,赢得了广阔的市场。

"为什么呢?怎么你会那么想呢?"松下幸之助经常这样问别人。正是他这种处处留意事物的不足和缺点并积极想办法改进的精神,才使得他做出了许许多多电器方面的创新,而这些创新也成就了他的事业。因此,松下幸之助被誉为"经营之神"。

(资料来源:创业充电站 ttp://www.cg119.com)

【点评】 人们对于平时看惯了的事物,比较容易见怪不怪,习以为常。带着常见不疑这样的心理就很难看到事物的"问题",而问题意识的缺乏,恰恰是创新的首要敌人。优秀的人总是善于看到普通人看不到的问题和缺点,从而获得成功。

(二)奥斯本检核表法

所谓检核表,就是围绕需要解决的问题或者创新的对象,把所有的问题罗列出来,然后一个个地来讨论,以促进旧的思维框架的突破,引向创新设想。

检核表法几乎适用于任何类型与场合的创新活动,因此享有"创新方法之母"的美称。目前,在不同的领域流传着许多检核表,但知名度最高的还是要数奥斯本的检核表,而且后来许多的方法都来源于这张表。

虽然奥斯本检核表是围绕产品设计进行的,但也广泛适用于各个领域。下面是奥斯本检核表的内容。

(1) 现有的东西有无其他用途? 保持原状不变,能否扩大用途? 稍加改变,有无别的用途? 这需要运用发散思维的方法,想方设法地广泛开发现有东西的用途。

夜光粉是一种用量少、用途不算广的发光材料,过去多用于钟表上。后来,人们扩大了它的用途,设计出了夜光项链、夜光玩具、夜光壁画、夜光钥匙扣、夜光棒等,应有尽有;还有人制成了夜光纸,将其裁剪成各种形状,贴在夜间或停电后需要指示其位置的地方,如电器开关处、火柴盒上、公路转弯处、楼梯扶手和应急通道及出口处等。

(2) 能否从别处得到启发? 能否借用别处的经验和发明? 过去有无类似的东西可供模仿? 谁的东西可模仿? 现有的发明能否引入到其他的创造设想之中?

建房时,要安装水暖设备,经常要在水泥楼板上打洞,既慢又费力。山西省的一位建筑工人设想用能烧穿钢板的电弧机来烧水泥板,经过改造,发明了水泥电弧切割器。这种切割器在水泥上打洞又快又好,这就借用了其他领域的创新。

(3) 现有的东西是否可以做些改变? 改变一下会怎样? 可改变形状、颜色、音响、味道吗? 是否可能改变一下型号模具或运动形式? 改变之后,效果如何?

1898 年,亨利·丁根把滚柱轴承中的滚柱改成了圆球,发明了滚珠轴承,大大降低了摩擦力。

有人把自行车的轮子做成椭圆形,使人骑起来一上一下地起伏着,犹如骑在马上奔驰一般,使这种自行车成了一种新的运动器械,使生活在城市里没有机会骑马的人也能领略到骑马的滋味。

(4) 现有的东西能不能增加一些东西? 能否添加部件、拉长时间、增加长度提高强度、延长使用寿命、提高价值或加快转速?

在两层玻璃中间加入某些材料,就制成了防弹、防震、防碎的新型玻璃。

五年级学生贝明刚在半导体收音机上加装了一个磁棒,研制成了无向半导体收音机。

(5) 缩小一些会怎样? 现在的东西能否缩小体积、减轻重量、降低高度,使之变小、变薄? 能否省略? 能否进一步细分?

1950 年,荷兰的马都洛夫妇为纪念他们死在“二战”纳粹集中营的爱子,投资与实物 1/25 的比例将荷兰典型城镇缩小建成世界上第一个小人国——“马都洛丹”(Madurodam),从而开创了世界主题公园的先河。中国率先采用这种形式的公园是深圳的“世界之窗”和“锦绣中华”。1989 年,“锦绣中华”的开幕为中国园林的发展提供了一个新方向,也为旅游业的发展创造出了一种新的道路,其令人的游人量(高峰期每日达 1.5~2.0 万人次) 和巨大的收益彻底打消了许多人对这种新形式的疑虑。一时间各地纷纷效仿。

(6) 可否用别的东西代替? 可否由别人代替? 可否用别的材料代替? 可否用别的方法、工艺代替? 可否用别的能源代替? 可否选取其他地点?

瓶盖里过去用橡胶垫片,后改为低发泡塑料垫片。据统计,仅吉林省一年就可以节约橡胶 520 吨。

(7) 有无可互换的成分? 可否变换模式? 可否更换顺序? 可否变换工作规范?

重新安排常会带来很多创造性设想。房间内家具的重新布置;商店柜台的重新安排;营业时间的合理调整;电视节目的顺序变动;车间机器设备的布局调整等都可能导致更好的结果。

(8) 上下是否可以倒过来？左右、前后是否可以对调位置？里外可否对换？正反可否倒换？可否用否定代替肯定？

这是一种运用反向思维的发明创造技法。小学生一般是先识字后读书,黑龙江省有三所小学的语文在教学中将这一次序倒过来,让孩子们先读书后识字。在读书过程中,遇到不认识的字,用拼音标注。实验结果是,先读书后识字的学生识字、阅读、写作水平均超过了先识字后读书的学生。

据 2009 年 2 月初的一个报道,国外某人竟然设计了上下颠倒的房间,轰动一时。

(9) 组合起来怎样？能否装配成一个系统？能否把几个目的进行组合？能否将各种想法进行组合？能否将几个部件进行组合？

南京某中学利用组合的办法,发明了带水杯的调色盘,并将杯子做成可伸缩的,固定在满色盘的中央。用时拉开杯子,不用时倒掉水,使杯子收缩。

(三) 组合法

所谓组合法,就是将两种或两种以上的事物或理论分散,从而诞生新产品、分散或全部进行有机地组合、变革、重组,从而诞生新的产品、新思路或形成独家的新技术。

据统计,现代技术创新中组合型成果已经占到了 60%～70%。这也验证了晶体管发明者之一肖克来所说的一句话:"所为创新,就是把以前独立的发明接合起来。"

组合创新是常见的创新活动,许许多多的发明和革新都是组合的结晶。且不说领域与领域之间的组合(如机电一体化)以及高精尖的科技成果的诞生,但看在我们的生活中,组合的产品随处可见。下面是一些组合产品的例子。

1. 牙膏＋中药＝药物牙膏。

2. 电话＋视频采集＋视频接收＝可视电话。

3. 毛毯＋电热丝＝电热毯。

4. 台秤＋微型计算器＝电子秤。

5. 照相机＋模/数转换器＋存储器＝数码相机。

6. 自行车＋蓄电池＋电机＝电动自行车。

7. 机械技术＋电子技术＝数控机床。

(四) 移植法

中国有句古话叫"他山之石,可以攻玉"说的就是移植法。

所谓移植法,就是指将某个领域中已有的原理技术、方法、结构、功能等,移植应用到其他领域,导致新设想诞生的方法。

英国生物学家贝弗里奇说:"移植是科学研究中最有效、最简便的方法,也是应用研究中运用得最多的方法。""重大科学成果有时来自移植。"中国四大发明之一的造纸术就来自移植,即把丝加工技术移植到造纸中,不改变技术本身,只是改变了加工对象,由加丝改成了加上植物纤维。

再看我们身边熟悉的东西,汽车发动机上的汽化器原理来自香水喷雾器;声音除尘器的构造类似于高音喇叭；外科手术中用来大面积止血的热空气吹风器，其原理和结构与理发师手中的电吹风机相同。

（五）头脑风暴法和菲利普斯 66 法

1. 头脑风暴法

头脑风暴法，即智力激励法，或 BS 法，是英文 brain-storming 的缩写。这种方法从美国的奥斯本率先发明、使用并发表之后，就风行全球，成为在进行创新活动时最常用的方法。

大家知道，通过导体周围会产生磁场。若将两根通电导体并列在一起，当它们的电流方向一致的时候，其周围的磁场强度就会随之增强；当它们的电流方向相反时，其周围的磁场强度则会随之减弱。这就是磁场叠加效应。

人在进行思维活动时有没有叠加效应呢？答案是肯定的。当许多人在一起讨论问题时，各自以不同的思路思考可以突破各种局限，具有"互补效应"；各种思想相互启发，互激升华，能形成"互激效应"。这种"互补效应"和"互激效应"使得集体思维能力大大高于个人思维能力，起到增强思维能力的作用。

智力激励法就是根据这一现象而设计的，它是以小团体会议的形式来提出或者解决问题。

为了更好地运用这个方法，同时更好地发挥"互激效应"，必须严格遵守以下 4 项基本原则。

（1）延迟批评。在提出设想阶段，只能专心提设想而不能对设想进行任何评价。这是因为创造性设想的提出有一个诱发深化、发展完善的过程，常常是有些设想在提出时杂乱无章、不合逻辑，似乎毫无价值，然而它却能够引发许多有价值的设想，或在以后的分析中发现开始没有发现的价值。因此，过早地评价会使许多有价值的设想被扼杀。

延迟评价既包括禁止批评，也包括禁止过分表扬。BS 法首先必须禁止任何批评或指责性言行。这是因为会议成员的自尊心使他们在自己的设想遭到批评或指责时，就会不自觉地进行"自我保护"，因而就会只想如何保护自己的设想，而不去考虑新的甚至更好的设想。批评和指责是创新思维的障碍或抑制因素，是产生"互激效益"的不利因素。同样，夸大其词的赞扬也不利于创造性的发挥，如"你这个想法简直太奇妙了"，这类恭维话会使其他与会者产生冷落的感觉，且容易让人产生已找到的圆满答案而不值得再考虑下去的想法。

延迟评价原则是智力激励法的精髓。

（2）鼓励自由想象。自由想象是产生独特设想的基本条件。这一原则要求与会者尽可能解放思想，无拘无束的思考问题并畅所欲言，敢于突破，敢于"异想天开"，不必顾虑自己的想法或说法是否"离经叛道"或"荒唐可笑"，使思想保持"自由奔放"的状态。

本原则下要熟练应用求异、想象、联想、扩散等多种创造性的方法。

（3）以数量求质量。要相信提出的设想越多，好设想就越多，因此要强调在有限的时间内提出尽可能多的设想。会议安排中可规定数量目标，如每人至少要有 3 个设想或更多。这样做可使与会者在追求数量的活跃气氛中，不再注意评价了。

1952 年，监核 1 000 千米的电话线由于大雾造成树挂，使通信中断。为了在短时间内恢复通信,当时政府着派空军解决这一问题。在头脑风暴的讨论中,第 36 个设想是用直升机螺旋桨的垂直气流吹落树挂。使用这个方法后,通信很快恢复了正常。如果在讨论中,提出第 5 个、第 10 个、第 35 个设想时,就戛然而止,那么就不可能到用直升机解决这一问题的设想了。

奥斯本认为。会议的初期在往不易提出理想的设想,在后期提出的设想中,有实用价值的设想所占的比例要高得多。

鼓励巧妙地利用并改改善他人的设想。已经提出的设想不一定完善、合理,但却往往能提出一种解题的思路。其他人可在此基础上进行改善、发展、综合,或由此启发得到新的思路,从而提出更好的设想。

团队讨论遵守以上 4 项基本原则,才能充分发挥大家的创造性,保证会议气氛轻松愉快,从而能够起到互激作用,想出更多、更好的解决问题的方案。

2. 菲利普斯 66 法

菲利普斯 66 法是将发明人的名字和该方法的特点结合在一起而命名的,它是一种适用于小团队的创新方法。

菲利普斯 66 法,也叫小组讨论法,该方法以 BS 法为基础,采用分组的方式,限定时间每 6 人一组,围绕主题限定只能进行 6 分钟的讨论。该方法是由美国密歇根州希尔斯达尔大学校长菲利普斯发明的,因此命名为菲利普斯 66 法。

这种方法的最佳应用场所是大会场,因人数很多,可通过分组形成竞争,使会场气氛犹如"蜜蜂聚会",因此也有人把这种方法称为"蜂音会议"。

著名的"黑板擦改进方案"就是菲利普斯本人应用这种方法的案例。当年,菲利普斯方律某制造公司做"创新思维"的演讲时,突然向听众提出了"怎样把黑板擦改进得更好",然后将听众分成了若干 6 人小组,实施 6 分钟头脑风暴会议。

会议的效果非常惊人。"使用海绵制作黑板擦,防止粉尘飞扬";"设计一种能换芯子的黑板擦";"可以向电熨斗一样给黑板擦安装一个把手"等,6 分钟之内诞生了许多改进黑板擦的设想,有些设想很快被企业采用并变成了新产品上市。

三、常用的创新技法

名人语录

一个从不犯错的人是不可能有所创新的。

——爱因斯坦

和田十二法:又称聪明十二法,是我国创造学者许立言、张福奎对亚历克斯·奥斯本的检核表法进行深入研究,并结合我国创造发明,特别是上海和田小学创造教学的实际,与和田路小学一起提出来的。上海创造学会 1991 年正式命名"和田十二法"。其主要是针对小学生的。它有助于开拓学生的创造性思维,缩短发明的孕育过程。现将 12 技法简述如下:

1. 加一加

在这件东西上添加些什么或把这件东西与其他什么东西组合在一起会有什么结果?

把这件东西加大、加长、加高、加宽会怎样？这里的"加一加"是为了创新思维而"加一加"。如美国商人用0.2美元从我国购买一种工艺草帽，添加一条花边帽带，再加上定型，结果在市场上十分畅销，价格也翻了近百倍。

2. 减一减

将原来物品减少、减短、减窄、减轻、减薄等设想能变成什么新东西？将原来的操作减慢、减时、减次、减序等又会有什么效果？人们用"减一减"的方法发明创造了许多新的东西。例如将上衣减去袖子，就成了马夹；一封信件通常由信纸、信封和邮票三件物品组成，用"减一减"的创新思维方法，使三件变成了一件——明信片；普通眼镜将镜片减薄、减小、去镜架，就变成了隐形眼镜，等。

3. 扩一扩

将原有物品放大、扩展会有什么变化？例如"投影"放大，即为"扩一扩"得到的效果；有一个中学生雨天与人合用一把雨伞，结果两人都淋湿了一个肩膀。他想到了"扩一扩"，就设计出了一把"情侣伞"——将伞面积扩大，并呈椭圆形，结果这种伞在市场上很畅销。

4. 缩一缩

"缩一缩"是把原有物品的体积缩小、缩短，变成新的东西。例如生活中常见的折叠伞、微型照相机、浓缩洗衣粉、掌中宝电脑、折叠沙发和折叠桌椅等，都是"缩一缩"的结果。

5. 变一变

"变一变"就是改变原有事物的形状、尺寸、颜色、滋味、浓度、密度、顺序、场合、时间、对象、方式、音响等，产生的新思维，形成新的物品。美国牙医明娜·杜尔斯发现患龋齿的儿童不爱刷牙的原因是讨厌牙膏中的薄荷味。于是她运用"变一变"原理进行创意，在牙膏中减少薄荷，加上糖浆和果汁，改变了牙膏的口味。

6. 改一改

"改一改"就是从现有事物入手，发现该事物的不足之处，如不安全、不方便、不美观的地方，然后针对这些不足寻找有效的改进措施，从而导致创新。"改"与"变"的含义差不多，但"变一变"是主动地对某一事物进行变动，使这一事物保持常新。"改一改"则带有被动性，常常是在事物缺点暴露出来后，才用通过消除这种缺点的方式来进行创造。"改一改"技巧的应用范围很广，如酒瓶，透明的改为磨砂的，玻璃的改为瓷罐的；原有的注射器改为一次性注射器……"改一改"就是不断发现缺点，不断克服缺点，精益求精，永不满足。

7. 学一学

"学一学"是指学习模仿别的物品的原理、形状、结构、颜色、性能、规格、方法等，以求创新。如科学家研究了蝙蝠飞行原理，发明了雷达；研究了鱼在水中的行动方式，发明了潜水艇；研究了大鲸在海中游行的情形，把船体改进成流线型，大大提高了轮船航行的速度。

"学一学"不是照搬，而是从现象中寻找规律性的东西，学习中有改进，学习中有创造。所以，模仿学习有时能得到更新的技术，使其得以"跳过"创新者，开发出卓越的产品。

8. 联一联

"联一联"就是把某一事物和另一事物联系起来，看看能否产生新事物。如，手机发短信，一直以来都是通过按键输入的形式完成的，但将其与手写信息联系起来，通过联一联开发出了可以手写输入的手机,方便了手机用户。

9. 代一代

"代一代"是用其他事物或方法来代替现有的事物,从而导致创新的发明思路。许多事物尽管使用领域不一样,使用方式也各不相同,但都能完成同一种功能,因此,可以试着替代。既可以直接寻找现有事物的代用品,也可以从材料、零部件、方法、形状、颜色和声音等方面进行局部替代。曹冲称象可以说是"代一代"的典型事例。

10. 搬一搬

"搬一搬"就是把这件事物、设想、技术搬到别处,看看会产生什么新的事物、设想和技术。"搬一搬"往往是某项发明创造推广应用的基本方法。如激光技术"搬"到了各个领域,就有了激光切削、激光手术……又如,原本用来照明的电灯,经"搬一搬"后,有了紫外线灭菌灯、红外线加热灯、装饰彩灯、信号灯……同一样东西"搬"了一个场合就会产生新的功能。

11. 反一反

"反一反"就是将某一事物的形态、性质、功能以及正反、里外、前后、左右、上下、横竖等加以颠倒,从而产生新的事物。"反一反"在生活中的运用很普遍,如森林动物园一反普通动物园的常态,将猛兽关在笼子里供游人观赏改为将游人关在笼式汽车里在森林中浏览观赏行动自由的猛兽,受到游人的欢迎。尽人皆知的司马光砸缸的故事也是其典型的事例。"反一反"是一种逆向思维,它一般是指从已有事物或现象的相反方向进行思考,寻找解决问题的新途径。

12. 定一定

"定一定"指对新产品或事物定出新的标准、型号、顺序,或者为改进某种东西以及提高工作效率和防止不良后果做出的一些新规定,从而导致创新。古代由于没有规定统一的温度起点,市场上有 27 种不同刻度的温度计出售,给人们带来不少麻烦。1740 年,大家协商一致,同意以水的冰点和沸点作为温度计计算标准刻度的依据。瑞典的安德斯·摄尔修斯以此为依据制造出一种温度计,就是今天大家最熟悉的摄氏温度计。

【学习情境】

创新思维训练

为了产生创新思想,你必须具备:(1)必要的知识。(2)不怕失误、不怕犯错误的态度。(3)专心致志和深邃的洞察力。

——耐尔·R·斯威尼

【理论环节】

创新思维是多种思维方式的综合运用,既有逻辑思维也有非逻辑思维,既有抽象思维也有形象思维,既有发散思维也有收敛思维。其中发散思维和收敛思维对于创新思维十分重要。尤其发散思维,是开展创新活动所不可缺少的一种有效思维方式。可以说,没有发散思维就没有创新,这是心理学家、思维专家长期研究得出的结论。

发散思维的方法多种多样,如侧向思维、逆向思维、变位思维等。下面介绍6种发散思维的训练方法。

知识点1

逆向思维训练

逆向思维也叫反向思维、反转思维,其特点是改变原常思维方向,从相反方面来认识事物、思考问题。由于这种思维突破了人们考虑问题的思维定式,因而往往能够获得惯常思维所不能取得的成效。如,春秋战国时田忌与齐威王赛马,按照惯例应是良马对良马,次马对次马。田忌却运用逆向思维方法,以次马与齐威王良马比赛,以良马对中马,以中马与次马比赛。结果,田忌取得三马两胜的战绩。

古代司马光破缸救人的故事也说明了逆向思维的作用。通常从大水缸里取物救人,一般会由缸口打捞,或者将水缸放倒,而不是损坏水缸。当时司马光年纪小,不可能采取以上两种办法,便急中生智,运用逆向思维想出了破缸救出小伙伴的办法。

拓展阅读 2-12

青岛啤酒是如何进入美国市场的

当初,青岛牌啤酒在进入美国市场时主要做了两件事情:一是出资请美国广告商通过报纸、电视、电台等新闻媒体进行广告宣传,二是让美国大饭店接受这种啤酒,以扩大影响。这后一件事做起来并不容易,美国大饭店不会轻易购进这种啤酒。啤酒推销商看到了这一点,于是放弃了登门推销,而采取相反的做法,变卖为买。他们出资在纽约多家大饭店举办宴会,宴请社会名流并指名要青岛牌啤酒,如果没有,就以缺少这种酒宴会不够档次为由,取消宴会。这样,青岛啤酒不仅受到纽约许多大饭店的重视,登上了高档宴席,而且逐渐在美国啤酒市场站稳了脚跟。

【点评】 这种以买促卖的做法,无疑是逆向思维的创新成果。可见,只要勇于突破旧的思维,跳出经验和常识的桎梏,反其道而行之,再大的难题也会有更好的解决之法。

【课堂思考题】

洪长兴是上海著名的羊肉店,为了保证肉的质量,该店有专门的供肉基地。羊从基地运来后,店里的职工操刀拆卸、开料。因为店堂面积小,拆羊劳动强度大,每天供肉量有限。到了冬天羊肉销售旺季,来买肉的人排成长队,供不应求,许多顾客失望而去。这种情况不但满足不了顾客的需求,营业额也受到很大影响。店堂小,供肉不足,成为该店发展的卡脖子困难。

请思考:你能否用逆向思维为该店想出解决方法,增加肉量,满足顾客的需求。

【参考答案】 办法是颠倒羊肉的加工程序。由洪长兴羊肉店派人到羊肉供应基地,指导基地的员工按肉店的要求将整羊拆卸,精选出肉块,再运到该店切片上市,或者将切肉机运到供应基地,按要求切成羊肉片,再运到洪长兴来出售。这样就解决了肉店面积小,羊肉片加工量不足的困难。

知识点 2

横向思维训练

横向思维也叫"侧向思维",即向思考的事物及问题的侧面伸展思维触角,以求获得新的思维成果,这是发散思维中最常使用的第二种方法。例如中国的传统节日食品粽子,从外形看,大致有长方(扁方)形和四角(六棱)形两种,是否能再变换几种? 从米料看,主要有糯米、黄米两种,是否可以改用别的米料? 从馅料看,常见的有红枣、豆沙(甜馅)和猪肉(咸馅),能否增加馅料的品种? 要解决上述问题便离不开横向思维。

【课堂思考题】

(1) 某市郊区一个著名景点的附近有几个"果树村"(以种植果树为主的山村)。山坡上、出沟里分布了很多果林,有苹果树林、桃树林、杏树林、粟子树林。这几个"果树村"打算借旅游景点之利,开展些能够吸引游客的活动,以增加收入。你能否运用横向思维为他们想些办法。

(2) 国家男子篮球队到某城市参加比赛,该市有一家皮鞋厂,产品质量不错,但由于广告费用昂贵,该厂一直未能通过新闻媒体宣传其产品。请考虑,他们能否趁国家男篮比赛之机,策划一次少花钱而能够借新闻媒体宣传其产品的活动。

(3) 我国首次参加洛杉矶奥运会那年,广州市场汗衫积压严重,虽一再削价但仍不见起色。经营汗衫的公司能否从我国首次参加奥运会这一信息中受到启发,想出销售汗衫的办法。

【参考答案 1】 可以开展两项活动:一是采摘鲜果。游客缴纳一定数额的活动费,按照规定到果林里摘鲜果。二是把游客请进山村农家小院,一方面休息,另一方面可以品尝农家饭菜和了解山村农民的习俗。如果有纯净泉水,可用山泉沏茶招待游客。

【参考答案 2】 一种办法是事先了解男篮队员们鞋的尺码,抢制一批优质皮鞋,待男篮来市里比赛,举行一次向男篮队员赠鞋的活动,并请新闻记者采访报道这一活动。另一种办法是,选择男篮队员最大的两个脚码,制作两双优质特大号皮鞋,刊登启事开展"皮鞋擂台赛",欢迎人们踊跃试穿,试穿合脚者可带走皮鞋,并获得一只漂亮手提包。在比赛期间可通过一定渠道特邀男篮队员前来参加"擂台赛"(试穿鞋),当皮鞋被男篮队员穿走后,请记者追踪采访,了解他们对皮鞋质量、样式的评价,进行报道。

【参考答案 3】 广州经营汗衫的公司获得我国运动健儿将首次在奥运会亮相的信息之后,意识到一旦我们的运动员获得奖牌,将激发中国人民的爱国热情,如果将汗衫、背心等印上奥运会标志,投放市场,会大受欢迎。果然,当奥运会捷报频频传来之后,他们投放市场的"奥运衫"成为抢手货。

知识点 3

换位思维训练

人们在考虑问题、处理事情时,常常受所处地位、所持立场的影响,想不出解决问题的办法。但如果变换一下立场,转变一下地位,就可能产生新思路,想出有效的方法。

【课堂思考题】

(1) 1999 年六七月份北京气温居高不下,时值高考温习功课的紧张阶段,这样的天气给家庭住房紧张、环境不够安静的学生造成许多困难。当时北京一些高档宾馆上客率不高,空房挺多。如果你是宾馆经理,站在高考学生角度进行思考(换位思维),在宾馆经营方面能不能想出新的办法。

(2) 北京有一路公交汽车的起点站,经常出现这种现象,旅客坐上车后,到了开车的时间,司售人员却突然高喊:"这辆车不开,去后面那辆。"于是乘客急忙下车往后一辆车上挤。一些老年乘客动作迟缓,很难占到座位。乘客对此很有意见。请运用换位思维,站在乘客角度想想,应该如何提高该路公交汽车的服务质量。

【参考答案1】 北京有一家高档宾馆,为了解决高考学生的困难,专门辟出环境安静的客房,用较低价格出租给高考学生,并且安排了价廉可口的饭菜。还为家长陪读提供了方便。该宾馆的这一举措,不仅获得经济效益,而且赢得了赞誉。

【参考答案2】 制作一个发车标志牌,立在即将开出的汽车旁边,让乘客一目了然。

知识点 4

求同思维训练

"求同"是指在两个以上事物中找到它们的共同之处。运用求同思维,有助于在不同的事物之间找到结合点,使新结合的事物在性质、形态、功能等方面有所变化,以获得创新的效益。如最初茶杯和暖水瓶各有其功用,利用求同思维将两者相结合,便有了现在普遍使用的不锈钢保温杯,既有暖水瓶的保温功用,又是携带方便的喝水杯子。用求同思维方法,找到暖瓶与饭盒的结合点,把暖水瓶改成了广口状,成为携带饭菜的保温提桶。再如:把磁疗垫放在鞋里,做出磁疗皮鞋;把录音机和电话机相结合,造出录音电话;把滚动带和计时器组合起来,做成跑步健身器。尤其在仿生学研究中,求同思维具有不可代替的地位。如:仿照蛋壳、乌龟壳发明了建筑的薄壳结构;通过模拟生物酶的催化作用创造了高级催化剂。

【课堂思考题】

(1) 找出与自行车有结合点的其他事物,使自行车的构造和功用发生新的变化。

(2) 某汽车轮胎厂生产了一种名牌轮胎,出于公关需要,该厂准备制作一种精美、实用又能反映该厂特点的小礼品。请根据下面提供的要素,运用求同思维,选出其中两种素材,设计出一个小礼品。素材:茶缸、烟灰缸、钢笔、工厂的厂牌、轮胎模型、厂办公楼模型、小相框。

【参考答案1】 自行车与船结合(水上自行车),与健身器材结合(自行车健身器),自行车旁安装挎斗(挎斗自行车),自行车上安装货架(载货自行车),将自行车装到索道上(登高自行车,用于娱乐或体育比赛,尚无产品),自行车与飞行器结合(飞行自行车,尚无产品),自行车与太阳能结合(太阳能助动自行车,尚无产品),自行车与风扇结合(自来风自行车,夏天用,尚无产品)。

【参考答案2】 该厂制作的小礼品,用一个橡胶仿真小轮胎套在特制的小烟灰缸上。此外,也可用橡胶仿真小轮胎当底座,插上特制钢笔;或者在两个并立的小胶轮中间,插上一个小相框。

知识点5

求异思维训练

"求异"指在相同或相似的两个以上事物中找出不同之处,这是在科研、科技、产品研制、经营管理、广告宣传、文学创作等工作中能够获得新成效的一种思维方法。有些企业,为了使产品能够在竞争激烈的市场上占有一席之地,便采用"你无我有,你有我廉,你廉我精,你精我转"等生产、经营策略,制定和实施这些策略,自然离不开同中求异的创新思维方法。

如北京烤鸭驰名中外,全国各地纷纷开设烤鸭店。南方有个城市在制作烤鸭时并不完全仿照北京,而"同中求异",把烤制方法略加改变。他们为了减轻北京烤鸭的肥腻感,有意把鸭皮烤酥,名曰"北京脆皮鸭",很受顾客欢迎。

【课堂思考题】

(1) 近些年社会上出现很多中介服务行业,如婚姻介绍、房屋租赁服务、国外留学服务、职业介绍服务、大型会议服务、旅馆介绍服务、人才交流服务、技术转让中介服务等。请思考,还可以根据社会需要成立哪些与上述服务内容不同的中介性质的公司。

(2) 有个专门生产大小皮包的企业,想扩大皮包的品种,你能否运用求异思维,从功能方面提出些设想。

【参考答案1】 ① 成立家教中介服务机构。有些大学生,或在职、退休的教师,想从事家教,但找不到聘主;而不少学生家长想聘请好的家教老师,却找不到门路,中介机构可满足这两部分人的需求。② 成立医药咨询服务机构。外地人到北京、上海等大城市求医购药的很多,由于人生地疏遇到很多麻烦,这种服务机构可以给他们解决许多困难。③成立办公用品中介服务公司。购买电脑、打印机、传真机、复印机、碎纸机等办公用品,如果不是内行,有可能花钱买不到优质、可心的产品。现在有城市已成立了这种中介服务公司,开展为客户介绍或代购大型办公用品的业务。

【参考答案2】 育儿包(便于携带婴儿用品),钓鱼专用包,运动员包,医生急救包,集邮包(装邮票册),化妆包,旅行便携包,写生包(装外出写生的用具),海员急救包(防水,备有救生用品),自行车挂包(供骑自行车长途锻炼用),经理包(高档提包),中小学生书包(背包),公务包(公务员及大学生用的男士、女士挎包及提包,或挎提两用包),采访包(供摄影记者用),电脑包,文具包(装办公常用的笔、本、刀、日历、计算器等)。

拓展阅读2-13

利达拖车公司的奖金制度

李达经营利达拖车公司已有近5年了。在这段日子里,他从无到有,创办了一家具有20辆拖车、17位司机的当地大型的拖车公司。其服务对象主要是修车厂、房地产管理公司、企业管理人员和卡车公司,目的是将客户的车拖至指定位置。利达拖车公司凭其与客户和司机的良好沟通手段及优良的服务,成为当地较占优势的拖车公司。

在公司创办之初,李达建立了一种同员工非常友好的朋友氛围。他支付给员工的工资约比同行业平均水平高出15%,而且他还提供给员工其他拖车公司所没有的福利。因而,他完全有理由相信员工会主动、积极地为公司工作。他还要求员工统一着装,定期洗车、抛光。

然而,近来他发现公司出现了一些让人担忧的问题,司机们总是待在休息室里,并且对顾客的电话也不是很积极,而且这种情况比较普遍。例如,司机们总说还没有轮到他,让别人去做吧。如果有些顾客的车不是要求立即拖走,那么,司机们一般就会拖延至晚上再去拖,这样,他们就能够获得1.5倍的超时工资。现在,李达想知道为什么高于平均水平的工资和福利还不能有效地激励员工。

请帮助李达引进一种新的奖金制度来解决这些问题。

四、创造者的13个思维工具

创造性思维首先是感觉。要理解的愿望必须同感觉和感情混合起来,必须和智力混合起来,才能够产生创造力的洞见。我们的感觉,我们的直觉,并不是理性思维的绊脚石;相反,它是理性思维的根源和基础。

美国教授鲁特·伯恩斯坦说,伟大的思想家使用过13种"思维工具",使用这些工具可以使人成为创造者。这13种"思维工具"分别是:

(1) 观察:通过观察磨炼所有的感官,从而使思维变得非常敏锐。

(2) 想象:使用某些或全部感官在心里创造各种形象。

(3) 抽象:观看或思考某种复杂事物,去粗取精,化繁为简,把唯一本质的东西找出来。

(4) 模式认知:观察和研究不同的事物,找出它们在结构上或性能上的相似之处。

(5) 模式形成:找到或创立新方法,将事物清理出头绪,纳入规范。

(6) 类比:虽然两件事物迥然不同,但可以从功能上找到相同点。

(7) 躯体思维:使用肌肉、肠胃的感觉以及各种感情状态。

(8) 感情投入:将自己设想为自己所研究、绘画或写作的对象,与之合而为一。

(9) 层次思维:能把情绪变成不同的层次,就像把素描改成雕塑一样。

(10) 模型化:能将复杂的事物简化成一个模型。

(11) 游戏中的创造力:能从毫无目的的游戏活动中演化出技术、知识和本能。

(12) 转化:使用新获得的思维技巧,形成新发明的基本构图,然后制出模型。

(13) 综合:使用各种帮助思维的工具得出结果便是综合,能用各种不同的方式对事物进行思考,诸如身体、直觉、感官、精神和智力等。

【本章小结】

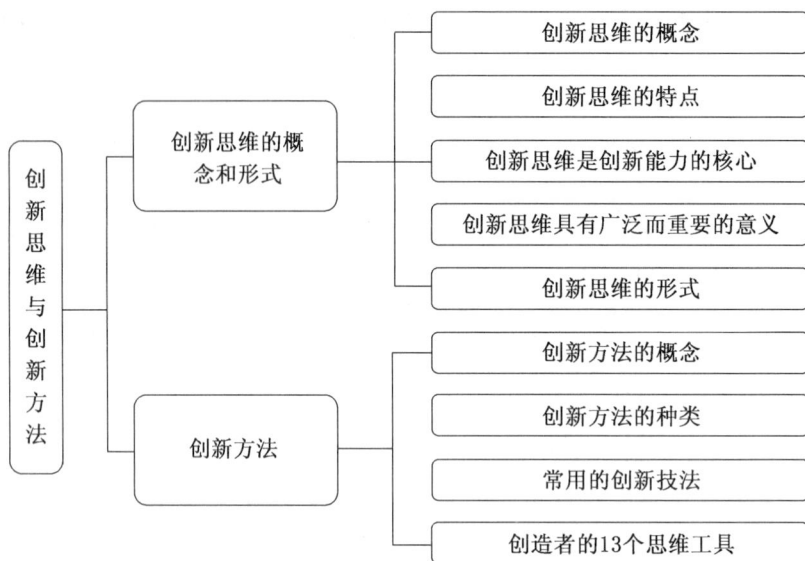

【实践活动】

头脑风暴大赛

一、实践目的

人脑是世界上最精密、最敏感的器官,其中蕴含着无数待开发的资源。本次活动旨在为同学们提供个展示自己敏捷思维、记忆才能的舞台,让同学们在日常生活中有意识的锻炼自己的脑力和反应速度。同时选出优秀的脑力活动者分享其记忆方法和思维过程。在游戏中锻炼思维,在过程中彰显智慧,让同学们习惯在苦思冥想中不知不觉让自己成为出类拔萃的优秀学生。

二、活动方案

比赛共分为六个环节:

第一环节"昨日重现"

(1) 选手观看一组动画片的截图,在播放完图片后,选手回答所给出的有关于图片的细节问题,选手将答案依次写在题板上,每图播放 5 秒钟。答对每张得 10 分,答错不扣分。

(2) 选手观看组动画片里的人物,播放完后回答相应问题,选手将答案依次写在题板上。答对每题得 10 分,答错不扣分。

第二环节"妙手回春"

由主持人说明动手游戏的规则,由观众自主选择是否挑战,观众挑战成功后可得到小礼品奖励或者是选择给自己支持的队伍加分(奖励 10 分)。

第三环节"会声会影"

播放一段视频,每段视频播两遍,选手仔细观看后回答关于视频细节的问题。选手将答案写在题板上。共 2 段视频(一电影一动画),每段 10 题,共 20 题。答对每题 20 分,答错扣 5 分。

第四环节"极速风波"

给每组选手准备一组快速问答题目,选手在主持人念完题目 10 秒后在题板上给出答案,该环节每道题目将指定每组选手中的不同成员来作答,其他成员可以协助思考答案(如第一题将必须由该组选手中的一号成员回答),每个组八个小题,每小题答对十分,答错不扣分。

第五环节"互动游戏"

全场互动环节,准备一袋气球,在每个气球里塞进一张带有智力问题的小字条,在场的观众要将气球吹爆后回答对相应问题就能有精美礼品相送。(实在无法吹破可寻求工作人员帮助)

第六环节"针锋相对"

选手答题,由前三轮累计分数最高的四组选手进行,两两组合,互相为对方选题,每组选手在回答对一道题后可以选择是否接着回答下一小题。答对每题得 20 分,答错则选题方得 20 分。

第三章 创业认知

【内容提要】

创业,是当今社会经济发展的大势所趋。鼓励和发展创业,不仅有利于扩宽大学毕业生的就业门路,为社会创造更多的就业岗位,更有利于实现大学生的个人社会价值,继而在全社会形成创新、创业的氛围,推动社会经济的持续、快速、健康发展。由此,本章主要介绍创业的基本知识,并对大学生创业的环境以及国家和各地政府的优惠政策进行简单的分析。

【学习目标】

知识目标:

1. 掌握创业的内涵、要素
2. 理解创业的类型、过程
3. 了解大学生创业环境的内涵
4. 掌握创业环境分析的方法

能力目标:

1. 能在了解创业内涵的前提下培养自己的创业意识
2. 能在明确创业现状的基础上扩展创业视野
3. 能从不同方面对创业环境进行分析
4. 熟悉最新的大学生创业优惠政策,为创业做准备

【案例导入】

创业先要了解的五个问题

一、思考并回答5个核心问题

1. 你真的了解这个行业,并确定自己的点子能成功吗?

如果你决心要创业,但对创业的行业没有相关的经验,建议不要急着开始,先去找相关的工作做个3个月到半年,认真地、虚心地学习。这样做有几个好处:确认自己是否真的适合;学习到相关的技能,了解项目可能会遇到的问题,以便认识自己的优势与欠缺;了解用户需求、工作流程、技术风险等;顺便物色自己的合作对象。

2. 你有充足的资金并准备好身无分文地过上几年了吗?

丁香园创建于2000年,是国内面向医生、医疗机构、医药从业者以及生命科学领域人士的专业性社交网站。创始人李天天说,我们经历过缺钱的时候,2006年到2010年间都是连滚带爬的,每天都在想下一顿饭在哪里,下一个单子在哪里。2008年最痛苦的时候

是公司现金链断了,公司把房子、车子全部抵押出去,从银行借钱来发工资。

如果你要创业,建议准备最少半年以上或是一年的资金,因为基本上半年就可以知道一个项目能不能成功。如果资金不足,明明就快要成功了,但资金却撑不到那个时候而失败,是很可惜的。而且,除了创业的资金外,别忘了自己以及家庭的生活开支,这关系着你未来面对创业以外的压力。

你越缺乏经验,越不应该拿外来的资金。花别人的钱很痛快,但也是牵制你创业目标的羁绊,原因在于,当你向外人请求资金融资时,你也得听命于他们。一开始大家有共识,还不会出问题,但发展下去呢? 到头来可能是无尽的争吵与惆怅。而且,筹资的社交会耗费心力,在你应该一心一意打造产品的时候,这些活动会影响你去思考创业的方向。

3. 你擅于解决问题并独自克服困难吗?

离开百度时,王工有个误区,他把大企业的支持系统当成了理所当然的事。作为员工,你可以利用公司的资源,一般情况下,你可以假设经理或其他什么人会处理好细节,并解决遇到的问题。但是对于新创企业,这些你都必须亲力亲为,顶住压力,做出成绩。特别是从大企业出来的创业者,有的缺乏独当一面或是多面的能力,往往半途而废。

4. 你介意放弃个人生活吗?

如果你有家庭,你的家人会怎么想? 一位创业者说,"我不得不错过很多生日聚会和家庭重大事务,而且14年没休假。并非每个人都适合当企业家。"很多创业者自己尽管有着幸福的家庭,但大多都说自己好像跟公司结婚了。

5. 想好失败与退场的可能与后果了吗?(你能承担失败的结果吗?)

这是必须要想的,为了自己也为家人,要思考真的失败之后,失去的金钱、时间甚至原本的前途,是可以承受的吗? 大多数人都是为了有更好的未来,人生很短,也没有太多的本钱可以重来,所以要思考退场之后的问题。

(资料来源:搜狐网 http://www.sohu.com/a/19585435_134547)

第一节 创业的基本知识

创业是件有意义、有意思、有利益的事情;创业是为了追求梦想、创造社会财富所强化的一种理念、一种价值。那么,究竟什么是创业? 创业的现状又如何呢?

一、创业的概念

创业就是创业者对自己拥有的资源或者通过努力能够拥有的资源进行优化整合,从而创造出更大的经济或者社会价值的过程。目前普遍接受的创业的定义是:一个精英团队在洞悉某一行业市场现状、需求的基础上,经过慎重研究、思考寻找出创新的、未来有较大需求且可行的经营模式之后,通过管理、技术、市场、公关等手段或途径最大限度地实现团队预期目标,并为社会创造较大财富的过程。

这个概念包括以下几层含义:

(1) 创业是一个创造的过程,即创业者要付出努力和代价。

(2) 创业的本质在于对机会的商业价值的发掘与利用,即要创造或认知到事物的一个商业用途。

(3) 创业的潜在价值需要通过市场来体现,即市场是实现财富的渠道。

(4) 创业以追求回报为目的,包括个人价值的满足与实现、知识与财富的积累等。

拓展阅读 3-1

马云说创业

马云说:100个人创业,有95个人连怎么死的都不知道……残酷的市场面前,马云活了下来,成为创业者们梦想中的财富奇迹。可谁又能想到他成功背后的辛酸艰险?毕竟市场不是乱世的江湖,创业不是侠客的游历。创业之路充满未知的险阻,您是否充分考虑过自己有足够的准备面对这一切了呢?

马云语录:做人、做事、做企业必须一贯。

建立自我、追求忘我。

做一份工作,做一份喜欢的工作就是很好的创业。

小公司的战略是两个词:活下来,挣钱。

五年以后你还想创业,你再创业。

创业者书读得不多没关系,就怕不在社会上读书。

马云之"创业启蒙论"

创业者的品格将直接决定创业的成败,"成功创业者"必须具备的5大基本素质:1、优秀的人格魅力 2、正确的做事原则 3、恒定的创业梦想 4、坚定的事业目标 5、保持做人、做事、做企业的一致原则与方向。

(资料来源:应届毕业生网 http://chuangye.yjbys.com/gushi/jingyanfangtan/540396.html)

二、创业的要素

(一) 创业的关键要素

创业的关键要素包括创业机会、创业团队和创业资源。

创业机会就是创业者可以利用的商业机会。从创业过程的角度来说,创业机会是创业的起点,创业过程就是围绕着创业机会进行识别、开发、利用的过程。

创业团队是指在创业初期(包括企业成立前和成立早期),由一群才能互补、责任共担、愿为共同的创业目标奋斗的人所组成的特殊群体。

创业资源是指创业企业在创造价值的过程中需要的特定资产,包括有形资产与无形资产。它是企业创立和运营的必要条件,主要表现为创业人才、创业资本、创业技术和创业管理等。

(二) 创业各要素之间的关系

我们可以从以下几个方面来认识创业各要素之间的相互关系:

第一,创业机会是创业过程的重要驱动力,创业团队是创业过程的主导者,创业资源是创业成功的必要保证。创业过程始于创业机会,而不是资金、战略、网络、团队或创业计划。开始创业时,创业机会比资金、团队的才干和能力及合适的资源更重要。在创业过程中,创业机会与创业资源之间经历着一个适应—差距—适应的动态过程。

第二,创业过程是创业机会、创业团队、与创业资源三个要素匹配和平衡的结果。创业团队要善于配置和平衡,借此推进创业过程,包括对创业机会的理性分析和把握,对创业风险的认识和应对,对创业资源的合理配置和利用,对工作团队适应性的认识和分析等。

第三,创业是一个连续不断地追求平衡的行为组合。三个要素的绝对平衡是不存在的,但创业过程要保持发展,必须追求一个动态平衡。这期间创业团队必须思考的问题包括:目前的团队能否领导组织未来的成长? 组织面对怎样的资源状况? 下一个阶段的运作与成功面临哪些困难与陷阱? 这些问题在组织发展的不同阶段会以不同的形式出现,它牵涉到组织的可持续发展。

📁 **拓展阅读 3－2**

六种趋近完美的创业要素

要素一:要有独到的见解或独家技术

拥有独到的见解或独特的技术是走向成功的关键,但也是最难做到的一点。当今社会如何找到独到的见解或独特的技术呢? 专家建议在如下领域寻找市场:生物技术、软件、电讯。

要素二:经营得当,追求完美

企业家们建议只有经营得当,才能稳操胜券。对此,迈克尔·戴尔解释得更加详细:即使你拥有某种产品的专利而且对此严格保密,也不能保证你将来能赢利。真正的竞争佼佼者是那些经营得当的企业。企业的关键不是取决于一个伟大的观点或专利,而是取决于对某种策略不断提高的经营和改善。

要素三:冲在竞争前列

冰球明星哥瑞斯基,谈到他的成功秘诀时说,成功不是因为有往冰球所在方向滑的能力,而在于总是往冰球将要落脚的地方滑。如果你将其用于企业,你就掌握了成功的关键。那么你怎样确定你的商业落脚点呢? 迈克尔·戴尔建议你考虑一下"顾客的购买习惯的变化,还有技术方面,现存的和潜在的竞争方面,以及尤为重要的,你的企业和你的竞争者们都在做什么,你怎样才能做得与众不同。"

要素四:扮演弱者

企业家们透露,与大企业竞争有两个秘密:第一,利用你小而灵活的特点,"出手迅捷,偷偷袭击,在对手明白过来之前打它个措手不及,不让他们有喘息的机会。"泰德·特纳如此形容这一点。这是唯一一条行之有效的办法,也是唯一以小胜大的法宝;第二,避免迎头正面作战,你的策略应该是利用自己的优势与同一领域的大公司竞争,而不是硬碰硬。

要素五:变劣势为优势

避免正面冲突的另一种说法是变劣势为优势。迈克尔·戴尔曾经运用过此策略,他瞄准了一个竞争者们所没有看到的售后服务的巨大机会,然后作为本企业的最初目标。实施了第一个服务项目——上门修理计算机的服务。与竞争者相比,戴尔占据了明显的优势。

要素六:为他人着想——要有人情味

最后一个创办企业的要素——要有人情味,听起来有些令人吃惊,但这是我们的一些企业家们竭力提倡的要素。为他人着想是任何企业成功的最关键所在,许许多多公司的经验证明,"做到有人情味儿"会对企业大有裨益。

(资料来源:搜狐教育 http://www.sohu.com/a/118301360_479665)

三、创业的分类

按不同的标准,可以将创业分为不同的类型。

从新创企业建立的渠道看,可以将创业分为:独立型创业、母体分离型创业和企业内创业;

从创业项目看,可将创业分为:高新技术型创业、传统技能型创业、知识服务型创业、体力服务型创业;

从创业主体看,可将创业分为:失业者创业、退休者创业、残疾人创业、大学生创业、辞职者创业、兼职者创业和农民创业等。

根据创业者创业动机的差异,可以把创业行为分成以下三类:

1. 机会拉动型创业

该种创业是指创业的动机在于个人抓住现有机会的强烈愿望,是一种个体的偏好,并将创业作为实现某种目标(如实现自我价值、追求理想等)的手段。

2. 贫穷推动型创业(生存型创业)

该种创业的动机是别无更好的选择,是一种被迫的选择,而不是个人的自愿行为。创业者必须依靠自己的创业为自己的生存和发展谋求出路,改变贫穷状况是创业的动机。

3. 混合型创业

该种创业是介于机会拉动型和贫穷推动型创业之间的创业行为,在经济比较窘迫,同时又有很好的机会时,抓住机会进行创业活动。

中国的创业活动以生存型创业为主,与全球的以机会型创业为主的情况相反。中国的生存型创业主要集中于在现有市场和创造的小市场上捕捉市场机会。在行业上,中国的生存型创业主要集中在零售、旅馆和餐饮行业。从创业者的性别来看,据调查,男性的创业活动高于女性,男性创业与女性创业的比率是 24∶1;男性创业活动的年龄主要在 18~34 岁,而女性创业活动的年龄主要在 24~44 岁;中国的男性创业活动水平与其受教育程度没有明显的关系,女性的创业活动水平与其受教育程度有一定的关系。

我国掀起了新一轮创业的高潮,而且创业者中高学历比率增加,现今如果没有一定的基础知识,创业往往较难成功,特别是高新技术行业。

📁 **拓展阅读 3－3**

【互联网＋大赛】第二届中国"互联网＋"大学生创新
创业大赛冠军项目——"翱翔系列"微小卫星

"我们相信,在未来,每个人都可以拥有一颗属于自己的卫星。"

"翱翔之星"是由西北工业大学师生团队自主研制的第一颗微小卫星。2016 年 6 月

25日，随长征七号一起飞入太空。这是国际上首颗12U立方星，其主要任务是开展地球大气层外光学偏振模式测量，为偏振导航技术的研究提供数据支撑，未来的"翱翔"系列卫星还可应用于伴飞巡视、对地遥感、数据中继等领域。其次"翱翔之星"也是世界首次开展在轨自然偏振光导航技术验证，该技术从偏振导航信息获取的角度出发，开展大气层外偏振模式测量，这在国际上具有"开创意义"。

西北工业大学"翱翔系列微小卫星"团队制定了立方星总体设计、系统集成和总装测试的研制规范，并提出基于"互联网＋航天"的商业模式，提供面向团体和个人用户的低成本、模块化的功能定制卫星平台和定制化、个性化的空间信息服务等。

这是一支由12名教师和20多名研究生组成的团队，此外，这个"造星团队"还有多名国外研究生参与项目研究。基于国家国际科技合作基地"移动平台环境感知及空天应用国际联合研究中心"，荷兰代尔夫特理工大学先后有5名研究生，参与了飞轮、小型抗辐射计算机和地球敏感器的研究。

随着"双创"教育方式的发展，以"90后"为代表的数字化时代原住民能够被激发更多创意，开创出更多"小而美"的企业。让最有知识的人成为"财富的自由者"，让最有创意、最具梦想的人成为企业家，让年轻人走上创新的舞台，也许大众期待的"复兴梦"在可预见的未来就会实现。

（资料来源：搜狐教育 http://www.sohu.com/a/149166582_348765）

四、创业的过程

创业过程包括从产生创业想法到创建新企业并获取回报的整个过程，通常可分为以下六个主要环节：

（一）产生创业动机

创业动机是创业的原动力，它推动创业者去发现和识别市场机会。创业活动的主体是创业者，创业活动首先取决于个人是否希望成为创业者。创业动机不仅是打算创业的一时冲动，更是对创业目标与预期收益的深思熟虑。

（二）识别创业机会

识别创业机会是对可能成为创业机会的诸事件的分析和对创业预期结果的判断。创业机会一般分为两种：一种是意外发现的，另一种是经过深思熟虑才发现的。国家产业政策的调整、新技术的出现、人口和家庭结构的变化、人们的物质和精神需求的变化、流行时尚等都可能形成创业机会。创业者应该具有敏感的嗅觉，能够及时、准确地识别创业机会，识别之后，还要对创业机会进行评价和提炼。这里需要创业者将知识、经验、技能和其他市场所需的资源进行整合。

（三）整合有效资源

资源是创业的基础条件，整合资源是创业者开发机会的重要手段。强调整合资源，是因为创业者可以直接控制的可用资源往往很少，许多成功的创业者都有白手起家的经历。创业者需要整合的资源包括基本信息（有关市场、环境和法律问题）、人力资源（合作者、最初的雇员）、财务资源等。

（四）创建新企业

创建新企业需要进行大量的准备工作,其中创业计划、创业融资和注册登记尤为关键。创意能否变成行动,关键看其能否形成一个周密的创业计划;资金往往成为创业企业的"瓶颈",创业融资在企业的创建过程中至关重要;当创业者完成创业计划并获得融资之后,就可以按照法定程序进行注册登记,包括确定企业的组织形式、设计企业名称、向工商行政管理机关提出企业登记注册申请、领取营业执照等。

（五）实现机会价值

创业者整合资源、创建新企业的目的是实现机会价值,并通过实现机会价值来实现自己的创业目标。这是创业过程中的重要环节,确保新创建的企业是创业者必须要面对的挑战,但创业者不能仅仅考虑生存,同时还要考虑成长,不成长就无法生存得更好,在激烈竞争的环境中尤其如此。创业者需要了解企业成长的一般规律,预见企业不同成长阶段可能面临的问题,采取有效的措施予以防范和解决,使机会价值得到充分的体现,同时不断地开发新的机会,把企业做活、做大、做强、做长。

（六）收获创业回报

对回报的正当追求是创业活动的目的,有助于强化创业者对事业的执着。对创业者来说,创业是获取回报的手段和途径,是一种载体。回报可能是多种多样的,对回报的满意程度在很大程度上取决于创业者的创业动机。有调查发现,多数创业者的创业动机首先是自己当老板,然后才是追求利润和财富,对这些人来说,当老板的感受就是回报。

> 拓展阅读 3-4

大学生初次创业注意事项

创业并不是简简单单的一件事,需要做好充足的准备才行。大学生初次创业要注意以下几点:

第一,利用好相关创业优惠政策

政府部门有很多鼓励创业的政策,是对大学生创业的鼓励和支持,创业时一定要注意"用足"这些政策,如免税优惠、在某地注册企业可享受比其他地区更优惠的税率等。这些政策可大大减少创业初期的成本,使创业风险大为降低。

第二,用好现有的各种资源

不少大学生都选择了与专职密切相关的领域创业,专职的知识是刚毕业的大学生的创业流水,要善于利用这些资源,以便近水楼台先得月。对能帮你生存的项目,要优先考虑。不要在只能改善形象或者带来更大方便的项目上乱花费用。

第三,合伙创业权责要明确

刚毕业的大学生由于资金、人力有限,为分担创业的风险,他们大多选择合伙创业。如果你需要合伙人的钱来开办或维持企业,或者这个合伙人帮助你设计了这个企业的构思,或者他有你需要的技巧,或者你需要他为你鸣鼓吹号,那么就请他加入你的公司。这虽能让兼职老板轻松上阵,但要慎重选择合作伙伴,在请帮手和自己亲自处理上,要有一个平衡点。首先要志同道合,其次要互相信任。不要聘用那些适合工作,却与你合不来的人员,也不要聘用那些没有心理准备面对新办企业压力的人。和合作伙伴之间的责、权、利一定要分清楚,形成书面文字,有合作双方和见证人的签字,以免产生纠纷时空口无凭。

第四,学习和了解相关的知识

创业是一项庞大的工程,涉及融资、选项、选址、营销等诸多方面,通过各种渠道增强这方面的基础知识;根据自己的实际情况选择合适的创业项目,为创业开一个好头;撰写一份详细的商业策划书,包括市场机会评估、增加收入模式分析、开业危机应对等,并摸清市场情况,知己知彼,打有准备之仗。

第五,有承受失败的勇气和坚持下去的毅力

决策失误时,不要对失误过于敏感,你的失误会带来直接后果,如发错货可能致使一个客户立刻与你断绝关系。作为企业家,冒风险时,要谨而慎之。如果出现失误,不要过于敏感。接受事实,从中吸取教训。

总之,对于大学生来说,初次创业,没有经验,资金也不是很充足的情况下,刚开始很少会一帆风顺,只要保持一颗学习、谦虚之心,积极创新,努力的坚持,成功也许并不遥远。

(资料来源:渠道网 http://daxuesheng.qudao.com/news/152951.shtml)

五、大学生创业的意义

(一) 大学生创业对社会的意义

对整个社会而言,通过鼓励创业不仅可以缓解就业压力,而且还可以推进社会进步,增强经济活力,加速科技创新。

1. 大学生创业是社会就业的扩容器

管理学大师彼得·德鲁克曾对 1965—1984 年的美国经济进行过研究,他发现:创业型就业是美国经济发展的主要动力之一,是美国就业政策的核心;就业机会都是大中小企业创造的,并且都是创业型和创新型企业创造的。尤其在大企业进行大裁员时,中小企业在稳定就业方面起着越发重要的作用。

就业是民生之本,是人民改善生活的基本前提和基本途径。我国 13 亿人口,就业压力非常大。目前,中国改革正在进入攻坚阶段,产业结构正进行优化和调整,在这个重大社会转型期,就业矛盾更加突出。没有全社会广泛的创业活动,就业问题将直接影响我国社会经济的发展进程与和谐社会的建立。

2. 大学生创业是社会进步的推动器

创业活动促进了社会经济体质的改革和深化。创业是将创造性带进组织的一种完整概念,其核心就是创新,包括技术创新、组织创新、管理创新和制度创新。实际上,我国的企业制度创新就是从中小企业开始的,体制改革也是首先以中小企业为实验田的。

创业繁荣了市场,丰富了人们的生活,提高了人们的生活质量。大量的新创业中小企业利用其灵活的机制,通过"多品种"、"小批量"的个性化服务,以及参与垄断行业和新业产品领域的竞争,保证了市场活力,促进了市场竞争。

3. 大学生创业是科技创新的加速器

创新是创业的主要驱动力量,创业是新理论、新技术、新知识、新制度的孵化器,也是新理论、新技术、新知识、新制度形成现实生产力的转化器。美国的相关研究表明,第二次世界大战后,在美国创业型小企业的创新占所有创新的一半,占重大创新的 95%;在较小的创业型企业中,其研究开发比大企业更有效率和更为强劲,小企业每一美元的研究开发经费产生的创新是大企业的两倍。

就我国来说,当前中国经济结构调整的重点是发展高新技术产业和进行传统产业的提升改造。而创业往往伴随着新技术、新产品、新工艺、新方法进入市场,科研成果转化型的创业企业往往伴随着新技术或新工艺的产生与发展,这对中国科技水平和综合国力的提高有着巨大的促进作用。

4. 大学生创业促进了全新成才观的形成

习惯思维告诉我们,大学生的路应该这样走:安安心心读书,大学毕业后,找一家中意的单位谋求发展。大多数大学生压根就没想过自己去开公司,原来的计划就是在单位里一步步发展、一步步升迁,当老板、CEO那都是以后的事。

大学生创业观的出现,给传统的成才观造成了猛烈的冲击。在新的社会环境中,大学生对未来的选择日趋多元化。创业可以作为未来的就业选择,这势必对大学生的学习生活产生深远的影响。他们将重新设计自己的成才道路,并为成才做好应有的准备。

可以这样说,虽然最终选择自主创业的学生只是少数,但通过创业教育使大学生树立创业意识比创业本身更有意义。因为在创业意识的推动下,大学生将更加重视自身素质的完善和提高。

5. 大学生创业有助于为国家造就一批年轻的企业管理人才

大学生创业的艰苦过程,不仅磨炼了创业者的意志品质,还培养了创业者的市场观念,训练了他们的决策管理能力,锻炼和提高了他们自身的素质,从而有助于为国家造就一批年轻的企业人才。

(二) 大学生创业对个人的意义

创业是实现人生理想和价值、获得自身全面发展的有效途径。大学生创业对其自身来说具有以下重要意义。

1. 充分发挥自己的才能

许多上班族之所以感到厌倦、积极性不高,其重要原因之一是个人的创意得不到肯定,个人的才能无法充分发挥,工作缺乏成就感;而自主创业则可以完全摆脱原有的种种羁绊,充分施展自己的才华,发挥自己的最大潜能。

2. 打开"金钱枷锁",积累财富

工薪阶层的工资即使再高,也是有限的,想改变自己的生活条件往往存在困难,这就造成了人们的"金钱枷锁",而摆脱这些烦恼的最佳途径就是开创一份完全属于自己的事业,它提供给创业者的利润是没有极限的,可任你想象。根据统计资料,在美国福布斯富人榜前400名富人中,有75%是第一代的创业者。

3. 实现和满足"权力"的意愿

对于上班族来说,不管是在工厂,还是在企事业单位,都有许多约束,而创业者可以自己主宰自己,把未来握在自己手中,可以摆脱上班的约束,摆脱受人管理、行动受控的局面,使自己的人生价值得到更完美的体现。

4. 享受过程,激励人生

在创业过程中,创业者会时刻面临着诸多困难和挑战,也会发现很多机遇。通过不断战胜这些困难和挑战,创业者将变得更加坚强、自信,从而体会到工作、生活的美好。

总之,创业是实现人生理想和价值、获得自身全面发展的有效途径。

拓展阅读3-5

大学生创业要激情也要理性

2016年3月9日下午,围绕高校创新创业教育的话题,教育部副部长林蕙青与网友进行了在线交流。她透露,关于社会广泛关注的大学生休学创业,教育部今年将正式发布新修订的《普通高等学校学生管理规定》,对弹性学制和休学创业等做出明确规定。

这是一个开启梦想、成就梦想的时代,创新创业热潮正汹涌而来。李克强总理在《政府工作报告》中提到,去年大众创业、万众创新蓬勃发展,全年新登记注册企业增长21.6%,平均每天新增1.2万户。毫无疑问,创业创新已成为一种新的价值导向和生产生活方式。而据统计,今年高校毕业生将达到765万,就业压力依然不小。在这种情况下,创业应该是大学生不错的选择。创业不仅可以解决自身的就业问题,还可以带动社会就业。再加上现在全社会支持大学生创业的氛围比较浓厚,从国家到地方,推出了一系列支持大学生创业的优惠政策,政府有关机构、社会组织、创业孵化园等,扶持大学生创业的积极性也相当高。一切都预示着大学生创业正逢其时。

这是否就意味着大学生都可以放心去创业了呢?答案显然是否定的。正如全国人大代表、清华大学副校长施一公所说,提倡大众创业,不是要人人创业,不是说每个大学生毕业后都去创业,高校在执行这个宏观引导的时候,要量力而行。的确,大学生创业有其优势,有激情,有专业技术,观念超前,敢闯敢拼。但创业仅有这些显然还不够。不管你是摆地摊、开餐馆、搞种植,还是做高科技项目,都需要技术、需要资金,需要面对市场。即使你拥有技术,政府在资金方面也给了支持,但市场这一关必须得自己把控。而进入市场总是有风险的,一旦产品竞争力不强,满足不了市场需求,创业就面临失败,投资也就"打水漂"了。

更重要的一个事实是,大部分学生在学校所学的知识和实践还有一些差距,就业过程中也不一定占优势。而且不少大学生是独生子女,动手能力不足,让他们面对掌握娴熟技术、有着丰富人际交往经验和市场经验的竞争者,压力就更大了。在这些问题没有搞清楚之前,就贸然去创业,显然不是理性的选择。

凡事预则立,不预则废。不论做什么事,事先有准备,就能得到成功,不然只能失败。创业亦是如此。"大众创业、万众创新"的号角催人奋进。我们希望越来越多的学子通过创业实现自己的人生价值,也更希望每位学子都不打无准备之仗,创业之前一定要做到深思熟虑、准备充分。

(资料来源:中国教育在线 http://career.eol.cn/chuangye/201603/t20160315_1376356.shtml)

第二节 大学生创业环境与创业优惠政策

创业环境分析是创业研究的关键问题之一。创业环境是一系列概念的集合体,是各种因素综合的结果,正确认识和了解创业环境的前提是对创业环境进行评价。一个良好的商务环境和充足的、有形的基础设施是创业成功的物质基础,也是创业的重要环境因素。

一、大学生创业环境

（一）创业的政治环境

政治环境是指创业及企业市场营销活动所面临的外部政治形势。政局稳定与否,会给创业带来重大的影响。

国内政局分析,政局安定,必然促进经济繁荣。人民安居乐业,市场需要增长,也为企业发展创造了机会。政治形势是企业确定发展规模、发展速度的重要依据,也是企业能否引进外资的重要条件。

国际政局分析,国际政治经济形势也对企业生产经营活动产生着密切影响。良好的国际和平环境,有利于我国企业走向国际市场,也有利于企业引进资金和技术。如果你是在国内创业,那么政治环境主要指的是国内政治环境,它包含:政治制度、政党和政党制度、政治性团体、党和国家的方针政策和政治氛围。政治环境对创业的影响主要表现为国家政府所制定的方针政策,如人口政策、能源政策、物价政策、财政政策、货币政策等。其中,政府的政策环境尤为值得关注。那么,作为大学生创业者,政策分析主要包括两个层面:

1. 国家及地方政府的政策制度。政策制度包括政府的宏观经济政策、财税政策、相关法律法规以及政府的管理制度与效率等。

2. 教育主管部门及学校的政策制度。大学生,顾名思义,首先是学生。因此,教育主管部门及学校对大学生创业的政策制度直接、广泛和深远地影响着大学生创业。

（二）创业的法律环境

法律环境是指国家或地方政府所颁布的各项法规、法令和条例等,它是创业的准则,企业只有依法进行创业,才能受到国家法律的有效保护。市场经济是法制经济,在市场条件下开展的各种经济活动,无一不是在法律的引导、规范和保护之下才能正常进行和取得预期成果的。企业创业活动同样是在一定的法制环境下进行的,创业者必须考虑法律的影响和作用,对其创业活动所面临的法制环境要有充分的了解和掌握,并在创业活动的各个环节采取相应的对策,才能达到成功创业的预期目标。法律环境为企业规定经营活动的行为准则,创业者必须熟知有关的法律条文,才能保证创业的合法性,运用法律武器来保护企业与消费者的合法权益。

作为创业者,你需要关注的法律环境的因素包括:

1. 相关法律规范,特别是和创业相关的经济法律法规。

2. 相关执法机关。比如,与企业关系较为密切的行政执法机关有工商行政管理机关、税务机关、物价机关、计量管理机关、技术质量管理机关、专利机关、环境保护管理机关、政府审计机关。此外,还有一些临时性的行政执法机关,如各级政府的财政、税收、物价检查组织等。

3. 企业的法律意识。企业的法律意识是法律观、法律感和法律思想的总称,是企业对法律制度的认识和评价。企业的法律意识,最终都会物化为一定性质的法律行为,并造成一定的行为后果,从而构成每个企业不得不面对的法律环境。

(三)创业的经济环境

创业的经济环境是指在创业过程中所面临的外部社会条件,其运行状况及发展趋势会直接或间接地对创业活动产生影响。作为创业者,你需要分析下列因素:

1. 消费者的经济状况

消费者的经济状况是影响创业的直接经济环境,它会强烈影响消费者的消费水平和消费范围,并决定着消费者的需求层次和购买能力。消费者的经济状况较好,就可能产生较高层次的需求,购买较高档次的商品,享受较为高级的消费。相反,消费者的经济状况较差,通常只能优先满足衣食住行等基本生活需求。因此,只有了解消费者的经济状况,创业者才能确定创业的方向和内容。

2. 经济发展水平

创业活动要受到一个国家或地区的整个经济发展水平的制约。经济发展阶段不同,居民的收入不同,顾客对产品的需求也不一样,从而会在一定程度上影响创业。对于不同经济发展水平的地区,应采取不同的创业策略。

3. 经济体制

经济体制是指国家经济组织的形式。它规定了国家与企业、企业与企业、企业与各经济部门的关系,并通过一定的管理手段和方法,调控或影响社会经济流动的范围、内容和方式等。不同的经济体制对创业活动的制约和影响不同。现阶段,我国正处于计划经济体制向社会主义市场经济体制的过渡时期,两种体制并存,市场也比较复杂。另外,市场发育不完善,市场秩序混乱,行业垄断和地方保护主义盛行,极不利于开展创业活动。因此,要注意选择不同的创业策略。

4. 经济政策

经济政策是指国家、政党制定的一定时期内国家经济发展目标的实现战略与策略,它包括综合性的全国经济发展战略和产业政策、国民收入分配政策、价格政策、物资流通政策、金融货币政策、劳动工资政策、对外贸易政策等。创业时熟悉和应用政策是非常重要的。因此,创业的经济环境分析就是要对以上的各个要素进行分析,运用各种指标,以准确地分析经济环境对创业的影响,从而制定出正确的创业战略。

5. 其他方面

除了上述四个方面,还需要考虑以下几个方面:

第一,整个国民经济的发展状况,如国民经济的迅速增长或调整甚至紧缩等。

第二,产业结构的构成与发展,消费和积累基金的构成及其变化,原材料工业和加工工业的构成及变化等。

第三,价格的升降和货币的升值或贬值。

第四,银行利率的升降和信贷资金的松紧程度。

第五,国际经济状况,如初级产品价格的高低,石油价格的升降,汇率的变化等。

(四) 创业的社会环境

1. 社会人口环境分析

首先需要了解人口环境,内容包括:

(1) 人口规模。这个因素制约着个人和家庭消费产品的市场规模。

(2) 人口的地理分布。它决定着消费者的地区分布。

(3) 年龄结构。这个因素决定着以某年龄层为对象的产品的市场规模。

2. 社会文化环境分析

任何企业都处于一定的社会文化环境中,企业营销活动必然受到所在社会文化环境的影响和制约。为此,企业应了解和分析社会文化环境,针对不同的文化环境制定不同的营销策略,组织不同的营销活动。企业营销对社会文化环境的研究一般从以下几个方面入手:

(1) 教育状况分析

受教育程度的高低,影响到消费者对商品功能、款式、包装和服务要求的差异性。通常文化教育水平高的国家或地区的消费者要求商品包装典雅华贵、对附加功能也有一定的要求。因此企业营销开展的市场开发、产品定价和促销等活动都要考虑到消费者所受教育程度的高低,采取不同的策略。

(2) 价值观念分析

价值观念是指人们对社会生活中各种事物的态度和看法。不同文化背景下,人们的价值观念往往有着很大的差异,消费者对商品的色彩、标志、式样以及促销方式都有自己褒贬不同的意见和态度。企业营销必须根据消费者不同的价值观念设计产品、提供服务。

(3) 消费习俗分析

消费习俗是指人们在长期的经济与社会活动中所形成的一种消费方式与习惯。不同的消费习俗,具有不同的商品要求。研究消费习俗,不但有利于组织好消费用品的生产与销售,而且有利于正确、主动地引导健康的消费。了解目标市场消费者的禁忌、习惯、避讳等是企业进行市场营销的重要前提。

(五) 创业的市场环境

1. 竞争环境

市场环境决定了企业参与竞争的领域特征,所在行业市场的发展在一定程度上制约着企业的发展。这里你要考察市场相关因素对创业者创业的支撑程度,包括:行业特性、发展状况、产业的竞争结构分析、市场的进入障碍程度(地方保护程度)、不同消费者收入水平和消费结构、市场管理的规范程度、市场竞争环境的公平程度等。

(1) 市场需求预测分析。包括现在市场需求量估计和预测未来市场容量及产品竞争能力。通常采用调查分析法、统计分析法和相关分析预测法。

(2) 市场需求层次和各类地区市场需求量分析。即根据各市场特点、人口分布、经济收入、消费习惯、行政区划、畅销牌号、生产性消费等,确定不同地区、不同消费者及用户的需要量以及运输和销售费用。一般可采用产销区划、市场区划、市场占有率及调查分析的方法进行。

(3) 估计产品生命周期及可销售时间。即预测市场需要的时间,使生产及分配等活动与市场需要量作最适当的配合。通过市场分析可确定产品的未来需求量、品种及持续时间,产品销路及竞争能力,产品规格品种变化及更新,产品需求量的地区分布等。在工业发展与布局研究中,市场分析有助于确定地区工业部门或企业的发展水平和发展规模,及时调整产业结构;有助于调整产品结构,提高竞争能力;有助于在运输和生产成本最小的原则下,合理布置工业企业。

2. 市场环境的 SWOT 分析法

(1) SWOT 分析法是一种企业战略分析方法,即根据企业自身的既定内在条件进行分析,找出企业的优势、劣势及核心竞争力之所在。其中,S 代表 strength(优势),W 代表weakness(弱势),O 代表 opportunity(机会),T 代表 threat(威胁),其中,S、W 是内部因素,O、T 是外部因素。按照企业竞争战略的完整概念,战略应该是一个企业"能够做的"(组织的强项和弱项)和"可能做的"(环境的机会和威胁)之间的有机组合。

(2) SWOT 分析法的主要内容

SWOT 分析法常常被用于制定集团发展战略和分析竞争对手情况,在战略分析中,它是最常用都方法之一。SWOT 分析法主要有以下三个内容:

① 分析环境因素

运用各种调查研究方法,分析出企业所处都各种环境因素及外部环境因素和内部能力因素。外部环境因素包括机会因素和威胁因素,它们是外部环境中直接影响企业发展的有利和不利因素,属于客观因素。内部环境因素包括优势因素和弱点因素,它们是企业在其发展中自身存在的积极和消极因素,属于主动因素。在调查分析这些因素时,不仅要考虑企业的历史与现状,而且更要考虑企业未来的发展。

② 构造 SWOT 矩阵

将调查得出的各种因素根据轻重缓急或影响程度等排序,构造 SWOT 矩阵。在这个过程中,要将那些对企业发展有直接的、重要的、大量的、迫切的、久远的影响因素优先排列出来,而将那些间接的、次要的、少许的、不急的、短暂的影响因素排在后面。

③ 制订行动计划

SWOT 分析法的最后一步便是制订行动计划。

(3)SWOT 个人分析步骤

近来,SWOT 分析已广被应用在许多领域上,如学校的自我分析、个人能力的自我分析等方面。

比如,在利用 SWOT 对自己进行职业发展分析时,可以遵循以下五个步骤:

第一步,评估自己的长处和短处

第二步,找出自己都职业机会和威胁

第三步,提纲式地列出自己今后 3～5 年内都职业目标

第四步,提纲式地列出一份今后 3～5 年都职业行动计划

第五步,寻找专业帮助

3. 创业信息的收集方法

作为创业者,需要对企业都外部环境进行分析,而分析的基础是要收集一些必要的市场信息,它是创业者对外部环境做出客观分析的前提。因此,收集信息对于创业来说是非常重要的。可以将信息分为一手信息和二手信息,一手信息能够最大限度地接近消费者,能够比较准确地了解市场动向。但实地调查会产生相关费用,创业者需要有所准备。

(1)一手信息的收集方法

一手信息的收集方法主要有问卷调查法、面谈访问法、观察法和实验法等。

① 问卷调查法

对于创业者来说,问卷调查法是运用统一设计的问卷向被选取的调查对象了解情况或征询意见的调查方法。它是以书面提出问题的方式收集资料的一种研究方法。创业者将所要调查的问题编制成问题表格,了解被访者对创业的看法和意见。

② 面谈访问法

创业者在创业时,往往想知道消费者的真实感受和想法,因此很想与他们进行面对面的交谈,以此来把握市场信息,面谈访问法可以解决这一问题。所谓面谈访问调查,需要创业者按照抽样方案中的要求,到抽选中的家庭或单位,按事先规定的方法选取适当的被访者,再依照问卷或调查提纲进行面对面的直接访问。面谈访问法包括:一般人户访问、街头面访问。

③ 观察法

观察法是指有创业者直接或者通过仪器在现场观察调查对象都行为动态并加以记录而获取信息的一种方法。观察法包括如下四种:自然观察法、设计观察法、掩饰观察法、机器观察法。

④ 实验法

实验法是指创业者有目的、有意识地通过改变或者控制一个或者几个市场影响因素的实践活动,来观察市场现象在这些因素影响下的变动情况,认识市场现象的本质和发展变化规律。其主要特点包括:实践性、动态性和综合性。

⑤ 焦点小组访谈法

焦点小组访谈是有选择地邀请 6～10 人,用几个小时,由一个有经验的访问人组织,讨论某一产品、服务、组织或营销实体的实际情况。在一般情况下,为了吸引消费者参与,

需要付一定的报酬。

⑥ 固定样本连续调查法

用抽样法,从总样本中抽出若干样本组成固定的样本小组,在一段时期内对其进行反复调查以取得资料。人人创业网教授提醒创业者,调查技巧可采用个别面谈、问卷调查、消费者日记或者观察记录等。固定样本连续调查能掌握事件的变化动态,分析发展趋势。但如果持续时间长,被调查者会感到厌烦。所以,对一般问题的调查往往采用一次性调查。

(2) 二手信息的收集方法

二手信息的获取途径主要有:政府及其他官方渠道;工业及商业或贸易协会;商会名录;教育、研究组织及其他组织;出版物;地区及当地报纸;金融机构;专业的咨询服务机构;网上调查。

收集和分析出版物上公开的信息通常被称为"资源分析"。资源分析的范围很广,包括利用各种潜在的来源,比如图书馆、同行业协会、研究机构的刊物和政府的出版物。应首先广泛收集资料,然后筛选出有价值的部分进行详细分析。

① 政府出版的刊物是常用的来源,但对于中小企业用处不大,因为政府统计常按一套标准分类,从中很难看出消费者的需要和潜在的市场。但由于可以在公共图书馆中自由查阅,因此可以把这些出版物作为进一步研究的起点。另外,有些高等院校的图书馆也对公众开放,这也是一个来源。如果企业所在地区的院校有经济或商业方面的专业,这又是一个很好获取信息的来源。

② 几乎每一个行业都有相应的协会,这也是有用的信息来源,其中大多数成员在自己的行业内都具有丰富的经验。有的协会有自己的信息咨询中心,有的还定期公布行业的情况,发布各专业部门的特别报告。

③ 行业杂志是有价值的信息来源之一。它经常刊登有关市场预测、竞争对手和顾客需求情况的文章,也有新产品介绍、顾客对产品的评价等栏目。另外,它所刊登的广告会提供关于竞争产品和销售数量方面的背景信息,有助于企业对产品和竞争对手进行分类。应该把这些重要的文章和广告分类整理,当需要有关信息时,就可以从整理过的材料中找到相应的重要内容。

④ 网上调查法是指利用互联网的媒体功能,从互联网收集二手资料的调查方式。网上调查主要利用互联网收集与创业相关的市场、竞争者、消费者以及宏观环境等信息。网上调查渠道包括:利用搜索引擎收集资料,如谷歌、百度、等搜索引擎;利用公告栏收集资料,如 BBS 就是在网上提供公开区域,任何人都可以在上面进行留言回答问题或发表意见、提出问题,也可以查看其他人的留言;利用新闻组收集资料,新闻组就是一个基于网络的计算机组合,这些计算机可以交个可识别标签标志的文章(或称为信息);利用 Email 收集资料,Email 是互联网上最受用户欢迎的应用,也是使用最广的通信方式,它不但费用低廉,而且方便快捷。

二、大学生创业优惠政策

(一) 国家对大学生创业的具体优惠政策

党的十八大明确提出,要加大创新创业人才培养支持力度。习近平总书记多次做出重要指示,要求加快教育体制改革,注重培养学生创新精神,造就规模宏大、富有创新精神、敢于承担风险的创新创业人才队伍。李克强总理多次强调,"大众创业万众创新"核心在于激发人的创造力,尤其在于激发青年的创造力。

教育部日前公布新修订的《普通高等学校学生管理规定》,并向各地教育行政部门及部属高校征求意见。新规定针对近年来兴起的大学生创业潮,也给予了支持,明确大学生创新创业可折算成学分。随着大学生就业形势的严峻和国家对大学生创业的重视,中央政府和各地方政府推出了一系列的创业扶持政策,如下:

1. 税收优惠

持人社部门核发《就业创业证》的高校毕业生在毕业年度内创办个体工商户、个人独资企业,3年内按每户每年8 000元为限额依次扣减其当年实际缴纳的营业税、城市维护建设税、教育费附加和个人所得税。

对高校毕业生创办小型微利企业,按国家规定享受相关税收支持政策。

2. 创业担保贷款和贴息

对符合条件的大学生自主创业的,可在创业地按规定申请创业担保贷款,贷款额度为10万元。

鼓励金融机构参照贷款基础利率,结合风险分担情况,合理确定贷款利率水平,对个人发放的创业担保贷款,在贷款基础利率基础上上浮3个百分点以内,由财政给予贴息。

3. 免收有关行政事业性收费

毕业2年以内的普通高校学生从事个体经营(除国家限制都行业外)的,自其在工商部门首次注册等级之日起3年内,免收管理类、登记类和证照类等有关行政事业性收费。

4. 创业担保贷款贴息

对大学生创办的微小型企业新招用毕业大学生,签订一年以上劳动合同并缴纳社会保障险费,给予一年社会保险补贴。

对大学生在毕业学年(即从毕业前一年7月1日起的12个月)内参加创业培训,根据其获得创业培训合格证书就业、创业情况,按规定给予培训补贴。

5. 免费创业服务

有创业意愿都大学生,可免费获得公共就业和人才服务机构提供的创业指导服务,包括政策咨询、信息服务、项目开发、风险评估、开业指导、融资服务、跟踪扶持等"一条龙"创业服务。

6. 取消高校毕业生落户限制

高校毕业生可在创业地办理落户手续(直辖市按有关规定执行)。

7. 创新人才培养

创业大学生可享受各地各高校实施的系列"卓越计划"、科教结合协同育人行动计划等,同时享受跨学科专业开设交叉课程、创新创业教育实验班等,以及探索建立跨院系、跨学科、跨专业交叉培养创业人才新机制。

8. 开设创新创业教育课程

自主创业的大学生可享受各高校挖掘和充实的各类专业课程和创新创业教育资源，以及面向全体学生开放开设的研究方法、学科前沿、创业基础、就业创业指导等方面的必修课和选修课，享受各地区、各高校资源共享课、视频公开课等在线开放课程和在线开放课程学习认证和学分认定制度。

9. 强化创新创业实践

自主创业的大学生课共享学校面向全体开放的大学科技园、创业园、创业孵化基地、教育部工程研究中心、各类实验室、教学仪器设备等科技创新资源和实验教学平台。参加全国大学生创新创业大赛、全国高职院校技能大赛、各类科技创新、创意设计、创业计划等专题竞赛，以及高校学生成立都创新创业协会、创业俱乐部等社团，提升创新创业实践能力。

10. 改革教学制度

自主创业的大学生可享受各高校建立都自主创业大学生创新创业学分累计与转换，学生开展创新实验、发表论文、获得专利和自主创业等情况课折算为学分，学生参加与课题研究、项目实验等活动可被认定为课堂学习的新探索。

同时也享受为有意愿、有潜质的学生制订的创新创业能力培养计划，创新创业档案和成绩单等系列客观记录并量化评价学生开展创新创业活动情况的教学实践活动。优先支持参与创业都学生转入相关专业学习。

11. 完善学籍管理规定

有自主创业意愿都大学生，可享受高校实施都弹性学制，放宽学生修业年限，允许调整学业进程、保留学籍休学创新创业等管理规定。

12. 大学生创业指导服务

自主创业的大学生可享受各地各高校对自主创业学生实行都持续帮扶、全程指导、一站式服务，以及地方、高校两级信息服务平台，为学生实时提供国家政策市场动向等信息，和创业项目对接、知识产权交易等服务。可享受各地在充分发挥各类创业孵化基地作用上的基础上，因地制宜建设的大学生创业孵化基地和相关培训、指导服务等扶持政策。

📁 拓展阅读 3－6

2017 高校学生管理出新规：休学创业经历成果可计入学业成绩

时隔近12年，教育部日前发布了新版的《普通高等学校学生管理规定》，作为中国高校学生管理的重要依据和基本制度，包括设置创新创业学分、允许跨校修读课程、严查新生入学资格等等，这份新规给大学生发放诸多新"福利"的同时，也划定了"禁区"。接下来让番茄小编来为您介绍关于2017高校学生管理出新规：休学创业经历成果可计入学业成绩等热门消息。

福利:

这些都能算学分——创新创业、论文专利、网络课程都可算学分

对于大学生来说,拿到学分顺利毕业是他们最为关注的话题之一,这份高校学生管理新规,新增了多项让学生获取学分的渠道。

例如,"学生参加创新创业、社会实践等活动以及发表论文、获得专利授权等与专业学习、学业要求相关的经历、成果,可以折算为学分,计入学业成绩。具体办法由学校规定。"

"学校应当鼓励、支持和指导学生参加社会实践、创新创业活动,可以建立创新创业档案、设置创新创业学分。"

支持大学生创业——大学生可休学创业,经历成果计入学业成绩

与原规定相比,这一针对大学生管理的新版规定,特别突出了对于大学生创业的政策支持。

新规明确了学生享有获得就业创业指导和服务的权利,将高校作为培养学生创新创业能力的责任主体。

新规规定,新生可以申请保留入学资格开展创新创业实践,入学后也可以申请休学开展创业。如上文所述,学生参加创新创业等活动以及发表论文、获得专利授权等与专业学习、学业要求相关的经历、成果,可以折算为学分,计入学业成绩。

此外,新规还鼓励学校建立创新创业档案、设置创新创业学分,加强学生的创新创业教育。对休学创业的学生,可以单独规定最长学习年限,并简化休学批准程序。

(资料来源:大学生校内网 http://www.dxs518.cn/chuangyeguanli/541443.html)

(二)各地鼓励大学生创业政策

各省市对大学生自主创业也非常重视,根据本地需求提供了更具体的鼓励优惠政策。

1. 北京市的相关政策

(1) 北京市将设大学生创业板

2016年4月,在2016年"展望'十三五'发展谱新篇"系列形势政策报告会上,北京市人力社保局副局长桂生透露,本市将建大学生创业服务平台,并在北京四板市场创设大学生创业板。

(2) 北大成立全球大学生创业中心

2016年10月,北大全球大学生创新创业中心成立,中心位于北大第二教学楼,占地近面积5 000平方米,内部功能包括新青年创客空间、创业大讲堂、创业咖啡、创新创意展示中心、北大创业训练营等,旨在全方位构建大学生创新创业的生态系统,培育学生的创新精神,优化校园创业氛围。

(3) 北京朝阳区创业可申请最高9万房补

2016年12月,大学生在北京朝阳区创业可申请最高9万房补。据介绍,高校毕业生毕业一年内在朝阳区域内租房经营1年及以上的,可按照房屋租金的50%连续申请最长不超过3年的房屋补贴,每年最多补贴3万元。

(4) 北京高校大学生实践项目

北京高校大学生实践项目每年面向北京高校全日制在校大学生、学优开展优秀创业团队评选,采取"学生申请、学校评审、教委复核"的方式进行选拔,选拔过程中将设立公示

环节,公示时间不少于 5 个工作日。

与之前给予高校经费补贴不同,"支持北京高校大学生创新、创意、创业实践项目"将会按照每个创新创意实践团队支持额度不超过 5 万元、每个创业企业(团队)支持额度不超过 20 万元的标准补助。

2. 深圳:深圳加大扶持力度,大学生创业项目最高资助 50 万元

深圳市人力资源保障局联合市财政委发布实施《关于扩大自主创业扶持补贴对象范围及提高补贴标准的通知》(以下简称《通知》),进一步加大对高校毕业生等人才参与创新创业的扶持力度。《通知》将深圳市普通高校、职业学校、技工院校全日制在校学生休学创办初创企业的人员纳入自主创业人员范畴,享受该市现行各项自主创业扶持补贴。

《通知》提高了自主创业人员中的大学生群体享受创业场租补贴和优秀项目资助标准。上述大学生群体包括三类:① 本市普通高校、职业学校、技工院校中毕业学年内的在校学生;② 具有本市户籍毕业 5 年内的普通高校、职业学校、技工院校毕业生和毕业 5 年内的留学回国人员;③ 休学创办初创企业的本市普通高校、职业学校、技工院校全日制在校学生。

自主创业人员中的大学生群体在经市直部门及各区政府(新区管委会)认定或备案的创业带动就业孵化基地、科技企业孵化载体、留学生创业园等(以下简称"认定载体")内创办初创企业,第一年、第二年、第三年可享受的月租金补贴标准从 1 200 元、1 000 元、700 元分别提高到 1 560 元、1 300 元、910 元。在上述认定载体以及市、区政府部门主办的孵化载体外租用经营场地创办初创企业,可享受的月租金最高补贴标准从 500 元提高到 650 元。

另外,上述大学生群体参加市人力资源保障部门组织的全市性创业大赛并获奖的优秀创业项目,在本市完成上市登记的,最高资助标准从 20 万元提高至 50 万元。

3. 天津市:外地高校毕业生在津创业准予落户

将大学生创业扶持期由 3 年延长至 7 年,即毕业前 2 年和毕业后 5 年。外地高校毕业生在天津创业的,准予落户,并给予相应政策扶持。

对经认定的众创空间,分级分类给予 100 至 500 万元的一次性财政补助,用于初期开办费用,高校众创空间补助资金由市财政负担,区县及滨海新区各功能区众创空间补助资金由市和区县财政按 7∶3 的比例负担。

引导众创空间运营商设立不少于 300 万元的种子基金,主要用于对初创项目给予额度不超过 5 万元、期限不超过 2 年的借款,以及收购创业者的初创成果,市财政按 30% 比例参股,不分享基金收益,基金到期清算时如出现亏损,先核销财政资金权益。

对众创空间内企业招用高校毕业生,给予 1 年岗位补贴和 3 年社会保险补贴。大学生创业且租赁房屋的,据实给予补贴,最高不超过每月 1800 元,补助期为 2 年。

对高校毕业生、留学回国人员注册资本 50 万元以下的公司可零首付注册,开辟"绿色通道"支持自主创业。

4. 河北省:设立不低于 10 亿元的风险补偿基金

设立省天使投资引导基金,支持创业导师、天使投资人、创业孵化机构等共同组建天使投资基金,重点支持在孵企业和创客项目,省级资金按一定比例参股,不分享基金收益,

基金到期清算时,如出现亏损优先核缴省级资金权益。

设立不低于10亿元的风险补偿基金,重点支持创业导师、金融机构、投资机构在河北建立科技支行、科技担保机构、科技保险机构等科技投融资机构。

支持众创空间等新型孵化机构开展创业路演、创业大赛、创业论坛等各类创业活动,按其举办各类创业活动实际支出的20%给予后补助,单个机构每年支持金额最高不超过50万元。

5. 黑龙江省:各级政府采购优先选择大学生创业企业

符合条件的大学生创业企业入驻各类大学生创业孵化器,享受第一、二年免费,第三年按50%缴费的优惠扶持政策,用包括大学生创业"种子资金"在内的各类专项资金对孵化器相关费用给予补贴。哈尔滨市对到农村创业的大学生给予3000元的一次性创业项目补贴。

大学生创办小微企业直接参与政府采购投标的,在评审时给予价格6%至10%的扣除,同时以营业执照注册地为准,供货100公里以内加5分,200公里以内加4分,300公里以内加3分。各级政府向社会力量购买服务项目时,同等条件优先选择大学生创业企业。

支持大学生通过科技成果转化实现创业。大学生在校期间参与教师科研项目或自己研究取得发明专利成果,其创业成果转化成功的,可利用省科技成果转化引导基金,按照技术交易额的10%,给予不超过20万元的资金奖励。

6. 云南省:实施"贷免扶补"政策和"两个10万元"微型企业培育工程

实施大学生鼓励创业"贷免扶补"政策。对首次创业高校毕业生,提供不超过10万的免担保、免利息创业贷款,减免相关税收。为创业人员提供创业扶持政策、法律等方面的指导咨询和培训服务。对首次创业并稳定1年以上的,给予1000元至3000元创业补贴。

实施"两个10万元"微型企业培育工程。带动5人以上就业,投资达10万元以上且实际货币投资7万元以上的,每户给予3万元补助,有贷款需求的,给予10万元以下银行贷款支持,更多支持大学生创业实体。

二次贷款贴息,对经"贷免扶补"或小额担保贷款政策扶持,稳定经营2年以上、带动就业5人以上、偿还贷款记录良好、并按期纳税的优秀大学生经营实体,经过评审后,每年评审1000个,协调金融机构再次给予2年期50万元以内的贷款扶持,按照人民银行公布的同期贷款基准利率的60%给予贴息。

对毕业学年和离校未就业高校毕业生开办网店,持续经营半年以上,且月收入超过当地最低工资标准,经认定后,一次性给予2000元资金补贴。

7. 湖北省黄冈市:大学生创业"十免"扶持、"五有"保障

3年内免费提供办公场地及水电、办公桌椅等办公设备、网络接入服务、客户接待室及会议室、创业培训服务、创业政策咨询服务、科技项目申报服务、政策指导服务、创业沙龙活动场所、专利申请服务。

由资金扶持,给予1万元创业补贴,最高50万元无息贷款,成立三只天使基金扶持创业;有办公场所,大学生创业孵化器,免费为入驻企业提供30平方米左右的办公场所;有

厂房,大学生创业加速器,按入驻企业发展需求,免费提供面积500~1 000平方米的厂房;有住房,创业大学生公寓和人才公寓,按标准为创业者提供免房租住房需求;有创业导师,聘请黄冈籍知名企业家和本地成功企业家作为创业导师,一对一为创业者提供成长支持。

对经认定符合国家产业政策和技术要求,市场前景看好,具有引领带动,推动本行业科技创新的创业项目,给予最高20万元的一次性资金资助;成功经营1年的,经认定后给予实际到位资金30%,最高5万元的一次性创业补助。

与企业签订1年以上劳动合同的困难家庭高校毕业生,按照规定给予社会保险补贴。对毕业年度高校毕业生创业企业,按小微企业享受社会保险补贴。

毕业生创办企业申请小额担保贷款,不受出资额和注册资金的限制,按生产规模和流动资金需求确定担保额度。个人独立创办企业的,可申请不超过10万元的小额担保贷款;合伙创办微型企业的,可申请不超过50万元的小额担保贷款;创办劳动密集型企业的,可申请不超过200万元的小额担保贷款,对超过国家小额担保贷款额度政策的贷款利息从支持大学生创业就业专项资金中给予贴息。对初次申请的小额担保贷款到期后,可申请二次小额担保贷款。贴息期限不超过2年。

毕业生创办企业的各项增值税、营业税、企业所得税及团队成员个人所得税地方留成部分,5年内全额奖励纳税人。

8. 甘肃:税收优惠政策、金融扶持

为鼓励和支持大学生创业,去年省人力资源和社会保障厅、省发展和改革委员会、省财政厅等十部门研究决定,2014—2017年在全省实施新 轮"大学生创业引领计划"。

《甘肃大学生创业引领计划实施方案》规定,对大学毕业生创业实行税费减免,即高校毕业生创办的年应纳税所得额低于10万元(含10万元)的小型微利企业,其所得减按50%计入应纳税所得额,按20%的税率缴纳企业所得税;对月销售额或营业额不超过3万元的,免征增值税和营业税。

对持《就业失业登记证》(注明"自主创业税收政策"或附着《高校毕业生自主创业证》)从事个体经营的毕业年度高校毕业生,在3年内按每户每年9600元为限额依次扣减其当年实际应缴纳的营业税、城市维护建设税、教育费附加、地方教育附加、价格调节基金和个人所得税。

对高校毕业生从事个体经营并符合规定条件的,其在工商部门首次注册登记之日起3年内免征管理类、登记类、证照类等有关行政事业性收费;对符合创业条件的大学生在城镇临时开辟的创业街(路)、创业市场和乡镇创办的农村集贸市场摆摊设点,要给予经营场所租金补贴。

《甘肃大学生创业引领计划实施方案》规定,高校毕业生毕业3年内,持有《就业失业登记证》且进行了失业登记的大学生可以申请小额担保贷款;高校毕业生申请贷款最高额度10万元,期限2年,利率按照中国人民银行公布的同期贷款基准利率的基础上,上浮不超过3个百分点,贴息由财政部门全额承担。

初始创业的就业困难大学生,申报灵活就业并及时足额缴纳社会保险费的,可按规定享受社会保险补贴;零就业家庭、优抚对象家庭、农村贫困户、城乡低保家庭的大学生以及残疾的大学生初始创业的,当地政府可给予不超过1万元的一次性创业补助。

开展大学生就业失业实名登记,允许自主创业大学生异地登记、在登记地享受就业服务和有关税收优惠、行政事业性收费减免、小额担保贷款及贴息等扶持政策。

9. 新疆乌鲁木齐市大学生创业优惠政策

(1)乌鲁木齐市结合自身实际情况制定的《乌鲁木齐市小额担保贷款管理办法(暂行)》(以下简称《办法》)现已开始实施。未就业的大中专毕业生提供小额担保贷款。对初次创业从事个体经营的大中专毕业生(毕业后五年未就业的)申请小额担保贷款额度可提高到10万元。贷款到期后可展期,大中专毕业生(毕业5年内未就业),贷款期限可延长至三年。

此外,大中专毕业生通过小额担保贷款扶持,实现成功创业,按时足额还清贷款,并带动3人以上就业的,还可申请二次小额担保贷款扶持,贷款期限内依然给予全额贴息。

需要注意的是,小额担保贷款按照自愿申请、社区(村委会)推荐、街道(乡镇)签署意见、担保公司承诺担保、经办银行核贷的程序办理相关手续。

欲申请人需具备以下条件:乌鲁木齐市城镇常住户口或农业户口;已领取营业执照或其他经营许可证;具备经营场地;具有所开办项目一定比例的自筹资金;无不良信用记录,有近期还本付息的能力。

(2)新疆乌鲁木齐天山区

在天山区创业孵化基地,既为创业者提供场地、给予政策帮扶,还让在校大学生进行创业实习,为他们今后的创业累计经验。

10. 新疆生产建设兵团

(1)发展文化创意领域

塔里木大学和浙江大学共同发起设立西域文化与丝路文明共享协同创新中心,建设了"南疆中华文化传承创新区",以统筹南疆文化资源和各类生产要素,并围绕"丝路新干线",实施"新疆南疆中华文化示范区、新疆南疆战略稳定中心、中华文化西北边疆传播高地"三项战略。

(2)打造线上线下相结合的创业服务链

石河子高新技术开发区提供近1万平方米的孵化场地,打造了石河子电商产业园,通过整合集聚网络平台、培训、品牌、设计、物流、融资等资源,提供专业化创新创业服务,打造具有低成本、全要素、开放式的众创空间。石河子大学国家大学科技园以"大学生科技创业实践基地"建设为切入点,在现有孵化场地开展创新创业主题沙龙活动的基础上,依托大学和国家大学科技园网站,在网络平台上建设"大学生虚拟创客空间",开展线上、线下相结合的创业辅导和培训,搭建学生创业就业和科技型小微企业互动交流平台。

(3)探索发展本地化的创客服务新模式

石河子高新技术开发区建设了针对大学生创业的创业苗圃,设立了专门的创业企业家沙龙场地,为大学生创业打造创新创业文化交流、资本对接的平台。八师—石河子市建立的"石河子创客空间"网络交流平台,吸引了近2万人参加线上活动,传播创客文化,分享创业信息。

(4)兵团在各高校广泛推广创新创业教育和活动

建设创新训练室,加强大学生创新训练,加强大学生创业培训教育,鼓励大学生参加创业竞赛、科技作品竞赛活动,营造创新创业氛围,提升大学生创新创业意识,不断增加创新创业后备力量。

11. 浙江杭州鼓励高校师生创新创业:奖励不低于70%的收益

杭州市科学技术委员会提出了"杭州市关于鼓励在杭高校师生在杭创新创业的若干意见(征求意见稿)",就保障机制、资金扶持、科技成果市场化等方面提出了方案。

(1)鼓励在杭高校建设特色园区

根据杭州市关于鼓励在杭高校师生在杭创新创业的若干意见(征求意见稿)中的"鼓励在杭高校建设特色园区"相关内容,鼓励在杭高校利用大学生创业园等创新创业载体,为大学生创业创新提供服务。一旦认定创业场所,会给予一定的资助。同时,鼓励放宽学生修业年限,允许调整学业进程、保留学籍休学创新创业,在校大学生利用弹性学制休学创业的,还可以被视为参加实践教育,并计入实践学分。

(2)保留人事关系、不低于70%的收益,激励有理想的教师带团队创业

根据意见,在杭高校科技人员,经原单位同意,可以在3年内保留人事关系,并且与原单位其他在岗人员同等享有参加职称评比、岗位等级晋升和社会保险等方面的权利。

同时,杭州市将鼓励高校将科技成果市场化、本地化,成果完成人可拿到不低于70%所得净收益的奖励的政策,这对于鼓励高校老师创业,鼓励项目留在杭州都有很大的作用。

拓展阅读 3-7

各地支持大学生创业特色举措

安徽:大学毕业生初创科技型、现代服务型小微企业,可享受一次性5 000～10 000元补助。

江西:高校学生休学创业最多可保留7年学籍,财政每年注入1 000万元资金充实青年创业就业基金,重点支持1 000名大学生返乡创业。

四川:大学生创业可享有万元创业补贴、创业培训补贴和在校大学生创业担保贷款贴息。

福建:每年为1 000名创业大学生提供孵化服务,评选资助一批优质大学生创业项目。

黑龙江:创业大学生取得发明专利成果转化成功的,按技术交易额的10%给予不超过20万元奖励。哈尔滨市对返乡到农村创业的大学生给予3 000元的一次性创业项目补贴。

杭州:将大学生创业项目申请无偿创业资助额提高到20万元;大学生创业园所在城区政府为入园企业提供两年50平方米的免费用房。

合肥:给予创业房租、水电费补贴,为大学生提供最高10万元小额担保贷款。

(资料来源:网易教育频道综合 http://edu.163.com/16/0824/00/BV6N5NI800297VGM.html)

【本章小结】

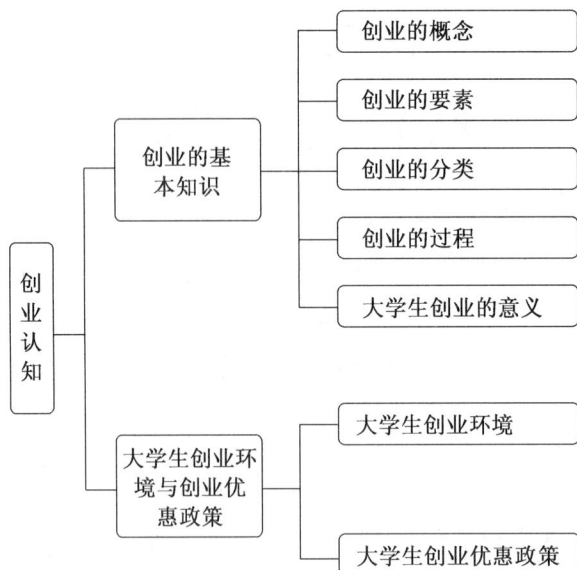

【实践活动】

一、创业实践之市场走访调研,了解市场信息及各类货源市场

1. 活动背景

随着大学生创业不断增长的趋势日益明显,市场调研、信息掌握是创业实践中的首要部分。大学生在创业之前先了解市场,掌握各方面信息才可以根据实际市场情况选择创业项目。

2. 活动主题

走访市场,了解市场

3. 活动形式和内容

以学院为单位将创业学员组队,根据专业特点选择对应的市场进行有针对性的调研。主要开展市场需求、市场热点和市场发展前景调查。

4. 注意事项

(1) 务必做到发现创新创业点

(2) 活动期间请大家服从组长安排,实实在在做事,勿打闹嬉戏

(3) 调研报告:根据市场调研和了解情况确立一个创新创业项目

【知识链接】

1. http://edu.sj998.com/zaozhidao/453644.shtml

2. http://www.cyzone.cn/a/20161010/304396.html

3. http://www.cyzone.cn/a/20150916/280592.html

4．http://www.cyzone.cn/a/20161123/305844.html

【本章推荐阅读】

1．刘主编.2017.从 0 到估值 1 000 万创业者的 5 项修炼[M].北京：人民邮电出版社.

2．孙陶然.2015.创业 36 条军规[M].北京：中信出版社.

3．潘卡基·马斯卡拉.2017.为创业而生：写给创业者的创业书(干货版)[M].北京：中国人民大学出版社.

第四章 创业者与创业团队

【内容提要】

创建企业可以是一个人,也可以是一个团队。他们通过对资源和生产要素的重新组合,来开发自己的产品或服务,以满足市场的某种需求,这样,企业就诞生了。通过本章的学习,学生要了解作为一个创业者应该具备什么样的素质和能力,并从创业者的角度来进行自我评估,增强自我的创业能力。同时,使学生认识到创业团队对创业的重要性,掌握组建一支优秀创业团队的方法以及管理创业团队的技巧和策略。

【学习目标】

知识目标:

1. 了解创业者的各种分类,熟悉创业者应具备的素质与能力,了解创业动机的相关知识

2. 理解创业团队的概念及组成要素,了解创业团队的分类和组建优秀创业团队的要点,熟悉创业团队的管理

能力目标:

1. 使学生具备创业者的基本素质和必备能力

2. 能够组建创业团队

【案例导入】

"选择了就要坚持"——百度公司创始人李彦宏

或许你不关注时政,不关注金融股市,也不关心娱乐时尚,可只要你接触过网络,你就一定用过它——百度。作为现今实力最强劲的中文搜索引擎,十年来百度经历了从无到有、从小到大的发展壮大过程。下面,让我们来听听百度创始人李彦宏讲述他的创业历程。

中国有四亿多网民,而其中90%都是百度的客户。百度能取得今天的成就益于李彦宏独到的眼光和坚定的信念,用他的话说就是:"认准了就去做!"十年前,他放弃了美国"硅谷"的优厚待遇选择回国创业,一心想要创建一个中文的搜索引擎。依据当时中国所处的国际国内环境,他觉得中文搜索引擎一定会有大发展。但他身边的很多人却并不看好这个项目好这个项目,有些人甚至表示反对。但他并没有因为别人不理解就轻易放弃,他表示之所以选定这个项目是基于对市场的深入调查和分析,正是因为别人还没注意到这块有潜力的市场,他才要去做,"既然认准了,就不能轻易掉头,更别说放弃",他笑言。

创业是一个高风险,高回报的事,就好比百慕大三角,它神秘、迷人,但想要走出来既要有运气又要有技术。这个过程总是伴随着艰辛和阻碍,从来没有什么一帆风顺。百度也一样,经历了困境和艰难,2001年、2002年所有的互联网企业都很艰难,面对全球的泡沫经济很多企业选择掉头或是压缩成本以求盈利,这种做法限制了那些公司的发展,李彦宏说:"直到2001年,我们还在大规模投入,并没有急于赢利,但不急于赢利并不代表一直不赢利,如果企业不追求利益的话,那它就去做慈善了。"

同时,李彦宏一直坚持少承诺、多兑现的原则。百度的第一笔融资是120万元,李彦宏告诉投资人他要用6个月时间做出世界上最好的搜索引擎。没想到对方问他,如果投更多的钱,能不能用更快的时间完成?李彦宏回答不能。后来证明,李彦宏诚实的回答令对方很满意,而他真正做出来也只用了4个月时间。正是他的诚实帮助百度积累了信誉。

创业过程中,一定要具备独立的思考能力和判断力。李彦宏的这两种能力是在大学期间培养出来的,并在以后的创业途中深深地影响着他,例如,2005年百度上市;2008年百度在日本运营搜索,开始尝试国际化;2010年拆股……无一不受到他独立思考能力的影响。就像他回答一位大一女生"大学期间要为成功创业准备什么"时所说:"一定要具备独立的思考能力和判断力,那样你才不会轻信别人。"创业需要很多能力,而这两种应算是成大事者所必备吧!

【课堂思考与讨论】

1. 李彦宏创业成功的外部因素有哪些?哪些因素是他个人的素质和力?你觉得创业者应该培养和锻炼的素质和能力有哪些?其中哪些是最重要的因素?

2. 对于百度的成功,很多人说是因为百度是最先做的,所以它成功了。你的观点是什么?

俞敏洪的创业团队

俞敏洪,1962年出生于江苏江阴,1980年考入北京大学外语系,毕业后留校担任北京大学外语系教师,1991年9月,俞敏洪从北京大学辞职,开始了自己的创业生涯。1993年,俞敏洪创办了新东方培训学校。

创业伊始,俞敏洪单枪匹马,仅有一个不足10平方米的漏风的办公室,零下十几度的天气,自己拎着糨糊桶到大街上张贴广告,招揽学员。1994年,俞敏洪已经投入20多万元,新东方已经有几千名学员,在北京也已经是一个响亮的牌子,他看到了一个巨大而诱人的教育市场。

一、聚集人才

在新东方创办之前,北京已有三四所同类学校,参加新东方培训的多是以出国留学为目的的。新东方能做的,其他学校也能做到。就当时的大环境而言,随着出国热,以及人们在工作、学习、晋升等方面对英语的多样化要求,国内掀起了学习英语的热潮,越来越多的优秀教师加入英语培训这个行业。如何先人一步,取得自己的竞争优势,把新东方做大做强,俞敏洪认识到英语培训行业必须要具备一流的师资。

俞敏洪需要找到更多的合作伙伴,帮他确保英语培训各个环节的质量。而这样的人,不仅要有过硬的专业知识和能力,更要和俞敏洪本人有共同的办学理念。他首先想到的是远在美国的王强、加拿大的徐小平等人,实际上这也是俞敏洪思考了很久所做的决定。这些人不仅符合业务扩展的要求,更重要的是这些人作为自己在北大时期的同学、好友,在思维上有着一定的共性,肯定能比其他人更好地理解并认同自己的办学理念,合也会更坚固长久。从1994年到2000年,杜子华、徐小平、王强、胡敏、包凡一、何庆权、钱永强、江博、周成刚等人陆续被俞敏洪网罗到了新东方的旗下。

二、构建团队

作为教育行业,师资构成了新东方的核心竞争力,但是如何让这支高精尖的队伍最大限度地发挥作用,俞敏洪从学员需求出发,秉持着一种"比别人多做一点,比别人做得好一点"的朴素简约的创新思维,合理架构自己的团队,寻找和抓住英语培训市场上别人不能提供或者忽略的服务,使新东方的业务体系得以不断完善。

徐小平、王强、包凡一、钱永强等人分别在出国咨询、基础英语、出版、网络等领域各尽所能,为新东方建起了一条顺畅的产品链。徐小平开设的"美国签证哲学"课,把出国留学过程中一个大家关心的重要程序问题上升到人生哲学的高度,让学员在会心大笑中思路大开;王强开创的"美语思维"训练法,突破了一对一的口语训练模式;杜子华的"电影视听培训法"已经成为国内外语教学培训极有影响力的教学方法……新东方的老师很多都根据自己教学中的经验和心得著书立说,并形成了自身独有的特色,让新东方成为一个有思想、有创造力的地方。

俞敏洪的成功之处是为新东方组建了一支年轻而又充满激情和智慧的团队,俞敏洪的温厚、王强的爽直、徐小平的激情、杜子华的洒脱、包凡一的稳重,五个人的鲜明个性让新东方总是处在一种不甘平庸的氛围当中。

俞敏洪敢于选择这帮牛人作为创业伙伴,并且真的在一起做成了大事,成就了一个新东方传奇,从这一点来说,他是一个成功的创业团队领导者。他知道新东方人多是性情中人,从来不掩饰自己的情绪,也不愿迎合他人的想法,打交道都是直来直去,有话直说,因此,新东方形成了一种批判和宽容相结合的文化氛围,批判使新东方人敢于互相指责,纠正错误;宽容使新东方人在批判之后能够互相谅解,互相合作。这就是新东方人的特点。大家互相不记仇,不记恨,只计较到底谁对谁错谁公正。

这种源自北大精神的自由文化,是俞敏洪敢用"孙悟空",而且是多个"孙悟空"的前提条件,这是新东方成功的关键因素之一;而另一个关键因素就是俞敏洪本人所具备的包容性,帮助他带领着一帮比他厉害的牛人,不仅将新东方从小做大,还完成了让局外人都为之捏了一把汗的股权改制。最令人意料不到的是,俞敏洪居然还将新东方带到了美国的资本市场,成为中国第一个在海外成功上市的民营教育机构。

【点评】 俗话说:一个好汉三个帮。在当今时代,仅靠个人单打独斗去创业已越来越困难。任何一个成功伟大的企业,其背后一定有一个坚不可摧的优秀团队,而且,任何企业的成功和伟大都体现在团队的卓越和优秀之上。

第一节　创业者

一、创业者的概念

创业名言

　　成功根本没有秘诀,如果有的话,就只有两个:一是坚持到底,永不放弃;二是当你想放弃的时候,请回过头来再照着第一个秘诀去做。

——丘吉尔(英国前首相)

　　对所有创业者来说,永远告诉自己的一句话:从创业的第一天起,你每天要面对的是困难和失败,而不是成功,困难不是不能躲避,但不能让别人替你去扛,任何困难都必须由你自己去面对。

——马云(阿里巴巴创始人)

(一)创业者的概念

"创业者"(entrepeneur)一词来源于 17 世纪的法语词汇,表示某个新企业的风险承担者,早期的创业者也是风险承担的"承包商"(contractor)在欧美的经济学研究中,将创业者定义为一个组织、管理生意或企业并愿意承担风险的人。美籍奥地利经济学家熊彼特认为,创业者应该是创新者,具有发现和引人更好的能赚钱的产品、服务和过程的能力。

我们认为,创业者首先是一个有梦想的追求者,他追求的是未来的回报,而非现在的回报。如果未来的回报低于预期,或者低于现在的回报,一个人不可能有创业的动力。因此,创业者进行创业活动是为了获得更大的价值,这种价值的实现,有物质上的诉求,而更多的是人生价值的实现。创业者的未来收益是一种投资性活动的收益,这些投资既可能是实际的资本投入,也有本人和团队的时间和精力的投入,而收益也就不只是金钱上的收益,还应包括价值的收益、理念实现等。

创业者一般被界定为具有以下几点的人:创业者是一种主导劳动方式的领导人;创业者是有使命、荣誉、责任、能力的人;创业者是组织运用服务、技术、器物作业的人;创业者是具有思考、推理、判断能力的人;创业者是能使人追随并在追随的过程中获得利益的人;创业者是具有完全权利能力和行为能力的人。

在实际生活中,与一般人的观念不同,创业者所谓高度的商业才能,不仅仅是创办一个企业,而且是在企业的整个发展过程中,都能够做出正确的决策,及时解决面临的问题,修正企业的发展方向,使企业长期保持活力,不断发展壮大,成为具有影响力的企业的才能。同时,创业者生应该从社会发展的角度来界定。那些建立了新的商业模式并获得了发展的企业,那些为其他人的发展提供样板,为社会提供就业,不断带来财富的企业的创立者通常也被称为创业者。

(二)创业者的类型

根据不同的标准,创业者可以划分为不同的类型。

1. 根据创业过程中所处的角色和所发挥的作用上看,创业者可划分为独立创业者和团队创业两种类型。

（1）独立创业者

独立创业者是指自己出资、自己管理的创业者。独立创业充满挑战和机遇。他们可以自己发挥创业者的想象力、创造力,充分发挥主观能动性、聪明才智和创新能力,可以主宰自己的工作和生活,按照个人意愿追求自身价值,实现创业的理想和抱负。但是,独立创业的难度和风险大,可能缺乏管理经验,缺少资金、技术资源、社会资源、客户资源等,生存压力大。

（2）团队创业者

相对独立创业而言,团队创业是指在创业初期(包括企业成立前和成立早期),由一群才能补、责任共担、愿为共同的创业目标而奋斗的人所组成的团队来进行创业任务。在一个创业图中,包括主导创业者与跟随创业者。带领大家创业的人就是团队的领导者,即主导创业者,其成员就是跟随创业者,也叫参与创业者。

美国一项针对 104 家高科技企业的研究报告指出。在年销售额达到 500 万美元以上的企业中有 83.3% 是以团队形式建立的,而在另外 73 家停止经营的企业中,仅有 53.8% 有多位创始人。这一模式在一项关于"128 公路一百强"的研究中表现得更为明显:100 家创立时间较短、销售高于平均数几倍的企业中 70% 有多位创始人。

由此可见,由于知识互补、资源共享,团队创业的后期成长空间比个人创业更宽广,但是团队创业也存在思想意识难以统一,发展过程中存在分歧以致难以为继的现象,因此,创业类型主要依据创业目标的类型来选择。AidAspelund 对新创技术型公司的创业团队的研究表明,其是一个包含众多人的组织形成过程,特别是这个过程更为复杂的技术型公司要求输入更多的能力。因此,新创技术型公司宜采用团队模式进行创业。

2. 根据创业者的创业背景和动机分类

从创业者的创业背影和动机看,创业者可划分为生存型创业者、变现型创业者和主动型创业者三种类型。

（1）生存型创业者

这类创业者大多为下岗工人、失去土地或因为种种原因不愿回乡村的农民,以及刚刚毕业找不到工作的大学生,这是我国数量最大的一拨创业人群。清华大学的一份调查报告指出,这一类型的创业者占中国创业者总数的 90%。

这种类型的创业者,最初或许根本就没有什么创业的概念以及伟大的理想与梦想,只是出于生存的渴望与责任,凭自己的勤劳、努力与节俭,在生存的路上不断积累财富、经验、品格人脉,然后不断做大,做强,最后在历史潮流的推动下,走上一条持久创业发展的道路,最终取得自己从未想过的成就与事业。李嘉诚就是典型的案例。

（2）变现型创业者

这类创业者就是过去在党、政、军、行政、事业单位掌据一定权力,或者在国企民营企业、民营企业当经理期间聚拢了大量资源的人,在机会适当的时候,自己出来开公司、办企业,实际足将过去的权力和市场关系变现,将无形资源变现为有形的货币。20 世纪 80 年代末至 90 年代中期,第一类变现者最多,现在则以第二类变现者居多。

（3）主动型创业者

主动型创业者又可以分为两种：一种是盲动型创业者，另一种是冷静型创业者。前一种创业者大多极为自信，做事冲动。这样的创业者很容易失败，但一旦成功，往往就是一番大事业。冷静型创业者是创业者中的精华，其特点是谋定而后动，不打无准备之仗，或是掌握资源，或是拥有技术，一旦行动，成功概率通常很高这种创业者，执着于心中的梦想与目标，充满超强的激情、活力与精力，但他们没有什么特别的权势与财富积累，只是凭借自己的眼光、思想特长、毅力与感召力去坚持不懈地努力，感召越来越多的志同道合者，聚集越来越多的资源，吸引越来越多的投资商，凭着一股"打不死"的精神，做出一番事业。

二、创业动机

创业名言

创业时，你一定要坚持自己的梦想，给梦想一个实践的机会。

——马云（阿里巴巴创始人）

如果没有对一件事情充满激情，你就不应该创业，绝不要为了创业而创业。

——乔布斯（苹果公司创始人）

（一）什么是创业动机

这里所说的原因就是动机。动机与需要是紧密联系的。我们常说，行为之后必有原因，如果说需要是人类活动的基本动力的源察，那么，动机就是推动这种活动的直接力量。

创业动机则是指引起和维持个体从事创业活动，并使活动朝着某些目标的内部动力。它是鼓励和引导个体为实现创业成功而行动的内在力量。说得通俗一点，创业动机就是有关创业的原因和目的，即为什么要创业的问题。

行为心理学认为："需要产生动机，进而导致行为。"创业的直接动机就是需要。

创业活动是一种综合性很强的社会实践活动，它源于人的强烈的内在要求，这种内在需要是创业活动最初的诱因和动力。如果没有创业的需要，就绝不可能产生创业行为。仅有创业需要也不一定有创业行为，只有当创业需要上升为创业动机时，才能形成创业者竭力追求并获得最佳效果和优异成绩的心理动力。创业动机就是推动创业者从事创业实践话动所必备的积极地心理状态和动力。一旦创业者拥有了积极地心理状态和动力并将其付诸实践，他们会坚持不懈，勇往直前。

（二）创业动机的分类

美国社公心理学家马斯洛认为，人类的需要是有层次的，由低到高依次分为生理需求、安全需求、归属需求、尊重需求和自我实现需要5类。人的某种动机和行为是为了满足自己的某些需要，正如许多人创业是为了满足某种层次的需求。所以，形形色的创业者走上创业之路，其动机不外乎以下几类：

（1）生存的需要

鲁迅先生说过，我们一要生存，二要温饱，三要发展。生存是人类的第一需要。当一个人失去就业机会，为养家糊口、暖衣饱食而不得不自己创业时，这种类型的创业者就是前面介绍的生存型创业者。

当前,我国高校学生中城镇生源的学生95%均是独生子女,从小生活在父辈的呵护下,衣来伸手饭来张口,以至于独立性非常差,通过接受教育,已经有不少学生意识到了这一点并试着学会独立。为了自己养活自己,这部分人在不耽误学习的情况下尝试投入到低端行业来饱满羽翼。

(2)利益的驱动

有一类人觉得为别人打工、拿死工资很难脱贫致富,很难早日摆脱"房奴""车奴"的生活,而许多企业获得了成功,创业名家们身上的财富光环也勾起他们的创业愿望。为了积累更多的财富,他们走进了创业的行列。如果创业成功,不仅财源滚滚,知名度、社会地位、尊严等都会上一个大台阶。这里所言并非拜金主义,只要诚信、诚实、合法、纯粹以赚大钱为目的的创业动机也无可厚非。毕竟价值观不同,生活态度和人生态度也不一样。

(3)压力的驱使。

"有压力才有动力",压力可以激发我们内在的潜能与斗志,这便是我们所说的动力。而一个潜能和斗志被激发出来的人自然要比一个随遇而安的无压力的人更加具有动力。当前我国的大学生就业形势相当严峻,主要表现为毕业生和社会职业之间的供需矛盾。为了缓解就业压力,部分大学生在创业的浪潮中开始了搏击。另外,经济压力也是大学生自主创业的一种动机。大部分大学专科、本科毕业生集中在城市,特别是大、中型城市,薪酬的增长跟不上房价、物价的急速增长,这对毕业生来说,无疑是巨大的压力。于是,他们开始寻找提升自我价值的机会,选择了自主创业,以期许通过创业带来良好的经济效益,提高自己的社会地位。

(4)积累经验和阅历

毛泽东同志曾经说过:"你要知道梨子的滋味,你就得变革梨子,亲口吃一吃。"这句话道出了实践的重要性。书本知识都是前人的认知积累,而亲自实践获得的知识比间接经验深刻、通透得多。有一类人,他们为了增加自己的实践经验,丰富自己的社会阅历,或者为了自己以后的发展或实现自己的某个目标做好经济上的准备,在条件成熟的情况下,会利用课余或业余时间走上创业的道路。他们的动机往往很单纯,不修杂任何物质功利因素,创业者本身也没有生活压力,就为了使自己由单纯走向成熟。

(5)实现理想和抱负

根据麦可思发布的"2010届大学生毕业半年后社会需求与培养质量"的抽样调查结果显示,从毕业生自主创业动机来看,实现理想和抱负是2010届大学毕业生自主创业最重要的动力(本科41%、高职高专42%),只有7%的本科毕业生因为找不到工作才创业,高职、高专这一项比例为6%。

心理学研究表明:25～29岁是创造力最为活跃的时期,这个年龄段的青年正处于创造能力的觉醒时期,对创新充满了渴望和憧憬。他们思维活跃、创新意识强烈,同时所受的约束和束缚较少。按照新的人本主义需要理论(即人共存在3种核心需要:生存(Existence)的需要、相互关系(Relatedness)的需要和成长发展(Growth)的需要,简称ERG理论),他们对成长的需要也更为强烈。另外,由于大学生所处的环境,他们往往更容易接触一些新的发明和学术上的新成果,或者他们中的一部分人本身拥有具有自主知识产权的科研成果。为了能早日实现自己成功的目标,他们中的一部分人改变了自己的成功观念,也开始了自己的创业生涯。

总之,创业动机没有高低对错之分,也不是影响创业成功的决定性因素,无论持有什么样创业动机都可去创业,关键是创业者对自己的创业动机一定要明确,要想清楚自己到底为什么要选择创业的道路。只有明确了创业动机,才能更加坚定走创业道路的决心,才能有助于创业的成功。而有一部分大学生,创业动机并不明确,多是"随大流""赶时髦""图新鲜",或者是在周围人的影响下糊里糊涂地去创业,这样是不利于创业成功的。

另外,尽管创业动机没有高低对错之分,但相对而言,国际上真正成功的企业家都有着非常明确的愿景和梦想,因为远大的创业梦想往往能更大限度地吸引创业者,激发创业者的无限潜能,也更利于成功。例如,比尔·盖茨的梦想是为了实现每一张办公桌上都有一台计算机,他发现了在实现这个梦想过程中的一个重要环节——软件。可这个梦想,并没有提及他要当首富。一个企业要成功,必须有一个愿景,这就是企业的灵魂。一旦有了一个真正的梦想,创业者克服各种困难去实现梦想的过程就是他享受人生和追求幸福的过程。因此,有志于创业的大学生应早日树立远大的创业理想和抱负,将创业同自己的人生价值追求和为祖国建功立业的想法结合起来。当然,理想也不能盲目或盲从,应当根据现实情况和可能的发展趋势科学合理地设定,否则容易使创业者产生懈怠、妥协的心理,容易出现好高骛远、高目标低达成的现象。

拓展阅读 4-1

应超杰:让碎片化时间产生价值

走进杭州华胥网络科技有限公司,除了简洁清爽的装修,整个办公室给人最大的感受就是蓬勃的青春气息。不仅仅是因为这个团队所有成员都是在校生,更在于每一个人为了心中的梦想努力拼搏的劲头,应超杰团队正在做的产品叫酷帮(Kuber),既是一款交互类的社交应用软件,也是一款能够在互助共荣的过程中赚取佣金的软件。

1. 就业? 创业!

到了研三,即便是应超杰这样的"技术大神",也面临毕业这道关口,到底就业,还是创业? 应超杰一度纠结过这个问题,但他最终还是选择创业,从事互联网 O2O 行业。

故事的开头很简单。去年元旦,应超杰回老家,想把自己的宠物寄养几天,但是没想到看似很简单的一件事,却一直找不到合适的人。这件事给了他灵感,能不能做一款App 集合周边人的需求和资源,即能帮助大家解决一些是实行的难题,又能交到朋友,顺便还把钱赚了? 这就是"酷帮"的原始概念。

考虑清楚后,应超杰就加快了步伐。今年三月,他找到了学院及其他几个即将毕业的本科生和研究生,分别从事技术和推广工作。骨干成员之一李佳威主管运营。三月份的天,寒气还未散去,4 个小伙伴聚在一家火锅店里,几杯雪碧碰在一起,创业这件事,就算正式开始了。

2. 碎片化时间产生价值

他们要做的是一款怎样的 APP? 首先,它必须是一款"帮助"为起点的社交软件,基于此,几个合作人给它取名为"酷帮"(Kuber)。

酷帮最核心的功能是帮助用户快速解决紧急问题。打个最简单的比方:今天钥匙忘带了、不想下楼拿外卖、在偏远地区自己不会换轮胎,这些问题都可以通过该软件发布求助、支付佣金,然后得到解决。

总的来说,诸如拼单、餐饮、小百科、维修、快递、票务等问题,都可以求助于酷帮。无论对于发布者还是完成任务者,都能有效池拓宽自己的好友圈,增加人脉。此外很重要的一点在于人的碎片化时间变得有价值了。

"初生牛犊不畏虎",对于应超杰的团队来说,酷帮的盈利模式除了佣金分成,还有更多东西可以利用,如大数据时代一直强调的用户偏好等。未来他们还要将产品辐射到政务、社区等领域让大家的工作、生活更加便捷。

这一概念吸引了很多传统行业投资人的兴趣,今年7月,首轮融资,他们就拿到了500万元的"天使基合"投资。

3. 先抓芝麻再捡西瓜

前景很美好,但项目落地,却没有那么简单,尤其是产品的推广。对此,应超杰的头脑很清楚"我们不想一口吃成胖子,就从自己的学校做起。做好了,再慢慢辐射整个下沙乃至杭州"。

应超杰认为,整个浙江工商大学一年有上万名学生进来,更重要的是他们是流动的,如果产品做得好,4年之后走出校门,这批用户会成为一批有影响力的用户。他选择母校作为起点,是因为从校长到老师到团委到学生会,这里有充足的可利用的资源。"先把浙江工商大学这粒芝麻抓紧了,我们才有资本检剩下的大西瓜。"

上个月,他们与浙江工商大学信息息与电子工程学院互授铜牌,他的公司成为该学院的实践中心,一方面有利于今后汲取优秀的技术人才为公司所用,另一方面能帮助大学生开展实践。

有了母校这座"靠山",接下来的事情就顺利了很多。按计划,12月初产品将会上线,而试推广将会在明年3月。他预计,1年可以做到3万用户。

(资料来源:《每日商报》)

【点评】 自主创业对个人的能力、资源等方面的要求较高,对毕业生来说,既是一种挑战也可获得极大的发展空间,这是就业所不能比拟的。创业梦想往往能更大限度地吸引创业者最终实现自我价值,使自己得到社会的认可。

三、创业者的素质和能力

创业名言

人,第一要有志,第二要有识,第三要有恒,有志则断不甘为下流。 ——曾国藩

如果要取得别人的信任,你就必须做出承诺,一经承诺之后,便委负责到底,即使中途有困难,也要坚守诺言。

——李嘉诚

成功的原因都是相似的,失败的原因则各有各的不同。了解成功创业者表出来的自身特质,创业者可以反观自己,针对自己与成功创业者之间的差地,有意识地主动培养并在实践中不断修改、完善与提升自己的素质和能力。

创业者应具备的素质与能力:

(一) 创业者应具备的基本素质

对于创业者而言,具备优秀的素质,就为开创自己的事业打下了良好的基础。创业者应具备以下基本素质。

1. 诚信为本

诚信就是"诚实无欺,信守诺言,言行相符,表里如一"。诚信不仅是为人处世的基本准则,更是经商之魂。在创业经商过程中,诚信是第一品质,是创业者的"金质名片"也是参与各种商业活动的最佳竞争利器。

2. 直觉敏捷

灵活敏锐的商业意识是企业兴旺之源,创业者需要具备敏锐的直觉。在资源条件和市场条件相同或相近的情况下,为什么有些创业者能取得较大的成就,有些创业者以较大投入获得的却是较小的收益甚至是铩羽而归? 造成这种差别的重要因素就是创业者是否具备对商机和市场的敏锐直觉。

3. 把握机遇

机遇往往是留给那些有准备的人,当机遇来临时,能够把握机遇的人往往能拔得头筹。对创业者来说,机遇稍纵即逝,因此需要创业者在不断的市场磨砺中把握住机会,成就一番事业。

4. 追求创新

创业者应该具备不断追求创新的素质,要有不满足于维持现状的意识,要有不断推陈出新的精神。创新是推动经济和社会发展的主导力量,是一个民族兴旺发达,长盛不衰的动力源泉。创新是立业之本,创业是更高水平的创新。

5. 敢于竞争

创业者需要具备敢于竞争的素质,在市场的浪潮中拼搏前进。经济领域的竞争是市场主体为了追求自身利益而力图胜过其他市场主体的行为和过程。竞争促进经济发展和社会进步,但要遵循自愿、平等、公平和诚实守信原则,要遵守公认的商业道德,不能滥用竞争权利。

【提示】　创业者要完全具备以上素质是非常困难的,而且也不可能完全具备这些素质后才去创业,但创业者应该自觉地不断学习和实践,注重提高自身的综合素质。

(二) 创业者的必备能力

在现代社会,竞争日趋激烈,创业者能否在竞争中占据优势、成功创业,主要取决于他所拥有的或者能够运用的各种能力。创业者应具备以下几种能力:

1. 创新能力

创新能力是白手起家的创业者的生命源泉。创新不仅仅是从无到有地创造某种产品或服务,更多的情况是在以往的基础上对原有产品和方式方法的改进。创业者的创新能

力往往体现在技术、管理和营销上的创新。从某种意义上来讲,创新能力就是不断反思追问的能力。创业本身就是一项创新活动,很多未知的或不可预料的因素掺杂其间。创业就是开创一项事业,没有一种可以复制的模式让我们一劳永逸。一个新的管理理念或是新开发的产品,往往会给创业者带来惊人的回报。

2. 学习能力

面对日益复杂的市场竞争与合作关系、日新月异的科学技术手段、不断更新的管理理念及各种管理手段,创业者只有不断学习才能应对时代潮流的冲击与要求。学习能力主要包括制定学习目标和计划的能力、阅读能力、分析归纳能力、信息检索能力等。创业者培养良好的学习能力应注意以下几点:

一是,心态归零,吐故纳新。不囿于已取得的成绩和能力,从零开始,保持对环境变化的敏感度,不断学习新知识。

二是,精益求精,学有所长。对于创业者而言,学到的知识越多,其能力就越强。但是人的精力是有限的,“门门精通”往往会变成“门门不通”。创业者应该学会选择,在某些领域要精益求精,具备一技之长,在某些领域则可涉猎粗通。

三是,开阔视野,终身学习。学习能力的表现之一就是善于发现学习的榜样,学其长处,补己短板。如果仅仅局限在一个小的范围内,视野得不到开阔,就会变成井底之蛙,丧失学习的动力和能力。只有走出去,不断接触新事物和新观点,才能不断地找到自身的差距。社会的发展越来越看重能力,创业者不能因为获得了大学文凭就停止学习,而是要树立终身学习的理念。

拓展阅读 4-2

李嘉诚成功的奥秘在于学习

李嘉诚缔造了巨大的商业帝国,一度成为亚洲首富、世界十大富豪之一,有位记者曾问李嘉诚:“今天你拥有如此巨大的商业王国,靠的是什么?”李嘉诚回答说:“依靠知识。”有位外商也曾经问过李嘉诚:“李先生,您成功靠什么?”李嘉诚毫不犹豫地回答:“靠学习,不断地学习。”

李嘉诚勤于自学,在任何情况下都不忘记读书。青年时打工期间,他坚持“抢学”,创业期间坚持“抢学”,经营自己的商业王国期间仍孜孜不倦地学习。李嘉诚晚上睡前是他铁定的看书时间,他喜欢看人物传记,无论是医疗、政治、教育、福利那些方面,只要是对全人类有所帮助的人他都很佩服,都心存景仰。李嘉诚一天工作十多个小时,仍然坚持学英语。早年专门聘请一位私人教师每天早晨7点30分上课,上完课再去上班,天天如此。早在办塑料厂时,他就订阅了英文塑料杂志,既学英文,又了解世界最新的塑料行业动态。苦读英文使李嘉诚与其他早期从内地来香港发展的企业家有所区别。当年,懂英文的华人在香港社会是“稀有动物”。懂得英文,使李嘉诚可以直接飞往英美,参加各种展销会,谈生意可直接与外籍投资顾问、银行高层打交道。如今,李嘉诚已年逾古稀,仍坚持不断地读书学习。

李嘉诚说:“在知识经济时代,如果你有资金,但缺乏知识,没有最新的信息,无论何种行业,你越拼搏,失败的可能性越大;但是你有知识,没有资金的话,小小的付出就能够有

回报,并且很有可能获得成功。现在跟数十年前相比,知识和资金在通往成功的道路上所起的作用完全不同。"

3. 合作能力

创业者之所以需要与他人合作,首先源于个人的能力有限,同时也因为个人的能力与他人具有互补性。创业者要想与他人合作并有所作为,先要做到知己,要清楚自己的性格类型、素质特点、能力专长,选定个适合自己的工作目标,其次要注意分析别人的特点,找到互补性和差异性,只有这样才能真正找到合作伙伴,并与其一道为共同的创业理想携手合作。

在创业过程中,与伙伴合作要注意以下两个方面:一是平等合作,与合作伙伴在人格上是完全平等的,是为了一个共同的目标走到一起的;二是互利合作,合作者之间的互惠互助是合作者为了某些共同目标和利益追求,在一定基础上进行的物质和精神的相互配合协作。

4. 经营管理能力

经营管理能力是指对人员、资金的管理能力,包括人员的选择、使用、组合和优化,也包括资金的聚集、核算、分配、使用、流动。经营管理能力在较高层次上决定了创业实践活动的效率和成败。创业者培养经营管理能力要从学会经营、学会管理、学会用人、学会理财等方面去努力。

创业者一旦确定了创业目标,就要组织实施,为了在激烈的市场竞争中取得优势,必须学会经营,学会质量管理,坚持效益最佳原则。要敢于对企业、员工、消费者负责,保持高度的社会责任感,还要学会用人,善于吸纳德才兼备、志同道合者以及比自己强或有专长的人共同创业。

5. 交往协调能力

交往协调能力是指能够妥善的处理与公众(政府部门、新闻媒体、客户等)之间的关系,以及协调下属各部门成员之间的关系的能力。创业者应该做到妥当的处理与外界的关系,尤其要争取政府部门、工商及税务部门的支持和理解;同时要善于团结一切可以团结的人,团结可以一起团结的力量,求同存异,共同协调的发展;做到不失原则、灵活有度,善于巧妙地将原则性和灵活性结合起来。总之,创业者只有搞好内外团结,处理好人际关系,才能建立个有利于自己创业的和谐环境,为成功创业打好基础。沟通协调能力强的创业者可以帮助企业解决问题、化解危机,获得新的发展机会。面对缺乏协调与社交能力的创业者会在问题面前无所作为,听之任之,企业甚至可能因为其不当言论的沟通协调行为为而加重危机,甚至一蹶不振。正如李嘉诚在"给创业者的98条建议"里说:"今日如果没有那么多人替我办事,我就算有三头六臂,也没有办法应付那么多的事情,所以成就事业最关键的是要有人能够帮助你,乐意跟你工作,这就是我的哲学。"

交往协调能力在书本是学不到的,它实际上是种社会实践能力,需要在实践活动中学习,并不断积累、总结经验。这种能力的形成,一是要敢于与不熟悉的人和事打交道,敢于冒险和接受挑战,敢于承担责任和压力,对自己的决定和想法要充满信心、充满希望;二是要养成观察与思考的习惯,社会上存在着许多复杂的人和事,在复杂的人和事的前要多观察、多思考,凡事做到三思而后行;三是要处理好各种关系,可以说,社会活动是靠各种关系来维持的,处理好关系要善于应酬,而应酬是职业上的"道具",是为人处世、待人接物的表现。心理学家称,应酬的最高境界是在毫无强迫的气氛里,把诚意传达给别人,使别人受到感应,并产生共识,自愿接受自己的观点。搞好应酬要做到宽以待人,严于律己。尽量做到既了解对方的立场,也要让对方了解自己的立场。协调交往能力并不是天生的,也不是在学校里就形成了的,而是走向社会后慢慢积累社会经验、逐步学习社会知识而形成的。

📁 **拓展阅读 4 - 3**

关于创业者的神话

创业者并不是特殊人群。国外有研究者认为,把创业者看作"神话人物"是认识上的误区。

神话 1:创业者无法塑造,而是天生的

现实情况:即使创业者天生就具备了特定的才智、创造力和充沛的精力,这些品质本身也只不过是未被塑形的泥巴和未经涂抹的画布。创业者是通过多年积累相关的技术、技能、经历和关系网后才被塑造成功的,这当中包含着许多自我发展历程。具有至少 10 年或 10 年以上的商业经验,才能识别出各种商业行为,并获得创造性的预见能力和捕捉商机的能力。

神话 2:任何人都能创建企业

现实情况:创业者如果能够识别思路和商机之间的区别,思路开阔,他们创办企业成功的机会就比较大。即使运气在成功中很重要,充分的准备仍是必要条件。创办企业只是最简单的一部分,更困难的是要使企业生存下来,持久经营,并把企业发展成最终可以使创办者喜获丰收的企业。在能够存活 10 年以上的新企业中,10~20 家中大约只有 1 家最后可以给创办人带来资本收益。

神话 3:创业者是赌博者

现实情况:成功的创业者会预期风险,小心翼翼。在有选择的情况下,他们通过让别人一起分担风险、避免或最小化风险来左右成功优势的倾斜方向。他们常常把风险分割成可接受、可消化的小块。那时,他们才肯付出时间和资源,看哪部分的风险收益划得来。他们不会故意承担更多的风险,不会承担不必要的风险,当风险不可避免时,也不会胆怯地退缩。

神话 4:创业者喜欢单枪匹马

现实情况:想要完全拥有整个企业的所有权和控制权,只会限制企业的成长。单个创业者通常只能维持生计,想单枪匹马地发展一家高潜力的企业是极其困难的。高潜力的创业者会组建起自己的团队和组织,然后是自己的企业。

神话 5:创业者是他们自己的老板,他们完全独立

现实情况:创业者离完全独立相差很远,他们需要为很多主人和赞助者服务,其中包括合伙人、投资者、顾客、供应商、债权人、雇员、家庭及其他社会和社区义务的相关方。但是,创业者可以自由选择是否、何时及做些什么以对他们做出响应。而且,要单枪匹马地获得超过 100 万~200 万美元的销售额是极其困难的,可以说,几乎是不可能的。

神话6：创业者比大公司里的经理工作时间更长，工作更努力

现实情况：没有证据证明所有创业者都比公司里与他们地位相当的人工作得更多。有一些可能是工作得多一些，而有些则不是。事实上，一些研究报告说，他们工作得更少。

神话7：创业者承受更多的压力，付出更多

现实情况：做一个创业者是有压力的、是辛苦的，这一点毫无疑问。但是没有证据证明创业者比其他的无数高要求的专业职位承受更大的压力，而且创业者对他们的工作往往非常满意。他们有很高的成就感，他们更健康，而且不太容易像那些为别人工作的人那样轻易退休，创业者中说自己"永远也不想退休"的人是企业中职业经理的三倍。

（资料来源：中华励志网）

6. 创意评估的能力

创业者应该清楚，并不是每一个创意都能转变为商机。对创意的评估，是指分析、评价创意是否能转变为商机，是否能为创业者带来利润，如果没有利润，再好的创意也不能被实施。创业者需要考虑以下问题：这个创意过分、夸张吗？有没有可操作性？实践起来容易吗？有没有实践成果？是否有其他人早已考虑过了？如果这些问题都得到了圆满的回答，那么说明创意是基本可行的。按照美国经济学家的调查分析，在美国从商机分析到开展业务一般要经过 6~12 个月的时间。当然，创业者的个人因素会在很大程度上影响这一过程的时间。这一过程中，创业者面临的巨大挑战可以鉴别、评估哪种创意真正具有商业潜力。

7. 制订资金计划的能力

启动资金是指企业在创建的前期需要的资金投入。创业者需要对前期的成本投入有明确的认识，虽然可以找专业人士来帮助自己，但是自己也应做到心中有数。对于公司的生存与发展，产品和技术是至关重要的，解决了产品的技术性与服务性问题，就需要关注销售，只有销售之后，才会有利润产生。公司的前期运行需要有足够的资金支持，因此创业者在执行计划的过程中必须谨慎考虑财务因素。公司开办之初常常会出现亏损，这需要有足够的资金支持。创业者既要有可行的资金计划，也要有良好的心理素质。

8. 组织领导能力

一个卓越的领导者会有以下 5 种行为：以身作则、共启愿景、挑战现状、使众人行、激励人心。

（1）战略管理能力

战略是依据企业的长期目标、行动计划和资源配置优先原则设定企业目标的方法。因为战略是为企业获取可持续竞争优势，而对外部环境中的机遇和威胁及内部优势和劣势做出的反应，它是对企业竞争领域的确定，所以，战略就是企业的生命线，也是企业腾飞的起跳板，一个及时、果断、英明的战略决策是企业化茧成蝶、由小到大、由平凡到伟大的最初推动力，而错误的战略则会葬送个企业。战略管理能力包括战略思维，战略规划和设计，是一个创业者的核心领导能力。

（2）决策能力

正确的决策是保证创业活动顺利进行的前提。尤其是有关创业机会的识别和选择、创业团队的组建、创业资金的通融、企业发展战略及商业模式的设计等重大决策，创业模式的设计等重大决策,直接关系到对创业全局的驾驭和创业的成败。想做出正确决策,就要求创业者具有较强的信息获取和处理能力,能敏锐地洞察环境变化中所产生的商机和挑战,形成有价值的创意并付诸创业行动,特别是要随时理解同行的经营状况及市场变化,了解竞争对手的情况,做到"知己知彼",以便适时调整创业中的竞争策略,使所创之业拥有并保持竞争优势。同时,通过不断断运用创新思维和进行创新实践,反思和学习,总结创新经验,汲取失败教训,及时修正偏差和错误,进一步提高决策能力,促进企业健康成长。

9. 分析决策能力

分析决策能力具体包括分析能力和决策能力两个方面。只有在进行深刻的科学分析的基础上,才能做出正确的创业决定。分析能力主要有三点:一是要做有心人,平时多进行市场调查,在调查的基础上进行决策;二是要养成多思考的习惯,对可能出现的结果进行分析,同时准备好应对措施;三是要向同行学习,集思广益。决策能力是各种综合能力的体现,主要包括选择最佳方案的决策能力、风险决策能力、当机立断的决策魄力等。

10. 专业技术能力

专业技术能力是创业者掌握和运用专业知识进行专业生产的能力。专业技术能力的形成具有很强的实践性。许多专业知识和专业技术在实践中摸索,逐步提高、发展、完善。创业者要重视在创业过程中积累专业技术方面的经验和进行职业技能的训练,对于书本上介绍过的知识和经验要在加深理解的基础上给予提高、拓宽,对书本上没有介绍过的知识和经验要探索,并在探索的过程中做详细记录,认自分析、总结、归纳,进而上升为理论,形成自己的经验特色。只有这样,专业技术能力才会不断提高。

11. 资源整合能力

资源整合能力是指在创业过程中,以人为载体,在资源整合过程中所表现的对资源的识别、获取、配置和利用的主体能力。

大多数创业者尤其是大学生创业者,在创业初期其至全过程中都会经历资源约束和"白手起家"的过程。这是因为,创业活动通常是创业者在资源高度约束的情况下所进行的从无到有、"从零到一"的财富创造过程。

其实,创业资源不在于拥有多少,关键在于能否用创新的思维方式,将不同来源、不同效用的外部资源进行优化配置,使有价值的资源充分整合起来,发挥"1+1>2"的放大效应。

四、创业动机

(一) 创业动机的概念

创业动机是指创业者由于个体内在或外在的需要,而在创业时所表现出来的目标或愿景。

创业动机常常决定着创业者的行业选择、目标定位等具体取向,内源于个体的心智与旧有成长环境,是个体在综合自我、环境、价值、目标、期望等诸多因素之后所形成的内在的、个人的初始动力,是创业的开始和最基本的驱动力。

（二）创业动机的分类

按照马斯洛的需求理论,现实中创业者的创业动机可分为以下五类:

1. 生理需求

有的人创业是为了不依赖他人独立地生存。

2. 安全需求

有的人创业是为了拥有永远不会失去的安全感。

3. 归属需求

有的人放弃可以无忧无虑生存的工作,创业是为了拥有更宽广的发展空间和人脉。

4. 尊重需求

有的人放弃高薪而去创业,是为了过一种更加受人尊重的生活,用自己的能力去打拼属于自己的自由王国。

5. 自我实现需求

有的人干脆在创业成功的时候卖掉自己的企业,转身去做咨询、公益、慈善等,这也是一种追求体现自身价值体现自身价值的生活方式。

由此可以看出,如果创业仅仅是为了赚钱,奋斗仅仅是为了当官,这都还不算是真正的成功,因为这样的追求还只是为了满足自己最基本的需求,就算经过奋斗满足了生理需求(有吃、有穿)、安全需求(有房子、有固定收入)、归属需求(有家、有爱人、有天伦之乐)、尊重需求(有钱、有权、有势)的时候,依然还不能算是一个成功者,因为这一切仅仅是为成功所做的一种准备和铺垫,或者说是一种积累和储备。

📁 **拓展阅读 4-4**

不可取的十种创业动机

1. "我厌倦了要一直努力工作,压力很大。"创业比找工作更累,压力更大,你需要仔细考虑,健康和个人问题不会因创业而消失。

2. "这是我的爱好,所以为什么不把它当成职业?"问题在于多数爱好都费钱而不是赚钱,你爱做一件事并不意味着有人爱买单。

3. "我绝望了,因为我找不到合适的工作。"现在经济衰退,工作是不好找,但别忘了商业衰退率也很高。绝望的人不会成功,因为他没有创业的资源和毅力。

4. "我家是商业世家,所以我有遗传天赋。"成功的企业家似乎有内在天赋,但能否自动传给后代就不得而知了。

5. "我继承了些钱,创业是不错的投资。"创业不能没有资本,但有资本不意味着要创业。不如把钱投给有经验的人士,或干脆存入银行。

6. "我有空闲时间,我需要额外收入。"创业不是兼职。创业是额外开销而不是额外收入。

7. "我讨厌当小职员,被老板管。"别因为想得到权力而创业。顾客、供应商、赞助商、合作伙伴等都将是你的新"老板",这些人可能比现在的老板更难对付。

8. "我的朋友都拥有热门产业,似乎做得不赖。"不要相信道听途说之事,不要贸然进入你不了解的潮流产业,你的好友可能在成功前付出了很多艰辛。

9. "我想致富,所以我要创业。"抱着致富的梦想创业,肯定会失望,创业不一定比其他职业更赚钱。可以肯定的是,创业的失败风险更高。

10. "我的首要目标是奉献社会。"这话值得称赞,但在你成功之后说会更有分量。一味地想改变世界而不考虑钱,那么建设公司会拖垮你,

(资料来源:新浪网)

(三) 产生创业动机的驱动因素

产生创业动机的驱动因素上主要有个体成就因素和团队合作因素两个方面。

1. 个体成就因素

个体成就因素是促进个体创业的重要取动力,一般表现为个体的冲动、期许和价值目标等。当个体对自己的人生成就具有较高水平的期望时,创业作为一种职业选择会具有相当大的吸引力,会为个体带来其他选择所无法提供的心理和物质满足感。

📁 **拓展阅读4-5**

为了妈妈和妹妹可以到福州生活

刚刚20出头的钱金龙是福建省三明市的一位创业青年,他是从肯德基打工开始起步的。他在肯德基从最底层的员工做到执行店长,用了两年的时间。这时,他觉得可以开始自己的事业了。

2010年,YBC(中国青年创业国际计划)导师南巡时,为了给他的"超人家族"连锁店进行企业诊断,利用业余时间来到他的店里,了解他的经营情况和经营困难。他提出了一个愿望,他说:"我是一个单亲家庭的孩子,我创业的最大愿望就是让我妈妈和我妹妹可以到福州生活,我的店可以开到福州去。"

"到福州去开店"成了钱金龙最大的愿望,这时虽然他已经在三明市的几个镇上开了7家连锁店,但他继续努力,研发出"潜艇堡"并注册了自己的品牌。

2011年,在福建省YBC导师的帮助下,他的面积为400平方米的"潜艇堡"旗舰店终于如愿在福州开张了!可见,钱金龙的创业行为就是受到他要改变命运、改变生活状况的动机所驱动,加上要承担起"要为妈妈和妹妹创造美好生活"的男子汉责任感,他才克服了重重困难,将事业越做越大。

团队合作因素:

团队合作素质越高,创业者就越有创业的冲动。团队合作素质高的人,能够处理好团队中各个成员的关系,吸引他人参与到创业中来,并调动他们的创业热情。

五、大学生创业与自我评估

📁 **拓展阅读4-6**

第一研究生面馆4个月倒闭

"自古君子远庖厨"。2010年12月24日.某高校食品科学系6名研究生声称自筹资金20万元。在成都著名景观——琴台故径边上开起了"六味面馆"。

壮志雄心：5 年后开 20 家连锁店

第一家店还未开张，6 位股东已经把目光我到了 5 年之后，一说到今后的打算，他们就异口同声地说："当然是开分店啦！今年先把第一家店搞好，积累经验，再谈发展。我们准备两年内在成都开 20 家连锁店，到时候跟肯德基、麦当劳较量较量"。

情伤钱损：无人管理，草草收场

但由于面馆长时间处于无人管理和经营欠佳的状况，投资人已准备公开转让。这家当初在成都号称"第一研究生面馆"的餐馆仅仅经营了 4 个多月，就不得不草草收场。

其中滋味："研究生面馆"关门有内幕

原本想以"研究生"之名来制造广告轰动效应，但事情的发展却出人预料。"研究生面馆"开业不久，这 6 名研究生就一个接一个被学校领导找去谈话，要他们在学业和面馆之间做出选择：要么退出，要么退学。

【点评】 "第一研究生面馆"创业失败的主要原因：管理混乱，6 名研究生没有处理好学习与生意的关系，导致面馆内经常无人管理，生意不好；消费者反馈"味道不好，分量不足，吃不饱"。面馆因地段好，每月支出庞大，入不敷出。

研究生开面馆是否创业错位，引发了人们对研究生应如何创业的思考。

隔行如隔山，6 名研究生失败的教训在于他们在创业之前没有一个好的规划，在选择创业项目的时候流于制造噱头，而不是考虑创业项目是否与自己的素质、能力和资源相匹配，在既无相关行业知识和技能，又无管理时间和经验的情况下就草率地开始创业，这种创业一开始就注定了失败。

通过"第一研究生面馆"创业失败的案例，我们理解了创业规划的重要性。一个有效的创业规划必须是在充分且正确地认识自身条件与相关环境的基础下进行的。因此，在开始真正创办企业之前首先要站在创业者的角度对自己有一个准确的评价和定位。判断自己是否适合创业，是否具备创办企业的资源和条件，具有多少创业者潜力。如果适合创办企业，那么还要了解自己拥有什么，喜欢什么，擅长什么，欠缺什么。只有在认清自我的基础上，才能有明确的创业目标和方向，才能选择适合自己的创业机会，并使创业一步一步走向成功。

大学生创业前进行自我评估，应该着重考虑以下几个方面。

1. 动机

思考"我为什么要创办企业""我未来企业发展的目标是什么""是否有足够的决心""是否愿意承担风险""过去的利益是否舍得放弃""想要从创业中最终获得什么""想要把企业做到何种程度""打算为创建企业付出多少，得到多少"。只有了解了自己的各项动机后，才能坚定创业的决心，才能有针对性地选择合作伙伴。否则，合作者之间由于创业动机的差异也会为企业带来不同的隐患。

2. 特质

认识到"我是个什么样的人，具有什么样的性格特征"，这是自我评估中最难的一项。因为最了解自己的人是自己，最不了解自己的人也是自己。人的性格特征具有多面性、复杂性和不确定性。人们一般都是从他人对自己的评价中了解自己，而他人评价与自我认知之间往往具有一定的差距,即使是自我认识也会在不同的时候发生变化。尽管如此,自己是个什么类型的人还是可以确定的,一些小的偏差可以在行为过程中加以修正。了解自己的个性特征需要从这几个维度来考量:事业心和进取精神、责任心、内向性或外向性、友好性、情绪稳定性、面对问题时的态度和处理问题的方法等。

3. 知识

分析自己接受的教育水平、专业背景、工作经历、职业培训等、认识到自己知道什么,不知什么,然悉什么,不熟悉什么,拥有哪些经验,缺乏哪些经验。找到自身与拟创企业所需之间的差距,积极寻找适当的方法来弥补。

4. 技能

拥有知识不一定就拥有相应的技能。针对拟创企业的行业特点,一要了解自己目前掌握什么相关技术,将来能够掌握什么技术;二要了解自己的能力状况,自己有哪些管理经验,这些经验用在拟创企业中是否有效,自己喜欢什么,擅长做什么,不擅长做什么,哪些方面是弱项,哪些方面是强项,客观、冷静地分析自己,深刻、清醒地认识自己。只有这样,才能找到最适合自己的创业领域。盖洛普倾其一生的研究,发现了人才成功的定律:"找到你的优势,然后再放大你的优势。"大部分成功的人,都是在自己喜欢或擅长的领域里,将自己的优势发挥到极致。

5. 资源

明确自己拥有什么资源。创业的前提条件之一就是创业者拥有或者能够支配一定的资源。创业者应该清楚地审视自己所拥有或能够使用的一切资源的情况,是否足以支持创业的启动和创业成功之后的可持续发展。这里所说的资源,不仅指经济上的资金,还包括社会关系,即通过自己既有人际关系以及既有人际关系的进一步扩展所可能带来的各种具有支持性的东西。

拓展阅读4-7

创业能力测评

测评说明:做下列测试可帮助你判断自己是否适合创业和具有多少创业者潜力。

本测试由一系列陈述句组成,请根据实际情况,从"是"和"否"中选择最符合自己特征的答案。在选择时,一定要根据第一印象回答,请不要做过多的思考。

测评题:

1. 你是否曾经为了某个理想而设下两年以上的长期计划,并且按计划执行直到完成?

2. 在学校和家庭生活中,你是否能在没有父母及老师的督促下,自觉地完成分派的任务?

3. 你是否喜欢独自完成自己的工作,并且做得很好?

4. 当你与朋友在一起时,你的朋友是否会时常寻求你的指导和建议? 你是否曾被推举为领导者?

5. 求学时期,你有没有赚钱的经验? 你喜欢储蓄吗?

6. 你是否能够专注地投入个人兴趣连续10小时以上?

7. 你是否习惯保存重要资料,并且井井有条地整理它们,以备需要时可以随时提取查阅?

8. 在平时生活中,你是否热衷于社会服务工作? 你关心别人的需求吗?

9. 你是否喜欢音乐,艺术、体育及各种活动课程?

10. 在求学期间,你是否曾经带动同学,完成一项由你领导的大型活动,如运动会、歌唱比赛等?

11. 你喜欢在竞争中生存吗?

12. 当你为别人工作时,发现其管理方式不当,你是否会想出适当的管理方式并建议对方改进?

13. 当你需要别人帮助时,是否能充满自信地要求,并且说服别人来帮助你?

14. 你在募捐或义卖时,是不是充满自信而不害羞?

15. 当你要完成一项重要工作时,你是否总是给自己足够的时间去仔细地完成,而绝不会时间虚度,在匆忙中草率完成?

16. 参加重要聚会时,你是否准时赴约?

17. 你是否有能力安排一个恰当的环境,使你在工作时能不受干扰有效地专心工作?

18. 你交往的朋友中,是否有许多有成就、有智慧、有眼光、有远见、老成稳重型的人?

19. 你在工作或学习团体中,被认为是受欢迎的人吗?

20. 你自认是一个理财高手吗?

21. 你是否可以为了赚钱而牺牲个人娱乐?

22. 你是否总是独自挑起责任的担子,彻底了解工作目标并认真完成工作?

23. 在工作时,你是否有足够的耐心与耐力?

24. 你是否能在很短时间内,结交许多朋友?

测评标准:

选择"是"得 1 分,选择"否"得 0 分。统计分数,参照以下答案。

0~5 分:目前不适合自己创业,应当先为别人工作,并学习技术和专业技能。

6~10 分:需要在旁人指导下创业,才有创业成功的机会。

11~15 分:非常适合自己创业,但是在"否"的答案中,必须分析出自己的问题加以纠正。

16~20 分:个性中的特质足以使你从小事业慢慢开始,并从妥善处理中获得经验,成为成功的创业者。

21~24 分:有无限的潜能,只要懂得掌握时机和运气。将是未来的商业巨子。

当然,这个测试结果也是仅供参考,因为决定一个人创业能否成功受到很多因素的制约。

(资料来源:中国大学生创业网)

六、增强创业能力

很多人创业获得了成功,但最初创办企业时,他们并不都具备创业必须的所有素质、技能和资源。创业技能可以学习,素质可以培养,条件可以改善。我们应当扬长避短,克服自己的弱点,并将自己的长处发挥到极致。

通过前面的测试,我们已经大概了解了哪些技能和素质是自己的弱项,甚至是自己的"短板"。下一步,我们要考虑采取什么积极措施来改变这些弱项,增强自己的创业能力。

(1)如果我们的企业管理能力是弱项,就可以通过阅读企业管理方面的书籍来学习更多的知识,并设法参与更多的创业实践。

(2)如果我们的行业经验是弱项,或许应该找一位有经验的合作伙伴,或者找一位能提供咨询服务的人做顾问。

(3)如果我们的技能是弱项,就要决定怎样为自己的企业获得这些技能,可以接受培训,也可以雇用技术人员或寻找一位有适当技术的合作伙伴。

(4)如果我们的团队不能满足创业的需求,就需要寻找那些能带来技术、资金或经验的人,实现优势互补、能力匹配,使企业能应对各方面的挑战。

(5)如果我们缺乏资金,就要决定怎样为自己的企业获得启动资金,可以通过银行小额贷款、风险投资、国家政策性扶持、向亲戚朋友借款、与他人合伙等办法筹措资金,还可以从学校的创业指导中心、大学创业园、各地孵化基地及中小企业服务机构那里获得资金支持。

(6)如果我们的人脉关系是弱项,就要有效地利用家人、朋友以及同学的关系,时常联络邻居、朋友及认识的人,积极参加行业协会、俱乐部、校友会等组织,参与社交活动,拓展人脉。

(7)如果我们的个性,心态还不稳定,就需要锻炼如何控制自己。创业需要激情而不是冲动,需要理智而不是狂热,面对各种各样的风险和困难,我们要具备坚韧不拔、锲而不舍的精神。

第二节　创业团队的组建和管理

创业名言

> 即便失去现有的一切财产,只要留下这个团队,我就能再造一个微软!
>
> ——比尔·盖茨
>
> 当今的世界充斥着丰富的技术,大量的创业者和充裕的风险资本,而真正缺乏的是出色的团队。如何创建一个优秀的团队将会是你面临的最大挑战。
>
> ——约翰·多尔

虽然每个创业者的创业过程各不相同且具有不可复制性,但是我们在研究了中外众多的创业活动后仍然可以得出以下结论:一个人单打独斗的创业要比团队创业的成功率低得多。对于创业者来说,单打独斗的时代已经过去,只有有效的团队合作和不懈的团队精神,才具有更强大的生命力。

一、创业团队的概念

良好的创业团队是创建新企业的基本前提。创业活动的复杂性,决定了所有的事务不可能由创业者一个人包揽,要通过组建分工明确的创业团队来完成,而这需要一个过程。创业团队的优劣,基本上决定了创业是否能成功。单枪匹马打天下的个人英雄主义时代已经一去不复返了,有效工作的团队如同一支成功的足球队,全体队员要各就其位,各司其职,同时更要密切配合,才能发挥整体效能。

关于什么是创业团队,可以从狭义和广义两个层面来理解。

狭义的创业团队是指有着共同目的、共享创业收益、共担创业风险的一群共同创建新企业的人;广义的创业团队不仅包括狭义的创业团队,还包括创业过程中的部分利益相关者(如风险投资商、律师、会计师及参与企业创建的专家顾问等)。在这里,我们更强调狭义层面的概念。

秦王讨伐六国前,曾经问大臣们这样一个问题:"我们国家的人和别国相比,怎么样?"有个大臣是这样回答的:"一个一个人比,我们不如他们;如果是一国一国人比,他们比不过我们。"最后,秦国战胜了比自己强大的楚国、齐国等国,统一了六国,靠的就是团队的力量。

一个好的创业团队对于新创企业的成功起着举足轻重的作用。当然,并不是说设有团队的新创企业就一定会失败,但可以说要建立一个没有团队而仍然具有高成长潜力的企业极其困难!

二、创业团队的5个关键要素

创业团队需要具备以下5个关键要素(俗称5P)

1. 目标(Purpose)

创业团队应该有一个既定的共同目标,该目标为团队成员导航。没有目标,这个团队就没有存在的价值。目标在创业的管理中以企业的愿景、战略的形式体现。缺乏共同的目标将使团队没有凝聚力和持续发展力。

2. 人(Person/People)

创业的共同目标是通过人来实现的,不同的人通过分工来共同完成创业团队的目标,人是构建创业团队最核心的力量。两个或两个以上的人就可以构成团队。在新创企业中,人力资源是所有创众资源中最活跃、最重要的资源。所以,人员的选择是创业团队建设中很重要的一个部分,创业者应该充分考察团队成员的能力、性格、经验等方面的因素。

3. 定位(Place)

创业用队的定位包含两层意思:第一,团队的定位,是指创业团队在企业中处于什么位置,所扮演的角色以及团队内部的决策力和执行力;第二,成员(创业者)的定位,作为创业团队中的成员在团队中扮演什么角色,是制订计划还是具体实施或评估,即创业团队的角色分工问题。

定位问题关系列每一个成员是否对自身的优、劣势有清醒的认识。创业活动的成功推进,不仅需要整个企业能够寻找到合适的商机,同时也需要整个创业团队能够各司其职,优势互补,并且形成一种良好的合力。

4. 权限(Power)

权限是指新创企业中职、责、权的划分与管理。一般来说,团队的权限与企业的大小、正规程度相关。在新创企业的团队中,核心领导者的权力很大,但随着团队的成熟,核心领导者的权限会降低,这是一个团队成熟的表现。

5. 计划(Plan)

计划有两层含义:一方面是为保证目标的实现而制定的具体实施方案;另一方面计划在实施中又会分解出细节性的计划,需要团队成员共同努力完成。

以上是团队构成的 5P 要素,但是创业之初,创业者往往会面临很多困难,团队的建设并不像想象中那样简单,这需要创业者有充分的心理准备。有时创业过程会与团队组建一起完成,由于创业活动的特殊性,创业团队不必具备每一个因素。随着企业发展的逐步成熟,团队建设也应该逐步完善创业者应当时刻记得一句俗语"三个臭皮匠,顶个诸葛亮",这正说明了创业团队在创业过程中的重要性。

📁 **拓展阅读 4-8**

优秀创业合作伙伴通常应具备的素质

要组建创业团队,就要选择优秀的创业合作伙伴。那么,哪些人可以作为候选人呢?一般来讲,一个优秀的创业合作伙伴应具备以下素质:

(1)慈孝。一般来讲,一个懂得孝敬父母和关爱长辈的人通常是值得信赖的。相反,如果一个人对父母都不好,这样的人人品肯定有问题,是坚决不能相处的。

(2)果断。做事果断,敢于担责是一种优秀的品质。如果一个人胆小怕事、瞻前顾后,他只会成为你创业的障碍,而绝不会是推手。

(3)诚信。我们常讲,做人、做事应以诚信为本。如果一个人连起码的诚信都没有,大家在做事时相互防范,这样的合作是不可能进行下去的。

(4)成熟,有韧劲。有些人恨不得一天赚 1 000 万,一万年太久,只争朝夕,这样的朋友还是不合作为好。要知道,万事开头最难,制定半年甚至一年不赚钱且能坚持下去的备用计划,这才是创业的王道。

(5)专注。很多人思想新潮、想法很多,总是这山望着那山高。他们不了解,很多事情专注最重要,一个人一辈子真正能精选一两个领域就已经很不简单了。因此,在选择合作伙伴时应该选择做事专注、踏实之人,而不是见异思迁、志大才疏之辈。

(6)认真。做事不认真,敷衍了事,这是所有公司应摒弃的员工,这种人更不能成为合作伙伴。

(7)开朗。创业肯定会遇到困难,没有困难的行业肯定不赚钱。性格开朗的人是最容易成就事业的,每天忧心忡忡、茶饭不思、不知明天会如何的人,做事怎么会有激情?

(8)现实。有些人思考问题和看问题从政治家角度出发,言行如政府官员或党派领袖,动不动就到了造福全人类的高度。这样的人通常眼高手低,初看感觉好像是具有雄才大略之人,实则只会纸上谈兵。既有远大理想,又能面对现实、脚踏实地的人,才是我们合作的伙伴。

(9)讲效率。这个社会快半步吃饱、慢半步逃跑。任何事情如果不能以最快速度去做,去完成,就只能等着失败,因此,和一个做事不讲效率的人合作,你的企业在当今社会是很难生存的。

(10) 忠诚于角色。创业不是儿戏,如果不能精诚合作,大家根本没必要聚在一起。俗话说得好:"家有千口,主事一人,"对于一个企业来讲,必须有一个核心,对于其他人而言,必须各安其位,各司其职。

(11) 不虚荣。有些人开张伊始,就要做大班台、装修办公室、请小姐接电话……和这样的人合作,开张就是关张的前奏。创业初期还是先多想想怎么赚钱,而不是花钱吧!

(12) 不狂妄。有些人觉得老子天下第一,一出手就得惊天动地大手笔,和这样的人一起创业,成功的希望很渺茫。"三人行必有我师",一个人无论多么聪明,如果没有一颗谦虚、谨慎善于学习的心,终究难成大器。

三、创业团队的类型

从不同的角度、层次和结构,可以将创业团队划分为不同的类型。而依据创业团队的组成者来划分,创业团队有星状创业团队(starteam)、网状创业团队(netteam)、和虚拟星状创业团队(vinualstar)。

1. 星状创业团队

一般在团队中有一个核心人物(core leader)充当领队的角色。这种团队在形成之前,一般是核心人物有了创业的想法,然后根据自己的设想进行创业团队的组建。因此,在团队形成之前,核心人物已经就团队的组成进行过仔细思考了,并根据自己的想法选择相应的人员加入团队。这些加入创业团队的成员也许是核心人物以前熟悉的人,也有可能是不熟悉的人。但这些团队成员在企业中更多时候是支持者的角色(suporter),如图4-1所示。

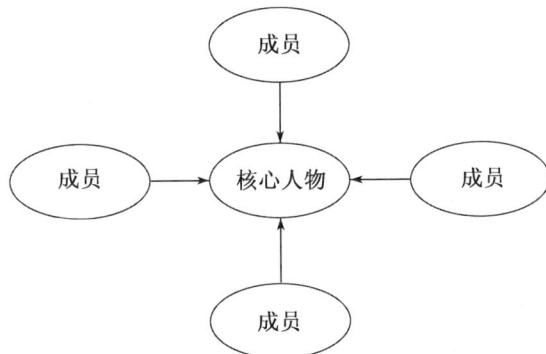

图 4-1 星状创业团队示意图

这种创业团队有以下几个明显的特点。

① 组织结构紧密,向心力强,核心人物在组织中的行为对其他个体影响巨大。

② 决策程序相对简单,组织效率较高。

③ 容易形成权力过分集中的局面,从而使决策失误的风险加大。

④ 当其他团队成员和核心人物发生冲突时,因为核心人物的特殊权威,使其他团队成员往往处于被动地位,在冲突较严重时,一般都会选择离开团队,因而对组织的影响较大。

这种组织的典型例子是太阳微系统公司(Sun Microsystem)。该公司创立之初就是由维诺德·科尔斯勒确立了多用途开放工作站的概念。接着,他找到了乔和本其托斯民,这两位分别是软件和硬件方面的专家,同时,还找了一位具有实际制造经验和人际交往技巧的麦克尼里。他们共同组成了太阳微系统公司的创业团队。

2. 网状创业团队

这种创业团队的成员一般在创业之前都有密切的关系,如同学、亲戚、同事、朋友等,一般都是在交往过程中,共同认可某一创业想法,并就创业达成共识以后,开始共同进行创业。在创业团队组成时,没有明确的核心人物,大家根据各自的特点进行自发地组织角色定位。因此,在企业创立之初,各位成员扮演的是协作者或者伙伴角色。如图 4-2 所示。

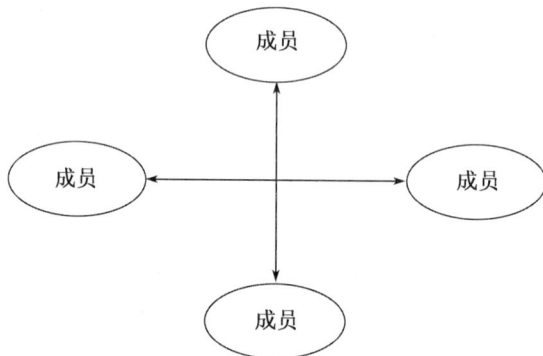

图 4-2 网状创业团队示意图

这种创业团队的特点如下。

① 团队没有明显的核心,整体结构较为松散。

② 组织决策时,一般采取集体决策的方式,通过大量的沟通和讨论达成一致意见,因此组织的决策效率相对较低。

③ 由于团队成员在团队中的地位相似,因此容易在组织中形成多头领导的局面。

④ 当团队成员之间发生冲突时,一般都采取平等协商、积极解决的态度消除冲突。团队成员不会轻易离开。但是一旦团队成员间的冲突升级,使某些团队成员撤出团队,就容易导致整个团队的涣散。

这种创业团队的典型例子是微软的比尔·盖茨和童年玩伴保罗·艾伦,惠普的戴维·帕卡德和他在斯坦福大学的同学比尔·休利特等。这些创业之前已有密切关系的人,基于一些互动激发出创业点子,然后合伙创业,此类例子比比皆是。

3. 虚拟星状创业团队

这种创业团队由网状创业团队演化而来,基本上是前两种的中间形态。在团队中,有一个核心人物,但是该核心人物地位的确立是团队成员协商的结果,因此核心人物从某种意义上说是整个团队的代言人,虽然不如星状创业团队中的核心主导人物那样有权威,但在团队中还是有一定的信服力,能充分考虑和听取其他团队成员的意见。决策既集中又民主,是一种比较理想的创业团队类型,如图 4-3 所示。

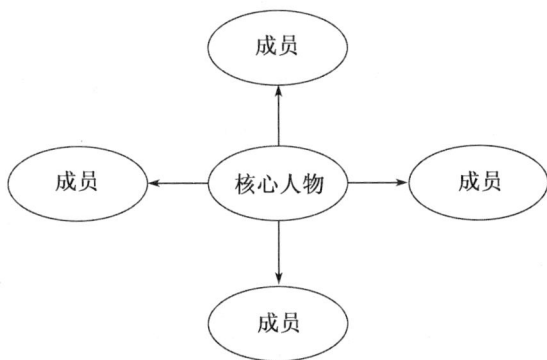

图 4-3　虚拟星状创业团队示意图

📁 拓展阅读 4-9

联邦家私的创业团队

广东联邦家私集团有限公司成立于 1984 年,30 多年来从一个小作坊成长为中国家具行业中的民营企业翘楚,而当初创业时的 6 个股东仍然留在联邦。这个团队是如何组建的呢?

1984 年 10 月 28 日,联邦集团的前身是广东南海盐步联邦家具厂。王润林、何友志、杜泽荣、陈国思这 4 个小时候一起玩的朋友聚在一起,商量着干一番事业。小小的家具厂让这几个朋友走得更近了,但他们之间的关系发生了一些变化,在朋友之外多了一层股东关系。

王润林之前学过设计,何友志做过藤椅师傅,杜泽荣在建筑公司干过打桩,陈国思也没有什么做老板的经历。这样的 4 个普通人创立了联邦家具厂。然而,四个农民出身的人还是不知道企业怎么办,他们还需要新的成员加入进来。

之后他们请杜泽桦加入团队。那是的杜泽桦是一家藤器厂的厂长,是当时广州荔湾区最年轻的厂长,曾参加过中国第一期厂长经理培训班正是意气风发之时,他被推举为团队的核心。随后,同样有着藤器厂工作背景的另一个玩伴郭永昌也加入了这个团队。

【点评】　联邦的 6 人团队朴素、简单、正派,杜泽桦虽不是创始人,但还被推举为团队的核心,没有受到排斥,他们在性格上互补,为了生计走到了一起,儿时的友谊和成年后的相互信任,是这只团队合作的纽带。

4. 如何组建一支优秀的创业团队

在市场经济的条件下,企业之间的竞争往往是决策水平和人才素质的竞争。创业者怎样选好人、用好人、最大限度地调动人的积极性、创造性和主观能动性,使企业的骨干力量形成一个团结合作、奋发向上的优秀团队,是一个企业是否能够在市场经济的汪洋大海中乘风破浪、胜利前行的关键。

拓展阅读 4－10

腾讯五虎将：难得的创业黄金团队

在中国,腾讯公司因为他著名的产品——QQ 家喻户晓,但也许很少有人知道这个公司的创业团队是怎么组建的。

1998 年的深秋,马化腾与他的同学张志东合伙注册了深圳腾讯计算机系统有限公司。之后,公司又吸纳了三位股东:曾李青、许晨晔、陈一丹。

为避免彼此间争夺权力,马化腾在创立腾讯之初就和 4 个伙伴约定清楚,各展所长、各管一摊。马化腾是 CEO(首席执行官),张志东是 CTO(首席技术官),曾李青是 COO(首席运营官),徐晨晔是 CIO(首席信息官),陈一丹是 CAO(首席行政官)。

之所以将创业 5 兄弟称之为"难得",是因为直到 2005 年的时候,这 5 人的创始团队还基本保持着这样的合作阵形,不离不弃。直到做到如今的帝国局面,其中 4 人还在公司一线,只有 COO 曾李青挂着终身顾问的虚职退休。

都说"一山不容二虎",尤其是在企业迅速壮大的过程中,要保持创始人团队的稳定尤其不容易。在这个背后,工程师出身的马化腾从一开始对于合作框架的理性设计功不可没。

从股份构成上来看。创业之初,5 个人一共凑了 50 万元,其中马化腾出了 23.75 万元,占 47.5％的股份;张志东出了 10 万元,占 20％的股份;曾李青出了 6.25 万元,占 12.5％的股份;其他两人各处 5 万元,各占 10％的股份。

虽然主要资金都有马化腾所出,他却自愿把所占的股份降到一半以下,"要他们的总和比我多一点点,不要形成一种垄断、独裁的局面。"而同时,他自己又一定要出主要的资金,占大股。"如过没有一个主心骨,股份大家平分,到时候也肯定会出现问题,同样完蛋。"

保持稳定的另一个关键因素,这就在于搭档之间的"合理组合"。

马化腾非常聪明,但非常固执,注重用户体验,愿意从普通的用户角度去看产品,是脑袋非常活跃,对技术很沉迷的一个人。马化腾技术上也非常好,但是他的长处是能够把很多事情简单化,而张志东更多的是把一件事情做得完美化。

许晨晔和马化腾、张志东同为深圳大学计算机系的同学,他是一个非常随和而有自己观点但不轻易表达的人,是有名的"好好先生"。而陈一丹是马化腾在深圳中学时的同学,后来也就读于深圳大学,他十分严谨,同时又是一个非常张扬的人,能在不同的状态下唤起大家的激情。

如果说其他几位合作者都只是"搭档级人物"的话,只有曾李青是 5 个创始人中最好玩、最开放、最具激情和感召力的一个,与温和的马化腾、爱好技术的张志东相比,是另一个类型。其大开大合的性格,也比马化腾更具攻击性,更像拿主意的人。不过或许也正是因为这一点,导致他最早脱离了团队,单独创业。

后来,马化腾在接受多家媒体的联合采访时承认,他最开始也考虑过和张志东、曾李青三个人均分股份的方法,但最后还是采取了 5 人创业团队,根据分工占据不同的股份结构的策略。即便后来有人想加钱,占更大的股份,马化腾也没有同意,"根据我对你能力的判断,你不适合拿更多的股份"。因为在马化腾看来,未来的潜力要和应有的股份匹配,不匹配就要出问题。如果拿大股的不干事,干事的股份又少,矛盾就会发生。

(资料来源:中国企业家网)

【点评】 可以说在中国的民营企业中,能够像马化腾这样,既包容又拉拢,选择性格不同、各有特长的人组成一个创业团队,并在成功开拓局面后还能依旧保持着长期默契合作,是很少见的。而马化腾的成功之处,就在于其从一开始就很好地设计了创业团队的责、权、利。能力越大,责任越大,权力越大,收益也就越大。

创业团队的组建,没有统一的程式化规程。实际上,有多少支创业团队就有多少种团队建立方式,没有一支创业团队的建设是可以复制的。创业者走到一起来,多是机缘巧合,兴趣相同、技术相同的同事和朋友甚至是有相同想法的人都可以合伙创业。关于创业团队的成员,马云曾经说过"创业要找最合适的人,不要找最好的人",一支豪华的创业团队,所创企业并不一定就是最好的企业。下面我们就研究一下,作为创业者如何组建一支适合自己的创业团队。

步骤一:寻找合适的合作伙伴

在准确进行自我评估的基础上,创业者在组建团队、寻找合作伙伴时,就要考虑其他成员与自己之间在各个方面的搭配。创业者首先应制订一份计划,至少应该在心里有一个明确的想法,你想要哪方面的人员,你希望他从事什么样的工作,你能够给予对方哪些有利条件等,都应该考虑清楚。

四、创业者寻找合适的创业伙伴的原则

创业者在寻找合适的创业伙伴时,一般会遵循以下几个原则:

(1) 相似性原则

心理研究发现,当其他人在不同方面与自己具有相似性时,人们会感到舒坦,而且也趋向于喜欢这些人,这就是"相似性导致喜欢"规则。毫无疑问,创业者也会遵循这一规则,喜欢和自己相似的人一起工作。事实上,多数创业者确实会倾向于选择那些在背景、教育、经验上与他们相似的人组成团队。这样做的好处是容易彼此了解,可以更好地促进成员之间的沟通,并有助于形成良好的人际关系,达成一致的意见。但是其缺点也非常明显,那就是他们在知识、技能、社会关系网络等资源的拥有上容易形成重叠,这不利于创业企业对资源的广泛需求与利用。一般主张在个人特征和动机方面考虑相似性。

(2) 互补性原则

创业者之所以寻求团队合作,其目的就在于弥补创业目标与自身能力间的差距,尽可能地实现角色齐全。只有当团队成员相互间在能力、性格或技术等方面实现互补时,才有利于充分发挥个人资源优势,拓宽团队所掌握的资源,并通过相互协作发挥出"1+1>2"的协同效应。

研究表明,大多数大学生创业团队在组建时,并不考虑队员专业能力的多样性,或者资源结构的合理性,而大多是因为有相同的技术能力或兴趣,至于管理、营销、财力等能力则较为缺乏,不能为创业项目的正常进行提供必要的资源。因此,要使创业团队能够发挥其最大的能量,在创建一个团队的时候,不仅仅要考虑相互之间的关系,更重要的是要考虑成员之间的能力或技术上的互补性,包括功能性专长、管理风格、决策风格、思维方式、经验、性格、能力、技术以及未来的价值分配模式等特点的互补,以此来达到团队的平衡。

相对来说,一个优秀的创业团队必须包括以下几种人:一个创新意识非常强的人,这个人可以决定创业项目未来的发展方向,相当于战略决策者;一个策划能力极其强的人,这个人能够全面、周到地分析整个项目面临的机遇与风险,考虑成本、投资、收益的来源及预期收益,甚至还包括企业管理规范章程、长远规划设计等工作;一个执行能力较强的成员,这个人具体负责下面的执行过程,包括联系客户、接触终端消费者、拓展市场等。此外,如果是一个技术类的创业团队,还应该有一个专家型的核心人物,负责技术研发,打造核心竞争力。同时,这个创业团队还需要有人掌握必要的财务、法律、审计等方面的专业知识。当然,在团队形成之初,并不需要以上各方面的成员全部具备,在必要时,一个或多个成员去学习团队所缺乏的某种技能,从而使团队充分发挥其潜能的事情并不少见。

拓展阅读 4-11

携程创业团队的合理搭配

携程计算机技术(上海)有限公司总裁季琦曾经这样评价团队的重要性:"携程网"的成功,除了抓住当初互联网快速发展的契机,有一个良好的创业团队是关键。

"携程网"的团队成员来自美国 Oracle 公司、德意志银行和上海旅行社等,是技术、管理、金融运作、旅游的完美组合。它的 4 位创始人具备不同的履历、教育背景和能力专长。季琦是一位充满激情而又善于发掘机会的"创业狂",梁建章是一位从技术到市场的电脑天才,沈南鹏是一位不走寻常路的资本高手,范敏是一位来自旅游业、有着国企管理经验的管理专家。合理又互补的人力资源搭配,保证了"携程网"在创业初期能够按照正确的经营理念发展,并成功吸引到了 1 800 万美元的风险投资基金,进而做大、做强。

(3)同价值观原则

共同的价值观是组建团队的一个基本准则。只有在价值认同上一致,团队才有共同的目标和努力方向,才有统一的思路和理念。价值观决定着创业的性质和宗旨,决定着创业的目标和行为准则,也指导着团队成员如何工作和如何取得成功。这其实是在企业文化上的一种认同。当团队成员的个人追求与企业追求一致时,也就是对企业文化的认可,这样个人就会融入团队中,增强团队的凝聚力。如果团队成员缺乏共同理念,就很容易导致个人主义的竞争和角逐,最终导致企业的失败。

另外,合作伙伴的品格也是必须考虑的因素,是否可信、可用。有这么一句话"合伙人,合的不是钱,而是人品与规则",说明了人品和规则的重要性。

步骤二:确立核心人物

创业教育之父——杰弗里·蒂蒙斯曾说过,创业团队应由一位非常有能力的创业带头人建立和领导,他的业绩记录不仅向我们展示了成就,还展示了一个团队必须拥有的品质。作为一位领跑者和企业文化的创造者,创业带头人是团队的核心,他既是队员,也是教练。吸引其他关键管理成员,然后建立起团队,这样的能力和技巧,是投资家苦苦寻找的最有价值的东西之一。

"大海航行靠舵手"，组建创业团队最关键的人自然是企业的领军人物。大凡成功的创业团队，都要有一个核心人物，就是这个团队的领导者。在企业初创期，主导创业者就是这个领导者，而一个团队的绩效如何，关键取决于这个领导者的胸怀和魅力。

作为企业的精神领袖，核心人物凭借其在团队里的威信和主导作用，能及时协调、平衡团队员之间的分歧，鼓舞团队成员的斗志，调整团队成员的创业心态，让一些重大问题较容易达成共识。核心人物的凝聚力更好地保证了紧密的组织结构和较强的向心力。

步骤三：签订合伙协议，设置合理的股权结构

合伙协议是创业者在找到创业伙伴时必然要思考、讨论、制订、执行的公司的第一份契约，其中包括团队成员的股权分配制度以及"退出机制"。

俗语说："亲兄弟明算账""先小人后君子"。团队合伙要想成功、愉快，必须在合伙之前签好创业契约（即合伙协议）。凡涉及权利义务与利益分配问题，先说清楚、讲明白，不能感情用事，也不能回避不谈。

典型的合伙协议应该说明生意的具体目的，说明每个合伙人有形的资产、财产、设备、专利等和无形的服务、特有技术、关系网等的投入，把最基本的责、权、利说明白、讲透彻，尤其股权、利益分配更要说清楚，包括增资、扩股、融资、人事安排等。有一点最重要，那就是合伙双方以什么样的方式结束合伙关系，对此一定要在协议书中写明，即制订"退出机制"。这样在企业发展壮大后，才不会出现利益、股权等分配分歧而产生团队之间的矛盾，导致创业团队的涣散。谷歌、雅虎、如家、南极人、当当网都是这方面成功的案例。

五、组建优秀创业团队的要点

由于组建创业团队的基石在于创业远景与共同信念，因此创业者需要提出一套能够凝聚人心的远景与经营理念，从而形成共同的目标与企业文化。一般而言，要组建一个优秀的创业团队，应特别注意以下几点。

（一）彼此了解

创业团队的所有成员都应该相互非常熟悉，知根知底。《孙子兵法》云："知己知彼，百战不殆"，在创业团队中，团队成员都应非常清醒地认识到自身的优劣势，同时对其他成员的长处和短处也一清二楚，这样可以很好地避免团队成员之间因为相互不熟悉而造成的各种矛盾、纠纷，从面强化团队的向心力和凝聚力。

需要注意的是，我们这里所说的了解是真正了解，而不是表面上的了解。例如，尽管许多大学生创业时选择的合作伙伴都是亲戚、同学、朋友、校友等，但还是很快就失败了，其根本原因在于：虽然他们选择的合作伙伴都是"熟人"，但是他们对这些"熟人"并没有真正了解。

（二）相互信任

信任是解决分歧、达成一致的唯一途径。大学生创业团队不仅要志同道合，更需彼此信任。最初创业时，要把最基本的责、权、利说得明白透彻，尤其股权、利益分配，包括增资、扩股、融资、撤资、人事安排及解散等。这样在企业发展壮大后，才不会出现因利益、股权等的分配分歧产生矛盾，导致创业团队的解体。

拓展阅读 4－12

同舟共济，才能成就梦想

在上海海洋大学，有一名攻克了某种高级观赏鱼人工养殖的高才生，名叫王楠。王楠在毕业时，就用这个颇有技术含量和难度的科技项目开始了自己的创业之旅。

他首先攻克了这种鱼在人工海水下的养殖，紧接着又在老师的帮助下成功地解决了人工繁育课题。于是，他创业的企业里，从此就有了漂亮的观赏缸——类似我们常见的热带鱼缸一样，在清澈的水里，游动着彩色的观赏鱼，美丽而让人喜爱。

为了开办公司，他找到了一个与他性格不同但优势互补的搭档张玉。王楠是技术型的，可以负责公司的技术问题，而张玉是营销型的，可以负责公司的销售和外联工作。

公司在天使基金的帮助下顺利开张了，由于产品填补了市场空白，一时间生意兴隆，他俩很开心。但是好景不长，渐渐地王楠发现公司的业务虽然好，可就是不盈利。经过细心的观察和打探之后，他发现张玉已经在外边又重新开了自己的公司。原来，张玉因担心王楠在公司壮大后挤走自己，而提前找好了出路。

是沟通不够，还是利益分配不均？一心只顾技术改进的王楠，也确实缺乏企业管理知识。这个因为彼此优势互补而结合的团队，却因为彼此之间的信任问题导致合作失败了，也导致了创业的失败。

（三）理念一致，目标相同

首先，所有团队成员都必须认同大家共同确定的创业目标、分配制度、管理制度、企业发展战略、经营理念、企业文化等，都必须保持对企业长期经营的信心。

其次，所有团队成员都必须认识到团队是一体的，所有成败都是整体而非个人。大家必须能够同甘共苦，必须将团队利益置于个人利益之上。团队中没有个人英雄主义，每位成员的价值表现为其对团队的贡献。大家愿意牺牲短期利益来换取长期的成功果实，而不计较短期的薪资、福利、津贴等。

再次，所有团队成员都必须对工作抱有满腔激情，必须要有每天长时间工作的准备。任何人不管其专业水平多么高，如果没有激情，将无法适应艰苦的创业生活。

最后，所有团队成员均应了解企业在成功之前将会面临的挑战，并承诺不会因为一时困难而退出。如确有特殊原因需提前退出团队，必须将股权优先转让给团队成员。当企业面临困难时，大家必须齐心协力，共同面对，共同解决。

（四）取长补短，相得益彰

从人力资源管理的角度来看，建立优势互补的创业团队是保持创业团队稳定的关键。研究表明，大多数创业团队组成时，并未考虑到成员专业能力的多样性，大多是因为有相同的技术能力或兴趣，至于管理、营销、财务等能力则较为缺乏。

因此，要使创业团队发挥最大的能量，在创建团队时不仅仅要考虑成员之间的关系，更重要的是考虑成员特点之间的互补性，如彼此之间性格、经验、专长、技术等的互补。以此来达到团队的平衡。

一般来说，一个优秀的创业团队必须包括以下几种人：

（1）一个很好的"领袖"。此人必须能够高瞻远瞩，能够为企业制定明确的战略、战术;必须有很好的人品,处事公正,能够服众,能够团结整个团队;还必须具有很好的协调能力,能够及时化解团队成员的矛盾。

(2) 一个很好的"管家"。此人主要负责企业的日常运营及各项规章制度的制定。由于企业日常事务非常琐碎,因此,此人必须心思缜密、工作细致。

(3) 一个很好的"财务总管"。资金是企业的生命线,因此,创业团队中最好有一个好的"财务总管",能合理地安排企业收支,帮助企业融资。

(4) 一个很好的"营销总监"。我们经常说,产品是基础,营销是龙头。如果营销不行,产品就不能变成钱,企业只有关门大吉。

此外,如果创业企业是一个技术类企业,可能还需要一个很好的技术专家,从而帮助企业不断地将技术或产品推陈出新,始终站在行业的前沿。

拓展阅读 4-13

西游记取经团队成员角色分析

"团队管理"这一名词是随着工商管理的概念进入中国的,但实际上最早阐述团队理念的是中国,那就是我们早已熟知的《西游记》,这部书本身就是一个团队合作的深刻案例。

《西游记》中的师徒四人组成了一个团队,而现代管理学认为:一个团队的最佳组成人数为4~25人。看来我们的祖先已经认识到这一点,只是没有总结。那我们来分析一下他们的组织架构:首先肯定他们是一个成功的团队!

先分析唐僧,他是这个团队的最高领导,是决策层,在企业里面就好比是总经理,他运用自己的强硬管理方式和制度(紧箍咒)来管理团队,并且通过"软权力"和"硬权力"的结合来调动整个团队。从根本上讲,几个徒弟很服从他,佩服他的学识(软权力),因为唐僧是当时著名的高僧,而且是个翻译。按现在衡量高层管理人员的标准,他是同声传译员而且是个工商管理硕士,德高望重,绝对是个优秀的管理者,他领导团队去西天取经,并获得成功。

悟空应该是这个团队中的职业经理人,具体一点就是部门经理,他本领高强,到哪里都能混口饭吃,而且此人社会关系和社会资源极其丰富,但性格有点"猴急"。从个人素质上讲,孙行者是非常优秀的,总经理(唐僧)布置的任务都能高效完成,而且处处留下美名,颇有跨国公司职业经理人的风范。

八戒虽然不太受人喜欢,但是作为团队中的小人物,他本人还是有很多优点的,而且在许多方面还在团队中起了不小的作用,比如调节矛盾、运用公共关系的方法来协调众人之间的关系,这些都是他对团队的贡献。他本人幽默、可爱、充当着团队润滑剂的角色,所以在团队中功不可没。没有八戒的团队是残缺的,而且也是不完美的。用一向话来概括:八戒是公司中跨部门沟通的典范!

沙僧自不必说,他朴实无华,工作踏实,从企业的角度讲,他是"广大劳动者",兢兢业业,是劳动的模范。他虽然没有职业经理人的风光与协调关系者的公关本领,但是他所做的工作却是最基础的。在团队中,每个人都应该向他学习,主动挑起自己的责任,努力工作,从而为团队做出自己的贡献。

白龙马更是一个默默无闻的劳动者身份,任劳任怨,主要工作就是唐僧的司机兼座驾,偶尔在关键时刻挺身而出,表现一下。

在认同他们优秀的同时,我们还要认识到他们的缺点。例如,唐僧性格优柔寡断,不明是非;悟空个人英雄主义严重,无视组织的纪律和制度;八戒悟性较差,贪吃、好色;沙僧缺乏主见,工作欠灵活等,这些都是我们应该注意的,只有熟悉自己的缺点,我们才能将工作做好。

【练习巩固】

合作能力测试

(1) 我喜欢在别人的领导下完成工作。

(2) 我不喜欢参加小组讨论。

(3) 与陌生人一起讨论时,我会放不开。

(4) 我喜欢与人一起分担一项工作。

(5) 我与周围人的关系很和谐。

(6) 我觉得自己要比别人缺少伙伴。

(7) 很少有人可以让我感到可以真正信赖。

(8) 我时常感到寂寞。

(9) 我相信大合作大成就,小合作小成就。

(10) 我感到自己不属于任何圈子中的一员。

(11) 我与任何人都很难亲密起来。

(12) 我的兴趣和想法与周围人不一样。

(13) 我常感到被人冷落。

(14) 没人很了解我。

(15) 在小组讨论时我感到紧张不安。

(16) 我善于把工作分解开让合适的人一起做。

(17) 我感到与别人隔开了。

(18) 我感到羞怯。

(19) 我要好的朋友很少。

(20) 我只喜欢与同我谈得来的人接近。

合作能力测试结果分析:

每题均有两个测试结果,即"是"和"否"。答"是"得1分,答"否"得0分。得分在12分以上表示合作能力亟待提高;8~11分表示一般;5~7分表示合作能力较好;4分以下表示合作能力非常好。

对希望提高合作能力者的建议:

(1) 借鉴合作成功者的成功合作经验,总结合作失败的教训,为己所用。

(2) 培养发现别人的优点,并能不吝赞赏,发挥其长处的能力。

(3) 与合作者求同存异。

【思考与训练】

1. 思考并回答以下问题

（1）假如你要创业，你会选择哪种类型的创业团队？为什么？

（2）如果你是一个创业者，你将如何建立自己团队的管理制度，以保证沟通及时？

（3）假如你开始创业，你将怎样进行人才选拔和任用？是用猎头公司挖人，还是在熟悉的同学、朋友或亲戚里寻找？

2. 分析以下案例并回答问题

当创业梦想成为现实

汤臣龙和张一腾是上海理工大学同寝室的室友，平日里一起上课、一起下课，几乎形影不离，情同手足。如果你在校园中偶然遇到他俩，一定会将他们视为普通的大学生，不会产生任何好奇。

提起学校第五食堂旁的"水晶锅贴"，同学们都不会陌生。这家以风味独特、价格合理而著称的小吃店在校园里拥有大批固定客源。可你不会料到，这家"其貌不扬"的小吃店在不到两年的时间里就发展成了拥有 7 家连锁店的"好味餐饮有限公司"。更令人吃惊的是，公司的"掌门人"竟是 2009 年的应届毕业生——汤臣龙和张一腾。

不打不相识

缘分往往很奇妙，汤臣龙和张一腾的相识充满了戏剧性。两人的缘分始于南汇的篮球场。作为各自专业的主力，汤臣龙与张一腾在大一时的一场学院内部对抗赛上初次相遇。由于位置相同，静人在比赛中常常针锋相对，发生了不少摩擦，彼此都没有给对方留下好的印象。

比赛后，汤臣陇与张一腾较上了劲，之后每次碰面，双方总是口角不断、互不相让。然而，这对矛盾不断的"死敌"间的关系却因为一个偶然的安排而发生了转机。从南汇回到总校区，校内的出版学院需要成立篮球队，球技出众的汤臣龙与张一腾双双入选，两人从对手变成了队友。在互相磨合的过程中，矛盾渐渐变成了动力。尽管来自不同的地域，性格也大相径庭，但随着相知渐深，汤臣龙与张一腾之间也越来越投合，两人都从对方身上发现了优点，一种惺惺相惜之感油然而生。经过协商调配，原来"相隔千里"的汤、张二人搬进了同一间寝室，从此"化敌为友"。

走上创业之路

与很多人找不到工作才选择创业不同，汤臣龙与张一腾很早就坚定了自己的计划。经过一番详细的调查，两人一致认为，依托背后稳定的大学生消费市场，发展迎合大学生需要的业务是他们的创业之本。2006 年年底，汤臣龙和张一腾与几个同学入股，在学校里租了一个小摊位，加盟了"茶风暴"，开始了第一次创业之旅。依靠"茶风暴"成熟的体系和运作模式，再加上有力的宣传和监管，小店的生意十分红火。"初战告捷"给了汤臣龙和张一腾极大的自信，在充分锻炼了经营头脑的同时，两人也摸索出一套完整的经营模式和操作流程，一个大胆的想法也随之浮现在两人的脑海中——打造属于自己的品牌。于是，两人在大三的时候，盘下了学校附近的一个店铺，做起了上海的传统小吃——锅贴。由于准备充分、价格公道，锅贴店很快得到同学们的青睐，成功的喜悦涌动在二人心中。

107

成功贵在坚持

正当汤臣龙与张一腾的事业步入正轨的时候,命运却跟他俩开了一个玩笑。2007年年底,好不容易经营成功的锅贴店被一场大火烧毁。这场大火所造成的不仅仅是经济上的损失,更是对两人精神上的巨大打击。在残酷的现实面前,当初一起入股创业的几个同学纷纷离去,只剩下汤臣龙和张一腾。"谁说我们就这样结束了,锅贴店一定要再开起来。"正是抱着这样的信念,一家崭新的锅贴店又重新开张了。历经磨难的汤臣龙和张一腾倍加珍惜这次来之不易的机会。一次机缘巧合,让两人结识了一位富有多年锅贴经营经验的技师。在他的帮助下,锅贴店开发出了新的品种,改良了原来的运作手段,生意也越来越红火。后来,汤、张二人的锅贴店又走进了复旦大学、同济大学等其他兄弟院校,"水晶锅贴"终于在上海高校界打响了自己的品牌。"现在回想当初,那个时候能够撑下来真的很不容易。许多与我们一样怀揣着创业梦想的大学生在能力上并不比我们差,但他们在遇到困难时选择了放弃,而我们却坚持了下来,这大概就是我们取得成功的原因吧。"他俩不无感慨地说。

共同的梦想铸就"黄金搭档"

在汤臣龙与张一腾的"微型小吃王国"中,汤臣龙负责日常事务的执行和财务管理,张一腾负责宣传和策划,一个主内一个主外,优势互补,配合默契。仅仅是因为两个人具有相同的价值观,因此建立起了牢不可破的合作关系吗? 秘诀何在? 汤臣龙给出的答案是"共同的梦想"。"我们有一个共同的梦想,利用我们自己的经营方式和理念,把小吃店做大、做强,有朝一日能够冲出校园,走向社会。"基于这个共同的梦想,两人之间有了彼此的信任,即使在对某一问题有不同看法的时候,两个人也能坐下来认真沟通,一起讨论,共同解决问题。而且,一旦决定了一件事,两个人就坚定不移地朝着一个方向迈进,绝不回头。

现在,汤臣龙和张一腾已经实现了他们走出校园的梦想,不仅在杨浦区霍山路1085号开了一家"好味美食广场",而且2011年在上海最繁华地段之一的徐家汇开了一家更大的"好味美食旗舰店"。但是,很快他们的合作就开始出现了问题,现在的"水晶锅贴"和"好味美食广场"已经不见了他们的踪影。

问题:

(1)汤臣龙和张一腾最初是因为什么原因组合成创业团队的? 他们这样的组合属于什么类型?

(2)分析他们最后分道扬镳的原因,想一下,如何做才能挽回和避免这样的结局?

3. 增强自己的创业能力

请认真审视自己的创业能力,在准确进行自我评估的基础上,实事求是地填写此表。

(1)在左边一栏列出你认为自己在个人素质和技术能力方面的弱点。

(2)在右边一栏说明你克服这些弱点的办法

我的弱点	我如何在这方面有所提高
(1)	

（续表）

我的弱点	我如何在这方面有所提高
（2）	
（3）	
（4）	
（5）	
（6）	

六、创业团队的管理技巧和策略

新创企业的管理,实际上包含公司组织、生产服务、市场营销等几个方面,新企业的管理重点一般会落在生产管理、市场、服务等环节上,会忽视团队的建设与管理,这种做法是不科学的。如何管理创业团队呢? 主要有以下几点。

1. 保持沟通流畅,营造相互信任的团队氛围

沟通是有效管理团队的最重要的内容之一。杰克·韦尔奇说,"竞争、竞争、再竞争,沟通、沟通、再沟通",顺畅的沟通是企业不断前进的命脉。没有沟通,团队就无法运转。其一,沟通使信息保持畅通,实现信息共享,避免因为信息缺失而出现错误的决策与行为;其二,沟通可以化解矛盾,增强团队成员彼此之间的信任。在长期合作共事的过程中,成员之间难免会有矛盾,缺少沟通可能导致相互猜疑、相互抱怨,矛盾会随着时间的推移越来越大,最后可能导致团队的分裂。而情感上的相互信任,是一个团队最坚实的合作基础。团队的好坏,根本原因在于人与人的"兼容性",相互信任就是兼容过程中的润滑剂;其三,沟通可以有效地解决认知性冲突,提高团队决策的质量,促进决策方案的执行。在企业经营管理过程中,团队成员对有关问题会形成不一致的意见、观点和看法,这种论事不论人的分歧称之为认知性冲突。优秀的团队并不回避不同的意见,而是进行充分的沟通和交流,鼓励创造性的思维,提高团队决策质量。这也有助于推动团队成员对决策方案的理解和执行,提高组织绩效。

2. 让合适的人做合适的事

从人力资源管理上"人岗匹配"的原则来说,让合适的人做合适的事,是科学的用人原则。这样做的结果对个人来说,可以保证团队每一名成员得到发展,充分调动团队成员的潜能,激发其工作热情,将个人的优势发挥得淋漓尽致。对团队来说,扬长避短无疑是提高效率的最佳配置方武。

3. 注重团队凝聚力

团队的凝聚力是指群体成员之间为实现共同目标而实施团结协作的程度,凝聚力表现在人的个体动机行为对群体目标任务所具有的信赖性、依从性乃至服从性上。在创业过程中,团队所有成员都认同整个团队是一股密切联系而又缺一不可的力量。团队的利益高于团队每一位成员的利益,如果团队成员能够为团队的利益而舍弃自己的小利,团队的凝聚力就会极强。

"没有完美的个人,只有完美的团队。"虽然创业团队中,每一位成员都可以独当一面,但是合作仍然是团队成员首先要学会的东西。成功的创业公司中,团队的成功远远高于个人的成功。创业者团队核心成员相互配合,共同激励,树立同舟共济的意识,才能成就梦想。

4. 建立良好的分享与激励机制

激励是团队管理中极为重要的内容,直接关系到创业企业的生死存亡。如何对创业团队进行有效的激励,现在还没有固定的程式可以套用,但可以通过授权、股权激励、薪酬机制等诸多手段来实现。薪酬是实现有效激励最主要的手段,毕竟收益是创业成功的重要表征。在设计薪酬制度时,应考虑到差异原则、绩效原则、灵活原则。最终目的是通过合理的报酬让团队成员产生一种公平感,激发和促进创业团队成员的积极性,实现对创业团队的有效激励。

股权激励在新创企业中,一般的做法是将公司的股份预留出 10%~20%,作为吸引新的团队成员的股份。团队中不仅要有资金的分享,还要有理念、观点、解决方案的分享。

5. 建立合理的决策机制

要成为一个具有凝聚力的团队,团队核心人物(决策者)必须学会在没有完善的信息、团队成员没有统一的意见时做出决策,而且承担决策产生的后果。只要自己认为对的事情,不可优柔寡断,必须付诸行动。而正因为完善的信息和绝对的一致非常罕见,决策能力就成为一个团队能否成功最为关键的因素之一。但如果一个团队没有鼓励、建设性的意见和毫无戒备的冲突,决策者就不可能学会决策。这是因为只有当团队成员彼此之间热烈地、不设防地争论,直率地说出自己的想法,团队核心人物才可能有信心做出充分集中集体智慧的决策。决策的主要内容是公司发展的长期目标与一定阶段的计划,还有一些是与公司发展相关的重大决策。执行,执行力也是一种显著的生产力。《把信送给加西亚》中的上尉不知道加西亚在哪里,只知道自己唯一要做的事是进入一个危机四伏的国家并找到这个人。他二话没说,没提任何要求,只是接过信,转过身,立即行动。他奋不顾身,排除一切干扰,想尽一切办法,用最快的速度去达成目标。

在团队里,也许我们并不需要每个团队成员都异常聪明,因为过度聪明往往会导致自我意识膨胀,好大喜功;相反,却需要每个人都具有强烈的责任心和事业心,对于公司制订的业务计划和目标能够在理解、把握、吃透的基础上,细化、量化自己的工作,坚定不移地贯彻执行下去,对于过程中的每一个运作细节和每一个项目流程都要落到实处。其实,决策者的角色也不是一成不变的,决策者应首先以一个执行者来要求自己,只有当自己完成方案时,才能将方案交给其他执行者去执行。

6. 制订严格的规章制度

"无规矩不成方圆",一个初创团队,如果没有严格的规章制度(如绩效考核制度、财务管理制度、行政管理制度等)作为运转保障,就会成为一盘散沙。因此,最初创业时就要把该说的话说到,该立的规矩立好,把最基本的责、权、利说得明白、透彻,不要碍于情面含含糊糊。规章制度要具有的明确性的特点,有助于规范团队内部各成员的行为,使每个人都能恪尽职守,各司其职,避免新创企业中经常出现的团队成员职、责、权混淆的情况,避免出现因职、责、权、利等的分配分歧而导致创业团队的解散。

【本章小结】

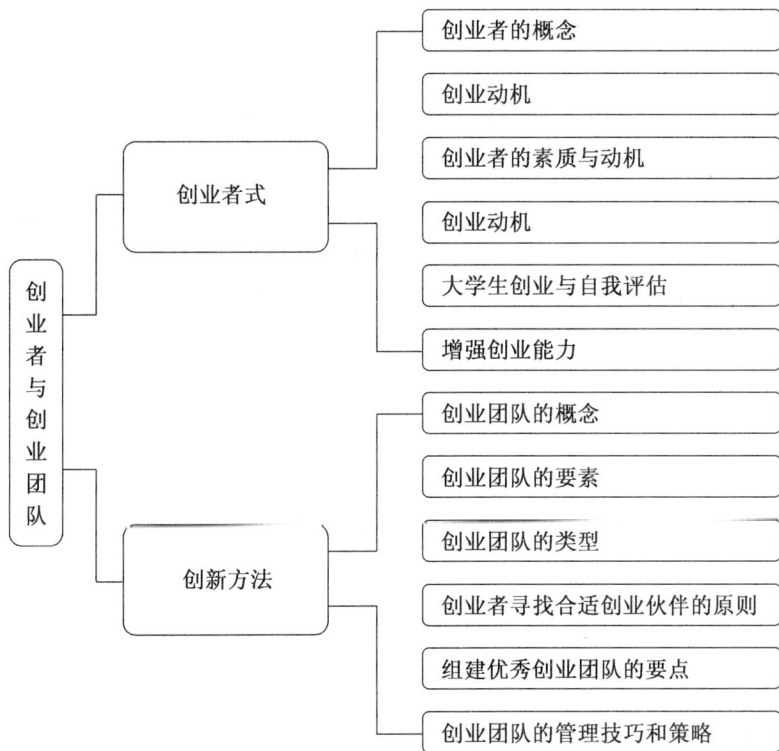

【实践活动】

如何打造优秀的创业团队

任务:假如你和三位同学准备创建一家物流公司,试设计一个创业团队的建设方案。

设计目的:

通过"设计一个创业团队的建设方案"活动,有意识地进行头脑风暴,进而激发出学生的团队意识,在一定程度上达到了锻炼语言表达的作用。

设计理由:

一个具有高度竞争力的企业,不仅需要优秀的人才,更要有优秀的团队。因此,本部分内容可采取任务驱动的教学方式,让学生在观念的相关碰撞下产生正确的认知,在团队活动中强化团队意识。最后教师的总结也是非常关键,进一步强化认知。

活动设计:

1. 任务布置:假如你和三位同学准备创建一家物流公司,试设计一个创业团队的建

设方案。(提醒:团队构成要素——目标、人员、角色定位、计划等)

2. 请两个小组展示自己的团队建设方案,并说出小组的团队建设思路。

3. 老师点评:优秀创业团队的特征以及创建团队应该注意的事项。

优秀创业团队的特征:志同道合,目标一致;相互补充,相得益彰;学会合作,善于分享。

第五章

创业机会与创业风险

【内容提要】

创业机会与创业风险总是相伴而行的。创业者应尽可能充分识别创业机会中可能蕴含的风险,并制定相应的风险防范措施,以便于创业机会价值最大化,从而实现创业目标。本章将详细阐述创业机会与创业风险的相关知识,以帮助创业者有效识别与评价创业机会,防范创业风险。

【学习目标】

知识目标:

1. 理解创业机会的概念、特征与分类
2. 了解创业机会的来源
3. 熟悉常见的创业机会识别与评价方法
4. 熟悉适合大学生的各种创业机会及注意事项
5. 理解创业风险的概念与分类,掌握创业风险的防范
6. 熟悉大学生创业风险的管控对策

能力目标:

1. 能够识别与合理评价身边的创业机会
2. 能够识别创业过程中的常见风险
3. 能够针对大学生创业过程中的常见风险提出应对措施

【案例导入】

创业路难行,"大佬"心酸史教你如何躲过创业风险

创业路上,谁敢说没有栽过跟头? 雷军曾遭破产;周鸿祎惨变"流氓软件之父",这些互联网大佬也都经历过血的教训,不同的是他们并未一蹶不振,而是从失败中不断总结,重新再出发。

1. 雷军:小米创始人现估值此50亿美元

失败经历:在大学时,雷军读了一本讲述盖茨、乔布斯早年创业传奇的书《硅谷之火》,对他有极大触动——"我深深地被乔布斯的故事所吸引,在武汉电子一条街打拼一段时间后,自我感觉良好,就开始做梦:梦想写一套软件运行在全世界的每台电脑上,梦想创办一家全世界最牛的软件公司。"于是,他在大四和三位朋友创办了三色公司。可惜的是,这家公司半年就被迫解散了。

失败感悟：对此，雷军有三点反思：一是，要有明确的盈利模式；二是，要有前瞻的市场意识；三是，要有一定的团队管理能力。

2. 周鸿祎：360创始人市值64亿美元

失败经历：在做360之前，周鸿祎曾做过一个搜索引擎叫3721，而百度也推出了类似服务。双方竞争十分激烈。周鸿祎在3721的客户端中加入了一个模块，专门用来删除百度的客户端，而这个模块自身是无法删除的。这让周鸿祎戴上了"流氓软件之父"的帽子。

后来，周鸿祎觉得百度的搜索模式比自己的更好，而且当时互联网行业低迷，所以他在自己市场占有率占优势的情况下，把3721卖给了雅虎，导致搜索这块10亿美金的市场最后被百度占领。

失败感悟：对于这些过往经历，周鸿祎称："大家做事情不要只盯对手，一定要盯住用户需求，而且一定要坚持，不要轻易说放弃。"

第一节　创业机会的识别

近几十年来，研究者们试图回答这样一个问题，即创业者的原动力是什么？最初，学者们是从"特质论"出发，认为创业者具有异于常人的特殊个性特质，从而成功创业，但这类观点遭到了许多学者的质疑和批评。

1979年，纽约大学教授柯兹纳(Kirzer)首次提出创业是一个机会发现活动，创业者往往对机会保持高度的警觉性，机会发现是创业中重要的一个环节。

创业机会识别作为创业活动的初始阶段和核心环节，对于新创企业起步与发展方向至关重要，创业机会识别源于创意的产生。

一、创意与创业机会

(一) 创意的概念
创意是创造意识或创新意识的简称，是具有新颖性和创造性的想法或概念。

创意的核心是创造性思维，其突出的标志是具有新颖性、独特性。而创造性思维往往带有随机性和突发性，因此创意又常被称为"灵感"。

(二) 创意的产生
灵感的出现是以长期的、辛勤劳动与科学思考为前提，没有知识和实践经验的积累，根本不可能有任何灵感的产生。创意的新颖性、独特性要求创意者深入思考、努力实践、全面涉猎多学科知识，提高知识素养和思维能力，日积月累、厚积薄发。

对于创意的产生，世界公认的创意大师詹姆斯·韦伯·扬认为，创意也是有规律可循的，产生创意的基本原则两点：一是完全将事物原来许多旧的要素做新的组合；二是必须具有将事物的要素进行新的组合的能力。他认为，创意思维的过程还应该经历六个步骤，必须要遵循六个步骤的先后顺序。

1. 收集原始资料

一般来说，收集的资料(信息)有以下两种类型：

(1) 特定资料，主要是指与特定策划创意对象相关的资料，以及与特定策划创意对象相关的公众的资料。这类资料,大多由专业调查得到。

(2)一般资料,主要是指那些未必都与特定的策划创意对象相关,但一定会对特定的策划思维有所帮助的资料。

所以,一般策划者应该对各方面的资料具有浓厚的兴趣,而且要善于了解各个学科的资讯。创意思维的材料犹如一个万花筒,万花筒内的材料数量越多,组成的图案就越多。与万花筒原理一样,掌握的原始资料越多,就越容易产生创意。

2. 仔细整理、理解所收集的资料

资料收集到一定的程度,就要对所悼念的资料库认真地阅读和理解。这里的阅读不是一般的浏览,而是要认真地阅读,而且是要带着一个宏观的思路去认真阅读。收集到的全部资料包括历史的资料库、专业的资料库、一般性的资料、实地调查资料,以及脑海中过去积累的资料,统统应逐一梳理,进而理解和掌握。

3. 认真研究所有资料

研究是有一定技巧的,需要把一件事物用不同的方式去考虑;还要通过不同的角度进行分析,然后尝试把相关的两个事物放在一起,研究其内在关系配合得如何。

4. 放开题目,放松自己

选取自己最喜欢的娱乐方式,如打球、听音乐、唱歌、看电影等,总之将精力转向任何能使自己身心轻松的节目,完全顺乎自然地放松。不要以为这是一个毫无意义的过程,实质上,这个过程是转向刺激潜意识的创作过程,转向自己所喜欢的轻松方式,这些方式均是刺激自己的想象力及情绪的极佳方式。

5. 创意出现

假如在上述四个阶段中确已尽到责任,几乎可以肯定会经历第五个阶段,即创意出现。创意往往在策划人费尽心思、苦苦思索,经过一段停止思索的休息与放松之后出现。詹姆斯·韦伯·扬在研究网版印刷照相制版法的问题时,进行完前两个步骤后疲劳至极,便睡了一觉。一觉醒来,创意出现了,整个动作中的照相制版方法及设备影像映在开花板上;阿基米德研究出水中庞然大物的重量计算方法,也是因为极度疲劳、放开思索洗澡后起身离开浴盆时"哗哗"一声水响,触动了他的灵感!从此以后,人类对浮在大海中的万吨巨轮,就是以排水量计算其重量的。

6. 对萌发的创意进行细致的修改、补充、锤炼、提高

这是创意的最后一个阶段的工作,也是必须要做的工作。一个创意的初期萌发,肯定不会很完善,所以要充分运用商务策划的专业知识予以完善。这时,重要的是要将自己的创意提交给创意小组,履行群体创意、集思广益、完善细化的程序。

概括地说,创意要遵从以上六个步骤,同时要把握五个要点:(1)努力挣脱思维定式的束缚;(2)紧紧抓住思维对象的特点;(3)尽量多角度地思考问题;(4)防止两个思考角度完全重合;(5)努力克服思维惰性的影响。

(三)机会

创业是建立在机会基础之上的,机会发现是创业的基础前提。柯兹纳(Kirzer)对机会主义的定义最具代表性:机会就是未明确的市场需求或未得到的充分利用的资源和能力。

（四）商业机会与创业机会

1. 商业机会

商业机会是创业行为的起点。一个人只有在发现商业机会后，才可能进一步考虑能否配置到必要的资源以及如何利用这个商业机会去最终盈利。

着手开始创业，对于创业者而言，真正的商业机会比资金、团队的智慧、才能或可获得的资源更为重要。创业研究之父蒂蒙斯教授就认为，创业过程始于商业机会，而不是资金、战略、团队或商业计划。

创意是否具有商业价值上存在不确定性。好的创意应当具备新颖性、实用性和价值性，即能够付诸实施，并能给消费者带来真正的价值，但创意是否具备价值需要通过市场检验。但凡具有商业价值的创意，尤其是具有重大价值的创意往往能点石成金，激活创业活动，推动产业升级，甚至创造出全新的产业，极大地推动社会进步，并获得巨大的经济效益。如迪斯尼从动画人物米老鼠形象的创意，开发出动画、玩具、娱乐、旅游、餐饮、影视等相关产品链无数创业机会，仅米老鼠形象的授权使用，一年产品销售额就高达 47 亿美元。

一个好的创意未必须是一个好的商业机会，创意仅仅是一个想法，机会才是可以让你可以创建企业并带来成功的创意。创业机会来自有商业价值的创意。有商业价值的创意绝对不应是空想，而要具有实用价值。简单的判断标准是能够开发出可以把握机会的产品或服务，而且市场上存在对产品或服务的真实需求，或可以找到让潜在消费者接受产品或服务的方法。

2. 创业机会的概念

创业机会属于商业机会的范畴，是一类特殊的商业机会。创业机会与商业机会的根本区别在于利润或价值创造潜力的差异。创业机会具有创造超额经济利润的潜力。而一般的商业机会只可能改善现有的利润水平。把握一般的商业机会当然可以创业，但把握创业机会往往风险大，相应的创业回报也更高。

创业机会是指在市场经济条件下，社会经济活动过程中形成和产生的一种有利于企业经营成功的因素，是一种带有偶然性并能被经营者认识和利用的契机。

3. 创业机会的特征

（1）普遍性

凡是有市场、有经营的地方，客观上就存在着创业机会。创业机会普遍存在于各种经营活动过程之中。

（2）偶然性

对一个企业来说，创业机会的发现和捕捉带有很大的不确定性，任何创业机会的产生都有"意外"因素。

（3）消逝性

创业机会存在于一定的时空范围之内，随着产生创业机会的客观条件的变化，创业机会就会相应地消逝和流失。

拓展阅读 5-1

迪斯尼的卡通创意

当年,年轻的美术设计师迪斯尼因为经济拮据,与太太租住在一间破陋的屋子里。无论白天黑夜,都有成群结队的老鼠在房间里上蹿下跳,疲于奔命的迪斯尼夫妇也常借着老鼠的滑稽动作慰藉心情。

一天,因付不起房租,他们被房东赶了出去,穷困潦倒的年轻夫妇只好来到公园,坐在长椅上暂度时光。太阳开始西沉,夜幕即将降临,迪斯尼夫妇几乎感到穷途末路。

这时,从迪斯尼的行李包里忽然伸出一个小脑袋,原来,那是他平时最喜欢逗弄的一只老鼠,想不到一只小动物也有点人情味,跟着他们一起离开了公寓。

迪斯尼望着老鼠那滑稽的面孔,脑海里忽然冒出一个前所未有的创意。他惊喜地叫了起来:"对啦,世上像我们这样的穷人一定不少,他们也得有自己的快乐,让可爱的老鼠去逗他们开心吧。"

第二天,迪斯尼便开始了别出心裁的创作,不久,一个活泼可爱的"米老鼠"(Mickey Mouse)卡通形象来到人间,一家公司老板慧眼识珠,特邀迪斯尼合作制作米老鼠卡通连环画和电影。

迪斯尼靠"米老鼠"开始了自己的创业生涯。

拓展阅读 5-2

如家快捷酒店是如何创建的?

携程数据库体现出来的最受欢迎的酒店客户的价格是在 200~300 元之间。很多消费者虽然入住三星、四星酒店,但其实所需要的仅仅就是客房,而宾馆所提供的宴会厅、多功能厅等设施一般用不上。越来越多的商务旅行人士和经济富裕出外旅游的人们,他们需要充足的睡眠,方便的地理位置,同时不希望花费太多的金钱在住宿上。

如家酒店如何做到既满足消费者的需求,同时又能将成本降低呢?经调查研究,如家酒店采取以下措施:

1. 不设门童,改为自助;没有豪华、气派的大堂;舍弃投资巨大、利用率低的康乐中心,没有桑拿、KTV、酒吧等娱乐设施。

2. 分体式空调;冬天使用暖气;只建小餐厅,把更多的空间变成客房;餐厅不对外服务,甚至如果附近有餐馆,干脆就把餐厅省了;对于要住好几天的顾客并不天天更换牙刷。

3. 房间有地板和卫生间、温馨的碎花被套、方便的衣架、叠好的双色浴巾、备齐的淋浴液和免费宽带上网、几本财经和成功学书籍、柔和的阅读台灯。

4. 提供简单的三餐和打印、洗衣、叫车服务。

二、创业机会的来源与分类

(一) 创业机会的来源

创业机会既可能是自然生成的,也可能是创业者自己去创造、去挖掘的,且多数都是后者情况。创业者要想记得创业机会,就得搞清并关注创业机会的来源。我们认为,创业机会主要来源于以下五个方面。

1. 问题

创业的根本目的是满足顾客的需求,而顾客需求在没有满足前就是问题。寻找创业机会的一个重要途径是善于发现和体会自己和他人在需求方面的问题或生活、工作中的难处。例如,上海有一位白领丽人发现,家离公司比较远的白领们中午想忙里偷闲地多休息一会儿,以便舒缓身心的疲惫,养精蓄锐,但公司一般是不可能放几张床让员工休息的,于是她创办了一家小旅馆名为"睡吧",年收入百万元,这就是一个把问题转化为创业机会的成功案例。

2. 变化

创业机会大都产生于不断变化的市场环境,环境变化了,市场需求、市场结构必然发生变化,这种变化就会给各行各业带来良机。彼得·德鲁克将创业者定义为那些能"寻找变化并积极反应,并将它当作机会充分利用起来的人。"这种变化主要来自产业结构的变动、消费结构的升级、城市化的加速、人们思想观念的变化、政府政策的变化、人口结构的变化、居民收入水平的提高、全球化趋势等诸多方面。例如,我国已经进入了一个老龄化的社会,所以老人保健、老人陪护等方面就产生了许多创业机会。

拓展阅读 5-3

变化带来商机——两厘米的商机

2001年7月,国内外开始报道欧元即将于2002年元旦流通的消息。这个消息对中国大多数人来说仅仅是新闻。但对于海宁一位企业家却意味着商机。通过研究,他发现新版的欧元比原来欧洲的纸币长了两厘米。正是这小小的两厘米,将导致原来的钱包装不下新欧元。他马上和欧洲商人联系,立刻按照新尺寸做了1万只钱包,大受欢迎。后来他每天的产量超过1万只,仍无法满足市场需求。

3. 创造发明

创造发明提供了新产品、新服务,更好地满足了顾客的需求,同时也带来了创业机会。例如,随着计算机的产生,计算机维修、软件开发、计算机操作的培训、图文制作、信息服务、网上开店等创业机会随之而来,即使不发明新的东西,也能成为销售和推广新产品的人,从而带来商机。

4. 竞争

很多创业机会是源于竞争对手的不足和失误而"意外"获得的,如果能弥补竞争对手的缺陷和不足,这也将成为创业机会。看到周围的公司、能比它们更快、更可靠、更便宜地提供产品或服务吗?能做理更好吗?若能,也许就找到了机会。

5. 新知识、新技术的产生

在知识经济时代,用科技、知识创业是新模式,也是必然趋势。新知识、新技术的出现改变了企业间的竞争手段和模式,也使得拥有新知识、新技术的人成功的发现和利用机会的能力大大提高,从而使得创业机会激增。例如,近年来,移动互联网、3D打印机等新的技术必将带来无限的创业机会。

（二）创业机会的分类

（1）按创业机会的来源

按创业机会的来源分，创业机会可分为：问题型机会、趋势型机会和组合型机会。

问题型机会：是指由现实中存在的未被解决所产生的创业机会。例如，顾客的抱怨、大量的退货、无法买到称心如意的商品、服务质量差等，在这些问题的解决中，会存在着价值或大或小的创业机会，需要用心发掘。

趋势型机会：是指在变化中看到未来的发展方向，预测到将来的潜力和机会。这种机会一般容易产生在重要领域改革或时代变迁的时期。在这种环境下，各种新的不断出现，但往往不被多数人所认可和接受，一般处于萌发阶段。一旦能够及早地发现并把握这种机会的人，就有可能成为未来趋势的先行者和领导者。

组合型机会：是指将现有的两项以上的技术、产品、服务等因素组合起来，实现新的用途和价值而获得的创业机会。这种机会好比"嫁接"，对已经存在的多种因素进行重新组合，往往能实现与过去功能大小相同或者效果倍增（1＋1＞2）的局面。

（2）按目的-手段关系的明确程度

按目的-手段关系的明确程度分，创业机会可分为：识别型机会（目的-手段关系明确）、发现型机会（目的-手段关系有一方不明确）和创造性机会（目的-手段关系均不明确）三种。

识别型机会：是指市场中的目的—手段关系十分明确时，创业者可通过目的-手段关系的连接来辨识机会。例如，当商品供求之间出现矛盾或冲突，不能有效地满足需求时，就会出现大量的创业机会。常见的问题型机会大多属于这一类型。

发现型机会：是指目的或手段任意一方的状况未知，等待创业者去发掘机会。例如，一项技术被开发出来，但尚未有具体地商业化产品出现，因此需要通过不断尝试来挖掘出市场机会。

创造型机会：是指目的和手段皆不明确，因此创业者要比他人更具先见之明，才能创造出有价值的市场机会。在目的和手段都不明确情况下，创业者想要建立起连接关系的难度非常高。但这种机会通常可以创造出新的目的—手段关系，这将为创业者带来巨大的利润。

三、创业机会识别与评价

（一）影响创业机会识别的因素

在现实中，许多人都有创业的想法，富有创业梦想，但能否在众多的创业想法中发现真正的创业机会，并有能力抓住它，最终成为一个成功的创业者，这受到许多因素的影响。

1. 先前经验

在特定的产业中，先前经验有助于创业者识别创业机会，这被称为"走廊原理"。它是指创业者一旦创建企业，他就开始了一段旅程，在这段旅程中，通向创业机会的"走廊"将变得清晰可见。某个人一旦投身于某产业创业，将比那些从产业外观察的人更容易看到产业内的新机会。

2. 认知因素

机会识别可能是一项先天技能或一种认知过程。有些人认为,创业者有"第六感",使他们能看到别人错过的机会。多数创业者以这种观点看待自己,认为自己比别人"更警觉"。警觉很大程度上是一种习得性的技能,拥有某个领域更多知识的人,倾向于比其他人对该领域内的机会更警觉。例如,一位计算机工程师就比一位律师对计算机产业内的机会和需求更警觉。

3. 社会关系网络

个人社会关系网络的深度和广度影响着机会识别。建立了大量社会与专家联系网络的人比那些拥有少量网络的人容易得到更多机会和创意。一项针对 65 家初创企业的调查发现,半数创业者报告说,他们通过社会联系得到了他们的商业创意。一项类似的研究考察了独立创业者(独自识别出创业机会的创业者)与网络型创业者(通过社会联系识别机会的创业者)之间的差别,研究人员发现,网络型创业者能比独立创业者识别出多得多的机会。

4. 创造性

创造性有助于产生新奇或有用的创意。从某种程度上讲,机会识别是一个创造过程,是不断反复的创造性思维过程。在听到更多奇闻轶事的基础上,你会很容易看到创造性包含在许多产品、服务和业务的形成过程中。

(二) 常见识别创业机会的方法

1. 新眼光调查法

(1)注重二级调查。阅读某人发表的作品、利用互联网搜索数据、浏览寻找包含你所需要信息的文章等都要是二级调查的形式。

(2)开展初级调查。通过与顾客、供应商、销售商交谈和采访他们,直接与这个世界互动,了解正在发生什么以及将要发生什么事件。

(3)记录你的想法。瑞士最大的音像、书籍公司的创始人说,他就有一本用来记录想法的笔记本,当记录到第 200 个想法时,他坐下来,回顾所有的想法,然后开办了自己的公司。

2. 通过系统分析发现机会

实际上,绝大多数的机会都可以通过系统分析得到发现。人们可以从企业的宏观环境(政治、经济、法律、技术、人口等方面)和微观环境(顾客、竞争对手、供应商等)的变化中发现机会。借助市场调研,从环境变化中发现机会,是机会发现的一般规律。

3. 通过问题分析和建议发现机会

(1)问题分析。从一开始就要找出个人或组织的需求和他们面临的问题,需求和问题可能很明确,也可能很含蓄。一个有效并有回报的解决方法对创业者来说是识别机会的基础。这个分析需要全面了解顾客的需求,以及可能性用来满足这些需求的手段。

(2)从顾客那里征求想法。一个新的机会可能会由顾客识别出来,因为他们知道自己究竟需要什么。然后,顾客就会为创业者提供机会。顾客的建议多种多样,最简单的,他们会提出一些诸如"如果那样的话不是更好吗"之类的非正式建议。无论采用什么样的手段,一个讲究实效的创业者总是渴望从顾客那里征求想法。

4. 通过创造获得机会

这种方法在新技术行业中最为常见,经可能始于明确以满足的市场需求,从而积极探索相应的新技术和新知识,也可能始于一项新技术发明,进而积极探索新技术的商业价值。通过创造获得机会比其他任何方式的难度都大,风险也更高。同时,如果能够成功,其回报也更大。这种情况下所产生的创新在人类所具有重大影响的创新中,压倒性的主导地位。索尼公司开发随身听(walkman)就是一个很好的例子。索尼公司觉察到人们希望随身携带一个听音乐的设备,并利用公司微缩技术的核心能力从事项目研究,最终开发出划时代的产品——随身听,取得了巨大的成功。

(三)创业机会的评价

尽管发现了创业机会,但这并不意味着要创业,更不意味着成功就在眼前。对创业者来说,关键在于如何能够从众多机会中寻找出真正有价值的创业机会,并采取行动来把握机会。创业活动是创业者与创业机会的结合,并非所有的创业机会赶时都有足够大的潜力来填补为把握机会所付出的成本,而且并非所有机会都适合每个人。

评价创业机会是一项创业艺术才华和科学才能相结合的伟大工程。创业者需要利用自己的商业敏感做出主观判断,同时也要利用一定的科学方法做出定量分析,将主观判断和客观分析结合才能不失时机地识别创业机会。在此,我们介绍几种可用于评价创业机会价值潜力的一般方法,掌握这些方法,有助于打算创业的大学生在发现创业机会后花费较少的时间、精力和成本迅速形成对创业机会价值潜力的基本判断。

1. 定性评价方法

马克·吐温说:"我极少能看到机会,往往在我看到机会的时候,它已经不再是机会了。"这说明机会具有及时性,所以创业者发现创业机会的时候必须迅速地地,评价创业机会的价值。创业者对机会的评价来自他们的初始判断,而初始判断通常就是假设加简单的计算。蒙牛集团创始人牛根生在以牛奶的市场潜力时说:"民以食为天,食以奶为先,而我国人均喝奶的水平只是美国的几十分之一。"也许这就是他对乳制品机会人价值的直观判断。

创业机会的模糊特性导致创业机会很难被识别,机会价值很难被准确地评估。但机会转瞬即逝,如果都要进行周密的市场调查,经常会难以把握机会,所以有人认为只有创业天才才能识别创业机会,只有具有天才型商业敏感能力的人才能抓住机会。

识别创业机会的商业敏感能力与个人能力、天赋和决心直接相关。有些人具有天才型商业敏感能力,在很大程度不同上取决于个人天赋。但是我们可以发现,具备较高商业敏感能力的人具备一些共同的特征。

(1)较强的信息处理能力

发现创业机会需要相对充分、准确、及时的信息,并能获取到别人难以获取的有价值的信息。但是评价创业机会,需要较强的信息处理能力。较强的信息处理能力和一个人的认知能力和逻辑思维能力相关。

(2)良好的人际关系

良好的人际关系不但可以帮助创业者发现更多的创业机会,还可以帮助创业者识别创业机会。判断一个创业机会的价值,不同的人有不同的分析视角。众多的朋友可以帮你从更多的角度去分析创业机会,使你能更清楚地认识创业机会,更为理性地识别创业机会。

(3) 专注精神

判断一个事物,对其认知程度决定了判断的准确性。而认知程度并不是天生的,而是后天习得的,专注精神提高了一个人在某方面的认知程度。创业者往往比别人更容易发现本行业的创业机会,并且能更为快速、准确地判断创业机会的价值,调查表明,9%以上的创业者都是从先前工作的行业中发现创业机会,并迅速抓住创业机会实现创业。如果一个人专注于一个行业,并凭借专业知识,就能迅速判断创业机会的价值。

(4) 自信、乐观的心态

自信的人往往比较相信自己的判断。乐观的人往往比较看好机会而不是风险。所以,自信、乐观的人在创业机会面前体现出的是一种勇敢和敢于尝试的冒险精神,往往能在别人之前识别机会和抓住机会。

定性评价创业机会的方法基本是依靠创业者的个人能力,其方法就是需要创业者具备以上4种特征,这样就能更为准确地评价创业机会的价值。另外,具有价值的创业机会本身也具备一些特征,创业者可以根据其特征比较分析自己的创业机会是否具有价值。

(1) 满足顾客的需求

一切创业机会都来源于顾客需求,能否满足顾客需求是评判创业机会价值最根本的标准。

(2) 较大的市场容量

有些细分市场容量太小,导致投资成本过大,难以实现盈利。较大的市场容量带来旺盛的需求和较高的利润,同时意味着创业窗口关闭的时间比较晚,企业的发展空间比较大,利润的增长空间也比较大。

(3) 需求的及时性

有些机会具有较大的市场容量,但时机没有到,市场没有成熟,这样的机会风险比较大。只有能及时满足顾客需求的市场,才能支撑得起初创企业的生存。

(4) 较明确的目标市场

如果一个创业机会连目标市场都不明确,就很难相信这个机会具有价值。具有价值的创业机会一般都有比较明确的服务目标市场。

拓展阅读 5-4

定性评价创业机会的标准

斯蒂文森等人(1994年)认为,对创业机会的充分评价需要考虑以下几个重要问题:(1) 机会的大小、存在的时间和随时间成长的速度等问题;(2) 潜在的利润是否足够弥补资本、时间和机会成本的投资,带来令人满意的收益;(3) 机会是否开辟了额外的扩张、多样化或综合的商业机会选择;(4) 在可能的障碍面前,收益是否会持久;(5) 产品或服务是否真正满足了目标市场的真实要求。

隆杰内克等人(1998年)提出了评价创业机会的五项基本标准:(1) 对产品有明确界定的市场需求,推出的时机也是恰当的;(2) 投资的项目必须能够维持持久的竞争优势;

（3）投资必须具有一定程度的高回报，从而允许一些投资中的失误；（4）创业者和机会之间必须相互适合；（5）机会中不存在致使的缺陷。

2．定量评价方法

（1）蒂蒙斯的创业机会评价模型

美国百森商学院的蒂蒙斯教授提出了一个包含八类指标的创业机会评价模型。如表5－1所示。该评价模型涉及行业与市场、经济因素、收获条件、竞争优势、管理团队、致使缺陷问题、个人标准、理想与现实的战略性差异八个方面的53项指标，给我们提供了一套系统的评价模型和可量化的指标体系。创业者可以利用这个模型对行业和市场问题、竞争优势、财务指标、管理团队等做出判断，来评价一个创业项目的可行性及其价值。一些风险投资商、政府基金和创业大赛就是借用了该模型对创业项目进行评价。

表5－1 蒂蒙斯创业机会评价模型

行业与市场	（1）市场容易识别，可以带来持续收入
	（2）顾客可以接受产品或服务，愿意为此付费
	（3）产品的附加价值高
	（4）产品对市场的影响力大
	（5）将要开发的产品生命长久
	（6）项目所在的行业是新兴行业，竞争不完善
	（7）市场规模大，销售潜力达到1 000万～10亿元
	（8）市场成长率在30％～50％甚至更高
	（9）现有厂商的生产能力几乎饱和
	（10）在5年内能占据市场的领导地位，达到20％以上
	（11）拥有低成本的供货商，具有成本优势
经济价值	（1）达到盈亏平衡点所需要的时间在1.5～2年，甚至更短
	（2）盈亏平衡点不会逐渐提高
	（3）投资回报率在25％以上
	（4）项目对资金的要求不是很大，能够获得融资
	（5）销售额的年增长率高于15％
	（6）有良好的现金流量，能占到销售额的20％～30％，甚至更多
	（7）能获得持久的毛利，毛利率要达到40％以上
	（8）能获得持久的税后利润，税后利润要超过10％
	（9）资产集中程度低
	（10）运营资金不多，需求量是逐渐增加的
	（11）研究开发工作对资金的要求不高

收获条件	（1）项目带来的附加价值具有较高的战略意义
	（2）存在现有的或可预测的退出方式
	（3）资本市场环境有利,可以实现资本的流动
竞争优势	（1）固定成本和可变成本低
	（2）对成本、价格和销售的控制较高
	（3）已经获得或可以获得对专利所有权的保护
	（4）竞争对手尚未觉醒,竞争较弱
	（5）拥有专利或具有某种独占性
	（6）拥有发展良好的网络关系,容易获得合同
	（7）拥有杰出的关键人员和管理团队
管理团队	（1）创业团队是一个优秀管理者的组合
	（2）行业和技术经验达到了本行业内的最高水平
	（3）管理团队的正直廉洁程度能达到最高水平
	（4）管理团队知道自己缺乏哪方面的知识
致命缺陷	不存在任何致使缺陷
创业家的个人标准	（1）个人目标与创业活动相符合
	（2）创业家可以做到在有限的风险下实现成功
	（3）创业家能接受薪水减少等损失
	（4）创业家渴望创业这种生活方式,而不只是为了赚大钱
	（5）创业家可以适当的风险
	（6）创业家在压力下状态依然良好
理想与现实的战略性差异	（1）理想与现实情况相吻合
	（2）管理团队已经是最好的
	（3）在客户服务管理方面有很好的服务理念
	（4）所创办的事业顺应时代潮流
	（5）所采取的技术具有突破性,不存在许多替代品或竞争对手
	（6）具备灵活的适应能力,能快速地进行取舍
	（7）始终在寻找新的机会
	（8）定价与市场领先者几乎持平
	（9）能够销售渠道,或已经拥有现成的网络
	（10）能够允许失败

该评价模型说明了以下几点：

① 该指标体系主要适用于具有行业经验的投资人或资深创业者对创业企业的整体评价。

② 该指标体系必须运用创业机会评价的定性与定量方法才能得出创业机会的可靠性及不同创业机会间的优劣排序。

③ 该指标体系涉及的项目较多，在实际运用过程中可作为参考选项库，结合使用对象、创业机会所属行业特征及机会自身属性等进行重新分类、梳理简化，提高使用效能。

④ 该指标体系及其项目内容比较专业，创业导师在运用时一方面要多了解创业行业、企业管理和资源团队等方面的经验信息，一方面要掌握这 50 多项指标内容的具体含义及评估技术。

蒂蒙斯创业机会评价模型只是一套评价标准，在进行创业机会评价实践时，还需要科学的步骤和专业的评价方法才能操作。下面介绍一种常用且易操作的评价方法。

标准矩阵打分法

标准矩阵打分法是指创业机会评价体系的每个指标设定 3 个打分标准（如最好 3 分，好 2 分，一般 1 分），而形成的打分矩阵表，如表 5－2 所示。在打分后，求出每个指标的加权平均分，从而可以对不同的创业机会进行比较。

表 5－2　标准打分矩阵

标准	专家打分			
	最好（3分）	好（2分）	一般（1分）	加权平均分
易操作性				
质量和易维护性				
市场接受性				
增加资本的能力				
投资回报				
专利权状况				
市场大小				
制造的简单性				
口碑传播潜力				
成长潜力				

这种方法简单易懂、易操作，主要用于不同创业机会的对比评价，其量化结果可直接用于机会的优劣排序。如果只用于一个创业机会的评价，则可采用多人打分后进行加权平均。其加权平均分越高，说明该创业机会越可能成功。一般来说，高于 100 分的创业机会可进一步规划；低于 100 分的创业机会则需要考虑淘汰。

四、大学生选择创业项目的几点建议

创业需要一定的社会资源、一定的资金支持和一定的社会关系。大学生是一个比较特殊的群体,他们缺少社会实践经验,对社会现实了解不深。因此,大学生在选择创业项目时就要通过遵循一定的原则来弥补自身的不足,并充分发挥大学生创业的优势。以下几条建议可以供大学生创业者在选择创业项目时作为参考。

1. 根据自己的兴趣、特长选择项目

中国有句古语:"骏马能驰远,耕田不如牛。坚车能负重,渡河不如舟。"各人智能不同,长于此而短于彼,因此要选择与自己专业、特长挂上钩的项目,发挥自己的长处。

创业者最擅长的事,也就是最有可能干好的事。擅长,就是跟别人竞争时具有的优势。只有强化自己的专长,成为专家,才会和别人拉开距离,在竞争中脱颖而出。因此,在创业之前的自我评价中,需要创业者认真地分析自己的特点,找出自己的强项,然后,决定着手点。记住,没有人是选择了自己的短处而获得成功的。

比尔·盖茨曾经说过:"做你自己最擅长的事。"人们在做自己擅长的事情时,自信心最强,勇气最大,因此成功率最高。

2. 选择享有政策优惠的创业项目

对于打算创业的大学生来说,可以根据自身的实际情况,在融资、注册、税收、创业培训与指导等可享受优惠政策的项目中找到适合自己的创业项目。大学生创业者要充分利用国家的优惠政策,尽量走绿色通道,这样不仅能减少一些手续,提高办事效率,也能解决创业初期资金不足、管理不当等问题。

从中央到地方,各项优惠政策数不胜数。国家在鼓励某些行业发展的同时,在税收、用地、资金等方面都会出台各项相关优惠政策,从另一个方面也说明该行业具有良好的市场发展前景和政策发展环境。因此,创业者可以因时利势,找准自己的"落脚点",创造属于自己的一份事业。

3. 选择自己最熟悉的行业

各行各业都有它自己的规律,只有具有了这个行业相当的经验,你才会在机遇来临时率先看到它;在行业发展不利时,第一个意识到它。这些直觉往往是依靠经验的积累而产生的。在你最熟悉的领域里,你会游刃有余,无往而不胜,这就是民间商人常说的"不熟不做"的道理。

4. 选择最有市场潜力的项目

如果是创业者很熟悉也很擅长的项目,但是属于市场需求越来越少或者即将衰退的行业俗称"夕阳行业",那么创业者也不要去做;与时俱进,顺势而为,才是最明智的选择。要知道什么项目是未来有潜在市场的,就需要创业者做一个详细的调研和论证,多分析国家发展的宏观规划,认真做好市场调研。

5. 选择最有人脉关系的行业

俗话说"人脉就是钱脉",任何人的成功都离不开他人的帮助。著名成功学大师卡耐基说过:"成功依靠的是 15% 的专业知识和 85% 的人际关系。"反过来说,大众在最喜欢、最擅长、最熟悉的行业里,朋友也会更多,共同的爱好和志趣会使创业者在创业

初期很快找到志同道合的新朋友，从而建立起对创业有利的人脉关系。好的人脉关系也有利于创业者整合现有的资源，组建一个优势互补的团队。一个优秀的合作团队，不仅能够为创业者的能力发挥创造良好的条件，而且还会产生合作双方彼此都不曾拥有的新力量。

6. 选择资金投入较少、资金周转期短的项目

大学生创业的融资渠道较少，大部分的大学生创业者都是利用父母、亲友的资助或者自己的一些积蓄作为创业的启动资金，尤其是来自工薪阶层家庭的大学生，能够获取的创业资金是十分有限的。因此，大学在校或是毕业初期创业时，应该尽量选择初始资金投入少、资金周转期短的项目，这样才能保证后期的项目运转有足够的资金，才有充足的现金流维持企业的正常经营。同时，大学生也要尽量避免选择那些需要大量库存的项目。库存多了流动资金就少了，还会增加库存管理的成本以及存货风险。当出现市场不稳定的状况时，必然会导致资金周围不灵，甚至倒闭的困境。

7. 避免技术性要求过高的项目

大学生如果没有十足的把握，应尽量避免一开始创业就进入高科技领域。因为高科技行业需要投入大量的研发成本，这对于缺少资金的大学生来说是一个很重的负担。所以，大学生可以选择一些相对比较容易的行业，在积累了一定资金及经验之后再考虑转入高科技行业。

8. 选择有特色的项目

市场上没有的、先于别人发现的、与别人不同的、比别人强的项目都可以归类为有特色的项目。项目有特色就能够避免与同行竞争者拼杀，还可以提升产品的辨识度和认知度，拥有更高的定价空间。

投资方并不会盲目投资，它对项目可行性的要求近乎苛刻，如果一个创业计划立意平平，没有什么独特之处，就很难得到投资者的认可，难以融资。立志于自主创业的大学生，应该对市场动态变化保持繁简的感知，时刻了解市场需求变化的方向，从而发现市场空白，设计出独具特色的创业项目。

9. 选择雇佣人力较少的项目

大学生创业者普遍缺少管理经验，如果一上手就开始管理很多员工，往往会导致企业内部管理混乱。创业初期应该以开拓市场为主导，如果经常被人事工作所拖累，就不可能有大量的精力去完成其他重要的工作。因此，没有管理经验的大学生可以先选择创立只有几个人的小企业，积累管理经验，随着企业的不断壮大，自然有能力管理更多的员工。

另外，雇佣的人员太多会加重企业的薪资负担。对于一个刚刚创立的企业来说，如何精减人员、发挥人力资源的最大效用是需要慎重考虑的问题。因此，大学生创业者要尽量选择需要人力少的创业项目。

拓展阅读 5－5

适合大学生的典型创业机会

（一）满足大学生学习和生活需求的产品和服务

创业者可以通过回顾自己在大学生活中遇到的问题或不满的地方，也可以通过对在校大学生进行问卷调查，从而了解大学生的各种重要需求，然后从中挑选最适合自身资源的创业机会。做校园代理是大学生常见的创业方式，如考研、考证、旅游、手机卡等大学生常用的产品，这些业务的成本和风险都比较低。

（二）零售店或服务项目

零售和服务进入门槛不高，对资金、技术和团队的要求较低，服务的对象又非常广泛，这一行业适合于多数大学生进行创业。零售和服务行业需要的就是商业模式和服务的创新，创业者把自己的独特创意融入其中，就有可能开创出新的零售模式或特色服务。

（三）网上开店或网络服务

80 后 90 后的大学生对于互联网非常熟悉。互联网上的创业机会也异常丰富。最普通的网上创业就是开网店，在网上注册账户卖自有产品或代销。此外，大学生还可以创造出特色的网络服务，以低成本实现客户价值。

（四）处于同质商品阶段的小产品的品牌化经营

处于商品化阶段的日常用品或农产品的伟业内竞争层次很低，同质化的产品如果以相同的价格很难做大企业的和打造品牌，企业的利润也很微薄。创业者需要转换经营思路，进行品牌化运作，提升产品的档次，甚至加入一些创意元素。例如，可以从杯子、镜子、梳子、玩具等日用品或农产品中选择创业项目，将小产品成本打造成特色品牌。

（五）开发具有技术含量的新产品

大学生创业者（尤其是理工科学生）可以开发出新产品，以创新技术为创业的关键资源，组建公司来生产和销售新产品（或提供技术服务），新产品的开发单靠某个人是很难成功的，它需要一个团队来开发，一般以导师为核心的研究团队有可能开发出更高技术含量的新产品。

（六）国外最新成功模式的移植

发达国家的经济计划与技术走在我国的前面，它们曾经历过的创业机会也很可能在今天的中国出现。这需要用历史的眼光看待经济和技术的发展，找出不同经济阶段的典型商业形态，在借鉴欧美发达国家商业情况下，结合中国具体情况，进行改造式创新和应用。例如，当当网是从亚马逊网站得到启发的，腾讯是直接模仿 MSN 发家的，淘宝网则是从 eBay 借鉴而来。

第二节　创业风险评估

一、创业风险的概念与特征

(一) 创业风险的概念

风险是指一定环境、一定时间段内,影响决策目标实现的不确定性,或是某种损失发生的可能性。发生损失的可能性越大,风险就越高。它可以用不同结果出现的概率来描述,结果可能是好的,也可能是坏的,坏结果出现的概率越大,风险就越高。

创业风险是指在创业过程中,由于创业环境的不确定性,创业机会与创业企业的复杂性,创业者、创业团队的能力与实力的有限性,而导致创业活动偏离预期目标的可能性及后果。

创业者不要简单地认为经过创业机会评估而确认的创业机会就不会有风险了,其实再有价值的创业机会也是有风险的,因为多数创业机会都蕴含着诸多的不确定性。

(二) 创业风险的特点

创业风险种类繁多,贯穿并交织于整个创业过程,但是这些风险具有一些共同的特点。

1. 客观性

创业本身就是一个识别风险和应对风险的过程,风险的出现是不以人的意志为转移的,所以创业风险的存在是客观的。

2. 不确定性

由于创业所依赖和影响的因素具有不确定性,这些因素是不断变化、不断发展的,甚至是难以预料的,因此造成了创业风险的不确定性。

3. 双重性

创业有着成功和失败两种可能性,创业风险具有盈利或亏损双重性。

4. 可变性

随着影响创业因素的变化,创业风险的大小、性质和程度也会发生变化。

5. 可识别性

根据创业风险的特征和性质,创业风险是可能被识别和划分的。

6. 相关性

创业风险与创业者的行为紧密相连。同一风险,采取不同的对策,将会出现不同的结果。

二、创业风险的分类

(一) 按产生的原因

按产生原因分,创业风险可分为:主观创业风险和客观创业风险。

1. 主观创业风险

又称非系统创业风险,是指在创业阶段,由于创业者的身体与心理素质等主观方面的因素导致创业失败的可能性。

2. 客观创业风险

又称系统创业风险,是指在创业阶段,由于市场的变动、政策的变化、竞争对手的出现、创业资金缺乏等客观因素导致创业失败的可能性。

(二) 按内容

按内容分,创业风险可分为:机会选择风险、环境风险、人力资源风险、技术风险、市场风险、管理风险和财务风险等。

1. 机会选择风险

是指创业者选择创业而放弃自己原来所从事的职业,所丧失的潜在晋升或发展机会的风险。

2. 环境风险

是指由于创业活动所处的社会、政治、经济、法律环境等变化,或由于意外灾害导致创业者或创业企业承包蒙受损失的可能性。如战争、国际关系变化或有关国家政权更迭、政策改变,宏观经济环境发生大幅度波动或调整,法律法规的修改,或者创业相关事项得不到政策许可,合作者违反契约等给创业活动带来的风险。

3. 人力资源风险

是指由于人的因素对创业活动的开展产生不良影响或偏离经营目标的潜在可能性。创业者自身的素质和能力有限、创业团队成员的知识和技能水平不匹配、管理过程中用人不当、关键员工离职等因素是人力资源风险的主要诱因。

4. 技术风险

是指由于技术方面的因素及其变化的不确定性而导致创业失败的可能性。技术成功的不确定性,技术前景、技术寿命、技术效果的不确定性,技术成果转化的不确定性等,都会带来技术风险。

5. 市场风险

是指由于市场情况的不确定性导致创业者或创业企业损失的可能性。市场风险包括产品市场风险和资本市场风险两大类。市场供给和需求的变化、市场接受时间的不确定性、市场价格变化、市场战略失误等原因会给创业活动带来一定的市场风险。

6. 管理风险

是指管理运作过程中因信息不对称、管理不善、判断失误等影响管理水平而形成的风险。管理风险可能由管理者素质低下、缺乏诚信、权力分配不合理、不规范的家族式管理或决策失误等引起。

7. 财务风险

是指创业者或创业企业在理财活动中存在的风险。对创业所需资金估计不足,难以及时筹措创业资金,创业企业财务结构不合理、融资不当、现金流管理不力等可能使创业企业丧失偿债能力,导致预期收益下降,形成一定的财务风险。

(三) 按创业与市场和技术的关系

按创业与市场和技术的关系分,创业风险可分为:改良型风险、杠杆型风险、跨越型风险和激进型风险。

1. 改良型风险

是指利用现有的市场和技术进行创业所存在的风险。这种创业风险最低,经济回报有限,风险虽低,但要想生存和发展,获取较高的经济回报也比较困难。一方面,会遭遇已有市场竞争者的排斥或进入壁垒的限制;另一方面,即便进入,想要占有一定的市场份额也非常困难。

2. 杠杆型风险

是指利用新的市场、现有的技术进行创业所存在的风险。这种创业风险较高,对一个全球性公司来说,这种风险往往是地理上的,常见于挖掘未开辟的市场,如彩电行业利用原有技术进入农村市场。

3. 跨越型风险

是指利用现有市场、新的技术进行创业所存在的风险。这种创业风险较高,主要体现在创新技术的应用方面,往往反映了技术的替代,常见于企业的二次创业,领先者可获得一定的竞争优势,但模仿者很快就会跟上。

4. 激进型风险

是指利用新市场和技术进行创业所存在的风险。这种创业最高,如果市场很大,可能会带来巨大的机会,对于第一个行动者而言,其优势在于竞争风险较低,但是知识产权保护力度很弱,市场需求不确定,确定产品性能有很大的风险。

三、创业风险的防范

(一)系统风险的防范

系统风险是由全局性的共同因素引起的,创业者或创业企业本身控制不了或无法施加影响,并难以采取有效措施予以消除。对于系统风险,创业者或创业企业可以从以下三个方面做好风险的防范。

1. 谨慎分析

创业者应对其所处的创业环境进行深入了解、谨慎分析。目前,我国实施更加积极的就业政策,贯彻鼓励创业的方针,在自主创业税费减免、小额担保贷款、创业地落户及场地、项目、技术、培训等方面,为大学生创业提供了一系列鼓励政策,创造了更为宽松的创业环境。创业者首先应对创业环境进行正确的认识和了解,对创业环境进行合理评估,通过层层细化、逐级分析来熟悉创业的宏观环境和微观环境等,以求准确深入地解释创业过程中可能遇到的系统风险。

2. 正确预测

创业风险中,有些是可以预测的,有些是不可预测的。创业者尽可能运用所学知识和所掌握的资源,采用科学的方法对那些能够预测的风险进行深入分析,通过和团队成员探讨、请教外部专家等方法来预测创业环境的可能变化,以及变化会给创业企业带来的影响,尽量对创业的系统风险做到心中有数,以便制定相应的应对策略。

3. 合理应对

由于系统风险的不可分散性,创业者只能通过谨慎分析和正确预测来制定合理的应对措施,巧妙规避并尽可能降低系统风险发生对创业者自身或创业企业的不利影响。例如,预测到市场利率上升则尽量筹集长期资金,预测到未来经济低迷则尽可能持有较多现金等。

(二) 非系统风险的防范

非系统风险是由特定创业者或创业创业自身因素引起的,只对该创业者或创业企业产生影响。因此,创业者或创业企业可以在某种程度上对其进行控制,并通过一定的手段予以预防和分散。对于非系统风险,创业者或创业企业可以从以下五个方面做好风险的防范。

1. 机会选择风险的防范

机会选择风险是一种潜在风险,是由于选择创业失去其他发展机会所可能带来的最大收益。因此,创业者在创业准备之初就应该对创业的风险和收益进行全面权衡,将创业目标和目前的职业收益进行比较,结合当下的创业环境、自己的生涯规划进行权衡分析。

如果认为创业时机已经成熟,刚好有一个绝佳的商业机会可以转化为创业项目,而且该项目又可以和自己的生涯规划相吻合,就要狠下决心,立即着手创业。否则就不要急于创业,而是先就业或者继续从事目前的工作,边工作边认真观察,学习所在公司各层领导的工作方法和技巧,并用心学习所在公司开拓市场的技巧,同时学会利用自己的工作机会建立良好的关系网络,待时机成熟再开始创业。

2. 人力资源风险的防范

人力资源是创业活动中的重要资源,由此产生的风险对创业企业不详来说往往也是致命的风险,所以一定要予以充分关注。首先,创业者应不断充实自己,持续提高个人素质,使自己的知识和能力与创业活动相匹配;其次,通过沟通、协调、激励、奖惩、评价、目标设定等多种手段管理团队,并在创业团队发展的不同阶段确定相应的管理内容,科学合理地对成员进行绩效评价;最后,招聘那些具有良好职业道德和团队合作意识、拥有与岗位相匹配的技能的员工,通过在合同中明确权利义务关系和适当授权,以及通畅的人力资源管理系统,使关键员工的工作管理与非工作管理相结合。

3. 技术风险的防范

技术创新能够给创业者带来丰厚的回报,但掌控不好也可能会使创业者颗粒无收,因此,创业者一定要注意技术风险的防范。第一,应加强对技术创新方案的可行性论证,减少技术开发与技术选择的盲目性,并通过建立灵敏的信息预警系统,及时预防技术风险;第二,通过组建技术联合开发体或建立创新联盟等方式减少技术风险发生的可能性;第三,提高创业企业技术系统的活力;第四,高度重视专利申请、技术标准申请等保护性措施的采用,法律手段减少损失出现的可能性。

4. 管理风险的防范

通过提高管理者的素质,改变管理和决策方式,可以有效应对创业企业的管理风险。具体来说,可以采取以下措施:第一,努力提高核心创业成员的素质,树立其诚信意识和市场经济观念,并以此为基础搞好领导层的自身建设,建立能够适应企业不同了解发展阶段变革的组织机构;第二,实行民主决策与集权管理的统一,合理分配企业的执行权,避免不规范的家庭式管理影响创业企业的发展;第三,明确决策目标,完善决策机制,减少决策失误。

5. 财务风险的防范

筹资困难和资本结构不合理是很多创业企业明显的财务特征和主要财务风险的来源。有效规避财务风险要求做到以下几点:第一,创业者要对创业所需资金进行合理估计,避免筹资不足影响企业的健康成长和后续发展;第二,要学会建立和经营创业者自身和创业企业的信用,提高获得资金的概率;第三,创业者或团队一定要学会在企业的长远发展和目前利益之间进行权衡,设置合理的财务结构,从恰当的渠道获得资金;第四,管理创业企业的现金流,避免现金断流带来的财务拮据甚至破产清算的局面。

四、创业者风险承担能力的估计

创业者风险承担能力是指创业者所能承受的最大风险。创业者在进行风险识别的过程中,不但要确定其决定接受的风险程度,还要对其实际能承受风险的程度进行评估,以采取合理的风险管理方法,减少创业过程中的不确定性。影响创业者风险承担能力的因素主要有以下四个方面。

(一) 特定时间段所要承担的风险

从创意到商业构想,再到创业企业的建立,不同阶段的创业风险大小会有所不同。一般来说,随着时间的推移和创业活动的深入,创业者面临的风险会逐渐增大。创业者首先要能够风险的来源及其对创业活动的影响程度,估计出在不同时间段可能要承受的总风险。

(二) 可用于承担风险的资金

一般来说,创业者的年龄和家庭对创业者用于承担风险的资金有所影响。刚毕业的大学生因为很少有创业资金的积累,其用于承担风险的资金较少。同样,家庭比较困难的创业者会更多考虑到家庭基本生活对资金的需求,以及较少的家庭支持等,其用于承担风险的资金一般也会较少。正常情况下,用于承担风险的资金数量和创业者的风险承担能力呈正相关关系。

(三) 从其他渠道取得收入的能力

从其他渠道取得收入的能力越强,创业失败对创业者的情绪和生活水平的影响就越小,创业者能够用来偿还失败所引致债务的能力就越强(采用公司制作为企业法律形式的企业活动除外,因为公司制企业是有限责任,只以创业者投入企业的资金为限对公司债务承担责任),其风险承担能力也就越强。因此,从其他渠道取得收入的能力和创业者的风险承担能力也呈正相关关系。

(四) 危机管理能力

创业者的危机管理能力会影响到创业风险发生时采取的风险抑制措施的效果,从而影响到损失的大小。危机管理能力越强,风险因素导致风险事件发生进而可能形成风险损失时,创业者就越能及时采取有效的风险防范措施对损失状况进行抑制,避免损失的进一步扩大,减少损失所产生的危害。所以,创业者的危机管理能力越强,其风险承担能力就越强,二者也呈正相关关系。

五、大学生创业风险管控对策

大学生创业虽然存在诸多风险,但机遇和挑战并存,唯有冷静地分析风险,勇敢地面对挑战,大学生创业者才能防范风险,克服困难,走向创业成功。针对大学生创业过程中遇到的风险,可以从以下方面加以管控。

（一）调整心态,做好创业准备

对自己充分了解,是大学生进行创业的前提。大学生创业时要对自己的个性特征、特长等有充分的了解,选择适合自己个性特征、符合个人兴趣爱好的项目进行创业,同时创业者要掌握广博的知识,具有一专多能的知识结构,才能进行创造性思维,做出正确的创业决策。大学生创业者还要积累一些有关市场开拓、企业运营方面的经验,通过在企业打工或者实习,参加创业培训,接受专业指导,来积累创业知识,提高创业成功率。大学生创业者还应当锻炼受挫能力,遇到挫折后应放下心理包袱,仔细寻找失利的原因,属于主观原因的,要适当调整自己的动机,追求和行为,避免下次出现同样的错误;属于客观或社会因素中自己无能为力的因素的,也不要过于自责、自卑或固执,应坦然面对。灵活处理,争取新的机会。即使失败,也要振作起来,使自己始终保持昂扬的斗志和必胜的信心,直至创业成功。

（二）审时度势,创业应有选择地量力而行

创业路途充满艰辛,绝不是一蹴而就的。因此,创业应找到合适的切入点,选择合适的时机、合适的地点和合适的规模来进行。大学生创业者大多手中资金较少,创业经验不足,可以选择起点低、启动资金少的项目进行创业。

再者,大学生创业要选择一种适合自己的企业法律形态。创业者选择个体工商户、合伙制企业的形态模式时,虽没有最低注册资本的要求,但创业者或投资人要对企业承担无限连带责任,企业如果经营不善欠下债务,股东要对企业的债务承担继续偿还的责任,创业时应慎重选择;创业时如果设立的是有限责任公司,公司具备法人资格,能够独立承担法律责任,公司如果资不抵债宣告破产,对公司不能清偿的债务,股东仅以其出资额承担法律责任,超出的部分不承担法律责任。同时,有些人为的因素,可能会导致合伙人之间、股东之间因经营理念、利益分割,甚至性格上发生冲突,因此,创业者在选择企业法律形态时,应注意选择志同道合、善于沟通、以企业利益为重的合作者,这是非常重要的。

（三）充分利用优惠政策,迈出创业坚实的第一步

支持大学生创业,已经成为各级政府的重要议事日程。近年来,相关部门陆续出台了许多优惠政策,鼓励和支持大学生创业。虽然有些优惠政策在实施过程中出现了配套措施不到位、具体操作烦琐等情况,但大学生创业者一定要充分了解优惠政策,并把它们充分运用到自己的创业实践中。具体来说,高校要向大学生详细政府出台的创业优惠政策,使大学生创业时对自己能享受到的优惠政策熟记在心;相关部门对这些优惠政策要出台具体实施办法及操作指引等,以方便大学生创业者操作实施,使党和政府支持大学生创业的优惠政策,成为帮助大学生创业的阳光和雨露,使大学生迈出创业坚实的第一步。

（四）多渠道融资,降低创业资金风险

虽然大学生创业融资渠道相对较少,但社会相关各方仍能为大学生创业者提供资金。

政府为大学生创业提供贴息贷款,有经营项目,能够提供有稳定收入的行政、事业单位的正式职工作为担保人,大学生创业者可以申请最高额度为 10 万元,期限为 1 年的政府贴息贷款,还可以得到各类创业基金的资金支持。目前,由中国社会福利教育基金会发起的中国大学生创业基金、由共青团中央发起的中国青年创业就业基金、由社会知名人士郑泽等人发起的中国大学生西部创业基金会等,都可以帮助大学生解决部分创业资金的短缺问题。由共青团中央、中国科学技术协会、教育部和中华全国学生联合会等单位主办的"挑战杯大学生创业大赛"为冠军提供 10 万元的创业基金,大学生参加创业大赛,既可以锻炼创业能力,又可以获得高额的创业资金,是一种很好的融资途径。大学生创业者还可以引入风险投资。虽然风险投资风险高,但回报也高。风险投资者比较关注创业管理团队的构成、管理者的素质、创业者自身持续奋斗的精神等,具有良好的创业团队、独一无二的技术支撑、光芒的市场前景的创业项目,有可能得到风险投资家的青睐,从而获得创业资金。大学生创业的成功典范江南春创办的分众传媒,在两年内获得了近 5 000 万美元的风险投资。

(五) 树立团队意识,与他人合作共赢

新东方教育集团总裁俞敏洪认为,创业除了自己成功,还要与别人一起成功。一个人的能力是有限的,创业一定要抛弃单打独斗、孤军奋战的个人英雄主义思想,牢固树立团队合作共赢的理念。大学生创业应建立一个由各方面专才组成的合作团队,大家既有共同的理想,又能有效地使技术创新与经济管理互补,保证团队形成最大合力,在市场竞争中取胜,推动企业发展,取得创业成功。

(六) 重法治淡人情,在法律规则中稳步发展

市场经济是法制经济,从企业的产生到发展必须在法律框架下进行,符合法律规定。虽然中国人很重视人情、关系,但要想使企业稳步发展,把企业做大做强,大学生创业者从开始就应该依法办事,淡化人情,让法律成为大学生创业成功的基石。具体说来,创业之初选择企业法律形态要慎重,合伙制企业一定要制订合伙章程,明确合伙人之间的权利、义务以及盈利或亏损的分配方式,最好找专业法律人士审查把关;企业形态最好建立有限责任公司的模式,分清公司责任和个人责任,降低个人风险;企业运营应严格遵守法律规定,安分守己,合法经营,切不可为小利而做违法乱纪之事;依法为企业员工交纳社会保险,降低企业风险;出现纠纷最好通过法律途径解决,依法维护企业的合法权益。

总之,在社会发展的汹涌大潮中,大学生创业已成为时代的选择。随着社会各方对大学生创业的理解和支持,以及大学生自身身心发展的日趋成熟,知识结构更加完善,大学生创业遇到的风险会随之减少,风险管控能力更强,大学生创业必将发展到一个新阶段。

📁 **拓展阅读 5-6**

大学生创业风险防范攻略

又是一年毕业季,有人选择考研继续深造,有人选择就业朝九晚五,还有人响应"大众创业、万众创新"的号召,选择创业,成为一名创客。"抱怨很廉价,别做空想家,做个创客让自己骄傲"。实干的创客们在市场经济大潮里激流勇进,当然值得骄傲,但是中流击水、浪遏飞舟时也要注意风险的防范,以免创业的小船说翻就翻。

一、合同风险

市场经济,契约为王。大学生在创业过程中免不了要签订各种合同,常见的有购销合同、借款合同、租赁合同等。如果大学生创业者对合同的相关法律知识缺乏了解,就会给创业带来风险。大学生创业者在订立合同时,应注意以下两点:1. 要注意审查对方的主体资格、法定资质、履行合同能力等事项;2. 要重视合同内容的表述,严谨的表达可以避免产生权利义务的不必要纠纷,从而节约交易成本。

二、用人风险

"千军易得,一将难求",人才是21世纪最宝贵的财富。大学生创业者在创业过程中,不能只重视生产和市场,对于人力资源也要分外重视。大学生在创业中处理人力资源方面,应当注意以下两点:1. 在签订劳动合同、缴纳社会保险、发放工资、解除劳动合同等事宜上法律风险的陷阱遍布,必须战战兢兢,如履薄冰。2. 在创业过程中,应当建立起完备的考勤、考核、奖惩等规章制度,预防劳动纠纷。

三、知识产权风险

智慧是财富的源泉,知识产权是智慧的结晶,我国法定的知识产权包括著作权、商标权、专利权等。大学生创业者往往缺乏资金,知识产权则是最重要的资产。但很多大学生创业者的知识产权意识淡薄,没有积极维护自身的知识产权,或者不小心侵犯了他人的知识产权。一旦自身的知识产权遭到侵害或者侵犯了他人的知识产权,创业者都会陷入漫长的知识产权纠纷,创业失败的可能就在眼前。

四、行政风险

法治国家,创业过程中的各个环节都受到行政法律法规的规范。比如:企业设立及年检受到工商部门监管;纳税受到税务部门监管;食品安全、产品质量、环境保护等受到卫生、质检、环保等行政部门监管。

大学生在创业中,如果不熟悉所从事行业的相关法律法规,违反了行政部门制定的相关制度,就会受到不同程度的行政处罚,轻则罚款,重则停业整顿。

五、刑法风险

成功的果实诱人,但路上布满荆棘。少数大学生创业者渴望成功,不惜铤而走险,甚至走上犯罪道路。比如:在生产经营中生产、销售伪劣商品;在贸易中骗取他人钱款;在税务管理中偷税漏税,虚开增值税专用发票等。这些行为只要达到一定标准,就会触犯刑律,构成犯罪。

创业有风险,但对个人、对社会、对国家都有莫大的贡献。不能因噎废食,更不能讳疾忌医。"沧海横流,方显英雄本色"。正视风险,通过对法律、法规的学习来防范风险,才是大学生创业者的当务之急。大学生创客们,放心去飞,勇敢去追,追一切未完成的梦,让青春无悔。

(资料来源:2016-07-22　犹太人创业智慧学)

【本章小结】

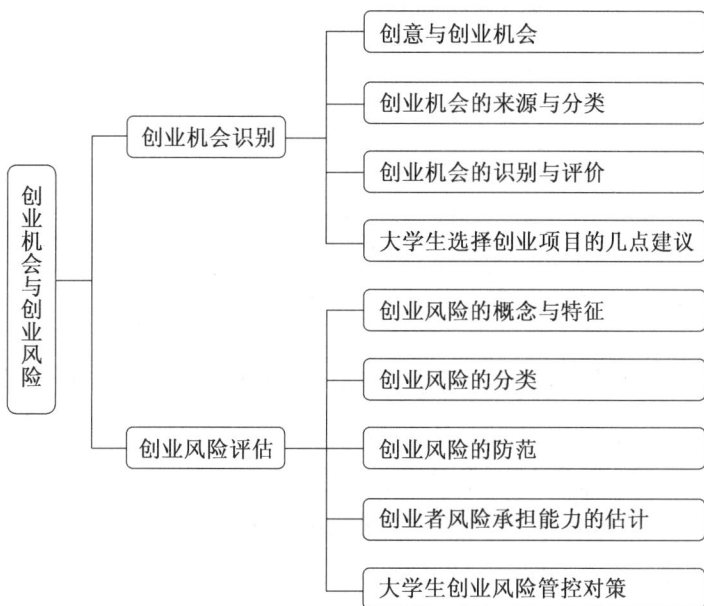

【实践活动】

1. 按学生的兴趣成立若干小组,要求各组产生尽可能多的创意,从创意中讨论出若干创业,并对创业机会进行评价分析。

2. 请判断以下风险的类别:

(1) 科研成果转化的不确定性

(2) 消费者的消费习惯发生改变

(3) 经济发展进入衰退期

(4) 创业团队成员发生重大的意见分歧

(5) 企业产品成本上升

(6) 创业计划内容被泄露

3. 请根据下列题目,自行进行风险态度和随能力测试

(1) 风险承受态度测试

① 提到风险一词,你首先想到的是损失吗?

② 你能够接受赔钱吗?

③ 在压力之下,你是否仍然能够表现良好?

④ 你性格是否乐观,可以免于过度忧虑?

⑤ 你对于自己的决定是否从来都很有信心?

⑥ 在意外损失出现时,你能否控制住自己的情绪?

⑦ 你去看魔术表演,魔术师邀请观众上台表演,你会立刻上台吗?

⑧ 某大公司想邀请你担任部门主管,薪金比现在多20%,但你对这个行业一无所知,

你愿意接受这个职务吗?

（2）风险承受能力测试

① 你父母都是工薪阶层吗?

② 你家庭的月收入为中等以上水平吗?

③ 你购买疾病及养老保险了吗?

④ 你父母或亲友中有经商的吗?

⑤ 你有需要归还的较大数额的借款吗?

⑥ 一旦你创业失败或者丧失了主要的经济来源,你依然能够较好地生活吗?

【本章推荐阅读】

海尔在巴基斯坦建"空调公交站",当地媒体称"充满关爱"

6月,地处一带一路重要位置的巴基斯坦气温已经上升到40℃,适逢神圣的斋月高温难耐,走出室外已经成为很大的挑战。而在巴基斯坦第二大城市Lahore(拉合尔)却有一个"空调公交站",在这个透明的玻璃房子内,设有舒适的座位以及凉爽的空调,将高温热浪隔绝在外面。

通过外面的广告牌,我们就可以知道开设空调公交站的企业竟然是来自中国的海尔。据海尔工作人员介绍,未来海尔还将在拉哈尔建立三个、首都伊斯兰堡设立两个"空调公交站点"。巴基斯坦媒体brandsynario报道了此事,称海尔一直是一个"充满关爱的公司",陪伴他们度过幸福或不幸的日子,改变他们的日常生活方式,以及解决他们日常生活中遇到的问题。海尔安装的空调机组更是展现了海尔的创新技术和市场领先的设计和特点,这也使得"海尔成为巴基斯坦无可争议的市场领导者"。

随着"一带一路"倡议的推进,越来越多的中国企业将目光转向海外,以全球化的视野进行资源配置,用全球化的创新思维进行传播与推广,全球化正在成为越来越多中国企业的必修课。但是国内外市场之间存在较大的文化和生活方式差异,如何更好地融入当地生活中,成为中国企业走出去首要解决的难题。在这种情况下,海尔通过本土化制造、本土化研发、本土化营销"三位一体"运营战略,与用户"打成一片",第一时间将用户需求转化为产品,真正"走进"了巴基斯坦。

举例来说,巴基斯坦夏季最高温度可达55度,持续时间长,而且巴基斯坦是能源短缺的国家,夏季用电高峰每天停电10小时以上。巴基斯坦家庭一般由6、7人组成,且喜欢穿大袍子,海尔开发了能一次性清洗全家人衣服的"12 kg洗衣机";针对巴基斯坦夏季气候炎热且漫长,但能源十分短缺,在炎炎酷暑时断电极其频繁的本土现实,海尔推出了具备强力快速制冷、高温不停机的空调,这些产品一经上市就非常受当地居民欢迎。现在海尔已经成为当地知名度最高的家电品牌,产品深受欢迎,为此,海尔开发出了一系列满足巴基斯坦市场需求的产品。2010年海尔发布巴基斯坦第一款直流变频空调,节能50%,在本次"空调公交站"里安装的就是这一空调;2017新上市的Turbo系列冰箱制冷速度提升30%,能耗降低50%,受到市场的追捧。2017年海尔在巴基斯坦市场空调变频机份额已经上升到60%,成为行业内变频份额最高的品牌。根据市场调研数据显示,海尔家用空调产品已经连续五年保持市场份额第一,洗衣机份额同样第一。

(资料来源:2017-07-10 太平洋电脑网(北京))

第六章 创业资源与创业模式

【内容提要】

创业的前提条件之一就是创业者拥有或者能够支配一定的资源,创业就是把创业机会与创业资源的获取及整合相结合的活动,创业资源的获取和整合伴随着整个创业过程。在创业资源中,资金是创业企业进行生产经营活动的起点,因此,创业企业应合理的测算和筹集创业资金。此外,创业都还要选择合适的创业模式。本章将主要讲解创业资源、创业融资及创业基本模式的相关知识。

【学习目标】

知识目标:

1. 熟悉创业资源的分类,掌握创业资源的获取途径和利用整合过程。
2. 熟悉创业融资的过程,掌握创业所需资金的测算和创业融资渠道。
3. 熟悉创业的基本模式。

能力目标:

1. 能够根据实际情况分析创业所需的资源,并对资源进行利用与整合。
2. 能够根据实际情况分析测算创业所需的资金,并选择合适的融资渠道。
3. 能够根据实际情况选择合适的创业模式。

【案例导入】

小菊咖啡如何一周筹资 540 万?

2015 年,在热闹非凡的众筹圈子里,有一个众筹项目格外引人注目,它的名字就是小菊咖啡。

小菊咖啡是前华为人主体的众筹咖啡馆。前华为人是一个庞大的群体,有大约 15 万人,分布在世界各地,北京有 1 万多。有一个线上的前华为人组织,叫华友会,通过 QQ 群、微信群交流,各地定期也有线下的活动,但由于没有固定的场所,每次活动都是打游击战,这次在一个咖啡馆,下次去一个茶馆,再下次去一个会所。同时是松散的组织,活动的持续性和品质难以得到保证。

2015 年 1 月,前华为员工陆学彬、符立明和袁海涛在一个咖啡馆碰头,谈到了这个事情。三人都意识到了这个问题,既然我们有这么庞大的前华为人资源,经常组织聚会有对场地的实际需求,为啥不自己做一个呢? 三人一拍即合,当天就确定了要用众筹方式做个前华为人主题的咖啡馆,作为前华为人聚集交流的场所。3 月初,陆学彬、符立明和袁海涛又一次相见,确定了众筹的一些规则,比如找哪些人、筹多少钱、每人出资多少、回报什么等,然后做了任务分工,比如咖啡馆运营规划、撰写项目计划书、对接资源等。小菊的众筹设计如下:每人出资5万元,享受下面的有形回报和无形回报。

有形回报包括:

1. 等额返卡,每人返还5万元人民币消费卡;

2. 股权回报:同股同权,拥有1/200的股权、享受1/200的分红;

3. 持续分红:后续所有连锁店的利润的10%,平均分红给第一家店的所有股东。

无形回报包括:

1. 出资5万,可享受1千万规模服务,获得资源、人脉、机会等股东福利;

2. 获得更多的信息,如职业发展、创业项目等;

3. 获得更多机会,如更好的职位、创业合伙人等;

4. 获得股东的身份、内心的自豪感和更多的尊重;

5. 获得一个有身心归属感的地方;

6. 可免费参加华为文化沙龙、对对碰等特色服务;

7. 关系资本带来的人脉圈子、客户,解决个性化问题。

项目计划书和众筹方案基本完成后,他们开始圈定了一些重点人物,逐一拜访。第一个拜访的是彭剑锋老师。彭剑锋是中国人民大学的教授,华夏基石管理咨询集团的董事长,中国著名的管理咨询专家,同时他是前华为顾问小组的组长,带领"华为六君子"完成了《华为基本法》的编著,在华为员工内部有巨大的影响和知名度。

交谈之后,彭老师对这个事情很认可,当场同意加入小菊,并接受了二位发起人的邀请担任一号股东。有了彭老师的支持,三位发起人马上信心大增,接着又陆续拜访,确定了原华为副总裁、人力资源部总监张建国加入,K2房地产董事长崔巍加入,以及其他几位原华为资深员工也陆续确定加入。

有了这些老大们支持后,三位发起人开始通过微信群和朋友圈扩散小菊咖啡众筹的消息,一石激起千层浪,借助微信和口碑的传播,在前华为人圈子中迅速蔓延,陆续有很多人主动来找,表示要加入小菊咖啡,意向股东群迅速扩展到了100多位。

2015年3月29日,小菊咖啡第一次也是目前为止唯一一次众筹路演,在海淀区寰太大厦举行,现场到了90人左右。经过计划书讲解、股东代表致辞、众筹问题交流三个环节后,现场进行意向书签订,有40多位签订了意向书。然后公布了付款规则,从2015年3月29日21点开始打款,截止到2015年4月5日24点,为期一周,按照打款顺序确定股东编号。

华为有个工号文化,每个人入职华为时会分配一个工号,工号大小就代表了你入职的时间,同时也代表了你的资历,工号越小,资历越久,相应职位越高,也就越受人尊重,所以获得一个小的工号,对华为人是有吸引力的,一个靠前的股东编号,对前华为人也是有吸引力的。

路演结束后,部分人留下来一起吃饭,刚到21点,就开始有人打款,而且有两位股东同时在21点整打款进来。后续打款持续进行,每天都会收到不同笔数的股东款项,每天都邀请打款后的股东加入正式股东群。到2015年4月5日晚上12点时,打款截止,统计后发现,一周时间共有108位完成打款,成为小菊咖啡的第一批正式股东,小菊咖啡通过众筹,一周时间募集了540万资金,创造了当时咖啡馆众筹的一个记录。

这仅仅是筹资上的成功,事后股东情况汇总后发现,这些股东名单拉出来,绝对可以组成一个吓人的团队。其中聚集了彭剑锋老师、人民大学金融证券研究所首席咨询师施炜、原华为副总裁张建国、杨建三,原华为资深员工高勇、赵友谊、段志刚、刘璐、孙立新等;以及各行各业的精英,如普天副总裁陶雄强、航天英雄十杰青年宋征宇、k2地产董事长崔巍等;还有一些不便透露姓名的人,股东分布在北京、上海、深圳、成都、广州、武汉、杭州、西安等地。而且,股东们不断的碰撞和对接,资源的聚集效应陆续呈现,浮现出了小菊猎头、小菊快剪、小菊红娘、小菊商学院等项目;有人免费提供场地给小菊开第二家店,上海、南京、陕西等地有人前来洽谈在本地开店,而且,是在小菊第一家店还没有开业的情况下。正因为此,小菊咖啡众筹的案例被很多人在各种场合讲起,成为众筹界的一个新星。

综上所述,都显示了小菊在筹钱、筹人、筹资源方面的巨大成功,也充分体现了众筹在筹资、筹人、筹资源等方面的巨大潜力。

第一节 创业资源概述

一、创业资源的概念与分类

(一)创业资源的概念

创业的前提条件之一就是创业者拥有或者能够支配一定的资源。所谓资源,是企业在向社会提供产品或服务的过程中,所拥有的或者能够支配的用以实现企业目标的各种要素以及要素的组合。

创业资源是指企业创立及成长过程中所需要的各种生产要素和支撑条件,是创业企业在创造价值过程中所需要的特定资产,包括有形与无形的资产。诸如创业人才、创业资本、创业机会、创业技术和创业管理等。对创业者而言,只要是对其创业项目和创业企业的发展有所帮助的要素,都可以归入创业资源的范畴。在创业过程中,创业者不仅仅要广泛地获取创业资源,也要善于创造性地利用、整合这些资源。

📁 **拓展阅读6-1**

创业资源与一般商业资源的比较

创业资源与一般商业资源既有相同点,也有一定的区别。

一般商业资源是指经济学意义上的资源,即具有经济价值或能够产生新的价值和使用价值的客观存在物。从这个意义上说,具有经济价值并能够创造新的价值,这是创业资源与一般商业资源的共同点。创业资源是商业资源,但不是所有的商业资源都是创业资源,因为只有创业者可以利用的资源才是创业资源。例如,一座无人开采的价值巨大的矿山是一种商业资源,但该矿山不一定是创业资源,因为创业活动多数具有轻资产、小团队的特征,创业者一般没有能力通过开发一座价值连城的矿山而开始创业。

创业资源更多表现为无形资源,一般商业资源则更多表现为有形资源。创业资源的独特性更强,创业者的个人能力和社会网络资源是其中最为关键的因素;一般商业资源中,规范的管理和制度是企业取得成功的基础资源。

(二) 创业资源的分类

1. 按来源分,创业资源可以分为内部资源和外部资源

(1) 内部资源:是指创业者或创业团队自身所拥有的可用于创业的资源,如自有资金、自有技术、自己获得的创业机会信息、自建的营销网络、控制的物质资源或管理才能等。

内部资源可以通过内部培育和开发,创业企业通过一定的方式在内部开发无形资产、培训员工以及内部学习,获取有益的资源。

(2) 外部资源:是指创业者从外部获取的各种资源,包括从朋友、亲戚、商务伙伴或其他投资者筹集到的投资资金、经营空间、设备或其他原材料等。

2. 按存在形态分,创业资源可分为有形资源和无形资源

(1) 有形资源:是指具有物质形态的、价值可用货币度量的资源,如组织赖以生存的自然资源,以及建筑物、机器设备、原材料、产品、资金等。

(2) 无形资源:是指不具有物质形态的、价值难以用货币度量的资源,如信息资源、人力资源、政策资源以及企业的信誉、形象等。无形资源往往是撬动有形资源的重要手段。

3. 按内容与性质分,创业资源可分为人力资源、财务资源、物质资源、技术资源、政策资源和组织资源

人力资源:不仅包括创业者及创业团队的知识、训练和经验等,也包括团队成员的专业智慧、判断力、视野和愿景,甚至创业者本身的人际关系网络。创业者是创业企业最重要的人力资源,其价值观念和信念是创业企业的基石,其所拥有的人际和社会关系网络使其能够接触到大量的外部资源,降低潜在的创业风险。鉴于企业之间的竞争主要是人才之间的竞争,高素质人才的获取和开发便成为创业企业可持续发展的关键因素。

财务资源:主要是指货币资源,通常是创业企业向债权人、权益投资者通过内部积累筹集的负债资金、权益资金和留存资金。一般来说,创业初期以不高于市场平均水平的资本成本及时筹集到足额的财务资源,是创业企业成功创办和顺利经营的前提条件。

物质资源:是创业企业经营所需要的有形资源,如建筑物、设施、机器和办公设备、原材料等。一些自然资源如矿山、森林等有时也会成为创业企业的物质资源。

技术资源:包括关键技术、制造流程、作业系统、专用生产设备等。通常技术资源包括三个层次:一是,根据自然科学和生产实践经验而发展成的各种工艺流程、加工方法、劳动技能和诀窍等;二是,将这些流程、方法、技能和诀窍等付诸实施的相应的生产工具和其他物资设备;三是,适应现代劳动分工和生产规模等要求的对生产系统中所有资源进行有效组织和管理的知识、经验和方法。技术资源大多与物质资源相结合,可以通过法律手段予以保护,部分技术资源会形成创业企业的无形资产。

政策资源:包括允许个人从事科技创业活动,允许技术入股,支持海外与国内的高科技合作,为留学生回国创业解决户口、子女入学等后顾之忧,简化政府的办事程序等。政府的各种创业扶持政策主要包括财政扶持政策、融资政策、税收政策、科技政策、产业政

策、创业扶持政策、人才政策等。

组织资源：一般是指企业的管理系统，包括企业的组织机构、作业流程、工作规范、信息沟通、决策体系、质量系统，以及正式或非正式的计划活动等，在特定情况下组织资源也可以表现为个人的技能或能力。其中，组织结构是一种能够使组织区别于竞争对手的无形资源。那些能将创新从生产功能中分离出来的组织机构会加速创新，能将营销从生产功能中分离出来的组织结构能更好地促进营销。

二、创业资源的利用与整合

创业者能否成功地开发出机会，进而推动创业活动向前发展，通常取决于他们对创业资源的利用与整合能力。许多创业者早期所能获取与利用的资源都相当匮乏，而优秀的创业者在创业过程中所体现出的卓越创业技能之一，就是创造性地利用、整合和转换资源，尤其是那种能够创造持续竞争优势的战略资源，并由此成功地开发出创业机会，推进创业过程向前发展。

（一）获取创业资源的途径

获取创业资源的途径分为市场途径和非市场途径两大类。当创业所需要的资源有活跃的市场，或者有类似的可比资源进行交易时，可以采用市场途径；其他情况下则可以采用非市场途径。

1. 通过市场途径获取创业资源

通过市场途径获取创业资源包括购买和联盟两种。

（1）购买：是指利用财务资源通过市场购入的方式获取外部资源，主要包括购买厂房、设备等物质资源，购买专利和技术，聘请有经验的员工及通过外部融资获取资金等。需要注意的是，诸如知识，尤其是隐性知识等资源虽然可能会附着在非知识资源上，通过购买物质资源（如机器设备等）得到，但很难通过市场直接购买，因此，需要创业企业通过非市场途径去开发或积累。

（2）联盟：是指通过联合其他组织，对一些难以或无法自己开发的资源实行共同开发。这种方式不仅可以汲取显性知识资源，还可以汲取隐性知识资源。但联盟的前提是联盟双方的资源和能力互补且有共同的利益，而且能够对资源的价值及其使用达成共识。

📁 **拓展阅读6-2**

显性知识是指明确表达的知识，即人们可以通过口头传授、教科书、参考资料、期刊、专利文献、视听媒体、软件和数据库等方式获取，或者通过语言、书籍、文字、数据库等编码方式传播，也容易被人们学习的知识；隐性知识与显性知识相对，是指那种我们知道但难以言述的知识。

2. 通过非市场途径获取创业资源

通过非市场途径获取创业资源包括资源吸引和资源积累等。

（1）资源吸引：是指发挥无形资源的杠杆作用，利用创业企业的商业计划和创业团队的声誉，通过对创业者前景的描述来获得或吸引物质资源、技术资源、人力资源和资金等。

（2）资源积累：是指利用现有资源在企业内部通过培育形成所需的资源。主要包括自建企业的厂房、设备,在企业内部开发新技术,通过培训来增加员工的技能和知识,通过企业的自我积累获取资金等。

综上所述,创业者究竟是通过市场途径还是非市场途径获取资源,主要依赖于资源在市场的可用性和成本等因素。例如,若证明快速进入市场能够带来成本优势,则可采用外部购买方式。对于多数创业者来说,由于初始资源禀赋的不完整性,创业者需要获取资源所有者的信任来获取资源。但无论如何,采用多种途径同时获取不同资源总是正确的选择。

(二) 获取创业资源的技巧

为了及时足额并以较低成本获取创业所需要的资源,创业者需要掌握一定的获取创业资源的技巧。

1. 充分重视人力资源的获取

人力资源在创业资源中的决定性作用要求创业者必须充分重视人力资源的获取。创业者一方面应努力增强自身能力的培养,另一方面应充分重视创业团队的建设。一支知己知彼、才华各异、能力互补、目标一致和彼此信任的团队是创业资源中最为重要的资源,也是创业成功成功必不可少的保证。

2. 以能用和够用为原则

不是所有的宝贝都是企业的资源,创业者在获取资源时应坚持能用的原则,只有满足自己需求、自己可以支配并使其充分发挥作用的资源,才是需要获取的资源。

另外,资源的使用是有代价的,因此,在获取创业资源时应该本着够用的原则,而不是多多益善。一方面,资源的有限性使创业者难以筹集更多的资源;另一方面,当使用资源的收益不能弥补其成本时,资源的使用并不能给企业带来效益。

3. 尽可能获取多用途资源和杠杆资源

资源自身的特性决定了其用途的不同,有的资源可能在不同场合具有不同的用途,获取具有多用途的资源可以帮助创业者应付创业过程中出现的意外。在知识社会,具有独特创造性的知识是现代社会的高杠杆资源,对于杠杆资源的合理利用,有助于创业者取得一定的杠杆收益,达到事半功倍的效果。

(三) 创业资源的整合

创业资源的整合是一个复杂的过程,是创业企业对不同来源、不同层次、不同结构、不同内容的资源进行选择、汲取、配置、激活和有机融合的过程,以使之具有更强的柔性、条理性、系统性和价值性,并对原有的资源体系进行重构,摒弃无价值的资源,以形成新的核心资源体系。创业资源的整合过程可以分为资源扫描、资源控制、资源利用和资源拓展四个步骤。

1. 资源扫描

创业者要知道自己的资源优势及企业所拥有的最初资源。将已有资源识别出来,包括企业自有的所有价值的有形资产和无形资产,如人才、技术、设备、品牌等,找到自己的资源优势与不足,同时认清哪些属于战略性资源,哪些属于一般性资源,还要确定资源的数量、质量、使用时间及使用顺序。

扫描自身已有资源的同时,也要对外部环境进行扫描,及时发现创业企业所需的资源,确定自己所缺的创业资源可以从哪些渠道获得,以及谁拥有这些重要资源,并对各种资源渠道的获得难易程度进行排序,进而寻找利益交集,对资源所有者的利益需求进行深度分析,并与自己所拥有的资源进行比较,找到利益契合点。这通常需要创业者具有行业知识和一定的社会关系网络。创业者在初始创业阶段会利用与自己关系较近的资源网络,随着业务的发展而逐渐扩充这一网络。

2. 资源控制

资源控制的范围包括创业者自身拥有的资源、通过交易等形式可获得的资源,以及通过社会网络等形式可以控制的资源。在许多情况下,创业者自身拥有的资源(如教育、经验、声誉、行业知识、资金和社会网络等)存在于创业团队中。在特定的行业,创业团队中成员的社会网络资源和技术对于企业的成功至关重要。在获取资源的过程中,需要判断这种资源对实现企业的目标是否关键,并且创造性地设计出双赢的合作方案,形成长期互利关系。

3. 资源利用

在获取和控制大量资源的基础上,创业企业开始对这些资源进行配置和利用,将它们合理有效地配置到发挥其使用效益的地方去,体现出这些资源的价值。企业资源在未整合之前大多是零碎的、低效的,要发挥这些资源的最大使用价值,产生最佳效益,就必须运用科学方法对各种类型的资源进行细化、配置和激活,将有价值的资源有机地融合起来,使它们相互匹配、互为补充、互相增强。

在配置资源之后,新的资源或者说竞争优势就会形成,企业必须利用区别于其他企业的这种优势来赢得市场。资源在整合并转化为企业内部的独特优势之后,创业者需要协调各种资源之间的关系,匹配有用的资源,剥离无用的资源。通过协商,使资源的联系更加紧密,更加具有匹配性,形成"1+1>2"的局面,并为下一步拓展奠定基础。

4. 资源拓展

资源拓展即把以前没有建立起联系的资源建立联系,将新获取的资源与已有的资源进行联结融合,进一步开发潜在的资源为企业所用,这也是企业持续竞争优势的根本来源。开拓创造过程能为创业企业带来新的能力,从而使其能够更充分地发挥和掌握创业机会。

拓展阅读 6-3

蒙牛借力

牛根生和他的创业团队把一个一无奶源、二无工厂、三无市场的"三无企业"发展成了年销售额达 21 亿元的大型企业,其成功的核心因素之一就是借力,主要表现为以下几个方面:

(1) 逆向经营。面对困境,公司董事会在创业之初就确定了"先建市场,后建工厂"的发展战略,并通过"借鸡生蛋"迅速做大企业。

(2) 虚拟联合。蒙牛与当地政府协商,让他们组织建奶站,与蒙牛签订常年供应合同。蒙牛品牌的影响和从不拖欠资金的信誉使当地政府放心,奶站是当地人自己出钱建的,自然尽心尽力,质量、数量都有保证,这样就形成了双赢。

（3）统一战线。蒙牛一直和伊利是兄弟，互相间应相互促进，共建"中国乳都"的形象概念。

（4）国际化之梦。借助摩士根丹利、鼎晖、英联三大国际财团，蒙牛一直在寻找和搭建向国际化发展的平台。

牛根生就是这样用别人的钱干自己的事，用智慧、灵活的战略、战术创造了奶制品世界的神话。

三、影响创业资源获取的因素

资源获取是在识别资源的基础上，得到所需资源并用之于创业过程的行为。对于新创企业而言，是否能够从外界获取所需资源，首先取决于资源所有者对创业者或创业团队的认可，而这一认可在很大程度上取决于创业项目的商业价值。除了创业项目的商业价值，影响创业资源获取的因素主要有创业导向、商业创意的价值、创业资源的配置方式、创业者的管理能力及社会网络等。

（一）创业导向

创业导向是一种态度或意愿，这种态度或意愿会导致一系列创业行为。创业导向会通过促进机会的识别和开发，进而促进资源的获取。因此，创业者要注重创业导向的培育和实施，充分关注创业者特质、组织文化和组织激励等影响创业导向形成的重要因素，采取有效的方式获取资源，并在资源的动态获取、整合和利用过程中，注意区分不同资源共享，充分发挥知识资源的促进作用。

（二）商业创意的价值

创业的关键在于商业创意，商业创意为资源获取提供了杠杆，但获取资源还有赖于创意的价值被资源所有者认同的程度。换言之，一种能够被资源所有认同的、有价值的商业创意，才有助于降低创业者获取资源的难度。

（三）创业的配置方式

由于创业资源的异质性、效用的多维性和知识的分散性，人们对于同一创业资源往往具有不同的效用期望，有些期望难以依靠市场交换得到满足，因此，如果通过资源配置方式创新，能够开发出新的效用，使之更好地满足资源所有者的期望，创业者就有可能从资源所有者手中获得资源使用权，以开展生产经营活动。

（四）创业者的管理能力

创业者的管理能力是企业软实力的主要表现，管理能力超强，获取资源的可能性越大。创业者的管理能力可以从其沟通能力、激励能力、行政管理能力、学习能力和协调能力等方面予以衡量。创业者通过管理能力获取必要资源的同时，还能为创业企业创造良好的发展环境。

（五）社会网络

社会网络是机构之间及人与人之间比较持久的、稳定的多种关系结合而成的网络关系。由于创业资源广泛存在于各种资源所有者手中，这些所有者又处于一定的社会网络之中，而且人们对于商业活动的认识和参与，客观上会受到自己所处网络及在网络中地位的影响，所以，社会网络对于创业资源的获取具有重要意义。

不同的社会网络和网络地位,为人们之间的沟通协作提供了不同渠道。在社会网络中处于优势地位的创业者,具有较好的社会关系依托,可以有选择地了解不同对象的效用需求,有针对性地对不同对象传递商业创意,有目的地获取不同资源所有者的理解和信任,最终成功地从不同网络成员那里获取所需的资源,为自己进行资源配置方式创新提供基础。

除上述因素外,创业者的资源辨识能力和外部社会环境等也会对创业资源的获取产生一定影响。

第二节 创业融资

任何企业的生产经营活动都需要资金的支撑。对于创业企业来说,无论是进行新产品研发还是产品的生产和销售,都需要大量的资金投入,如何有效融资是创业者极为关注的问题之一。

一、创业融资的概念及其分析

(一) 创业融资的概念
从狭义上讲,融资是一个企业的资金筹集的行为与过程,是企业依据自身的生产经营状况、资金拥有状况,以及未来经营发展的需要,通过科学的预测和决策,采用一定的方式,从一定的渠道向企业的投资者和债权人去筹集资金,组织资金的供应,以保证企业正常生产需要、经营管理活动需要的理财行为。

从广义来讲,融资是指货币资金的融通,不仅包括资金的融入,也包括资金的运用,即包括狭义融资和投资两个方面。

创业融资是指创业企业根据自身发展的要求,结合生产经营、资金需求等现状,通过科学的分析和决策,借助企业内部或外部的资金来源渠道和方式,筹集生产经营和发展所需资金的行为和过程。

(二) 创业融资的重要性
对创业者来说,创业融资具有非常重要的意义,主要表现在以下四个方面。

1. 创业融资是创业者及时抓住创业机会的重要手段

麦可思研究院及社会科学文献出版社于 2017 年 6 月 12 日发布《2017 年中国大学生就业报告(就业蓝皮书)》,报告显示,2016 届大学毕业生自主创业的比例为 3%。与国外大学生 10%～20%的创业率差距非常大。原因何在? 据有关调查,80.1%的大学生认为"缺乏启动资金"是创业最大的障碍。

2. 创业融资是创业企业生存发展的基础

资金不仅是企业生产经营过程的起点,更是企业生存与发展的基础,企业资金链的断裂很可能导致创业破产。

3. 合理融资有利于降低风险

创业企业使用的资金,是从各种渠道筹集来的资金,都具有一定的资金成本。因此,合理选择融资渠道和融资方式,有利于降低资金成本,将创业企业的财务风险控制在一定范围之内。

4. 科学的融资决策有利于企业可持续发展。

（三）创业融资的过程

一般来说，创业融资的过程包括以下几个阶段。

1. 做好融资前的准备

尽管创业企业融资较为困难，但创业融资却是创业企业顺利成长的关键。因此，创业者一定要在融资之前做好充分的准备工作：对融资过程有一定了解，建立和经营个人信用，积累自己的人脉资源，学习测算创业所需资金的方法，了解各种融资渠道及融资方式，熟悉创业计划书的结构和编写策略，提高自己的谈判技巧等，以提高融资成功的概率。

2. 测算创业所需资金

世上没有免费的午餐，也没有零成本的资金。创业者必须明白，企业所筹集的资金都是要付出一定成本的。这并不是说筹集的资金越少越好，因为任何一家顺利经营的企业都需要基本的的周转资金，如果筹集的资金不足以支持企业的日常运转，企业将会面临资金断流，进而导致破产清算；但也不意味着筹集的资金越多越好。如上所述，资金都是具有成本的，如果资金使用过程中不能创造出高于其成本的收益，则企业会发生亏损。因此，创业者在筹集资金之前，要能够运用科学方法准确地测算资金需求量。

3. 编写创业计划书

创业企业对于资金的需求，需要通盘考虑企业创办和发展的方方面面，要对企业有一个全面的筹划。编写创业计划书是一种很好地对未来企业进行规划的方式，在创业计划书中，创业者需要估计企业创办的启动资金，未来可能的销售状况及实现利润情况，为实现销售需要配备的资源，进而测算出所需要的资金数额。

4. 确定融资渠道

确定了创业需要的资金数额后，创业者需要进一步了解各种融资渠道的优缺点及各种融资方式的资金成本，并根据筹资机会的大小，以及创业者对企业未来的所有权规划，充分权衡利弊，确定所要采用的融资渠道。

5. 展开融资谈判

选定所拟采取的融资渠道之后，创业者需要与潜在的投资者进行融资谈判。创业者首先要对自己的创业项目非常熟悉，充满信心，并对潜在投资者可能提出的问题做出猜想，事先准备相应的答案。在谈判时，要抓住时机陈述重点，做到条理清晰。另外，还应向有经验的人士进行咨询，以提高谈判成功的概率。

二、创业所需资金的测算

合理地筹集创业所需资金是对创业者最为基本的素质要求，也是其创办企业的前提。筹集不到足额资金会使企业出现资金断流，甚至被迫清算；筹集的资金过多，又会导致资金的闲置，产生机会成本，导致企业经营效益低下。因此，创业者一定要能够对创业所需资金进行科学的估算。一般来讲，创业所需资金包括投资资金和营运资金两部分。

（一）测算投资资金

投资资金发生在企业开业之前，是企业在筹办期间发生各种支出所需要的资金。投资资金包括创业企业开业之前的流动资金投入、非流动资金投入,以及开办费用支出所需要的资金投入。在测算投资资金时,大部分创业者均能想到购置厂房、设备及材料等的支出,以及员工的工资支出,但常常会忽略诸如机器设备安装费用、厂房装饰装修费用、创业者的工资支出、业务开拓费、广告费、培训费等开业前可能发生的其他大额支出。此时,采用表格形式将投资资金的项目一一列举出来,是合理测算投资资金的有效方法。表 6-1 所示是测算投资资金常用的表格。

表 6-1 投资资金测算表 单位:元

行次	项目	数量	金额
1	房屋、建筑物		
2	设备		
3	办公家具		
4	办公用品		
5	员工工资		
6	创业者工资		
7	市场调查费/业务拓展费		
8	房屋租金		
9	购买原材料/存货		
10	促销费用		
11	水电费		
12	电话费、网络使用费		
13	保险费		
14	设备维护费		
15	营业税费		
16	开办费		
17	……		
	合计		

表 6-1 中有关项目的内容说明如下:

第 1～3 行投资资金的支出属于非流动资金(主要为固定资产)支出,一般在测算创业资金时作为一次性资金需求予以考虑。其中,房屋、建筑物的支出(包括厂房的装饰装修费用),若企业经营场所拟采取租赁方式,则将相应的支出填写在第 8 行房屋租金中,而且应关注房租的支付形式。一般来说,房屋租金多采用"押一付三"的方式支付,这样房屋租金的资金支出至少应相当于四个月的租金数额,若房租支付采用按半年或按年付费的形式,则房屋租金的支出会更多。设备的支出包括机器设备的运输、安装等费用。

第 4～15 行投资资金的支出属于流动资金支出,在测算创业资金时需要考虑其持续性投入问题。创业者在测算投资资金时,注意不要忽略了其自身的工资、业务拓展费、设备维护费等项目。

第 16 行是创业企业的开办费用。不同行业所需要的开办费用不同,如高科技行业筹建期间员工的工资和人员的培训费可能较高,有较高进入门槛的行业的筹建期可能较长等。总之,开办费用是企业无法避免的一项投资支出。

最后,不同行业所需要的资金支出不同,创业者应通过市场调查,将本行业所需的资金支出项目予以补充,填写在第 17 行及以下的相应表格中,并在最后一行计算所需要的投资资金的合计数。例如,若创业者项目需要特定技术,则要支付购买技术的费用;若采用加盟的方式进行创业,则需要支付加盟费用。

(二)测算营运资金

营运资金主要是流动资金,是创业企业开始经营后到盈亏平衡前,为保证日常正常运转所必不可少的周转资金。广义的营运资金又称总营运资本,是指创业企业投放在流动资产上的资金,具体包括现金、银行存款、应收账款、存货等占用的资金;狭义的营运资金是指某时点内企业的流动资产与流动负债的差额。流动资金通常在一个运营周期内就可以收回,可以通过短期资金解决,一般至少要准备企业开办头 6 个月所需的流动资金。营运资金的测算步骤如下。

1. 测算营业收入

营业收入是指企业在从事销售商品、提供劳务和转让资产使用权等日常经营活动过程中所形成的经济利益的总流入。对创业企业营业收入的测算是制定财务计划、编制预计财务报表的基础。新创业企业无既往销售业绩可供参照,只能依据市场调查、销售人员意见综合、专家咨询、甚至同类创业企业的销售量等,预算月度、季度乃至年度的销售量,再根据定价估算出营业收入,并根据行业的信用政策特点和创业企业拟采用的信用政策估算由此可能产生的现金流入。表 6-2 所示是测算营业收入的常用的表格。

表 6-2 营业收入测算表　　　　　　　　　　　　　　　单位:元

项　目 \ 月份		1	2	3	4	5	6	…	合计
产品一	销售数量								
	销售单价								
	销售收入								
产品二	销售数量								
	销售单价								
	销售收入								
	……								
	合计销售收入								

2. 编制预计利润表

利润表是用来反映企业在一定时期内经营成果的会计动态报表。该表是根据"收入－费用＝利润"的会计平衡等式,按营业利润、利润总额、净利润三个层次顺序编制而成的。

创业者在编制预计利润表时,应根据测算营业收入时预计的销售量对营业成本进行测算,根据拟采用的营销组合对销售费用进行测算,根据市场调查阶段确定的业务规模和企业战略对创业企业经营过程中可能发生的管理费用进行测算,根据预计采用的融资渠道和相应的融资成本对财务费用进行测算,根据行业的税费标准对可能发生的营业税费进行测算,以此计算创业企业每个会计期间的预计利润。表6-3是常用预计利润表的表格格式。

表6-3 预计利润表 单位:元

项 目 \ 月 份	1	2	3	4	5	6	…	n
一、营业收入								
减:营业成本								
营业税金及附加								
销售费用								
管理费用								
财务费用								
二、营业利润 (损失以"-"号填列)								
加:营业外收入								
减:营业外支出								
利润总额 (损失以"-"号填列)								
减:所得税费用								
净利润 (损失以"-"号填列)								

3. 编制预计资产负债表

资产负债表是反映企业在某一特定日期全部资产、负债和所有者权益状况的报表。该表是根据"资产=负债+所有者权益"这一会计平衡等式,依照流动资产和非流动资产、流动负债和非流动负债大类列示,并按照一定要求编制的静态会计报表。

创业者在编制预计资产负债表时,应根据测算的营业收入金额和企业的信用政策,确定在营业收入中回收的货币资金及形成的应收款项,根据材料或产品的进、销、存情况确定存货数额,根据投资资本估算时确定的非流动性资金数额和选择采用的折旧政策计算固定资产的期末价值,根据行业状况和企业拟采用的信用政策计算确定的应付款项,根据估算的收入和行业税费比例测算应交税费和预计利润表中的利润金额确定每期的所有者权益,并可据此确定需要的外部筹资数额。表6-4是预计资产负债表常用的表格格式。

表6-4 预计资产负债表 单位:元

项 目 \ 月 份	1	2	3	4	5	6	···	n
一、流动资产								
货币资金								
应收账款								
存货								
其他流动资产								
流动资产合计								
二、非流动资产								
固定资产								
无形资产								
非流动资产合计								
资产合计								
三、流动负债								
短期借款								
应付款项								
应交税费								
其他应付款								
流动负债合计								
四、非流动负债								
长期借款								
其他非流动负债								
非流动负债合计								
负债合计								
五、所有者权益								
实收资本								
资本公积								
留存收益								
负债和所有者权益合计								
六、外部筹资额								

三、创业融资的渠道

创业融资渠道是指创业者筹集资金的方向与通道,体现了资金的来源和流量。对于创业者来说,能否快速、高效地筹集资金,是创业企业站稳脚跟的关键,更是实现二次创业的动力。目前中国社会资本的提供者众多,数量分布广泛,为创业企业融资提供了广泛的资本来源。具体来讲,创业融资的渠道主要有以下几种。

(一) 私人资本融资

私人资本融资包括自我融资、亲朋好友融资和天使投资。

1. 自我融资

自我融资是指创业者将自己的部分甚至全部积蓄投入到新企业创办之中。研究发现,70%的创业者依靠自己的资金为新企业提供融资。自我融资对创业企业具有以下重要意义:

(1)创业者个人积蓄的投入表明了创业者对于项目前景的看法,只有当创业者对未来的项目充满信心时,才会毫无保留地向企业投入自己的积蓄。

(2)将个人积蓄投入企业,是创业者日后继续向企业投入时间和精力的保证,向企业投入的积蓄越多,创业者越会在日后的生产经营过程中对企业更加关注。

(3)个人积蓄的投入有利于创业者分享投资成功的喜悦。因此,准备创业的人应从自我做起,较早地将自己收入的一部分储存起来,作为创业储备资金。

(4)个人积蓄的投入是对债权人债权的保障,由于在企业破产清算时,债权人的权益优于投资者的权益,所以企业能够融到的债务资金一般以投资者的投入为限,创业者投入企业的初始资金是对债权人的基本保障。

当然,对许多创业者来说,个人积蓄的投入虽然是新企业融资的一种途径,但并不是根本性的解决方案。一般来说,创业者的个人积蓄对于创业企业而言总是十分有限的,特别是对于刚刚毕业的大学生或者新创办的大规模企业或资本密集型的企业来说,几乎是杯水车薪。

2. 亲朋好友融资

亲朋好友融资也是创业融资的重要渠道,在创业中起着重要的支持作用。特别是在中国,以家庭为中心形成的亲缘、地缘、商缘等为经纬的社会网络关系,对包括创业融资在内的许多创业活动产生着重要影响。家庭成员和亲朋好友由于与创业个人的关系而愿意投入资金,从而成为创业企业十分常见的融资方式。

在向亲友融资时,创业者必须按照市场经济的游戏规则、契约精神和法律形式规范融资行为,保障各方利益,减少不必要的纠纷。具体要注意以下几个方面:

(1)创业者一定要明确所融资的资金的性质,并据此确定彼此的权利和义务。若融资的资金属于亲友对企业的投资,则属于股权融资;若融资的资金属于亲友借给创业者或创业企业的,则属于债权融资。由于股权资本自身的特性,创业者对于亲友投入的资金没有必要的承诺日后的分红比例和具体的分红时间;但对于从亲友处借入的资金,一定要明确约定借款的利率和具体的还款日期。

(2)无论是借款还是投资款项,创业者最好能够通过书面形式将事项确定下来,以避免将来可能出现的矛盾。

（3）创业者在向亲友融资之前，需要仔细考虑这一行为对亲友关系的影响。要将日后可能产生的有利和不利方面告知亲友，尤其是创业风险，以便将未来出现问题时对亲友的不利影响降到最低。

3. 天使投资

天使投资是自由投资者或非正式风险投资机构对有发展前景的原创项目构思或初创期小企业进行的一次性的早期权益性投资。天使投资虽是风险投资的一种，但两者有着较大的差别，天使投资是一种非组织化的创业投资形式，其资金来源大多是民间资本，而非专业的风险投资商；天使投资的门槛较低，有时即便是一个创业构思，只要有发展潜力，就可能获得资金，而风险投资一般对这些尚未诞生或嗷嗷待哺的"婴儿"兴趣不大。

在风险投资领域，"天使"指的是创业企业的第一批投资人，这些投资人是年轻的公司甚至处于起步阶段公司的最佳融资对象，他们在公司产品和业务成型之前就把资金投入进来。这种融资方式最早出现在19世纪百老汇喜剧发展之中，20世纪80年代，在西方国家逐渐兴起，如今在美国、加拿大、英国等金融投资市场发达的国家，天使投资是创业企业在起步和成长阶段最主要的融资方式之一。目前我国天使投资的规模还非常有限，依然缺乏这种投资文化，相应的制度环境也不健全。

天使投资具有以下特征：

（1）天使投资的金额一般较小，而且是一次性投入，它对创业企业的审查也并不严格，更多是基于投资人的主观判断或者是由个人的好恶所决定的。通常天使投资是由一个人投资，是个体或者小型的商业行为。

（2）很多天使投资人本身就是企业家，了解创业者的难处，是起步公司的最佳融资对象。例如在硅谷，相当多天使投资人是那些成功创业的企业家、创业投资家或者大公司的高层管理者，他们不仅拥有一定的财富，而且还有经营理财或者技术方面的特长，对市场、技术革新有敏锐的洞察力。

（3）天使投资人不但可能带来资金，同时也能带来资源网络，如果他们是知名人士，还可提高公司的信誉和影响力。

📁 拓展阅读 6-4

有一种创业筹资模式叫众筹

小企业家、艺术家或个人通过公开展示产品或项目的创意，用捐赠资助或预购产品的形式，向公众募集项目资金的大众筹资方式就被称为众筹。面对如今一边是身怀梦想前赴后继的创业大军，另一边是屈指可数的投资人的尴尬，众筹在一定程度上填补了这中间的沟壑，成为创业者筹集资金的新方式，也开启了全民皆为天使投资人的新时代。

"自己有想法也有产品，但是苦于没有足够的资金和合适的渠道，所以我选择了现在比较热的众筹模式。"在杭州工作的宁海人胡建明去年年底在京东众筹平台为自己设计制作的"暖心"壶发起了众筹，最终超额完成众筹任务让自己的作品顺利投产。

此外，众筹还被视为是一种能为文化产品提供新资金出路的模式。不少市民看过电影《西游记之大圣归来》，它就是一部典型的众筹电影。据了解，《大圣归来》中有780万元投资金额是通过众筹方式得来,而电影的成功也让投资人获得了 4 倍之高的众筹回报。当然,众筹作为投资方式的一种也有着不同程度的投资风险。

众筹虽说在一定程度上降低了创业门槛,但它对产品本身和创意故事却有着不小的要求,它直接决定着众筹项目最终能否成功,众多成功的众筹项目总逃不出出众的创意和精心的宣传包装。

(二) 机构融资

1. 向银行贷款

比较适合创业者的银行贷款方式主要有抵押贷款和担保贷款两种。缺乏经营历史从而也缺乏信用积累的创业者,比较难以获得银行的信用贷款。

抵押贷款是指借款人以其所拥有的财产作抵押,作为获得银行贷款的担保。在抵押期间,借款人可以继续使用其用于抵押的财产。抵押贷款有动产抵押和不动产抵押两种。动产抵押是指以股票、国债、企业债券等银行认可的有价证券,以及金银珠宝首饰等动产抵押,从银行获取贷款;不动产抵押贷款是指以土地、房屋等不动产作抵押,从银行获取贷款。

担保贷款是指借款人向银行提供符合法定条件的第三方保证人作为还款保证的借款方式。当借款方不能履约还款时,银行有权按照约定要求保证人履行或承担清偿贷款连带责任。其中较适合创业者的担保贷款形式有自然人担保和专业公司担保贷款两种,自然人担保贷款是指自然人提供担保取得贷款;专业公司担保贷款是指由担保公司提供担保取得贷款。

尽管银行贷款需要创业者提供相关的抵押、担保或保证,对于刚毕业的大学生来说条件有些苛刻,但如果创业者能够提供银行规定的资料,能提供合适的抵押,得到贷款并不困难。

2. 向非银行金融机构贷款

非银行金融机构是指以发行股票和债券、接受信用委托、提供保险等形式筹集资金,并将所筹资金用于长期性投资的金融机构。根据法律规定,非银行金融机构包括经银监会批准设立的信托公司、境外非银行金融机构驻华代表处、农村和城市信用合作社、典当行、保险公司、小额贷款公司等机构。创业者可以从这些非银行金融机构取得贷款,筹集生产经营所需资金。

3. 中小企业间的互助机构贷款

中小企业间的互助机构是指中小企业在向银行融通资金的过程中,根据合同约定,由依法设立的担保机构以保证的方式为债务人提供担保,在债务人不能依约履行债务时,由担保机构承担合同约定的偿还责任,从而保障银行债权实现的一种金融支持制度。信用担保可能为中小企业的创业和融资提供便利,分散金融机构的信贷风险,推进银企合作。

4. 商业信用

商业信用是指企业在正常的经营活动和商品交易中,由于延期付款或预收货款所形成的企业间常见的信贷关系。企业在筹办期及生产经营过程中,均可以通过商业信用筹集部分资金。如企业在购置设备或原材料的过程中,可以通过延期付款的方式,在一定的信用期限内免费使用供应商提供的部分资金。

5. 融资租赁

融资租赁是指实质上转移与资产所有权有关的全部或绝大部分风险和报酬的租赁。融资租赁是集融资与融物、贸易与技术更新于一体的新型金融业务。由于其融资与融物相结合的特点，出现问题时租赁公司可以回收、处理租赁物，因而在办理融资时对企业资信和担保的要求不高，所以非常适合中小企业融资。

企业在筹建期间，通过融资租赁的方式取得急需设备的使用权，解决部分资金需求，获得相当于租赁资产全部价值的债务信用，一方面可以使企业按期开业，顺利开始生产经营活动；另一方面又可以解决创业初期资金紧张的局面，节约创业初期的资金支出，将用于购买设备的资金用于主营业务的经营，提高企业现金流量的创造能力。同时，融资租赁分期付款的性质可以使企业保持较高的偿付能力，维持财务信誉。

（三）风险投资

风险投资又称创业投资，是指由专业机构提供的投资于极具增长潜力的创业企业并参与其管理的权益资本。从投资行为的角度来讲，风险投资是具备资金实力的投资机构或投资家，对具有专门技术并具备良好市场发展前景，但缺乏充足资金的创业型企业进行资助，以此帮助其实现创业计划，并相应地承担该阶段投资可能失败风险的投资行为。从运作方式来讲，风险投资是由专业化人才管理的投资中介向具有较大潜力，但同时也蕴藏着失败风险的创新型企业投入风险资本的过程，也是协调风险投资家、技术专家、投资者的关系，利益共享、风险共担的一种投资方式。

风险投资的主要特征如下：

（1）投资对象多为处于创业期的中小企业，而且多为高新技术企业或现代服务业。

（2）投资期限通常为 $3\sim5$ 年，投资方式为股权投资，一般会占被投资企业 $15\%\sim30\%$ 的股权，而不要求控股权，也不需要任何担保或抵押，但可能对被投资企业以后各阶段的融资提出一定的权利。

（3）投资决策建立在高度专业化的基础之上。

（4）风险投资人一般积极参与被投资企业的经营管理，提供增值服务。

（5）由于投资目的是追求超额回报，当被投资企业增值后，风险投资人会通过上市、收购兼并或其他股权转让方式撤出资本，实现增值后的回收。

（6）风险投资人顺利退出投资时往往能够获得原始投资额五倍以上的资本升值，但也有可能投资失败。

（四）政府的创业扶持基金

创业者还可以利用政府扶持政策，从政府方面获得融资支持。随着我国经济的发展，政府对创业的支持力度无论从产业的覆盖面，还是从政府对创业者的支持额度等方面都有了很大进展，由政府提供的扶持基金也在逐步增加。

政府提供的创业基金通常被所有创业者高度关注，其优势在于利用政府资金不用担心投资方的信用问题。而且，政府的投资一般都是无偿的，进而免除了筹资成本。但申请政府创业基金有严格的申报要求，同时，政府每年的投入有限，筹资者须面对其他筹资的激烈竞争。创业者应结合自身情况，利用好相关政策，获得更多的政府扶持基金，降低筹资成本。

📁 **拓展阅读 6－5**

我国的政府创业扶持基金

科技型中小企业技术创新基金是经国务院批准设立,用于支持科技型中小企业技术创新的政府专项基金,扶持和引导科技型中小企业的技术创新活动。根据中小企业和项目的不同特点,创新基金支持方式主要有贷款贴息、无偿资助、资本金投入等。另外,科技部的"863 计划"、火炬计划等,每年也会有一定数额的资金用于科技型中小企业的科技研发、技术创新和成果转化。中小企业国际市场开拓资金是由中央财政和地方财政共同安排的专门用于支持中小企业开拓国际市场的专项资金。

此外,财政部设有利用高新技术更新改造项目贴息基金、国家重点新产品补助基金;国家发展和改革委员会设有产业技术进步资金资助计划、节能产品贴息项目计划;工业和信息化部设有电子信息产业发展基金等。各省、区、市也为支持当地创业型经济的发展纷纷出台了许多政策,支持创业。

📁 **拓展阅读 6－6**

火炬计划

火炬计划是一项发展中国高新技术产业的指导性计划,于 1988 年 8 月经中国政府批准,由科学技术部(原国家科委)组织实施。

火炬计划的申报条件如下:

（一）基本条件

申报单位应是中华人民共和国境内注册、具有独立法人资格的企事业单位。

（二）其他条件

1. 产业化环境建设

申报高新区和基地方向项目的单位,应是国家高新区、国家高新技术产业化基地、国家火炬计划特色产业基地、国家火炬计划软件产业基地、科技兴贸创新基地内的服务机构。

申报科技中介机构方向项目的单位,应是国家级示范生产力促进中心、国家级科技企业孵化器、国家大学科技园、国家技术转移示范机构、企业国际化发展机构、科技金融服务机构。

2. 产业化示范

申报高新技术产业化示范方向项目的单位,应是地方科技部门重点支持的企业或国家火炬计划重点高新技术企业。

申报科技兴贸示范项目的单位,应是地方科技部门重点支持的企业和国家火炬计划重点高新技术企业;申报的项目产品已出口且出口规模不超过 500 万美元。

3. 创新型产业集群

申报单位应在经批准开展试点的创新型产业集群内。

4. 科技服务体系

申报单位应在经批准开展科技服务体系火炬创新工程试点地区内的科技中介机构。

原则上应是国家级示范生产力促进中心、国家级科技企业孵化器、国家大学科技园、国家技术转移示范机构、企业国际化发展机构及相关金融服务机构。

四、创业融资的选择

创业者无论通过哪种渠道融资，这些融资都不外乎两类：债权融资和股权筹资。

（一）债权融资

债权融资是指企业通过借款的方式进行融资，对于债权融资所获得的资金，企业首先要承担资金的利息，另外在约定的借款到期日后要向债权人足额地偿还资金的本金。债权融资包括向政府、银行、亲友、其他企业借款和向社会发行债券等。向亲友借款是债权融资的最初阶段，发行债券是债权融资的最高阶段。债权融资的特点是融资企业必须根据借款协议按期归还本金并定期支付利息，债权融资一般不影响企业的股东及股权结构。

（二）股权融资

股权融资是指创业企业的股东让出部分企业所有权，通过企业增资的方式引进新的股东的融资方式。股权融资包括创业者自己出资、争取国家财政投资、与其他企业合资、吸引投资基金投资及公开向市场募集发行股票等。自己出资是股权融资的最初阶段，发行股票是融资的最高阶段。股权融资的特点在于所获得的资金，企业不需要支付利息且不必按期还本，但需按企业的经营状况支付股利。当企业引进新股东时，企业的股东构成及股权结构将会发生变化。

广义的股权融资包括内部股权融资与外部股权融资。内部股权融资主要是企业的内部积累；外部股权融资包括个人积蓄、亲友投资、合伙人资金和天使投资等。创业企业在创建的启动阶段及较早发展阶段，内部积累的资金来源主要是企业在经营过程中赚取的利润，采用内部积累方式融资符合融资优序理论的要求，也是很多创业者的必然选择。鉴于创业企业在资金实力、经营规模、信誉保证、还款能力等方面的限制，创业企业往往会通过不分红或少分红的方式，将企业的经营利润尽可能通过未分配利润的形式留存下来，投入到再生产过程，可为持续经营或扩大经营提供必要的资金支持。

（三）债权融资与股权融资的比较

债权融资与股权融资各有优缺点，如表6-5所示。创业者在筹集资金时应对二者的优缺点进行比较，并考虑企业所处的发展阶段、企业的资金需要量、资金的可得性、宏观理财环境、筹资的成本、风险和收益，以及控制权分散等问题来进行研究综合分析。

表6-5 债权融资与股权融资的比较

比较项目	债权融资	股权融资
本金	永久性资本，保证企业最低的资金需要	到期归还本金
资金成本	根据企业经营情况变动，相对较高	事先约定固定金额的利息，较低
风险承担	高风险	低风险
企业控制权	按比例或约定分享，分散企业控制权	无，企业控制权得到保护
资金使用限制	限制条款少	限制条款多

第三节　创业的基本模式

每个创业活动本身都是一个机会、资源、团队独特创新整合的过程,但是俗话说"他山之石,可以攻玉",了解常见的创业模式,对大学生创业获取创业机会和整合创业资源都是非常有意义的。创业的基本模式主要有创办新企业、收购现有企业、依附创业、SOHO 创业、兼职创业等。

一、创办新企业

创办新企业是创业的典型模式,即将创意发展为高成长性企业。与其他创业模式相比,创办新企业所面临的工作更多一些。例如,创办新企业要经过工商注册登记,为企业选择合适的形式(个人独资、合伙等)、地址,组建管理团队,办理税务登记等。但拥有自己企业的成就感是其他创业模式所无法比拟的。另外,创办新企业没有人员、债务的包袱,创业者可以轻装上阵。

二、收购现有企业

收购现有企业是目前常见的创业模式之一,但不是普通大学生可以选择的创业模式。收购创业包括两种方式:一是接手别人的企业,二是收购企业后对其进行重组、转卖。收购现有企业之前,当然要对收购企业进行全面评估,彻底了解收购带来的负面影响,如资产负债高、资金缺乏、商誉不佳、产品利润率低等不利因素。如果你有办法控制或降低这些风险和扭转其经营局面,有把握改善收购企业的经营局面或通过业务转型实现超常的发展,或者发现了其资产的价值空间,就可以进行收购。

三、依附企业

依附企业包括特许经营、代理经销等,是创业模式中内容最丰富的一种。这种创业模式不需要创业者去开发创意和产品,创业者需要关注的是市场营销问题。

(一) 特许经营

特许经营是指特许人将自己所拥有的商标(包括服务商标)、商号、产品、专利(专有)和专有技术、经营模式等以合同的形式授予被特许人使用,被特许人按合同规定,在特许人统一的业务模式下从事经营活动,并向特许人支付相应的费用。

1. 特许经营的类型

特许经营主要有以下三种类型:

一是生产特许。该类加盟商要自己投资建厂,使用盟主的专利、技术、设计标准等加工或制造取得特许权的产品,然后向批发商或零售商出售,加盟商不与最终用户(消费者)直接联系。如可口可乐的灌装厂、百事流行鞋等。

二是产品和品牌特许。在该类特许经营中,加盟商要使用盟主的品牌和有效的销售方法来批发、销售盟主的产品,加盟商仍保持其原有企业的商号,单一地销售其他商品的同时销售盟主生产并取得商标所有权的产品。此类型中的受许人通常属于零售商一级,主要流行于汽车销售、汽车加油站、自行车、电器产品、化妆品及珠宝首饰等行业。

三是经营模式特许。该类特许经营的主要特征是加盟商有权使用盟主的商标、商号名称、企业标识及广告宣传,完全按照盟主的模式来经营;加盟商在公众中完全以盟主企业的形象出现,盟主对加盟商的内部管理、市场营销等方面具有很强的控制。该类特许经营逐渐成为当今主导的模式,它集中体现了特许经营的优势,目前在很多行业迅速推广,如快餐食品(如麦当劳、肯德基、好利来等)、旅店、汽车租赁等服务性行业。

2. 特许经营成功的关键

特许经营成功的关键即标准化(Standardization)、专业化(Specialization)和简单化(Simplification),可简称为 3S 原则。3S 原则是特许经营的基本原则,因为特许经营的本质是工业产权或知识产权的转让,而 3S 原则的执行正是由于这种转让使双方都能获取最大效用的手段。

标准化:是为了利于特许经营模式的复制,利于经营体系的关联和控制或操持整个体系的一致性,这是特许经营的优势和竞争力之一。其含义就是指特许人对其业务运作的各个方面,包括流程、步骤、外在形象等方面,经过长期摸索或谨慎设计之后提炼出的,并能够随着特许经营网络的铺展而适应各个地区加盟店的一套全体系统一的模式。

专业化:是指特性经营体系各个基本组成部分的总体分工,特许经营网络为了保障这个可能很庞大的体系的良性运转,必须把不同的职能交给不同的部分来完成,然后各个部分有机协调、合作的结果才能使特许经营体系成为一个具有自我发展和良好适应外部环境能力的有机整体。

简单化:是指作业流程简单化、作业岗位活动简单化,由此可以使员工节省精力,提高工作效率,以最少的时间和体力支出获得最大的效益。在管理实践中,特许人一般都会对作业流程和岗位工作中的每一个细节进行深入研究,并通过工作手册归纳出来。例如,麦当劳手册中详细规定了奶昔员应当怎样拿杯子、开机、灌装奶昔直到售出的所有程序,使其所有员工都能依照手册规定操作,即使新手也可以依照有章法的工作程序迅速解决操作问题。

3. 特许经营的步骤

特许经营创业的成败与特许经营企业(盟主)的品牌和支持密切相关,加盟商可以通过以下三个步骤来进行特许经营模式的创业。

(1) 选择行业

加盟时要选择自己熟悉的领域,或者至少是自己感兴趣的领域。加盟商多是中小投资者,本身有一定的资金压力,要根据自己期望的资金回报率来选择行业。不同行业都有自身的特点,例如,餐饮业的毛利高、分类较细,其中火锅、快餐相对容易复制,中西式正餐较复杂,也多以直营为主;教育类服务的品牌、所在店址的辐射区域都会决定经营状况,以服务为主导,对教师的要求很高;美体健身业的装修、器械成本高,多采取预收款办卡制,资金回笼问题不大,但不同商家的服务同质性较强。

(2) 选择盟主

加盟商可以从以下六个方面对盟主进行考察:第一,看直营店,特许经营意味着盟主和加盟商一起把店开好的能力,好的品牌一定是直营店先做强再做大;第二,看那些店的统一性,如视觉识别系统、陈列、面积、服务态度等;第三,看二次加盟商的数量和比例,这些人之所以开第二家、第三家店,是因为第一家店能够盈利,所以重复加盟体现了可复制性;第四,看同店增长率,是否推出新产品,具有让老店继续盈利增长的能力;第五,看特许经营合同,合同越厚越好,越薄越麻烦;第六,看对方有几个品牌,最好选择单一产品专注经营的,多品牌经营很难做大,有些"骗子"就是用多品牌运作的。

（3）维护好双方关系

加盟意味着双方要维持长久的关系,要有协议对经营的各方面进行详尽约定,协议越完整越好,因为可以对各种情况加以明确,避免日后可能产生的纠纷。加盟商要使用盟主的特许经营资源、商标、形象,要有维护品牌的意识;要认同总部的经营理念,遵循总部的规律,但也要以有创新,经过总部同意,可以根据当地的情况做一些特色的服务或宣传。

（二）代理经销

代理经销是常见的一种创业模式,创业者首先要理解代理商、经销商与分销商的基本概念。

代理商是代理厂家打理生意,由厂家授权在某地区经销某种产品的商户,但不需要买断厂家的产品。其对产品的销售价格无自主权,受厂家的约束较多,成为代理商的条件也比较苛刻(主要是对代理商在当地的市场网络基础、经验与信誉等),但代理商并不承担产品无法售出的风险,甚至无须很大的资金投入,但代理产品的所有权属于厂家。

经销商是经营某种产品的商户。其一般与厂家签订销售合同,预付一定的保证金(或货款的一部分甚至全部,具体可以谈判,进货价一般随着批量的增加而有所优惠),销售价格一般由经销商自己决定,厂家不直接干预价格的确定,也不对产品销售情况的好坏承担责任,不退货,最多只对质量有问题的产品予以退换,其余问题一概由经销商负责。经销商的利润来源于进销差价,风险较大,但利润空间也较大。

分销商是从代理商处分销产品的商户。其价格通常受经销商控制,不与厂家发生关系,所需的资金较少,风险相应小一些,但利润空间也较小。

代理商和经销商的区别主要在于是否从厂家购买产品,取得产品所有权。代理商是代理厂家进行销售,本身并不购买厂家的产品,也不享有该产品的所有权,其关系是厂家→代理商→消费者;而经销商从厂家购买产品,取得产品的所有权,然后销售,其关系是厂家→经销商→消费者。随着市场经济的发展,现在市场上所称的代理商更多具备的是经销商的性质,还有一些属于二者是混合体,即有一定代理权的经销商。国外企业进入中国,往往会通过代理商来帮助其开发市场,而国内企业则多青睐经销商。

四、SOHO 创业

SOHO 是 small office 和 home office 的缩写,就是"在家办公、小型办公"的意思,特指那些在家办公的自由职业者,包括作家、撰稿人、自由音乐人、画家、美编、职业玩家、网站设计人员、网络主持等。形象地说,SOHO 算是"个体户"在互联网时代的"升级版"。从事这一行业的人大多是 20～30 岁的年轻人,能熟练操作电脑,是当今时代的新新人类。对于大学生这个群体。我们强调的 SOHO 族是指基于互联网的按照自己的兴趣和爱好自由选择工作、不受时间和地点限制、不受发展空间限制的自由职业者。

SOHO 族分个人和团体两种。在新生代的 SOHO 族中,有的是基于当事人个人独立接活,并独立完成相关任务。这类 SOHO 族主要适合于那种比较注重独创性的业务,追求创意性和风格的独特、个性,如自由撰稿人、音乐人、画家、平面设计师、自由摄影师等,可以认为是 home office 的代表,稍微高级一点的就是以所谓"工作室"的形式开展业务,几个志同道合的朋友相互合作,以便完成更复杂、要求更高一些的工作。如从事动画制作、简单的游戏制作、礼品、配送、理财与投资顾问、幼儿教育、家政、商务代理、广告与音乐制作等业务,以及婚礼、联谊会、发布会、驴友俱乐部等之类的活动策划和项目策划。这些可以认为是 small office 的代表。二者之间在工作和生活方式上的差别并不十分严格,不同的人可以根据个人的特点、性格及能力,选择更适合自己的 SOHO 创业方式。

鉴于 SOHO 族的经济收入和社会地位,很多人把他们称为自由白领。他们同时也要面对和承受一些因此产生的烦恼。在家工作,容易产生惰性,工作效率不高,并且少了同事间的情感互动、互相启发,个人的创造力也会大打折扣。没有公司与团队做后盾的 SOHO 人士注定要面对更多的寂寞和压力,甚至可能出现"SOHO 综合征",如头痛、头昏、失眠、工作效率下降、注意力不集中、记忆力减退、不愿与人交往等。因此,只有那些具有很强的自律性和毅力,并且身心健康的人才适合 SOHO 创业。

📁 拓展阅读6-7

外贸 SOHO 知识创业的三个成功例子

SOHO 即居家办公之意。随着互联网及通信技术的发展,今天它已经成为一种新时尚。也有许多人从这种工作方式中,创造了自己的事业。以下是三个外贸 SOHO 的成功故事。

故事一:四年前,刚从外语学院毕业的林先生回到家乡。儿时的同学们已经成为小有规模的工厂老板了。和他们聊聊,发现他们普遍存在着产品销路问题。林先生挂靠到一家外贸公司(按年给该外贸公司交纳一定的管理费),开始了为这些老板们寻找国际买家的工作。从展览会到互联网,他独来独往地忙着。生意越做越大,自己也从 SOHO 发展成一间小公司。几年下来,他已经拥有数家稳定的国际客户。林先生说,现在他正在申请自己的商标,将来出口的产品,都使用他自己的商标,树立自己的品牌。

故事二:陈小姐本来在外贸公司工作。生孩子后,为了不再每天赶着打卡上班,辞工做起了外贸 SOHO。她联系到一家有自营进出口经营权的工厂,做他们的编外外贸员,不拿工资、只拿提成。由于陈小姐以前具有外贸经验、较好的英语水平、娴熟的应用互联网的能力,生意很快地开展起来。现在,陈小姐根据国外客户的提供的信息,正在和别人合资建设一个工厂,生产的在国际市场畅销的产品。

故事三:刘先生是个头脑灵光的人。以前,他在一家大外贸公司工作。在互联网上,他发现有许多国外的小买家,也希望能够直接从中国购买货物,但由于他们要的货数量少品种杂,许多大外贸公司都不愿意接单。刘先生认为这是一个很好的机会,他辞掉了工作,找到了几个这样的外国公司,以这些公司采购代表的名义,在中国为这些公司代购货物。并根据每笔货的价值,从国外公司那里收取一定的佣金。由于业务的发展,刘先生的个人 SOHO 已经不能满足了,他说他要雇人帮忙了。

从以上三个成功的外贸 SOHO 的例子可以看出,无论是林先生、陈小姐,还是刘先生,他们成功的关键,是他们的知识,而不是资金。做外贸 SOHO 有以下特点:第一,资金投入低:一部传真机、一部电脑、一条宽带,就是全部的投入;第二,风险低:采用不同的运作方法,可以有效地规避交易及其他风险;第三,知识运用技能要求高:外语应用能力、国际贸易操作能力、互联网应用能力是做外贸SOHO缺一不可的能力。没有一定的知识积累是不容易取得成功的。由于这"两低一高",恰恰使知识型人才扬长避短,充分发挥。

今天,许多人都在寻找创业的机会。事实上,外贸SOHO就是一个知识型创业的好途径。它尤其适合大专院校毕业生从零开始的创业。

五、兼职创业

大学生兼职创业是指大学生不放弃或中断自己的大学学习,在课余时间从事创业活动的创业模式。这种模式要求大学生在创业的同时不影响大学课程的学习,因此选取此种模式的创业者在创业活动中所涉及的行业,通常都是对创业者时间投入要求较灵活的行业,而创业者本人对于学习和创业的时间、精力安排必须合理,否则可能造成两头皆失的糟糕结果。

从大学生创业者的角度来看,选择此种模式主要有以下几种情况:

(1) 为大学学习服务的,即创业是为了更好地完成大学的学习而开展创业活动。通常可以归纳为两类:一是为了筹集学费而创业,二是为了锻炼自己的实践能力而创业。

(2) 降低创业的风险,即大学生创业者认为直接全时间创业的风险太大,保守起见,选择了兼职创业。

(3) 由于我国的大学生对于家庭、社会的依赖,所以大学生在选择创业模式时,往往需要征得家庭、社会的同意。

【本章小结】

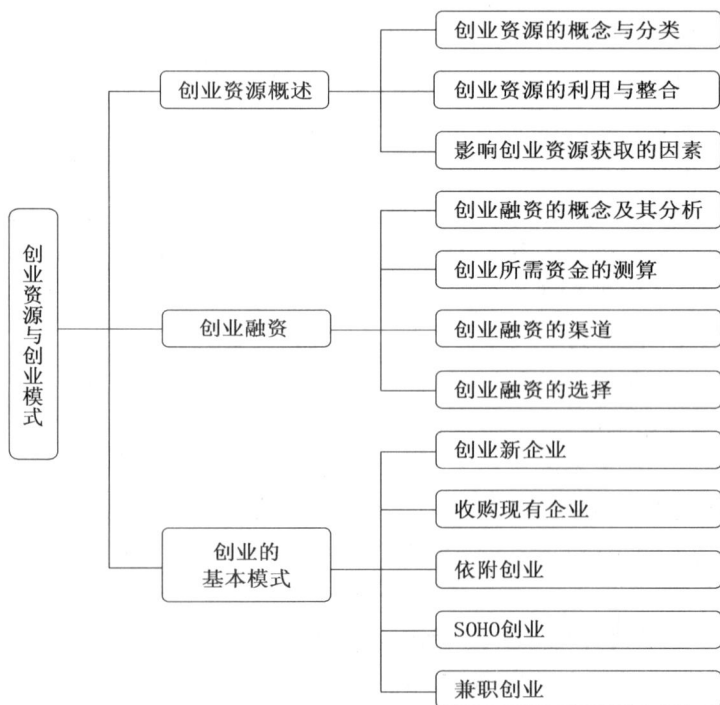

【实践活动】

1. 了解一个创业失败的例子,分析创业者失败的原因,重点分析在创业资源和创业模式方面失败的原因。

2. 假设你是一个即将毕业的大学生,准备毕业后自主创业。请根据你选择的创业机会,分析以下问题:

(1) 列出创业所需要的资源的需要继续获取的资源。

(2) 写出你准备获取资源的途径和方法。

(3) 测算创业所需要的资金。

(4) 搜集你所在的城市、大学或你计划投入的行业是否有对创业活动的扶持政策,并从中筛选出你可能用到的政策。

(5) 以小组为单位,选择当地一家大型银行的中小企业部、一家城市或农村信用合作社、一家开展贷款业务的典当公司或财务公司、一家风险投资公司,联系其负责人或相关工作人员进行访谈,比较这些创业融资规划和具体做法。

【本章推荐阅读】

创业模式的经典案例——百丽鞋业,中国零售市值之王

1. 中国鞋业之王

百丽鞋业是中国鞋业之王。在中国女鞋品牌当中,前十名中有四个属于百丽公司旗下品牌,即:Belle(百丽)、Teenmix(天美意)、Tata(他她)、Staccato(思加图)。公司代理的鞋类品牌28个,包括:Bata、ELLE、BCBG、Mephisto、Geox、Clarks、Merrell 等。百丽亦是中国体育用品最大零售商之一,代理运动服饰品牌产品包括:Nike、Adidas、LiNing;亦代理休闲牛仔名牌 Levis。百丽鞋就是美人鞋,不仅女同志逃不出百丽,男同志很快也逃不出百丽了,因为百丽收购了中国著名的男鞋品牌江苏森达。百丽公司在百货商场进行控盘以后,顾客在商场里选来选去,最终选的都是百丽公司的产品。百丽公司鞋业的综合毛利达到62%,很多高科技企业家听说以后都非常吃惊,因为很多企业的毛利率是非常低的。

2. 百丽怎样实现突破

为什么百丽公司能够实现这样的突破? 源于它在零售终端实现了控盘。中国品牌女鞋的71%来自百货商场,而百丽通过四个自有品牌控制了百货商场这个零售终端。在每一个百货商场,不同品牌专柜的背后,很多都是百丽公司。很多的女性顾客讲:"我不喜欢百丽,我喜欢思加图。"其实选来选去,选的还是百丽公司的产品。百丽名字取自法语 Belle(美人),上市行动代号为"Cinderella"(灰姑娘),它借助资本的力量实现企业跨越的憧憬之情跃然而现。

3. 百丽商业模式的核心

百丽公司不是靠某个单一的产品获得利润,它靠的是商业模式,正如管理学大师彼得·德鲁克所讲的,"21世纪企业的竞争,不再是产品、价格与服务之间的竞争,而是商业模式

之间的竞争"。百丽就是非常经典地体现了这样一个价值观念。

（1）牢牢地控制终端

百丽的广告很少,但它却牢牢地控制了零售终端。有的公司打广告、抓生产,其实是在造坦克、大炮,而百丽公司在造核武器,造原子弹,它默默无闻,但是却牢牢地控制了终端。很多百货商场的女鞋专柜,少则三分之一,多则三分之二,通常一半都是归属百丽公司的。它这样控制了终端,就牢牢地控制住客户,可以获得62%的毛利。百丽公司的利润是传统卖鞋公司的10倍,它是可以持续发展10年的一个模式,因为它牢牢地控制了终端,这个终端不仅做鞋业的人拿不到,甚至做其他产品的公司也很难。比如保健品利润也很高,而且信用也很好,但要想进百货商场的一楼,对不起没机会。因为百丽不会把这位置让给你。

（2）做成内房地产企业

风险投资很关注连锁企业。连锁业的本质就是房地产。当百丽把百货商场零售柜台牢牢占据之后,后来者就没机会了。不仅鞋业领域的后来者没机会,任何其他领域的后来者都没机会。当它有了房地产独特的稀缺性、控制力以后,它就有了定价权,所以它可以获得62%的毛利率,而且它可以10年甚至长期控制这个平台。中国的房地产公司看似赚了钱,其实赚的还不算大钱,因为房地产公司很难走上资本市场去发展。为什么中国房地产公司很难走上资本市场发展,因为中国的房地产公司的商业模式是简单而粗暴的,中国的房地产公司的模式就是拿地、盖楼、卖楼,结束,每个项目重新来过一遍,这样的模式在资本市场是不受欢迎的。反过来说,全世界超过40%的项目最终的利润来源恰恰又是房地产,或者说它的利润来源当中一个核心的支撑点是来自于房地产。百丽就是典型的例子,它是个内房地产企业。

（3）通过资本运作扩大终端优势

百丽不仅通过牢牢地控制了百货商场这个终端,同时百丽也非常善于通过资本运作来扩大它终端的优势,所以百丽在融得了摩根·斯坦利和鼎辉基金的投资以后,2007年5月23号在香港上市,上市当天募集资金100亿人民币,股票的市值达到将近800亿人民币,当天国美的市值才360个亿,它因此被称之"鞋业国美"。截止到2008年,百丽的销售额已经突破178个亿,它的净利润、规范化的净利润已经突破22个亿,也就是它的税后净利润率大概在12%左右这个水平。在过去的两年里面,百丽依然每年保持高速发展,这就源自它的并购战略,百丽在上市以后,3.8亿收购了斐乐,6亿收购了妙丽,16亿收购了江苏森达,15亿收购了香港上市公司美丽宝,而美丽宝本身具有多品牌的鞋业的零售权,这就一步扩充了百丽的零售连锁能力。所以这家公司依然在快速地增长,虽然它已经是一个将近200亿的公司,这样的增长就源自百丽公司牢牢地控制了百货商场。

4. 百丽的非凡业绩

现在百丽的鞋业已经有将近7 000～8 000家零售的终端,它的服装已经有将近3 000家的零售终端,中国品牌女鞋的71%销售来自百货商场,百丽多品牌在百货商场控制了1/3～1/2的柜台。中国"鞋王"百丽2008年营业收入与利润猛增,分别达到178.55亿元和22.79亿元,分别增长53.0%和29.9%,除代工环节外,各个业务板块均实现大幅盈利。调研表明,购买女鞋的原因:44%款式,22%质量,14%品牌。百丽已经是一家拥有超过1万家店的零售连锁企业,与其说它是一个卖鞋的,不如更准确地讲,它是个零售的连锁企业。

第七章 创业计划书

【内容提要】

对于众多创业者来说,创业计划书是进行融资的必备文件。近年来,创业融资的程序日益规范,作为投资公司进行项目审批的正式文件之一,编写创业计划书已经成为越来越多创业者的"必修误程"。本章将从创业计划书的作用、结构出发,对如何制作一份高质量的创业计划书进行详细阐述。

【学习目标】

知识目标:

1. 了解创业计划书的作用,熟悉创业计划书的基本结构;
2. 了解编写创业计划书的准备工作;
3. 掌握创业计划书各项具体内容的编写方法与检查要点。

能力目标:

1. 能够独立或与人合作编写一份完整的创业计划书;
2. 能够对创业计划书进行检查与修改。

【案例导入】

一 大学餐厅创业计划书

摘要:

民以食为天,但在高校里,学校食堂的伙食一直被学生们抱怨,由于学校食堂普遍都是以大锅菜的方式做的,虽然价格较低但很少能真正让学生喜爱。如今,人们的生活水平不断提高,对于高校学生来说,健康营养、价格适中的饮食才是他们所需要的。因此,在学校附近办一个以学生为消费群体的餐厅是我想创业的目标。

我的创业梦想已经存在很长时间,对于餐厅的创建及其运行模式已经有所了解。另外,资金的筹措、人员的聘用、地点的选择正在进行中。

(一)项目概况

(1)项目目的:在学校附近经营一个中西合璧、价格适中、品种多样兼具体闲功能的餐厅。

(2)项目名称:樱兰餐厅

(3)项目内容:提供早餐、午餐、晚餐、特色冷饮和休闲餐饮。

(4)开办地点:合肥大学城

（5）经营宗旨：绿色食品，健康营养，价格公道，特色鲜明，服务学生。

（6）经营特色：

① 早餐以浙江等地的南方小吃和本地小吃为主，品种多、口味全、营养丰富，使就餐者有多种选择。

② 午餐和晚餐则有中西不同口味的菜式，且提供各种冷饮，如果汁、冰粥、创冰、冰豆甜汤、冰冻咖啡、水果拼盘等。

③ 全天提供各色餐点、冷饮、热饮。

（7）经营理念：特色饮食，微笑服务。

（二）市场分析与餐厅定位

随着经济的不断发展，生活的不断进步，填饱肚子不再是人们对饮食的要求。人们现在追求的是绿色食品，干净卫生、有特色的餐饮，而本餐厅就是在此基础上开办的。

1. 大学食堂的优点与不足

众所周知，大学食堂的饭菜普遍价格低廉，但质量不高，仅仅解决了学生们的温饱问题。因此，如果能有一家具备如下条件的餐厅出现，相信定会受到学生们的欢迎。

（1）距学校很近；

（2）就餐环境干净卫生；

（3）饭菜可口，营养丰富；

（4）价格适中。

2. 中西合璧

随着世界交流的增加，越来越多的西餐厅在中国建立了起来，由于高校学生经常接触西方文化，从而让他们对西方的食物充满好奇。因此，餐厅可以中餐为主、西餐为辅，从而满足学生饮食的多样化需求。

3. 兼具休闲功能

合肥大学城是合肥高校集中的地方，人流量大，中餐厅多，但是专为学生提供休闲场所的餐厅并不多。因此，本餐厅除了提供中西餐以外，还应通过提供各种冷热饮，合理安排餐厅布局，使其具备休闲功能。

4. 主要竞争对手——哈哈餐厅

成立时间：不详

所在位置：合肥大学城

优势：开办时间较长，有固定客流，午餐、晚餐有特色，人气较高。

主要经营项目：午餐为中餐，晚餐为西餐。

主要问题：餐厅长时间风格未做改变，饮食种类几乎没有变化，对消费者而言毫无新鲜感。因为生意较为火爆，整体价格有所上调，学生逐渐心生不满。

（三）开办流程

（1）筹措资金 40 万元，其中，家人资助 30 万元，贷款 10 万元。

（2）租用场地，签订租赁合同。

（3）装修餐厅，装修风格应简朴、自然，并富有现代气息。墙面采用偏淡的温色调，厨房布置合理精致，采光性好，整体感观介于家庭厨房与酒店厨房之间。

（4）采购厨房设备、桌椅、碗筷等餐饮用品。

（5）申办营业执照、卫生许可证、物价审批、环保审批、消防审批、市容审批、酒类经营许可证、烟草专卖证、税务登记证等。

（6）刻章、到银行开户。

（7）聘用中西餐厨师、杂工等，签订合同。

（8）联系原材料供应商，与之签订合作合同。

（9）聘用勤工俭学的学生为服务员，谈好薪资、工作时间、工作内容和签订劳动合同。

（10）在各高校进行宣传，正式开张营业。

（四）营销策略

1. 开业初期营销策略

（1）通过资助大学生的一些活动，在各高校广为宣传，宣传的重点如下：

① 菜品丰富，口味独特，味道鲜美，让您流连忘返；

② 绿色食品，营养丰富，纯天然，无污染；

③ 中西合璧，提供精致的中西餐；

④ 提供丰富的冷热饮，免费提供茶水；

⑤ 环境优雅，干净卫生，适合休闲；

⑥ 好吃不贵，价格公道；

⑦ 提供外卖，送餐到床前；

⑧ 微笑服务，让您宾至如归；

（2）通过菜品打折、推出特价菜，赠送饮料等优惠措施吸引学生前来就餐。

2. 开业后营销策略

（1）不定期推出一些特色菜品，让顾客常吃常新，从而不断刺激顾客的消费欲；

（2）在情人节、劳动节、国庆节、圣诞节等节假日开展有针对性的促销。例如，可在情人节推出优惠价情人套餐、在圣诞节推出优惠价西餐等；

（3）以优惠价帮助学生举办生日宴、班级宴等；

（4）逐步积累出若干招牌菜，让它们成为餐厅的名片；

（5）密切关注学生的消费动态，如学生的口味变化、消费习惯变化等，使餐厅能紧跟时代潮流；

（6）密切关注各学校的动态，从而不断寻找一些包餐、送餐机会。

3. 微笑服务，真诚到永远

由于餐饮属服务性行业，因此，良好的服务态度至关重要。本餐厅推崇微笑服务，作为餐厅的一员，不管是餐厅管理者，还是服务员，面对顾客均需要微笑服务，真诚待人。

通过培训、搞活动、评选优秀员工等，让员工树立主人翁意识，做到服务热情、主动、有亲和力，把餐厅的事当作自己的事，从而时刻注意维护餐厅的形象。

4. 暑假与寒假的处理

暑假期间虽然客源会骤降，但毕竟还有部分留校学生、附近居民及打工人员前来就餐，届时可采取减少生产量、转移服务重点等方式改善暑期的经营状况，寒假期间可考虑停业一个月，以减少不必要的成本支。

（五）人员配备及各岗位职责

1. 餐饮经营者职责

（1）拥有餐厅的决策权,对餐厅成员有聘用和解雇的权力;

（2）确定餐厅员工的薪资,安排员工的休假时间;

（3）监督员工的工作态度,有奖有惩;

（4）鼓励员工爱岗敬业,使整个团队充满活力;

（5）收集顾客的反馈意见,不断改进菜品质量,增强菜品特色;不断改进员工的服务态度,强化员工的服务意识;不断改进餐厅的经营管理方式,使餐厅保持活力、凝聚力和向心力;

（6）管理餐厅财产,掌握和控制好各种物品的使用情况;

（7）及时处理经营过程中出现的各种问题。

2. 中餐厨师职责

（1）制作每日早餐、午餐和晚餐;

（2）遵守作息时间,准时开餐,不擅离职守,不得无故罢工;

（3）遵守安全操作流程,合理使用原材料,节约水、电、燃气等消耗;

（4）上班时穿厨师专用服,注意个人卫生,在工作时间不抽烟,安全烹饪;

（5）努力制作特色饮食。

3. 西餐厨师职责

与中餐厅厨师职责相同。

4. 服务生(3人)职责

（1）微笑服务,礼貌待人;

（2）每日营业前整理好桌椅、餐布,搞好餐厅卫生,准备好各种用品,确保餐厅正常营业;

（3）客人到时及时安排客人入座,主动介绍本餐厅的特色饮食;

（4）对客人礼貌,客人的非私人问题有问必答。随时留意客人情况,为客人提供周到的服务;

（5）工作中遇到自己不能解决的问题,及时向餐厅管理者汇报,请其帮忙解决问题;

（6）客人离开后,注意是否有遗留物,若有则速交柜台,然后迅速整理餐桌,做好下一批客人到来之前的准备;

（7）下班前检查工作区城是否关灯、关窗,电源是否切断,确保餐厅安全;

（8）与同事建立良好关系,互相帮助,遵守餐厅规章制度。此外,餐厅中还有采购、洗菜、切菜、配菜、杂务等人员。

（六）市场进程及目标

（1）半年

慢慢吸引顾客前来就餐,努力在半年内收回初期投资。提升知名度、美誉度,积极进行市场调研,努力开发新的饮食产品,为餐厅的进一步发展积蓄资本。

（2）两年

进一步健全餐厅经营管理制度,确定自己的特色菜及特色服务,相继报出各类活动,使固定顾客人数进一步增加,餐厅运营步入稳定良好状态。

（3）五年

经营稳定后,可以考虑扩大经营,如扩大餐厅的面积、寻找新的经营场所做连锁经营等,并慢慢打造自己的品牌,向专为学生提供饮食的餐饮行业发展。

（七）财务计划

1. 现金流量表

（1）初始阶段的成本主要包括:3 个月房租与 1 个月押金 80 000 元(20 000 元/月),房屋装修费 80 000 元,厨房用具及就餐桌椅等购置费 80 000 元。

（2）运营阶段的成本主要包括:员工工资、原料采购费、房租、税费,水电燃气费、杂项开支等,估计每月需支出 63 000 元。

（3）将剩余资金作为预备金,以应付开业时客人较少的情况和其他突发情况。

2. 预计损益表(主营业务收入)

根据调查,可大致估算出每日营业额约为 3 000 元,按收益率 30% 计算,每日纯利润约为 900 元,则每月纯利润约为 27 000 元。由此可计算出投资回收期约为 6 个月。

（八）风险及对策

1. 资金方面

为防止资金回收较慢、资金链发生断裂,需要留有一定的备用金。

2. 资源方面

本餐厅的原料主要以果蔬、豆类、菌类为主,是当今最受欢迎的绿色天然无污染食品,尤其是本餐厅以绿色食品为主,因此,要与原材料供应商建立长期友好的合作关系。

3. 经营方面

餐厅长时间经营下来,顾客会对餐厅的饮食感到厌倦,对餐厅风格的一成不变感到无趣,为此,要适时地改变菜式和餐厅的风格。

4. 管理方面

（1）为应对厨师被挖角而辞职,餐厅管理者需对餐厅的特色菜有一定的了解,并及时聘请其他厨师开发其他特色菜。

（2）应与厨师和服务员建立良好关系,尽可能给予较高的报酬,适时听取他们的意见,不断改进自己的管理方式。

创业计划书是创业者对企业发展的整体规划,它不仅是企业融资所必须具备的基本工具,更能够使创业者通过计划书的编写重新审视企业的经营情况,深入了解企业的核心竞争力,评估企业的发展策略。上述创业计划书做得相当全面,内容很丰富,看到这份创业计划书,就像看到了一个整装待发的创业者。

第一节 创业计划书概述

一、创业计划书的概念

创业计划书又称商业计划书,是指创业者就某一具有市场前景的新产品或服务向风险投资者游说,以取得风险投资的商业可行性报告。

创业计划书是创业者叩响投资者大门的"敲门砖",是创业者计划创立的业务的书面摘要,一份优秀的创业计划书往往会使创业者达到事半功倍的效果。

二、创业计划书的作用

一份优秀的创业计划书不仅能够吸引投资者的眼球,更能够有效地指导企业经营,帮助创业者理清未来的发展思路。因此,在具体的创业实践中,创业者一定要重视创业计划书的价值与作用。具体来讲,创业计划书具有以下作用。

(一)创业计划书是创业者把握企业发展的总纲领

创业者通过制作创业计划书,能够明确创业方向、理清创业思路。创业计划书的写作是一个长期的过程,创业者需要根据企业的实际情况进行不断的调整和完善。在这一过程中,创业者或者改变销售策略,或者更新经营思路,或者认识到某一方面的错误与不足,甚至改变了总目标下的某一份目标,这些都有利于企业的良性发展。总之,对创业者来说,创业计划书无异于总纲领和总路线。

(二)创业计划书是创业团队及合作者共同奋斗的动力和期望

创业计划书是创业者对理想的现实阐述,是理想与现实的连接桥梁。创业企业的预期目标、战略、进度安排、团队管理等方面都是创业者理想的具体化图景,是创业团队奋斗的动力。明细的创业计划有助于统一思想和路线,有助于创业团队成员步调一致、有的放矢。创业计划书是合作者的"兴奋剂",能让创业者及其合作者紧密团结在一起,同甘共苦,打拼未来;创业计划书还是亲缘纽带的"黏合剂",因为优秀的创业计划书可以让创业计划书可以让创新者赢得亲友的信任与支持,坚定创业者在艰难的创业路上的信心与勇气。

(三)创业计划书是投资者决定是否投资的重要参考

从融资角度看,创业计划书通常被喻为"敲门砖"。在一份详细完备的创业计划书中,往往包含了投资者所需要的信息:创业企业的现实业绩和发展远景,市场竞争力和优劣势,企业资金需求现状和偿还能力,以及创业者及其团队的能力和阵容等。这些都是投资者关心的重点,是他们衡量创业企业实力和潜力的依据,并以此作为是否对创业企业进行投资的重要参考。

(四)创业计划书为企业经营活动提供依据与支撑

创业计划书是为企业发展所做的规划,企业的创立与成长需要由创业计划书引领。创业计划书的主要构思围绕企业,主要内容更是离不开企业,诸如资金规划、财务预算、产品开发、投资回收、风险评估等都与实现目标及企业发展休戚相关。因此,创业计划书是企业经营活动的有力依据和有效支撑，对创业行动具有指导意义。

三、创业计划书的基本结构

一份完整的创业计划书由封面、目录、正文和附录四部分组成。

（一）封面

封面也称标题页，可以放一张企业的项目产品彩图或企业 logo，但需留出足够的版面排列以下内容：创业计划书编号、标题、企业名称、项目名称、联系人及联系方式、公司主页、日期等。其中，标题明确了创业项目的名称，体现了创业企业的经营范围，标题一般在封面以醒目的字体标示出来，如《××创业计划书》。

（二）目录

目录是正文的索引，需要按照章节顺序逐一排列每章大标题、每节小标题，以及各章节对应的页码。初步写完创业计划书后，要注意确认目录页码与内容的一致性。例如，下面是《淘宝书店创业计划书》目录的部分内容：

目　录

（三）正文

正文是创业计划书的主要内容，包括摘要、主体和结论大部分。

1. 摘要

摘要是企业的基本情况、竞争能力、市场地位、营销战略、管理策略，以及创业项目的投资前景及风险预测等方面的综合概述。摘要既是创业计划书的引文，引起读者的阅读兴趣；又是创业计划书的总纲，提纲挈领，让读者对创业计划书的内容有一个整体的认知。因此，摘要是整个计划书的精华和亮点，也是整个计划书的灵魂。

摘要是对整个创业计划书做出的精华式的总结,所以通常在计划书的主体完成后编写。一份出色的摘要应简短而精练,1~2页纸即可。

拓展阅读 7-1

摘要的关键问题

鉴于摘要在创业计划书中的重要地位,摘要一定要简明生动、精练贴切,不用面面俱到。可以试想一下,如果投资者在摘要中没有发现闪光点,创业计划书就有可能是一叠废纸,扮演不了帮助创业者融资成功的角色。而摘要部分应提纲挈领,能吸引人继续读下去,同时让创业者有希望成功融资。一般来讲,写摘要时可围绕以下关键问题进行展开。

第一组问题:

你的创意由来和存在的理由是什么?

你的理念是什么?

你能准确客观地描述你的目标市场吗? 你了解它们吗?

你能给你的目标客户带来什么价值? 他们为什么接受?

你预计市场占有份额和增长率会是多少?

你最大的竞争者是谁? 你怎么办?

你需要多少投资?

第二组问题:

你预计需要多少融资? 怎么安排资金?

销售额、成本及利润情况如何?

你会使用何种分销渠道?

你的核心能力是什么?

盈亏平衡点的时间是什么时候?

你有专利吗? 如何保护它?

第三组问题:

你的团队能胜任吗? 为什么?

你将如何分工?

你有行动时间安排表吗? 列举行动计划。

为什么你是创业带头人? 你能胜任吗?

2. 主体

主体是对摘要的具体展开。为了让读者一目了然,一般采取章节式、标题式的方式逐一描述。主体的内容具体包括企业介绍、市场分析、产品(服务)介绍、组织结构介绍、前景预测、营销策略描述、生产计划展示、财务规划和风险分析等。只要执笔者能够条分缕析,可以自行调整各章节的具体顺序。

3. 结论

结论是整个创业计划书内容的总结式概括。它和摘要首尾呼应,体现了文本的完整性。

（四）附录

附录是对主体部分的补充。受篇幅限制,不宜在主体部分过多描述的,不能在一个层面详细展示的,或需要提供参考资料、数据的内容,一般放在附录部分,以供参者。

创业计划书的附录一般包括以下内容企业营业执照、审计报告、相关数据统计、财务报表、新产品鉴定、商业信函、合同等及相关荣誉证书等。

四、编写创业计划书的六个要素

六个要素简称六个 C。

第一个 C 是 Concept,概念。你在计划书里面写的内容让别人可以很快地知道你卖的是什么。

第二个 C 是 Customers,顾客。有了卖的东西以后,接下来要考虑卖给谁,谁是顾客,要明确顾客的范围。例如,假定女人都是顾客,那 50 岁以上的女人和 5 岁以下的女孩是否都是顾客,这一点需要界定清楚,即要明确适合的年龄层。

第三个 C 是 Competitions,竞争者。东西有没有人卖过? 如果有人卖过是在哪里? 有没有其他的东西可以取代? 这些与竞争者的关系是直接的还是间接的?

第四个 C 是 Capabilities,能力。要卖的东西自己会不会,懂不懂? 例如开餐馆,如果厨师不做了找不到人,自己会不会炒菜? 如果没有这个能力,至少合伙人要会做,再不然也要有鉴赏的能力,不然最好不要做。

第五个 C 是 Capital,资本。资本可以是现金,也可以是资产,是可以换成现金的东西。那么资本在哪里? 有多少? 自有的部分有多少? 可以借贷的有多少? 这些都要很清楚。

第六个 C 是 Continuation,永续经营。当事业做得不错时,将来的计划是什么?

第二节　编写创业计划书的准备工作

一、确定创业计划书编写人员

创业计划书应该由创业者自己来编写。创业计划书是创业者能力和构思的具体体现,亲自编写创业计划书可以帮助创业者理清思路,把创业的激情融入计划书之中,有利于增添计划书的感染力。但是,创业计划书的编写非常复杂,是各方面知识的结晶(如市场营销知识、企业管理知识、财务规划知识、人力资源知识、调查与预测知识等),任何一个创业者都不可能是各方面的专家,所以为了尽可能使得创业计划书更加符合现实,更加具有可操作性,在编写过程中,创业者应该向其他人员咨询。

二、确定创业计划书的范围

创业者必须从不同角度进行广泛而深入的思考,以确定创业计划书的范围:

（1）创业者的角度。创业者自身比任何人都了解创业企业的创造力和技术,因此,创业者首先必须清晰地表达出创业企业经营的产品或服务以及其特色和卖点。

（2）市场的角度。创业者必须以消费者的眼光来审视企业的经营运作，应该采取一种以消费者为导向的市场营销策略。这就需要进行大量的市场调查工作，甚至还得亲自请教市场营销专家。

（3）投资者的角度。创业者应该试图用投资者的眼光来考察企业的生产经营，投资者往往特别关注计划中的财务规划。如果创业者不具有财务分析和预测的能力，就应该聘请外部的财务顾问提供帮助。

三、搜集相关信息

编写创业计划书时需要搜集多种信息，主要包括市场信息、运营信息、财务信息等。信息的来源渠道多种多样，互联网就可以为创业者提供大量的有价值的信息资源。

（一）市场信息

产品或服务的潜在市场信息对创业者尤为重要。为了判断市场规模，创业者需要明确自己的目标市场：目标顾客是男性还是女性？是企业还是消费者个人？是高收入人群还是低收入人群？是城市居民还是农村居民？目标市场的确定将会使创业企业的市场规模和市场目标比较容易确定。为了更准确地了解真实的市场信息，创业者往往要花费较多的资源去进行市场调查。

（二）运营信息

在编写创业计划书的过程中，可能需基以下运营信息：地点、生产制造、原材料、设备、劳动技能、生产或办公场所的大小以及其他相关的开支。

（三）财务信息

财务信息的主要作用是说服投资者因为创业企业将来会赢利而对该企业进行投资。主要的财务信息包括：资金的需求和来源、未来的销售情况、资金的周转、企业的投资收益率如何、投资回收期多长、风险资本的退出。

四、准备一份优秀的创业计划书做参考

创业计划的编与有较大的难度，单纯看几本参考书并不能马上解决问题，最好找一份类似的、已经成功的创业计划书作为参考，然后按照提纲来编写。当然，我们只能是借鉴，绝对不能照搬照抄，因为每个企业都应该有自己的特色。

📁 **拓展阅读7-2**

七招看你的创业计划是否可行

当你确定自己适合创业后，不必急着马上走上创业这条路，还必须先评估一下自己的创业计划是否可行。

（1）你看到过别人使用过这种方法吗？一般来说，一些经营红火的公司的经营方法比那些特殊的想法更具有现实性。在有经验的企业家中流行着这样一句名言："还没有被实施的好主意往往实施不了。"

（2）你真正了解你所从事的行业吗？许多行业都要求选用从事过这个行业的人，并对其行业内的方方面面有所了解。否则，你就得花费很多时间和精力去调查诸如价格、销

售、管理费用、行业标准、竞争优势等。

（3）你能否用语言清晰地描述出你的创业构想？你应该能用很少的文字将你的想法描述出来。根据成功者的经验，不能将这些想法变成自己的语言的原因大概也是一个警告——你还没有仔细地思考吧！

（4）你的设想是为自己还是为别人？你是否打算在今后五年或更长时间内，全身心地投入到这个计划的实施中去？

（5）你的想法经得起时间考验吗？当未来企业家的某项计划真正得以实施时，他会感到由衷的兴奋。但过了一个星期、一个月甚至半年之后，将是什么情况？它还那么令人兴奋吗？或者已经有了完全不同的另外一个想法来替代它？

（6）你有没有一个好的网络？开始办企业的过程实际上就是一个组织供应商、承包商、咨询专家、雇员的过程。为了找到合适的人选，你应该有一个服务于你的个人关系网。

（7）明白什么是潜在的回报。每个人投资创业，其最主要的目的就是赚最多的钱。可是，在尽快致富的设想中隐含的绝不仅仅是钱。你还要考虑成就感、爱、价值感等潜在回报。如果没有意识到这一点，那就必须重新考虑你的计划。

经过自我分析后证明你适合创业，同时你也能正确回答上述几个问题，那么你创业成功的胜算将会很高，这时你就可以决定着手去创业了。

第三节　创业计划书的编写与检查

创业名言

如果你打算让你的公司利润最大化，创业计划将告诉你答案并尽可能帮助你避免为企业失败支付高昂的学费。避免创建一家注定失败的企业的成本要远远低于从经验中学习的成本。而让你了解这一切的只不过是全神贯注地花几个小时完成一份创业计划。

——约瑟夫·曼库索（美国首席执行官俱乐部主席）

一份好的创业计划书可以节省相当多的时间和金钱，减轻他们在商业概念形成之前，而不是在企业计划创建之后的心中之痛。

——布鲁斯 R. 巴林杰

一、编写创业计划书的原则

一份好的创业计划书必须呈现竞争优势与投资者的利益，同时也要具体可行，并提出尽可能多的客观数据来加以佐证。编写过程中应具体把握以下原则：

（一）市场导向原则

利润来自市场的需求，没有明确的市场需求分析作为依据，所编写的创业计划书将是空泛的、无意义的。因此，创业计划书应以市场导向的观点来编写，要充分显示对市场现状的把握与未来发展的预测，同时要说明市场需求分析所依据的调查方法与实事证据等。

（二）文字精练原则

创业计划书应避免那些与主题无关的内容,要开门见山、直切主题并清晰明了地把自己的观点亮出来。风险投资者没有时间,也不愿意花过多的时间来阅读一些对他来说毫无意义的东西。文字精练,观点明确,才能引起投资者的注意和兴趣,从而提高融资成功的概率。

（三）前后一致原则

因为创业计划书的内容复杂繁多,容易出现前后不一、自相矛盾的现象。如果出现这种情况,让人很难明白,甚至对计划产生怀疑。所以,整个创业计划书前后的基本假设或预估要相互呼应,保持一致。

（四）呈现竞争优势原则

编写创业计划书的重要目的之一是为投资人或贷款人提供决策依据,借以融资。因此,创业计划书中要呈现出具体的竞争优势,显示经营者创造利润的强烈愿望,并明确指出投资者预期的报酬。但同时也应该说明可能遇到的风险或威胁,不能只强调优势和机遇而忽略不足与风险。

（五）便于操作原则

创业计划书是创业者拟定的创业行动蓝图,因此,它必须具有很强的可操作性,以便于实施。特别是其中的营销计划、组织结构、管理措施、应对风险的方法和策略等,必须具有可行性和可操作性。

（六）通俗易懂原则

创业计划书中应尽量避免使用技术性很强的专业术语,这些术语不是谁都可以看得明白的,过多的专业术语会影响读者阅读的兴趣,让他们觉得太深奥,即使不得已要使用专业术语,也应该在附录中加以解释和说明。

（七）客观实际原则

创业计划书中的所有内容必须实事求是,即使是财务规划也要尽量客观、实际,切勿凭主观意愿进行估计。创业者必须事先进行大量的调查和科学分析,尽量陈列出客观、供参考的数据与文献资料。

二、创业计划书具体内容的编写

凝练创业计划的执行概要,执行概要也叫执行概览或摘要,是创业计划书第一页的内容,是整个创业计划书的概述。

执行概要是为了吸引战略合伙人与风险投资人的注意而将创业计划书的核心提炼出来制作而成的,它是整个创业计划书的精华和亮点,涵盖了计划书的要点。最清晰、简洁的执行概要是依序介绍创业计划书的各个部分,其中的章节顺序应与计划书中的顺序一致,每部分的标题以粗体字显示。一般要在后面所有内容编制完毕后,再把主要结论性内容摘录于此,以求一目了然,在短时间内给读者留下深刻的印象,引起读者的共鸣和认可。

大部分专家建议,如果撰写创业计划书的目的是筹集资金,则最好在执行概要中明确拟定筹集的资金数额以及性质,如果是股权投资甚至可以明确投资者不同投资额下所占企业的股权比例,这样会更吸引投资者的关注,也更容易获得资金。

在执行概要中,必须回答下列问题:

(1) 企业所处的行业、企业经营的性质和范围。

(2) 企业的主要产品。

(3) 企业的市场在哪里、谁是企业的顾客、他们有哪些需求。

(4) 企业的合伙人、投资人是谁。

(5) 企业的竞争对手是谁、竞争对手对企业的发展有何影响。

(6) 如何投资、投资数量和方式。

(7) 投资回报及安全保障。

执行概要如同推销产品的广告,其主要目的是抓住读者的兴趣。因此,编制人要反复推敲,力求精益求精、形式完美、语句清晰流畅而富有感染力,以期引起投资人阅读创业计划书全文的兴趣,特别要详细说明自身企业的不同之处及企业获取成功的市场因素。

三、撰写创业计划书的正文内容

正文是创业计划书的主体部分,一般包括企业描述、产品/服务、创业团队、创意开发、竞争分析、财务分析、风险分析和退出策略等内容,如图 7-1 所示。

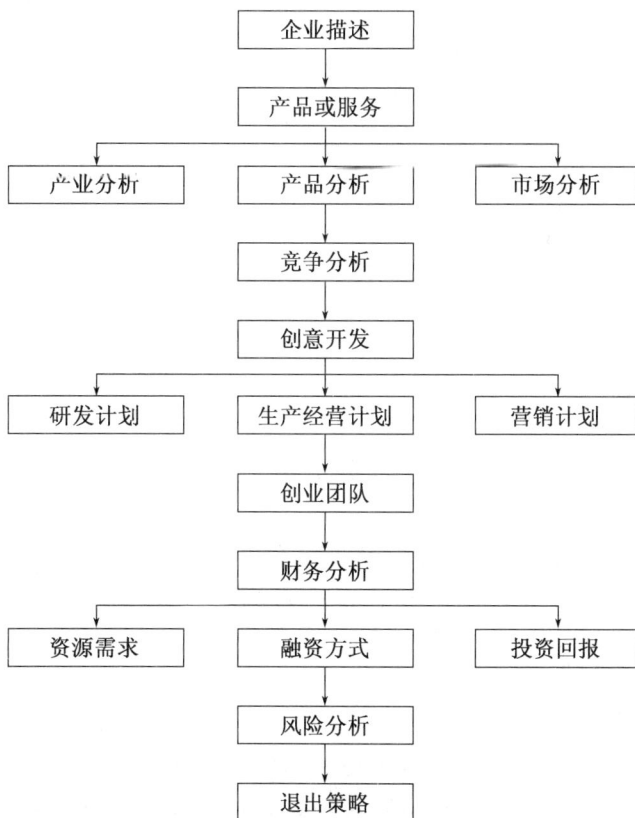

图 7-1 创业计划书正文内容示意图

（一）封面设计

封面是创业计划书的脸面，如同大学生的求职简历，它首先呈现在读者面前，因此一定要有独特的风格。创业计划书的封面重在设计，要求设计者要有一定的审美能力和艺术天赋。有人认为别人看不懂的一定是独特的，其实这是错误的认知。封面一般以简约、明确为主，忌晦涩怪异。封面既突出了创业项目，又具有一定的审美观和艺术性，能使阅读者产生最初的好感，形成良好的第一印象。

（二）企业介绍

企业介绍如同自我介绍，目的就是让投资者认识该企业。企业介绍中会涉及企业的基本概况（名称、组织形式、注册地址、联系方式等）、发展历史与现状、所提供的产品或服务的竞争力、未来的发展规划和目标等。其中，企业目标是企业要达到的效果，是企业发展的动力，在创业计划书中是亮点所在，因此必须下功夫写好。

（三）市场分析

市场分析在整个创业计划书中起着举足轻重的作用，主要包括目标市场分析、行业分析、竞争对手分析等内容。

1. 目标市场分析

目标市场由著名的市场营销学者麦卡锡提出。他认为应当按消费者的特征把整个潜在市场分成若干部分，根据产品本身的特性选定其中部分消费者作为一个特定的群体，这一群体被称为目标市场。例如，对手机消费群体的分析如下：手机更新换代异常频繁，早已进入了寻常百姓家。但手机又有诸多消费群体，高端人士青睐外观精巧、质量上乘、功能先进的手机，商务人士喜欢具备多样化的商务功能的手机，学生一族追求时尚型手机，而普通百姓则以结实耐用的手机为首选。

对目标市场的分析，应从以下几个方面入手：

（1）你的细分市场是什么？

（2）你所拥有的市场有多大？

（3）你的市场份额是多少？

（4）你的目标顾客群是哪些或哪类人？

（5）你的五年生产计划、收入和利润是多少？

（6）你的营销策略是什么？

详细的目标市场分析能够促进投资者判断企业目标的合理程度及他们承担的风险的大小。在对目标市场的分析中，创业者需要阐明这样的观点：企业处在一个足够大，发展前景非常广阔的市场中，并有足够的能力应对来自各方面的竞争。

拓展阅读 7-3

目标市场的选择策略

1. 目标市场的选择策略即关于企业为哪个或哪几个细分市场服务的决定。通常有以下五种模式可供参考：

（1）市场集中化。企业选择一个细分市场，集中力量为之服务。较小的企业一般这样专门填补市场的某一部分。集中营销使企业深刻了解该细分市场的需求特点，采用针对性的产品、价格、渠道和促销策略,从而获得强有力的市场地位和良好的声誉,但同时隐含较大的经营风险。

(2) 产品专门化。企业集中生产一种产品,并向所有顾客销售这种产品。例如,服装厂商向青年、中年和老年消费者销售高档服装,而不生产消费者需要的其他档次的服装。这样,企业在高档服装方面树立了很高的声誉,但一旦出现其他品牌的替代品或消费者流行的偏好转移,企业将面临巨大的威胁。

(3) 市场专门化。企业专门服务于某一特定顾客群,尽力满足他们的各种需求。例如,服装厂专门为老年消费者提供各种档次的服装。企业专门为这个顾客群服务,能建立良好的声誉,但一旦这个顾客群的需求量和特点发生突然变化,企业就要承担较大风险。

(4) 有选择的专门化。企业选择几个细分市场,每一个对企业的目标和资源利用都有一定的吸引力,但各细分市场彼此之间很少或根本没有任何联系。这种策略能分散企业经营风险,即使其中某个细分市场失去了吸引力企业还能在其他细分市场盈利。

(5) 完全市场覆盖,企业力图用各种产品满足各种顾客群体的需求,即以所有的细分市场作为目标市场。例如,服装厂商为不同年龄层次的顾客提供各种档次的服装,一般只有实力强大的大企业才能采用这种策略。例如,IBM 公司在计算机市场,可口可乐公司在饮料市场开发众多的产品,满足各种消费需求。

2. 行业分析

行业是企业要进入的市场。在创业计划书中,创业者要分析所入行业的市场全貌及关建性的影响因素。行业分析需要从以下几个方面来进行:

(1) 该行业现状:处于萌芽期还是成熟期? 发展到了何种程度? 总销售额是多少? 总收益如何?

(2) 该行业的发展趋势:未来走向如何?

(3) 该行业的影响因素:国家的政策导向、社会文化环境、竞争者的现状、行业壁垒等。

(4) 该行业市场上的所有经济主体概况:竞争者、消费者、供应商、销售渠道等。

在进行行业分析时,应该对所选行业的基本特点、竞争状况及未来趋势有准确的把握,这些是建立在对所选行业充分了解的基础之上的。创业者只有做到这一点,才能了解行业发展规律。认清行业发展方向,确立企业发展目标。

3. 竞争对手分析

竞争对手是这样一类企业:它们在市场上和你的企业提供着相同或类似的产品和服务,并且在配置和使用市场资源过程中与你的企业具有一定的竞争性。如何打败竞争对手,如何在竞争中胜出是每个企业家都需要考虑的问题。

信息搜集是进行竞争对手分析的前提。企业内部信息库、传统媒体、互联网、商业数据库、咨询机构、服务机构、人际关系网络等都是搜集竞争对手信息的重要途径。当你获得竞争对手们的基本情况、产品情况、营销策略、技术含量、商界信誉等信息后,做好了相关准备工作,你的创业计划书就会有据可循、表述充分。进行竞争对手分析时,应该从以下几个方面入手:

(1) 你的竞争对手有哪些? 你的主要竞争对手有哪些? 你最大的竞争对手是谁?

（2）你的竞争对手的优势在哪里？有什么新动向？

（3）竞争中你具备哪些优势和劣势？优势如何发扬，劣势如何消除？

（4）你能否承受竞争所带来的压力？

（5）你将采取什么策略战胜竞争对手？

拓展阅读 7－4

波特五力分析模型

迈克尔·波特于 20 世纪 80 年代初提出了波特五力分析模型，用以分析竞争战略和竞争环境。这五力分别是：供应商的讨价还价能力、购买者的讨价还价能力、潜在竞争者进入的能力，替代品的替代能力和行业内竞争者现在的竞争能力。

该模型的理论建立在以下三个假定基础之上：制定战略者可以了解整个行业的信息；同行业之间只有竞争关系，没有合作关系；行业的规模是固定的。因此，只有通过夺取对手的份额来占有更大的资源和市场。实际上，这三个假定是不现实的，因此，该模型在较大意义上是一种理论思考工具，而非可操作性的战略工具。

（四）产品（服务）介绍

在进行投资项目评估时，投资人一般关心的问题之一就是：企业的产品（服务）能否及在多大程度上解决现实生活中的问题，或者企业的产品（服务）能否帮助顾客节约开支，增加收入。因此，产品（服务）介绍是创业计划书中必不可少的一项内容。

产品介绍包括产品的名称、特性、市场竞争及研发过程、品牌、专利、市场前景等。其中，产品的特性是不同产品之间或同类产品之间相互区别的标志，所以一定要详细且通俗易懂地表述出你提供的产品或服务与同类产品或服务相比有哪些独特之处。如果产品还在设计之中，最好提供相应的设计方案并证明自己的生产能力；如果产品已经生产出来了，就要附上原型介绍及图片。如果产品是创新型产品，创新就成了该产品的特性。

在产品（服务）介绍部分，通常要回答以下问题：

（1）顾客希望从企业的产品或服务中得到什么？

（2）与竞争对手相比，企业提供的产品或服务有哪些优势与劣势？企业采取何种办法取长补短？

（3）企业拥有哪些专利与许可？企业为自己的产品采取了哪些保护措施？

（4）企业对新产品或服务有何规划？

（5）企业的产品或服务定价为何能给企业带来长效利润？

（6）该产品或服务如何拥有稳定的顾客群？顾客群一旦缺失，企业该如何应对？

需要注意的是，任何个创业者在创业之初都会对自己提供的产品或服务充满信心因此在创业计划书的写作中难免会有许名赞美之词。但是，企业的种种承诺都是应该兑现的，因此，对产品或服务的介绍一定要实事求是，不能夸夸其谈。

（五）人员及组织结构说明

企业管理的好坏直接决定了企业经营风险的大小，而高素质的管理人员和良好的组织结构则是管理好企业的重要保证。因此，风险投资者会特别注重对企业管理人员及组织结构的评估。

1. 主要管理人员介绍

主要管理人员一般是董事会成员及主要营销人员。董事会成员决定企业的发展,营销人员关乎企业的效益。因此,有必要介绍他们的详细经历和背景,以及他们的职责和能力。具体来讲,主要管理人员介绍包括个人基本信息(姓名、年龄、政治面貌等)、工作履历、受教育程度、主要经历、道德素养和综合素质。

在介绍过程中,要重点描述关键管理人员的才能和职责。这些人员如同领头奔跑的骏马,起着带队引领、示范表率的作用。创业管理团队的高效率能激发投资者的信心。因此,一方面,创业者需要建立起一个团结向上、责权明晰的团队;另一方面,在创业计划书的写作中要凸显团队风采。

人事安排之后,还要对企业存在的岗位空缺进行辨识,通过"技能概貌和管理团队分析表"可以有效地发现岗位空缺;对空缺岗位的性质和填补空缺的计划也要进行分析,如表7-1所示。

表7-1 技能概貌和管理团队分析表

项目	行政领导	采购主管	运营主管	销售主管	人力资源主管	管理信息主管	会计主管	财务主管
姓名								
姓名								
空缺								
空缺								

所有权及其分配。企业的所有权结构及其分配计划也是必要的内容之一,通过列表的方式展开会给人以清晰、简洁的印象。表7-2是一种常见的描述所有权结构及其分配的表格。

表7-2 所有权结构及其分配表

项目	岗位	投资额	所有权分配
姓名			
姓名			
股份			
合计			

需要注意的是,在设计所有权结构时,应考虑到企业未来发展对人才的需求,留出一定的股权比例给将要引进的关键人才。

2. 组织结构介绍

组织结构即企业管理架构。组织结构类型很多,但初创企业组织结构相对比较简单,员工就是股东。组织结构的关键是分工明确,各司其职。此部分内容具体包括:企业的组织结构图;各部门的功能与责任;各部门的负责人及主要成员;企业的报酬体系;企业的股东名单,包括认股权、比例和特权;企业的董事会成员;各位董事的背景资料等。

企业结构部分应披露企业当前如何组织以及企业不断发展时将会如何组织。企业结构是涉及企业内部相互作用和影响的细节问题,也是创业者必须认真对待以使企业平稳运行的关键问题。组织结构图是对企业内部权利、义务进行分配的常用工具,常见的有中央集权制、分权制、直线式以及矩阵式的组织架构图,如图7-2所示。

图 7-2 某公司的组织结构图

建立一个顾问委员会,提供每个成员的简要经历,会使新企业脱颖而出;如果能识别适合企业的律师和会计师、投资者、业务顾问、银行家等其他有关人士,提供其简短的个人经历也可以给读者留下企业正在努力征求与业务有关建议的印象,会使企业的管理团队更加完美。

(六) 市场预测

市场预测就是运用科学的方法,对影响市场供求变化的诸多因素进行调查研究,分析和预见其发展趋势,掌握市场供求变化的规律,为经营决策提供可靠的基础。当企业要开发一种新产品或向新的市场扩展时,首先就要进行市场预测。如果预测的结果并不乐观,或者预测的可信度让人怀疑,那么投资者就要承担更大的风险,这对多数风险投资者来说都是不可接受的。

首先,市场预测要对需求进行预测,例如,市场是否存在对这种产品的需求?需求程度是否可以给企业带来所期望的利益?新的市场规模有多大?需求发展的未来趋势及其状态如何?有哪些因素会影响需求?其次,市场预测还要包括对市场竞争情况和企业所面对的竞争格局进行分析:市场中主要的竞争者有哪些?是否存在有利于本企业产品的市场空当?本企业预计的市场占有率是多少?本企业进入市场会引起竞争者怎样的反应,这些反应对企业会有什么影响?

在创业计划书中,市场预测应包括:市场现状综述、市场需求预测、竞争厂商概况、目标顾客和目标市场、本企业产品的市场地位等。

创业者对市场的预测应建立在严密、科学的市场调查基础上。企业所面对的市场本来就有变幻不定、难以捉摸的特点,因此,创业者应尽量扩大收集信息的范围,重视对环境的预测手段和方法。创业者应牢记的是,市场预测不是凭空想象,对市场错误的认识是企业经营失败的最主要原因之一。

(七) 营销策略叙述

营销是企业经营中最富挑战性的环节,影响营销策略的主要因素有消费者的特点、产品的特性、企业自身的状况、市场环境方面的因素,最终影响营销策略的则是营销成本和营销效益。

在创业计划中,营销策略应包括:市场机构和营销渠道的选择、营销队伍建设和管理、促销计划和广告策略、价格决策等。

对于处于不同发展阶段的企业来说,其营销策略是不同的。对于创业企业来说,由于产品和企业的知名度低,很难进入其他企业已经稳定的销售渠道中去。因此,企业不得不暂时采取高成本、低效益的营销战略,如上门推销、大打商品广告、向批发商和零售商让利,或交给任何愿意经销的企业销售等。而对发展的企业来说,一方面可以利用营销渠道来适应企业的发展,另一方面也可以开发新的销售渠道以适应企业的发展。

拓展阅读 7-5

营销计划的关键问题

第一组问题:

你的产品出厂价格是多少?

你希望最终的销售价格是多少?

你能控制最终价格吗?

定价的依据是什么?

在你的定价中,你的销售额是多少? 利润是多少?

你的定价是合理的吗? 为什么?

你的定价和营销战略是一致的吗?

如何应对市场价格混乱?

第二组问题:

目标客户中,哪些是最容易入手的?

你有多少条渠道? 评价渠道的优劣情况。

在哪里可以买到你的产品?

你会通过哪些分销渠道来分别接近哪些目标客户?

你将如何让你的目标客户注意到你的产品?

你将如何与你的目标客户进行沟通?

你有一个很好聆听顾客心声的渠道吗?

你将如何争取第一批客户?

如何在竞争对手之前迅速占领市场?

你如何控制渠道?

如何管理一线推销员?

有广告计划吗?

第三组问题:

一线推销员是如何体现企业形象的?

广告和企业理念是一致的吗?

产品设计反映了客户价值吗?

（八）生产计划说明

生产计划作为创业计划书的重要组成部分，其作用在于使投资者了解企业的研究进度和所需资金。在这一部分，创业者应该明确业务流程。在业务流程中，创业者一定要明确其中的关键环节，要写明企业的基本运营周期及间隔时间，更要将季节性生产任务和生产中会遇到的问题及解决方案解释清楚。

具体来说，创业计划书中的生产计划应包括以下内容：厂房基本情况，包括地址、基础设施和基本配置情况；产品制造和技术设备现状；生产流程及关键环节介绍；新产品投产计划；生产经营成本分析；质量控制和改进计划及能力。

（九）财务规划描述

一份好的财务规划可以帮助企业降低经营风险，增强风险企业的评估价值，提高企业获取资金的可能性。如果说创业计划书是创业者在筹资过程中所做事情的整体概括，那么财务规划就是创业计划书的臂膀，为创业计划书提供有力的支撑。财务规划一般包括以下内容：

1. 历史经营状况数据

这里针对的是既有企业，初创企业不会涉及此类问题。企业在过去几年的经营状况是未来发展的重要参考，投资者会以此作为抉择的重要依据。创业者应提供过去三年的现金流量表、资产负债表和损益表。其中，现金流量表是企业的生命线，企业无论在初创期还是扩张期都要对流动资金有预先的计划并在使用中进行严格控制；资产负债表表现企业在某一时刻的状况，是投资者用来衡量企业的经营状况及投资回报率的依据；损益表是企业盈利状况的写照，它反映了企业在运作一段时间后的经营成果。

2. 未来财务整体规划

未来的财务规划是建立在生产计划和营销计划基础之上的。严格来说，创业计划书中的前述内容都可作为企业制定未来财务规划的依据。有理有据，有适当的假设，是做好财务规划的前提。创业者要做的工作是：论述未来 3～5 年内的生产运营费用和收入状况，将具体财务状况以财务报表的形式展示出来。

要写好财务规划，创业者必须要回答以下问题：

（1）单件产品的生产成本是名少？利润是多少？

（2）产品定价是多少？在固定时间内产品的销售量是多少？

（3）雇佣哪些人生产、加工、销售产品？工资预算是多少？

提示：

财务规划需要财会方面的专业知识，要做到规划精细、账款明晰，最好由这方面的专业人员来撰写。专业人员能够避免财务报表漏洞百出，也能增强投资者的信任感。因此，创业管理团队中有熟悉财务的成员是非常必要的。

3. 财务分析

创业计划书中的财务分析包括资源需求分析、融资计划、预计财务报表及投资回报等内容。

（1）资源需求分析。创办企业需要人、财、物等方面的不同资源。人的资源在管理团队部分已经进行了较为详尽的阐述。财力资源在下面的融资计划部分进行说明。这里需要向读者展示的是企业需要的物质资源。创业需要的物质资源一般表现为有形资产,按照流动性可以分为流动资产和非流动资产。流动资产是在1年或者1年以上的一个营业周期中可以变现的资产,如原材料、库存商品等;流动资产以外的有形资产或无形资产均属于非流动资产,如机器设备、家具、商标权、专利权等。购置资产需要支付资金,从而影响到企业的融资计划。通过编制主要设备表可以对固定资产支出进行预估,再结合对流动资产资金需求的判断,可以计算出物质资源需要的资金数量;如果企业需要购买专利或商标等无形资产,也要在这里估计出需要的资金支出。

(2)融资计划。根据上面资源需求的分析,结合管理团队的构成及分工,企业应该能够计算出总的资金需求,这时需要编制资金明细表,以对资金的来源和运用情况进行系统分析。资金明细表的格式如表7-3所示。

表7-3　资金明细表

资金运用	资金来源
开办费用:	负载
注册登记费	短期借款
工资	长期借款
办公用品	小计
培训费	所有者权益
差旅费	管理团队投资
租金	风险投资
……	天使投资
小计	小计
流动资产:	合计
原材料	需要的融资额:
库存商品	
……	
小计	
非流动资产:	
固定资产	
其中:机器设备	
房屋建筑物	
无形资产	
……	
小计	
合计	

注:表中的长、短期借款是指基本洽谈完成后可以取得的借款;资金运用合计减去资金来源合计的差额为"需要的融资额",是否需要创业团队继续争取的外部融资额。

(3)预计财务报表及投资回报。一般来说,创业计划书中本部分的内容最受关注,因为无论什么项目,最终投资与否的决策和该项目能否实现盈利都有着直接的关系。对于商业创业来说,其目的便是回收投资、赚取利润。预计财务报表包括预计利润表、预计资产负债表和预计现金流量表等内容,计算并提供有关的投资回报指标可以增强对投资者的吸引力,帮助企业更容易地获得资金。

① 关键假设。因为编制的是预计报表,而非企业真实的财务状况,因此,需要在编制预计报表之前给出编表的基本假设,如对未来经济形势的判断,对销售变化趋势的分析,预计销售量、单价、销售成本的估算方法,假定的企业信用政策、利润分配方案,固定资产折旧计提和无形资产摊销的方法,存货发出计价方法等。

② 预计利润表。利润表是反映企业一定时期经营成果的报表,其编制依据是"收入－费用＝利润"。预计利润表中的"收入"来源于营销策略中对销售收入的估计;"销售成本"来源于生产计划中对于成本的估算,以及假设的存货发出计价方法;"财务费用"来源于融资计划中负债资金的筹集金额及其利率;"销售费用"来源于营销策划中对于营销费用的估算;管理费用来源于费用预算。预计利润表简表的格式如表7－4所示。

表7－4　预计利润表简表

企业名称:　　　　　　　　　　　　　　　　　　　　　　年　　单位:

项目	1月	2月	3月	4月	……	2年
一、营业收入						
减:营业成本						
营业税金及附加						
销售费用						
管理费用						
财务费用						
二、营业利润（损失以"－"号填列）						
加:营业外收入						
减:营业外支出						
三、利润总额（损失以"－"号填列）						
减:所得税费用						
四、净利润（损失以"－"号填列）						

在企业实现盈亏平衡之前的预计利润表都应该按月进行编制,实现盈亏平衡之后的利润表前两年可以按季度编制,后两年可以按年度编制。一般来说,需要编制3～5年的预计利润表。

③预计资产负债表。资产负债表是反映企业一定日期财务状况的报表,其编制原理是"资产负债＋所有者权益"。资产负债表的数字基本来源于前面的分析和预测,其简表的格式见第五章中的相关内容。

预计现金流量表。企业不一定因为亏损而破产,却会因为现金断流而清算。因此,一定要加强对现金流量的管理。编制预计现金流量表能够很好地控制现金流量。现金流量表是反映企业一定期间现金及其等价物增减变动情况的报表。现金流量表简表的格式如表7-5所示。

表7-5 现金流量表简表

企业名称： 年 单位：

项目	第一年	第二年	第三年
一、经营活动产生的现金流量			
净利润			
加:折扣和摊销			
财务费用			
存货减少			
经营性应收减少			
经营性应付项目增加			
经营活动产生的现金流量			
二、投资活动产生的现金流量			
构建固定资产、无形资产和其他长期资产支付现金			
投资支付现金			
支付其他与投资活动有关的现金			
投资活动产生的现金流量净额			
三、筹资活动产生的现金流量			
吸收投资收到的现金			
取得投资收到的现金			
收到其他与筹资活动有关的现金			
筹资活动现金流入小计			
偿还债务支付的现金			
分配股利、利润或偿还利息支付的现金			
支付其他与筹资活动有关的现金			
筹资活动现金流出小计			
筹资活动产生的现金流量净额			
四、现金及现金等价物净增加额			
加:期初现金及现金等价物余额			
五、期末现金及现金等价物余额			

预计现金流量表的编制要求和预计利润表相同。

④ 投资回报。一般来说,在本部分还要求提供投资回报的资料,如企业的盈亏平衡点、投资回收期、投资报酬率、销售利润率、销售净利率、净现值等指标;作为对于借出资金安全性的判断依据,债权人还希望看到企业资产负债状况的资料,所以,资产负债率等指标也可以一起提供。以上指标计算的讲解超出了本书范畴,读者可以参考《会计学》和《财务管理》等教材自行学习。

(十) 风险分析

没有风险分析的创业计划书是不完整的,因为创业本身就带有一定的冒险性,创业过程中的风险也通常会让人始料不及。风险分析不仅能减轻投资者的疑虑,让他们对企业有全方位的了解,更能体现管理团队对市场的洞察力和解决问题的能力。在这一部分,创业者可以从以下几个方面进行阐述:

1. 市场风险

市场风险包括生产中可能遇到的问题、销售者未知的因素、竞争中难以预料的方面、顾客的不同需求与反馈等。

2. 技术风险

技术风险主要是技术研发中的困境,如技术力量不够强大、研发不到位、员工熟练程度不高、经验不足、研发资金短缺等。

3. 资金风险

创业者需要阐明可能出现的资金周转不畅和资金断流等问题,也要讲明万一企业遭遇清算的后果及遭遇清算后有无偿还资金的能力。

4. 管理风险

创业者要实事求是,不能刻意隐瞒管理方面的缺陷和漏洞,而要如实反映情况,诸如人手不足、经验欠缺、资源匮乏等。

5. 其他风险

企业的其他风险有很多,如政策的不确定性、经营中的突发状况、财务上的不确定因素等,都可以归入此类。

创业者的任务是,在对市场,技术、资金、管理够各方面风险进行分析之后,将这些风险及相应的解决方案用清晰的文字在创业计划书中反映出来。风险并不可怕,可怕的是没有应对风险的能力与对策。主动识别和讨论风险会极大地增加企业的信誉,使投资者更有信心。

📁 拓展阅读 7-6

周鸿祎:教您打造十页完美的创业计划书

第一页,用几句话清楚说明你发现目前市场中存在一个什么空白点,或者存在一个什么问题,以及这个问题有多严重,几句话就够了,例如,现在网游市场里盗号严重,你有一个产品能解决这个问题,只需要一句话说清楚就可以。

第二页,你有什么样的解决方案或者什么样的产品,能够解决这个问题。你的方案或者产品是什么,提供了怎样的功能。

第三页,你的产品将面对的用户群是哪些,一定要有一个用户群的划分。

第四页,说明你的竞争力。为什么这件事情你能做,而别人不能做?是你有更多的免费带宽,还是存储可以不要钱?这只是个比方。否则如果这件事谁都能干,为什么要投资给你?你有什么特别的核心竞争力?有什么与众不同的地方?所以,关键不在于所干事情的大小,而在于你能比别人干得好,与别人干得不一样。

第五页,再论证一下这个市场有多大,你认为这个市场的未来是什么样。

第六页,说明你将如何挣钱。如果真的不知道怎么挣钱,你可以不说,可以老老实实地说,我不知道这个怎么挣钱,但是中国一亿用户会用,如果有一亿人用我觉得肯定有它的价值。不清楚如何挣钱没有关系,投资人比你有经验,告诉他你的产品多有价值就行。

第七页,用简单的几句话告诉投资人,这个市场里有没有其他人在干,具体情况是怎样。不要说"我这个想法前无古人后无来者"这样的话,投资人一听这话就要打个问号。有其他人在做同样的事不可怕,重要的是你能不能对这个产业和行业有一个基本了解和客观认识。要说实话、干实事,可以进行一些简单的优劣分析。

第八页,突出自己的亮点。只要有一点比对方亮就行。刚出来的产品肯定有很多问题,说明你的优点在哪里。

第九页,进行财务分析,可以简单一些。不要预算未来三年挣多少钱,没人会信。说说未来一年或者六个月需要多少钱,用这些钱干什么?

第十页,如果别人还愿意听下去,介绍一下自己的团队,团队成员的优秀之处,以及自己做过什么。

一个包含以上内容的计划书,就是一份非常好的创业计划书了。

(资料来源:创业邦)

四、创业计划书的检查

(一)创业计划书检查内容

由于创业计划书要准确回答投资者的疑问,争取投资者对创业企业的信心。因此,在创业计划书编写完成后,可以从以下几个方面对创业计划书进行检查:

(1)检查创业计划书逻辑是否清晰,论据是否充分,表达是否通俗易懂,语法是否正确,用词是否恰当。

(2)是否备有索引和目录,以便投资者可以较容易地查阅各个章节。

(3)是否编写了摘要并放在了最前面。如果已编写,检查摘要是否写得简明扼要、引人入胜。

(4)是否显示出你有管理公司的经验?否则,一定要明确地说明你已经找了一位经营大师来管理你的公司。

(5)是否显示了你有能力偿还借款,从而增强投资者的信心。

(6)是否显示出你已进行过完整的市场分析,要让投资者坚信你在计划书中阐明的产品需求量是真实的。

(7)能否打消投资者对产品或服务的疑虑。如果需要,可以准备一件产品模型。

（二）大学生创业计划书中的常见问题

或许是大学生缺乏实际训练，或许是创业设想还很不成熟，大学生创业计划书中普遍存在一些问题。这里列举一些常见的问题，供准备创业的大学生参考。

（1）主题不够鲜明集中，想法很多，但是不善于收敛，或许是发散性思维使用很顺手，一旦需要按照可行性方向加以评价和收缩时，就有点难以取舍了。

（2）筹资方案不明确，不知道从哪里得到必需的资金，很多情况下就是创业团队自己"凑份子"，这些资金的来源和规模使人缺乏信心，因为大学生自己也没有钱，而为了创业需要家庭赞助，在现实的中国几乎也是不可能的。

（3）财务分析能力非常薄弱，在计算成本中考虑得不够全面，有关税费、财务费用及人工物料等成本要么漏算，要么抠门到不太现实的地步，而在预期收益上却不考虑完全可能的风险，在非常理想的情况下设想收益的丰饶和稳定，结果计算出来的收益率肯定是高于市场的实际水平。

（4）在生产、销售等取节的程序控制和细节管理等几乎完全没有考虑，以为这些常规性的工作不需要这些高手去应对，或者创业者们不屑于这些细枝末节，给人的印象是只要策划做好了，所有的常规运行就可以放心大胆地撒手不管不问。

（5）创业组织的结构，体制构想不明晰，有点像是无限连带责任的合伙制，但是也没有从法律上加以明确说明，多少有点哥们义气，在彼此信赖的基础上白手起家，对于长远发展过程中必然遭遇的产权明晰、责任划分等问题不予考虑。

（6）在项目设计上浪漫色彩偏重，一些看似亮丽实质无谓的品牌包装、形象设计不舍得删改，项目名称和标识很难联想到所在行业和市场定位，让人感觉晦涩、牵强。

（资料来源：瞧这网）

（三）创业计划书的撰写和展示技巧

逐步将创业构想转化成文字的过程，其实就是写作创业计划书主要内容的过程。了解撰写过程中的技巧，能够使撰写的创业计划书更具有吸引力和可信度。

1. 创业计划书的撰写技巧

创业计划书在撰写时如果能对以下 11 个问题有清晰的认识，则一方面可以提高创业计划书的易读性，另一方面可以提高企业融资的概率。

（1）五分钟的考试。一般来说，风险投资家或评审专家阅读一份创业计划书的时间在 5 分钟左右，主要关注业务和行业性质、项目性质（借钱还是风投）、资产负债表、团队、吸引人的地方等内容，因此，创业者在撰写创业计划书时要着重从这 5 个方面予以重视。

（2）内容要完整。一份好的创业计划书起码要涉及如下内容：计划摘要、产品与服务、团队和管理、市场预测、营销策略、生产计划、财务规划、风险分析。创业计划书不应该遗漏任何要素。

（3）投资项目中最重要的因素是人。对于创业团队一定要按照团队组建原则和优秀团队等知识点进行如实描述，对团队成员的构成及其分工情况进行重点介绍。

（4）提高撰写水平的途径是阅读他人的创业计划书。阅读他人的创业计划书是帮助创业者提高自己写作能力的有效途径之一。撰写创业计划书之前阅读十几份他人的创业计划书将会有很大帮助。

（5）记住 43.1% 规则。一位风险投资家一般会希望在 5 年内将其资金翻 6 倍，相当于每年的投资回报率大约是 43.1%。因此，一份承诺 40%～50% 的创业计划书对于风险投资家来说比较靠谱；如果是借款则需要有还本付息计划。

（6）打中 11 环。做最充分的准备，对创业计划进行最详细的论证，准备回答所有和创业计划有关的负面问题，以降低创业风险。另外，在会见风险投资者之前，创业者可以将所有负面问题的答案以"小字条"的方式进行准备，给自己足够的心理支持和勇气。

（7）吸引投资者的方法。取得风险企业家名录是一种事半功倍的吸引投资者的方法。创业者要多多了解风险投资机构的地址和目录，这样可以帮助创业者增进对风险投资者的认识和了解，以便有针对性地展开融资活动。

（8）准备回答最刁钻的问题。对于创业者来说，也许"你的创业计划书给其他风险投资者看过吗？"是一个两难的问题，建议创业者遵循诚实守信的原则，如实回答。

（9）对待被拒绝。审阅创业计划书是风险投资者日常工作的一部分，拒绝大多数的创业计划书也是风险投资者的工作常态。创业者没必要因为创业计划被拒绝而伤心欲绝，而是应该将其作为不断完善创业计划的手段。如果创业者在每一次被拒绝之后，都能够很好地采纳风险投资者的建议，进一步优化其创业计划，则被拒绝一次就离被接受近了一步。

（10）创业计划书最重要的内容。对于投资者来说，创业计划书中最重要的内容是资产负债表以及团队的介绍。资产负债表说明企业的财务状况，能否及时偿债以及有多少尚未分配的利润归属于投资者；创业团队的介绍则是创业项目成功的关键。

（11）把本收回来。任何人进行投资，其最低的要求都是把本金收回来。因此，如果在融资时能够基于这条原则进行阐述，使投资者在最短时间内将本金收回，则得到资金的概率会大为增加。

2. 创业计划书的展示技巧

精心准备和经常演练是使创业计划书展示变得精彩的基本方法。巧妙构思展示的内容、制作专业的展示 PPT，可以提高展示者的信心，使展示获得满意的效果。

（1）展示准备。展示准备和即将展示的内容一样重要。展示准备包括演讲前的准备和演讲过程中的准备两个方面。

在展示自己的创业计划之前，首先需要搜集听众的相关信息，以便和听众建立各种联系。通过搜索风险投资网站，可以了解参加展示的风险投资家或者天使投资者的信息，分析自己的创业计划和这些听众之间是否存在某种联系，或者演讲者本人与这些听众之间是否有个人联系。如果创业计划能够和听众的某些活动联系起来，或者演讲者曾经和听众有过同学关系，或者有相同的兴趣爱好，则会让投资者感觉到给予支持可能带来的益处，或者和演讲者形成融洽的交谈关系，展示工作会达到事半功倍的效果；准备和展示场合相符的服装，按照合理分配的展示时间多进行练习，尽可能多了解展示场地的信息，都是准备阶段应该做的工作。

展示过程的第一步就是决定由谁来负责展示。一般的创业计划大赛都会要求所有创业团队成员参加展示，但是并不要求所有成员都进行陈述，因此选择合适的人员进行陈述是成功的关键因素之一；其次，展示过程中的核心元素是展示的人，而不是展示的幻灯片，展示的幻灯片一定要做得简明扼要,只提供展示的总体框架以及强调发言内容的重点,展示者一定要将听众的目光吸引在自己身上;最后,想方设法使展示生动有趣、充满激情。麻省理工学院的一项权威调查表明,沟通涉及 3 个层面:视觉(身体语言)占 55%,声音(语音语调)占 35%,口头表达(用字用词)占 7%。因此,在展示进程中,通过向观众提问而有意停顿,或提高音量,或使用丰富的表情感染、鼓舞观众,吸引观众的注意力,多和观众沟通等都是不错的展示技巧。

(2)展示内容。展示的重点一定要放在观众而不是演讲者感兴趣的地方;展示的 PPT 应尽可能简单,一些专家给出了 6—6—6 法则,即每行不超过 6 个词语,每页不超过 6 行,连续 6 页文字的 PPT 之后需要一个视觉停顿(采用带有图表的 PPT)等;一场二三十分钟的演讲最多不超过 12 页 PPT。下面是一个推荐的展示:PPT 模板,共计 12页 PPT。

展示的 PPT 往往从标题幻灯片开始。该张 PPT 包括企业的名称、标志、创始人姓名和联系方式。

第一张 PPT:概述。对产品或服务进行简要介绍,对演讲要点进行简介,对该项商业活动带来的潜在收益(经济效益、社会效益)等进行简单说明。

第二张 PPT:问题。说明亟待解决的问题(问题在哪儿?为什么会出现该问题?如何解决该问题),通过调查证实的问题(潜在顾客的需求是什么?专家有哪些建议?问题的严重性如何)。

第三张 PPT:解决办法。说明企业的解决办法与其他解决方案相比的独特之处;展示本企业的解决方案在多大程度上可以改变顾客的生活,以及企业的解决案有什么进入壁垒。

第四张 PPT:机会和目标市场。要清楚定位企业具体的目标市场,对目标市场的广阔前景进行展望;通过图表的方式展示目标市场的规模、预期销售额和预期市场份额等信息,说明拟采取什么方法实现销售计划。

第五张 PPT:技术。介绍技术、产品或服务的独特之处,尽可能使对技术的描述通俗易懂,切忌使用专业术语进行陈述;展示产品的图片、相关描述或者样品,如果产品已经试生产结束,则最好展示样品;说明可能涉及的知识产权问题,以及企业采取的保护措施。

第六张 PPT:竞争。详细阐述直接、间接和未来的竞争者,展示创业计划书中的竞争者方格,说明和竞争对手相比的竞争优势。

第七张 PPT:市场和销售。描述总体的市场计划、定价策略、销售过程以及销售渠道,说明消费者的购买动机、企业激起消费者欲望的方法,以及产品或服务如何到达最终的消费者手中。

第八张 PPT:管理团队。介绍现有管理团队(团队成员的背景和专长,以及在企业中将要发挥的作用、如何进行团队合作等),说明管理团队存在的缺陷或不足,如果有顾问委员会最好予以介绍。

第九张 PPT:财务规划。介绍未来 3~5 年企业总体的盈利状况、财务状况及现金流状况,尽量将规划的内容显示在一张 PPT 上,而且只显示总体数据,同时做好回答和数据相关问题的心理准备。

第十张PPT:现状。用数据突出已经取得的重大进展,介绍启动资金的来源、构成和使用情况,现有的所有权结构以及企业采用的法律形式及其原因。

第十一张PPT:财务要求。如果有融资计划,介绍想要的融资渠道及筹集资金的使用方式,同时介绍资金筹集后可能取得的重大进展。

第十二张PPT:总结。总结企业最大的优势、团队最大的优势,同时介绍企业的退出策略,并征求反馈意见。

思考与练习

1. 你目前有写创业计划书的打算吗?为什么?

2. 从网上搜索三份创业计划书,并对其进行分析。

3. 以小组的方式组建创业团队,拟定一个感兴趣的创业项目,并根据本章所学内容为该项目编写创业计划书。

拓展阅读7-7

这些大佬们是如何发现创业机会的

每个人都有自己的想法,相信自己的想法然后努力去实践,这就是创业。只要你能抓住市场经济动态,就有机会积累人生的第一桶金!让我们来看看马云、李彦宏、马化腾、张朝阳这些大佬们是如何发现创业机会的?

马云:"中国黄页"为淘宝试水

如今时常光顾首富宝座的马云出生在杭州,从小家境贫寒,他两次高考失败,第三次终于被杭州师范学院录取。毕业后,马云被分到杭州电子工业学院教英语,同时兼职做翻译。

后来,马云辞职后换了几份工作,包括做过一个新开张的肯德基店的店长助理。

1995年他创办了海博翻译社。因为帮助杭州市政府和美国一家公司谈合作,马云在去美国时第一次接触到了互联网。

1995年4月,马云垫付7 000元,联合家人亲朋凑了2万元,创建了中国最早的互联网公司之一"海博网络",并启动了"中国黄页"项目。

一位曾在大排档里见过马云的老乡这样描述他:喝得微醺、手舞足蹈,跟一大帮人神侃瞎聊。那时大家还不知道互联网为何物,很多人将马云视为到处推销"中国黄页"的"骗子"。

到了1997年年底,网站的营业额不可思议地做到了700万元!随着互联网在中国升温。

"中国黄页"与杭州电信的竞争使得马云最终向对方出让了70%的股份。

1997年,当时的外经贸部向马云伸出了橄榄枝,他将自己所持的"中国黄页"剩余股份贱卖,带着几个创业伙伴远走北京,继续开发网上贸易站点。

在租来的不到20平方米的小房间埋头苦干15个月后,马云和他的团队不仅让外经贸部成为中国第一个上网的部级单位,而且将净利润做到了287万元。

然而,外经贸部此前对马云团队许诺的股份因种种原因迟迟没有落实,马云决定再度重新创业。1999年2月,在杭州湖畔花园的马云家中,以50万元起步的阿里巴巴诞生了,打造出惊人财富的18人创业团队也合作至今。

2014年阿里巴巴在纽交所上市,马云成为中国首富。

李彦宏:开发软件时发现搜索前景

李彦宏出生于山西阳泉一个普通的工人家庭。父亲李贵富是晋东化工厂(现更名为晋东集团)的锅炉工,母亲是阳泉市一家制革厂的工人。

1987年,李彦宏以阳泉市第一名的成绩考上了北京大学图书情报专业(即现在的信息管理)。不过,其迈进中国最高学府的激动心情,渐渐被图书情报学的枯燥、乏味消融。

从大三开始,李彦宏心无旁骛,买来托福、GRE等书,目标是留学美国,方向锁定在计算机专业。1991年,李彦宏收到美国布法罗纽约州立大学计算机系的录取通知书。

他的第一份工作是在IDD公司担任高级顾问,1995年这家公司被道琼斯收购,老板从交易中获得了数百万美元的回报,李彦宏极为震惊:"我明白通过创立高科技公司,你可以获得巨大的成功。"

接下来,李彦宏在帮助《华尔街日报》网络版开发软件时,发现了一种可以根据网络连接数目进行网站排名的搜索方法,但公司高管对此丝毫没有兴趣。

1997年,李彦宏离开了这家公司,并在美国为自己的技术申请了专利。之后在一次会议上,李彦宏受Infoseek的首席技术官威廉之邀,加入Infoseek担任高级工程师,一起开发第一代搜索引擎。

然而,在1999年Infoseek被迪士尼公司收购后,对搜索引擎领域没有给予足够的热情和支持。

李彦宏感觉极为失落,遂决定自立门户,回国创业,并邀请好朋友徐勇做合伙人。借助徐勇在硅谷的人脉,1999年底,他们拿到了两家投资机构的120万美元资金。

回国后,李彦宏创立了中国最大的中文搜索引擎——百度。

马化腾:"移动梦网"改变腾讯生存状态

相比同时代的大部分互联网创业者,马化腾有着不一样的家庭背景。马化腾的父亲马陈术是南下干部,但是马化腾创业也没有在父亲的"关照"下而一帆风顺。

创办QQ初期,马化腾曾试图作价60万元卖掉QQ,但找不到买家。当时任职搜狐的古永锵和冯珏都到腾讯看过,2001年春天,马化腾自己还去新浪见了王志东和汪延,但后来都没有消息。

腾讯在2000年年初获得IDG和香港盈科总共220万美元的投资,但代价是出让了多达40%的股份。据一位当年腾讯的员工回忆,在这次融资过程中,马化腾做了两次腰椎手术,第二次手术后,就平躺在床上举着笔记本电脑办公。

马化腾在煎熬中终于等到了南非MIH集团。与此同时,中国移动推出的"移动梦网"开始改变腾讯的生存状态。

移动梦网通过手机代收费的"二八分账"协议使腾讯收费会员业务成为可能,接下来腾讯赚钱的速度和它当初注册用户的疯长一样惊人。

到现在,腾讯借助QQ已经成为中国最大的互联网公司,几乎涉足了所有互联网业务领域,这是马化腾1998年创业时不曾想到的。

因为那时,马化腾和大学同学张志东决定下海做生意,成立了软件公司,只有 5 条电话线和 8 台电脑,主营业务是为其他公司做软件外包。

当时为了谋生,两人既当销售,又做工程师,什么业务都敢接,做网页、做系统集成、做程序设计,模仿 ICQ 发展出来的 QQ 不过是随项目赠送的副产品。

张朝阳:创业初曾被投资人要弄

张朝阳是陕西省西安市人,张朝阳从小就爱幻想,不甘落后,学过画画,做过飞机航模,拉过二胡,喜欢看《水浒》和《哥德巴赫猜想》,理想是当一名物理学家,获诺贝尔奖。

从大学起,他忙着向成功巅峰攀爬,在冬天洗冷水澡锻炼毅力,围着圆明园长跑。

1986 年,他通过当时全国只有不到一百名大学生能够通过的留学考试,拿到奖学金,去了哥伦比亚大学物理工学院。

1996 年 7 月,张朝阳正式开始了他的融资之旅。为了给投资人打电话,他在美国大街上的公用电话亭排队,他甚至尝到过被投资人赶出办公室的狼狈滋味。

那个时候的张朝阳,为了拿到融资而忍受了颇多美国投资者的要弄。"他们把我要得团团转。"张朝阳说。

经过持续努力,张朝阳见到了 MIT 媒体实验室主任、《数字化生存》的作者尼葛洛庞蒂,这位风云人物在与张朝阳会谈之后答应给他的爱特信公司进行天使投资。这也是改变张朝阳身价的第一笔天使投资。

"最终经过很长时间的接触才确定了三个比较有兴趣的投资人。而我已经被折磨得很厉害了。可能是因为当时我很年轻,气势很强,做事情也很专注,他们三个可能就是被我眼中流露出的对成功的欲望所吸引,才给我机会。事实上,也是在麻省理工学院教授的引荐下,我才得到了第一笔天使投资。"

1996 年 8 月,ITC 爱特信电子技术公司(北京)有限公司正式注册。10 月 13 日,张朝阳终于在自己的账户上看到了 15 万美元,这是爱特信公司获得的第一笔风险投资,投资者包括麻省理工学院教授尼葛罗庞蒂和斯隆管理学院的教授爱德华·罗伯特,尼葛罗庞蒂的另外两万美元在 1997 年到位。

这笔对张朝阳来讲重要之极的投资共有 22.5 万美元,尽管最终只有 17 万美元供他创业,但他终于可以开始做他想做的事了。

大佬们当年创业也是十分坎坷的,这与你如今的情景有多少相似之处呢?

📁 **拓展阅读 7-8**

"挑战杯"大学生创业计划大赛参赛作品模板

一、执行总结

一段非常简练的计划及商业模型的摘要,介绍你的商业项目,一般 500 字左右。

二、公司描述

1. 公司的宗旨

2. 公司的名称、结构

3. 公司经营策略(在这里用最简洁的方式,描述你的产品/服务;什么样的困难你准备解决;你准备如何解决;你们的公司是否是最合适的人选。)

4. 相对价值增值(说明你的产品为消费者提供了什么新的价值)

三、产品与服务

在这里用简洁的方式,描述你的产品/服务。注意不需要透露你的核心技术,主要介绍你的技术、产品的功能、应用领域、市场前景等。

说明你的产品是如何向消费者提供价值的,以及你所提供的服务的方式有哪些。你的产品填补了那些亟须补充的市场空白。可以在这里加上你的产品或服务的照片。

1. 产品优势

2. 技术描述

(1) 独有技术简介。

(2) 技术发展环境。

3. 研究与开发

4. 将来产品及服务

5. 服务与产品支持

四、市场分析

简要叙述你的公司处于什么样的行业、市场、专向补充区域。市场的特征是什么,你的分析与市场调查机构和投资分析有什么不同,分析是否有新生市场,你将如何发展这个新生市场。

例如,如果你在程序软件市场开发 C++或 NT 的平台工具,不要只泛泛地讲这是一个价值 300 亿的大市场。如果你正在制作在 NT 工作平台上的 C++应用程序开发工具,你就应该在报告中详细描述去年共销售了多少 C++开发程序软件,有多少成长型的客户群,你的目标市场是什么,你的竞争对手分到了多少份额,是否有其他的市场/零售商/OEM 厂商在销售你的产品。

1. 市场描述

我们计划或正在××行业竞争。这个市场的价值大约有×××,我们相信,整个行业的主要发展趋势将向着(环境导向型,小型化,高质量,价值导向型)发展。

市场研究表明(引用源)到 20××年该市场将(发展/萎缩)×××。在这段时期里,预计我们力争的细分市场将(成长、萎缩、不发展)。改变这种情况的主要力量是(例如电脑降价,家电商业的蓬勃发展等原因),这个行业最大的发展将达到×××。你的公司可能独一无二的将你的产品/服务和××公司/同级别的公司的现行业务合并。而当今的类似××公司正面临着诸如逐步提高的劳动力成本等困难。

2. 目标市场

我们将目标市场定义为 X,Y,Z。现在,这个市场由 A 个竞争者分享。我们的产品拥有以下优势:高附加值,出色的表现,高品位,为企业量体裁衣,突出个性。

3. 目标消费群

是什么因素促使人们购买你的产品? 你的技术、产品对于用户的吸引在何处? 人们为什么选择你的产品/服务/公司?

4. 销售战略

我们的市场营销部门计划能动用不同的渠道销售我们的产品。

我们之所以选择这些渠道因为下面几个因素：

（1）消费群特点。

（2）地理优势。

（3）季节变化引起的消费特点。

（4）资金的有效运用。

（5）可以利用市场上现有产品的销售渠道。

针对每一个分销渠道，确定一个五年期的目标销售量以及其他假设条件。

五、竞争分析

分别根据产品、价格、市场份额、地区、营销方式、管理手段、特征以及财务力量划分重要竞争者。

1. 竞争描述

2. 竞争战略/市场进入障碍

在这里，研究进入细分市场的主要障碍及竞争对手模仿你的障碍。

六、营销策略及销售

1. 营销计划

描述你所希望进行的业务是怎样的，以及你所希望进入的细分市场。曾经使用分销渠道，例如，零售、对商业机构的直接销售、OEM 以及电子媒介等，还要描述你所希望达到市场份额。

2. 销售战略

描述你进行销售所采取的策略，包括如何促销产品，如通过广告、邮件推销，电台广播或是电视广告等方式。

3. 分销渠道及合作伙伴

你的目的是加强、促进并支持你的产品能更好地满足消费者需求的热点。唯一的原则就是寻找一切可能的有利的途径进行沟通。

（1）促销展出 Trade Shows

（2）广告 Advertising

（3）新闻发布 Press Releases

（4）大型会议或研讨会 Conferences/Seminars。

（5）网络促销 Ineternet

（6）捆绑促销 Promotipnal

（7）媒体刊登 Trade Journal Articles

（8）邮件广告 Direct Mail

七、财务分析

财务数据概要。

八、附录

如有以下材料，请列出。

（1）公司背景及结构。

（2）团队人员简历。

（3）公司宣传品

（4）相关词汇。

说明：

本商业计划模板仅供参赛团队参考，各个团队可以根据自己的实际情况自由发挥。

📁 拓展阅读 7－9

"互联网＋"大学生创新创业大赛项目计划书

> 此处填写某某公司，能够体现产品/技术/服务，更显专业化
> Eg:天津ofo智能家居有限公司

项目名称：

项目类型：

团队成员：

指导教师：

申报日期：＿＿＿＿＿2017 年 6 月＿＿＿＿＿

（各项目团队在编写项目计划书时，可以在此模板内容的基础上增添相关内容，但本模板所有项内容必须填写，不得空缺）

目录（黑体三号）

自动生成目录到三级标题，宋体，5 号，单倍行距，一级标题段前段后 0.5 行
二级标题、三级标题依次缩进 2 字符
（目录页无页码，从正文开始编页码）

一、项目概述（800 字以内）

从市场分析及定位、产品介绍、商业模式、营销策略、财务分析、团队介绍、其他说明等方面阐述。

正文小四、宋体、1.5倍行间距，首行缩进2字符

二、公司简介

2.1　公司概述（包括公司 logo 的介绍以及公司的经营理念等）

2.2　公司现状

2.3　发展规划

一级标题顶行、四号，宋体，加粗，段前段后各0.5行

三、产品与研发

3.1　产品/服务介绍

二级标题顶行、小四，宋体，加粗，1.5倍行间距

3.1.1　产品的用途、功能

3.1.2　行业领域

3.1.3　市场定位

3.1.4　客户价值

3.2　产品/服务特色优势（新颖性、先进性和独特性，竞争优势）

3.2.1　新颖性（先进性、独特性）

3.2.2　竞争优势

3.3　技术研发水平

3.3.1　项目研究内容,已有技术成果（或实施背景、基础）及指标

3.3.2　项目实施的技术方案（包括技术路线、工艺的合理性及成熟性）

3.3.3　项目的关键技术、创新点

3.4　知识产权情况

四、产业化程度（已注册企业填写）

4.1　目前产业化进展（阶段性成果描述）

4.2 已具备的产业化条件(设备、技术、场地、人才、合作等)

4.3 未来产业化进程(分年度目标及前景分析)

五、市场营销

5.1 市场分析(行业背景、现有市场规模及增长趋势等)

5.2 市场定位(地域、产业链、市场占有率等分析)

5.3 SWOT 分析

    5.3.1 优势(Strengths)

    5.3.2 劣势(Weakness)

    5.3.3 机会(Opportunity)

    5.3.4 威胁(Threats)

5.4 风险分析(分析资金、技术、市场、环境、管理等存在的风险和规避方案)

    5.4.1 资金风险及规避方案

    5.4.2 技术风险及规避方案

    5.4.3 市场风险及规避方案

    5.4.4 环境风险及规避方案

    5.4.5 管理风险及规避方案

5.5 营销策略

5.6 盈利方式

5.7 市场预测

六、发展战略

企业愿景及三年规划目标(产品开发、技术提升、市场开拓、技术人才引进、平台建设、跨地域分布、产业链组建、研发/产业化项目里程碑等)

七、商业模式

八、财务分析

8.1 未来三年营收预测表(单位:万元人民币)

项 目	2017 年	2018 年	2019 年
一、主营业务收入(不含税)			
减:主营业务成本			
主营业务税金及附加			
二、主营业务利润(亏损以"一"号)			
加:其他业务利润(亏损以"一"号)			
减:营业费用			
管理费用			
财务费用			
三、营业利润(亏损以"一"填列)			
四、利润总额(亏损以"一"填列)			
减:所得税			
五、净利润(亏损以"一"号填列)			

8.2 未来三年费用预测表(单位:万元人民币)

年份	研发	市场	生产	行政	设备	其他	合计支出
2016							
2017							
2018							

九、融资说明

9.1 项目总投入(目前项目已有的总投资,项目未来一年的融资计划及进展预测)

9.2 资金用途(资金分阶段使用计划及用途)

9.3 资产估值(有形资产估值、无形资产估值及估值计算方法)

十、团队介绍

10.1 团队核心成员介绍

10.2 公司组织结构及人力资源配置

10.2.1 公司组织结构及职责

10.2.2 人力资源配置

十一、项目其他附件材料

（组织机构代码扫描件、专利证书、著作、政府批文、鉴定材料、营业执照复印件）其他

【本章小结】

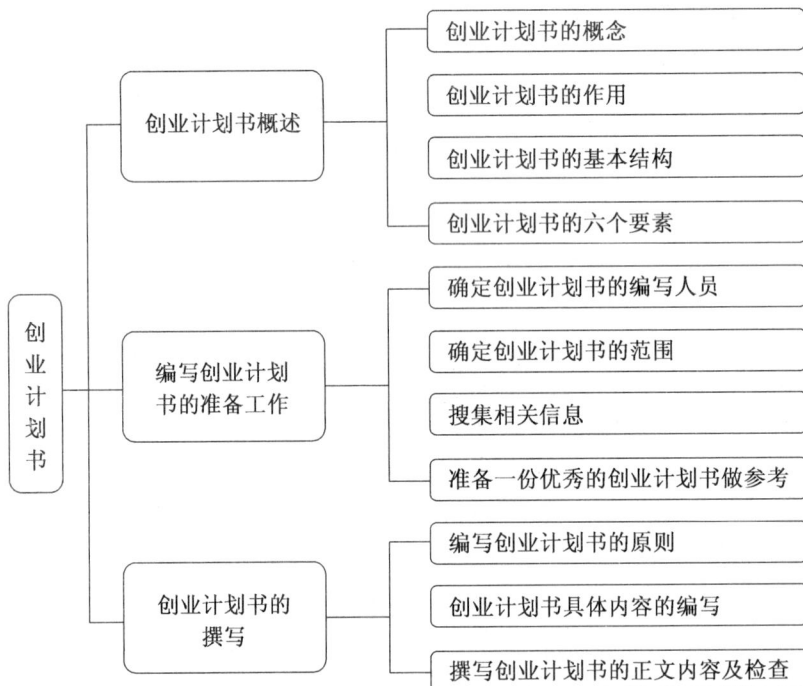

【实践活动】

以小组的方式组建创业团队，拟定一个感兴趣的创业项目，并且根据本章所学习的内容，为该项目编写一份创业计划书。

第八章 新企业的创建

【内容提要】

创业之初，选择合适的企业形态至关重要。在市场经济条件下，企业是独立的经济实体，依据我国现行法律规定，个人创立新企业的法律形式主要有个人独资企业、合伙企业、公司制企业等。不同的企业类型有着不同的设立条件和注册资本限额。创业者发现商机、组建团队、制订创业计划书，对创业资金、场地、设备和财务预算等方面都做好了准备，就应该进入企业的注册登记阶段了。大学生创业者依据法律规定和工商管理程序，到工商行政机关为新企业登记注册，取得营业执照后，一个新企业就诞生了。当然，创业地址的选择也非常的重要，受到市场经济、商圈、物业、所区、个人、价格等等多因素的制约，创业者应本着经济原则、长远发展原则、人才原则和便利原则使企业的落脚点一步到位。企业的名称不容忽视，它要合乎规范、言简意赅、也要新颖别致、讲究个性，更要朗朗上口、悦耳响亮。

【学习目标】

知识目标：

1. 了解企业的法律形式
2. 了解企业名称的构成要素，掌握其命名原则

能力目标：

1. 熟悉各种企业组织形式的比较
2. 把握新企业的选址策略与技巧
3. 熟悉企业的登记与注册流程

【案例导入】

三年有三个品牌栽跟头

在北京双安商场对面华星影院北侧有一个店址，总面积约200平方米，过去3年时间内有3个品牌栽在这里，的确值得关注。

此店址周围集中了麦当劳、肯德基、吉野家、永和大王、半亩园等多个快餐品牌，店址前人流量很大，但却成了多个快餐品牌的"滑铁卢"。据笔者所知，2002年面爱面快餐从这里撤走后由一家日式快餐店接手，2004年初转手给埃斯特比萨，不到一年，经营者又变成了现在的元盛元日式面馆。从目前该店经常在用餐高峰期让人在门前用小喇叭招来顾客看，其生意并不好，恐怕也难以长久。为什么短时间里有这么多快餐品牌栽在这里呢？

难道这里是快餐的"百慕大"？

此店址南侧隔三环路与双安商场相对,中间有两个天桥连接。双安西侧是数码大厦、中电信息大厦等写字楼。店址西南侧是超市,北侧、东侧是双榆树、知春里大型居民区。西北侧是当代商场和人民大学。总体来看双安周边是一个由居民区包围着的区域性商圈,逛街购物者、写字楼上班族、居民、学生四种类型的客源交织在一起,情况复杂。

经过调查发现,店址前以步行进出居民小区的居民为主,用餐高峰期时会有部分上班族和逛街购物者前来找餐厅吃饭,此外在马路对面会有往来于双安——当代之间的逛街购物者和换乘公交的人穿行。这就是该店址的客流特征。

前面提到的开店不成功的各品牌有一个共同的特点,就是价位较高,人均消费超过15元,平均约20元。在这个价位上,白领上班族和中高档商场的顾客是重度消费者。对居民来说,花20元吃一碗面或盖饭不如吃正餐,对多数学生而言经常花20元吃快餐太奢侈了,而且这些品牌对他们的吸引力远没有肯德基、麦当劳大,因此在这个价位上居民和学生并不是重度消费者。而且快餐的辐射范围很小,顾客主要来自半径500米范围之内。此店址距离商场和写字楼较远,使逛街购物者和上班族前来消费很不方便。店址前有大量的居民和学生客流,但他们的消费能力又较低。这使得该店址前虽然客流量很大,但实际上却面临有效客流不足的局面。

(资料来源:《餐饮经理人》(京)2009 年 10 期第 74 - 76 页)

第一节　选择合适的企业形态

在市场经济条件下,企业是独立的经济实体,任何一个额企业都要依法建立。创立企业时,必须对企业的形式进行选择。依据我国现行法律规定,个人创立新企业的法律形式主要有个人独资企业、合伙企业、公司制企业等。不同的企业类型有着不同的设立条件和注册资本限额。

一、个人独资企业

个人独资企业,简称独资企业,是由创业者一个自然人全额出资,独立经营、独担风险,并独享经营成果的一种创业组织形态。作为一种古老的企业形式,独资企业至今仍广泛运用于商业经营中,其典型特征是个人出资、个人经营、自负盈亏和独担风险。

根据《独资企业法》第 8 条规定,设立独资企业需具备以下五个方面的条件:

1. 投资人为一个自然人

个人独资企业的投资人必须是一个人,而且只能是一个自然人。这里所称的自然人,只能是具有中华人民共和国国籍的自然人,不包括外国的自然人,所以外商独资企业不适用于《独资企业法》,而适用于《外资企业法》。

2. 有合法的企业名称

独资企业享有名称权和商号权。独资企业的名称应当与其责任形式及经营范畴相符合。企业的名称应遵守企业名称登记管理规定。企业只准使用一个名称,在登记主管机关辖区内不得与已登记注册的同行业企业名称相同或者相似。独资企业的名称中不得使用"有限""有限责任"字样。

3. 有投资人申报的出资

一定的资本是所有企业得以存在的物质基础,独资企业也不例外。但由于独资企业的出资人承担的是无限责任,而并不仅以出资额为限承担责任,因此《独资企业法》不要求个人独资企业有最低注册资本,仅要求投资人有自己申报的出资即可。这一规定方便独资企业的设立,有利于独资企业的发展。

4. 有固定的经营场所和必要的生产经营条件

这是个人独资企业存续与经营的基本物质条件,至于经营场所与经营条件的规模与数量等则根据各企业不同情况来确定。

5. 有必要的从业人员

这种企业形式的优势在于创业者在创设企业前后的自由度和灵活性。手续简单,只需向工商部门登记即可;经营灵活,无须受第三方因素制约;收益独享,不存在他人分摊。劣势也是显而易见的,所有责任由创业者个人承担,一旦经营失败,有可能倾家荡产。

个人独资企业特点:

1. 企业的建立与解散程序简单。

2. 经营管理灵活自由。企业主可以完全根据个人的意志确定经营策略,进行管理决策。

3. 业主对企业的债务负无限责任。当企业的资产不足以清偿其债务时,业主以其个人财产偿付企业债务。有利于保护债权人利益,但独资企业不适宜风险大的行业。

4. 企业的规模有限。独资企业有限的经营所得、企业主有限的个人财产、企业主一人有限的工作精力和管理水平等都制约着企业经营规模的扩大。

5. 企业的存在缺乏可靠性。独资企业的存续完全取决于企业主个人的得失安危,企业的寿命有限。在现代经济社会中,独资企业发挥着重要作用。

个人独资企业的事务管理:

投资人可以自行管理企业事务,也可以委托或者聘用他人负责企业的事务管理。

1. 内部限制(投资人对受托人职权的限制):

(1) 个人独资企业的投资人对受托人或者被聘用的人员职权的限制,不得对抗善意第三人。

(2) 投资人委托或者聘用的人员管理个人独资企业事务时违反双方订立的合同,给投资人造成损失的,应当承担民事赔偿责任。

2. 法定限制(法律对受托人职权的限制)包括但不限于:

(1) 不得擅自以企业财产提供担保;

(2) 未经投资人同意,不得从事与本企业相竞争的业务;

(3) 未经投资人同意,不得同本企业订立合同或者进行交易;

(4) 未经投资人同意,不得擅自将企业商标或者其他知识产权转让给他人使用。

拓展阅读 8－1

《中华人民共和国个人独资企业法》

第十四条　个人独资企业设立分支机构,应当由投资人或者其委托的代理人向分支机构所在地的登记机关申请登记,领取营业执照。分支机构经核准登记后,应将登记情况报该分支机构隶属的个人独资企业的登记机关备案。分支机构的民事责任由设立该分支机构的个人独资企业承担。

第十八条　个人独资企业投资人在申请企业设立登记时明确以其家庭共有财产作为个人出资的,应当依法以家庭共有财产对企业债务承担无限责任。

第二十八条　个人独资企业解散后,原投资人对个人独资企业存续期间的债务仍应承担偿还责任,但债权人在五年内未向债务人提出偿债请求的,该责任消灭。

第三十一条　个人独资企业财产不足以清偿债务的,投资人应当以其个人的其他财产予以清偿。

第四十二条　个人独资企业及其投资人在清算前或清算期间隐匿或转移财产,逃避债务的,依法追回其财产,并按照有关规定予以处罚;构成犯罪的,依法追究刑事责任。

(资料来源《中华人民共和国个人独资企业法》)

二、合伙企业

合伙企业是指自然人、法人及其他组织依照《中华人民共和国合伙企业法》在中国境内设立的普通合伙企业和有限合伙企业两种组织形式。其中,普通合伙的成员对外均需承担无限连带责任,共同管理资金;而有限合伙中应有一人以上的普通合伙人,对外承担无限责任,同时管理合伙资金,有限合伙的有限合伙人则以出资额为限承担有限责任。

设立合伙企业需具备以下五个方面的条件:

1. 合伙人应当是有完全民事行为能力的人。

2. 有书面合伙协议。协议应载明的事项有合伙企业的名称和主要经营场所的地点,合伙的目的和合伙企业的经营范围,合伙人的姓名及其住所,合伙人的出资方式、数额和交付出资的期限,利润分配和亏损分担方法,合伙企业事务的执行,入伙和退伙,合伙企业解散与清算,违约责任。

3. 有各合伙人实际缴付的出资。合伙人可以用货币、实物、土地使用权、知识产权或者其他财产权利交纳出资。此外,经全体合伙人协商一致,合伙人可以劳务出资。合伙人的出资作为财产投入合伙企业,必须对该财产进行评估。

4. 有合法的企业名称。企业只准登记使用一个名称,在登记主管区域内不得与已登记的同行业其他企业的名称相同或相近。

5. 有经营场所和从事合伙经营的必要条件。

合伙企业的主要特征是:

1. 生命有限

合伙企业比较容易设立和解散。合伙人签订了合伙协议,就宣告合伙企业的成立。新合伙人的加入,旧合伙人的退伙、死亡、自愿清算、破产清算等均可造成原合伙企业的解散以及新合伙企业的成立。

2. 责任无限

合伙组织作为一个整体对债权人承担无限责任。按照合伙人对合伙企业的责任,合伙企业可分为普通合伙和有限合伙。普通合伙的合伙人均为普通合伙人,对合伙企业的债务承担无限连带责任。例如,甲、乙、丙三人成立的合伙企业破产时,当甲、乙已无个人资产抵偿企业所欠债务时,虽然丙已依约还清应分摊的债务,但仍有义务用其个人财产为甲、乙两人付清所欠的应分摊的合伙债务,当然此时丙对甲、乙拥有财产追索权。有限责任合伙企业由一个或几个普通合伙人和一个或几个责任有限的合伙人组成,即合伙人中至少有一个人要对企业的经营活动负无限责任,而其他合伙人只能以其出资额为限对债务承担偿债责任,因而这类合伙人一般不直接参与企业经营管理活动。

3. 相互代理

合伙企业的经营活动,由合伙人共同决定,合伙人有执行和监督的权利。合伙人可以推举负责人。合伙负责人和其他人员的经营活动,由全体合伙人承担民事责任。换言之,每个合伙人代表合伙企业所发生的经济行为对所有合伙人均有约束力。因此,合伙人之间较易发生纠纷。

4. 财产共有

合伙人投入的财产,由合伙人统一管理和使用,不经其他合伙人同意,任何一位合伙人不得将合伙财产移为他用。只提供劳务,不提供资本的合伙人仅有权分享一部分利润,而无权分享合伙财产。

5. 利益共享

合伙企业在生产经营活动中所取得、积累的财产,归合伙人共有。如有亏损则亦由合伙人共同承担。损益分配的比例,应在合伙协议中明确规定;未经规定的可按合伙人出资比例分摊,或平均分摊。以劳务抵作资本的合伙人,除另有规定者外,一般不分摊损失。

成立程序:

为了避免经济纠纷,在合伙企业成立时,合伙人应首先订立合伙协议(又叫合伙契约,或叫合伙章程)其性质与公司章程相同,对所有合伙人均有法律效力,一般包括以下内容:

1. 合伙企业的名称(或字号)和所在地及地址;
2. 合伙人姓名及其家庭地址;
3. 合伙企业的经营以及设定的存续期限;
4. 合伙企业的设立日期;
5. 合伙人的权利和义务;
6. 合伙人的投资形式及其计价方法;
7. 合伙的退伙和入伙的规定;
8. 损益分配的原则和比率;
9. 付给合伙人贷款的利息;
10. 付给合伙人的工资;
11. 每个合伙人可以抽回的资本;
12. 合伙人死亡的处理以及继承人权益的确定;

13. 合伙企业结账日和利润分配日；

14. 合伙企业终止以及合伙财产的分配方法；

15. 其他需经全体合伙人同意的事项。

三、公司制企业

公司制企业又叫股份制企业,是指由两个以上投资人(自然人或法人)依法出资组建有独立法人财产、自主经营、自负盈亏的法人企业。我国现行《公司法》规定,公司制企业的主要形式为有限责任公司和股份有限公司。据《民法通则》第 36 条,两类公司均为法人,投资者可受到有限责任保护。

(一) 有限责任公司

有限责任公司是指股东以其出资额为限对公司承担责任,公司以其全部财产对公司的债务承担责任的企业法人。其优点在于:投资者风险小,易于筹集资本;设立手续简易,机构简单,便于组织管理;股东人数较少,相互了解信任,内部关系密切;资本确定,人员稳定,对外信用牢固。

根据《公司法》的规定,设立有限责任公司,应当具备下列五个条件:

1. 股东符合法定人数。设立有限责任公司的法定人数分为两种情况:一是通常情况下,法定股东数是 2 人以上,50 人以下;二是特殊情况下,国家授权投资的机构或国家授权的部门可以单独设立国有独资的有限责任公司。

2. 股东出资达到法定资本限额。我国《公司法》根据行业的不同特点。规定了不同的法定资本的最低限额:以生产经营为主的公司,人民币 50 万;以商业批发为主的公司,人民币 50 万元;以商业零售为主的公司,人民币 30 万元;科技开发、咨询、服务性公司,人民币 10 万元。关于出资方式,股东可以用货币出资,也可以用实物、工业产权、非专利技术、土地使用权作价出资。其中以工业产权、非专利技术作价出资的金额不得超过有限责任公司注册资本的 20%,但国家对采用高科技成果有特别规定的除外。

3. 股东共同制定章程。

4. 有公司名称,建立符合有限责任公司要求的组织机构。公司作为独立的企业法人,必须有自己的名称。公司设立名称时,还必须符合法律、法规的规定。有限责任公司的组织机构是股东会、董事会,或执行董事、监事会,或监事。

5. 有固定的生产经营场所和必要的生产经营条件。

(二) 股份有限公司

股份有限责任公司是指全部资本分为等额股份,股东以其所持股对公司承担责任,公司以其全部资产对公司的债务承担责任的企业法人。股份有限责任公司的主要特点是:资本证券化,全部资本分为等额股份,以股票形式公开发行,并允许自由转让;个人财产与企业财产相分离;所有权与经营权相分离。

设立股份有限责任公司必须具备下列六个条件:

1. 发起人符合法定人数。发起人应当在 5 人以上,其中有过半数的发起人在中国境内有住所。国有企业改建为股份有限公司的,发起人可以少于 5 人,但应当采取募集设立方式。

2. 发起人认缴和社会公开募集的股本达到法定资本的最低限额。我国《公司法》规定:股份有限公司的注册资本应为在公司登记机关登记的实收股本。股本总额为公司股票面值与股份总数的乘积。同时还规定,公司注册资本的最低限额为人民币1 000万元,最低限额需要高于人民币1 000万元的,由法律、行政法规另行规定。在发起设立的情况下,发起人应认购公司发行的全部股份;在募集设立的情况下,发起人认购的股份,不得少于公司股份数的35%。

3. 股份发行、筹办事项符合法律规定。

4. 发起人制定公司章程,并经创立大会通过。

5. 有公司名称,建立符合股份有限公司要求的组织机构。股份有限公司的组织机构由股东大会、董事会、经理、监事会组成。股东大会是最高权力机构,股东出席股东大会,所持每一股份有一表决权。董事会是公司股东会的执行机构,由5至19人组成。经理负责公司的日常经营管理工作。

6. 有固定的生产经营场所和必要的生产经营条件。

四、各种企业组织形式的比较

(一)独资企业的优势

1. 企业无单独的所得税

独资企业的所得归业主,由业主在计算个人所得税时统一计税。

2. 独资企业很容易建立

大多数市场经济国家处于发展经济的目的,鼓励个人投资,因而对建立独资企业的限制不多。如我国《个人独资企业法》第八条规定,设立个人独资企业应当具备下列条件:投资人为一个自然人;有合法的企业名称;有投资人申报的出资;有固定的生产经营场所和必要的生产经营条件;有必要的从业人员。对出资金额、生产经营条件等方面并无严格限制。

3. 对独资企业管制较少,以保证业主的自主经营管理权

我国《个人独资企业法》除了对独资企业生产经营范围方面做了一定的限制以外,对于财务信息报告、企业发行证券等重要事项并没有做出限制,而对于公司制企业则有相应的管理措施。

独资企业也存在一定缺点:

1. 对业主的无限责任

独资企业的盈亏和资产负债完全由业主承担。一旦企业破产,则所有者不仅可能投资血本无归,还承担企业破产无法偿还的其他债务。

2. 有限的生命期限

独资企业的寿命受限于其所有者,一旦所有者无法继续经营或死亡,则独资企业将清算或变更登记,这在很大程度上影响了独资企业与其他企业的长期战略合作。

3. 难以在资本市场上筹集资本

由于独资企业的有限生命期限以及其规模一般比较小,市场投资者一般认为投资独资企业风险较大,因而不愿意投资于独资企业。

4. 所有权难以转让

由于独资企业的所有权不是股票形式,无法实现自由转让,因而当企业发生经营困难时无法转让企业所有权而降低风险。

(二) 合伙企业

合伙企业是在独资企业基础之上发展起来的一种企业组织形式,它具备独资企业的一些主要特点:组建成本低,无所得税负担,无限责任,有限寿命,难以在资本市场上筹集资金,所有权难以转移。

与独资企业相比,它的进步地方表现在:由于合伙人的增加,企业的资本力量和经营管理能力有所增加。

缺点是合伙人之间的连带责任可能会使无过失的合伙人受到其他合伙人过失的牵连,同时也可能因为合伙人之间的经营权之争而使企业效率降低。

(三) 公司制企业

与独资企业、合伙企业相比,公司制企业具有如下优点:

1. 具有无限寿命

在公司制企业下,企业与所有者相分离。企业所有者只凭借股票(股份)表明其对企业的所有权,如果发生所有者的意外事故(死亡或受伤),只可能影响企业的经营权,并不影响公司的继续经营。而若是在独资或合伙企业下,业主或合伙人发生意外,则企业必将清算或变更登记。具有无限寿命使公司能够独立进行战略规划,建立与外界的长期合作联系,减少了公司的经营风险,为公司在资本市场中融资和在产品市场中建立战略联盟打下良好基础。

2. 对股东的有限责任

在公司制制度下,所有者对企业的责任只是限于其对公司的投资,如果公司发生亏损破产,则所有者至多亏损其投资部分,而不承担额外负担。相比之下,合伙企业和独资企业的所有者风险就大得多,因为他们承担无限责任。对股东的有限责任减少了股东的投资风险,提高了股东的投资积极性,更有利于公司吸收股东的投资

3. 所有权的流动性强

在公司制制度下,所有者对企业的所有权被划分成股份(股票),比如公司法第 35 条规定,有限责任公司股东之间可以相互转让其全部出资或者部分出资。股东向股东以外的人转让其出资时,必须经全体股东过半数同意;不同意转让的股东应当购买该转让的出资,如果不购买该转让的出资,视为同意转让。第 143 条规定:股份有限公司股东持有的股份可以依法转让。这样所有者可以通过股份的转让实现所有权的转让,而同时又不影响公司经营。在独资和合伙组织形式下,由于所有权没有股份划分,所有权的转让必将导致企业的变更登记或清算。所有权的流动性表明了所有者投资的风险:流动性越强,风险越小。因此公司制企业所有者的风险因为所有权的流动性而小于独资和合伙所有者的风险。

4. 资本市场的优越地位

由于公司制企业的无限寿命和所有权的流动性,因此它对市场上的债权人和权益投资者都有较大的吸引力,容易在市场上发行证券筹集资本。相比之下,独资企业和合伙企

业因为有限寿命和缺乏所有权的流动性而难以被市场投资者认可,因而难以筹集资本。

缺点:

1. 双重征税问题。由于公司制企业是一个法人,因此它要就它的所得向政府缴纳所得税,再将税后利润分配给股东。股东在收取公司分配的利润时,又向政府缴纳个人所得税。因此相同的企业利润就被征收了两次所得税。而合伙企业和独资企业就不存在这样的问题。

2. 公司制企业成立有较大的难度。由于公司制企业的有限责任,因此企业的风险就有一部分被转移到企业的债权人和潜在投资者身上。为了保护这些债权人和潜在投资者的利益,国家对公司制企业的成立条件比独资和合伙企业成立的条件限制更为严格。比如我国公司法对有限责任公司和股份有限公司都规定了最低的资本金额,而独资和合伙企业督没有这样的规定。

3. 对公司制企业的管制较多。为保证公司制企业合法经营,保护相关利益者的利益,国家对公司制企业设立了很多的管制。比如对股份有限公司设立了增发股票的限制条件,对上市公司增加了财务信息公开的强制性要求。这直接限制了公司的财务管理行为,也使公司的经营信息公开化,所有这些使公司于不利地位。

4. 大多数公司制企业都存在由职业经理人经营管理企业,在所有者和经营者之间存在着委托和代理问题,因此许多企业有比较高的代理成本。

第二节　新企业开办的法律流程

创业者发现商机、组建了创业团队、制订了创业计划书,对创业资金、场地、设备和财务预算等方面都做好了准备,就应该进入企业的注册登记阶段了。大学生创业者依据法律规定和工商管理程序,到工商行政机关为新企业登记注册,取得营业执照后,一个新企业就诞生了。

不同企业开办的法律责任都不一样,在办理企业注册登记的时候所需的材料和手续也存在差别。需要说明的是,不仅如此,各地政府在企业注册登记方面的具体做法不尽相同,需要根据本地的实际规定进行注册登记工作,本节讨论企业工商登记注册的一般流程,以便提高大学生创业者在办理新企业登记注册时的效率和法律意识。

一、新企业的登记注册流程(7步)

企业工商登记注册的一般步骤有企业名称预先核准登记、申请验资出具验资报告、工商注册登记、刻制印章、办理组织机构代码、设立银行账户、划资、税务登记这几个步骤。

(一) 企业名称

企业名称预先核准登记应到工商局领取《企业名称预先核准申请书》,备齐有关文件材料。一般来说准备的相关材料有:企业名称预先核准申请书,指定代表或委托代理机构受托代理人的身份证明和企业法人资格证明及受托资格证明,代表或受托代理机构及受托代理人的身份证明和企业法人资格证明及受托资格证明,全体投资人的法人资格证明或身份证明。

1. 企业名称结构

《企业名称登记管理规定》第七条规定："企业应当由以下部分依次组成:字号(或者商号),行业或者经营特点、组织形式。企业名称应当冠以企业所在地省(包括自治区、直辖市)或者市(包括自治州)或者县(包括市辖区)行政区划名称。"这一规定明确了构成企业名称的思想基本要素,即行政区划名称、字号、行业或者经营特点、组织形式。

完整的企业名称应由四部分组成:行政区划＋字号(商号)＋行业＋组织形式。

（1）行政区划

根据现行规定,除符合特殊条款规定可以不冠以行政区划名称外,企业名称都应当冠以企业所在地行政区划名称,即行政区划名称应置于企业名称的最前部,如行政区划名称在整个名称的中间出现,则不视为行政区划名称,此类名称亦应按照不冠以行政区划名称的企业名称进行登记管理必须经国家工商行政管理局核准方可使用。《企业名称登记管理规定》符合下列条件企业名称:经国家工商行政管理局核准,可以不冠以所在地行政区划名称:全国性公司;国务院或其授权的机关批准的大型进出口企业;国务院或其授权的机关批准的大型企业集团;历史悠久,字号驰名的企业,外商投资企业;国家工商管理局规定的其他企业。

（2）字号

字号是构成企业的核心要素,应当由两个以上的汉字组成。企业名称是某一企业区别于其他企业或其他社会组织的标志。企业名称在同一登记主管机关辖区内不得与已登记注册的同行业企业名称相同或者近似的规定,主要指字号不得相同或者近似。一个知名企业名称,往往有一个好的字号,这一字号不仅具有一般企业名称字号的标志价值,更具有一定的经济价值。人们提起这些名称,就会联想到企业在某一领域突出的成就,联想到企业的良好信誉和他们的优质产品或服务。取一个好的字号有很多方法,比如:传统字号法,多使用一些吉利的字词,寓意投资人美好的希望,常用"福""顺""发""隆""泰""祥"等,如"全聚德""同仁堂"等;谐趣法,即起名不依传统和常规,追求新奇和个性,或幽默风趣,或以怪异取胜,给人留下深刻印象,如"狗不理"包子;围绕历史重大事件或时代热门话题起名,如"后九七餐厅"表明了投资人对香港九七年回归祖国后的前途充满信心。

（3）行业

企业应根据自己经营范围中经营方式确定名称中的行业或经营特点字词。该字词应当具体反映企业生产、经营、服务的范围、方式或特点,不得单独使用"发展""开发"等字词;使用"实业"字词的,应有下属三个以上的生产、科技型企业。企业确定名称中的行业或者经营特点字词,可以仿照国家行业分类标准分的类别使用一个具体行业名称,也可以使用概括性字词。企业名称中的行业或经营特点用词必须准确,不应明示或暗示有超越其经营范围的业务。如从事国内旅游业务的二、三类旅行社不得称"国际旅行社",从事国内贸易的企业不得称"国际贸易公司"。

（4）组织形式

企业应当根据其组织结构或者责任形式,在企业名称中标明组织形式。企业名称中标明的组织形式,应当符合国家法律、法规的规定。根据适用的不同登记法规,可以将它们分为两大类:一是公司类。《中华人民共和国公司法》规定,依照该法设立的企业名称中必须标明"有限责任公司"或"股份有限公司"字词,"有限责任公司"亦可简称为"有限公司";外商投资企业一般使用"有限公司"作为组织形式,但中外合作企业中如不以出资为限承担有限责任,不得使用"有限公司"作组织形式。二是一般企业类。《中华人民共和国企业法人登记管理条例》没有做明确的规定,使用较多的是"中心""企业""城""厂""所""社"等。

2. 企业名称的规范要求

(1) 企业法人必须使用独立的企业名称,不得在企业名称中包含另一个法人名称。

(2) 企业名称应当使用符合国家规范的汉字,民族自治地区的企业名称可以同时使用本地区通用的民族文字。企业名称不得含有外国文字、汉语拼音字母、数字(不含汉字数字)。

(3) 企业名称不得含有有损国家利益或社会公共利益、违背社会公共道德、不符合民族和宗教习俗的内容。

(4) 企业名称不得含有违反公平竞争原则、可能对公众造成误认、可能损害他人的利益的内容。

(5) 企业名称不得含有法律或行政法规禁止的内容。

(6) 企业名称是企业权利和义务的载体,企业的债权、债务均体现在企业名称项下。

(二) 出资并申请出具验资报告

验资报告是会计师事务所或者审计事务所及其他具有验资资格的机构出具的证明资金真实性的文件。依照《公司法》规定,公司的注册资本必须经法定的验资机构出具验资报告,验资机构出具的验资报告是表明公司注册资本数额的合法证明。

依照国家有关法律、行政法规的规定,法定验资机构是会计师事务所和审计事务所。验资后,验资机构应出具验资报告,连同验资证明材料及其他附件,一并交与委托人,作为申请注册资本的依据。

1. 到工商行政管理局登记分局进行公司名称核准,领取公司名称核准通知书后,须起草公司章程。

2. 凭公司名称核准通知书到银行开设公司临时账户。

3. 出资。各股东全部以现金出资的,应根据公司名称核准通知书及公司章程规定的投资比例及投资金额,分别将投资款缴存公司临时账户,缴存投资款可采用银行转账或直接缴存现金两种方式。股东如以实物资产(固定资产、存货等)或无形资产(专利、专有技术)出资,则该部分实物资产或无形资产,需经过持有资产评估资格的会计师事务所或资产评估公司评估,并以经评估后的评估价值作为股东的投入额。以实物资产作价投入的,作价的实物资产不得超过公司申请的注册资本额的 50%;以无形资产作价投入的,所作价的无形资产不得超过公司申请的注册资本额的 20%。

4. 与会计务所签订验资业务委托书,委托会计师事务所验资。向会计师事务所提供验资资料。

5. 协助会计师事务所到公司开户银行询证股东投资款实际到位情况。

6. 一个工作日后到会计师事务所领取验资报告,并到工商行政管理局登记分局专门登记备案。

（三）工商注册登记

经工商局审核通过后,颁发营业执照。几种主要形态的企业类型登记注册需要准备的文件如下:

1. 个体工商户设立注册登记应提交文件材料有:申请人签署的《个体工商户设立登记申请书》,申请人身份证明,企业经营场所证明,《企业名称预先核准通知书》,国家工商行政管理总局规定提交的其他文件。

2. 个人独资企业注册登记应提交材料有:申请人签署的《个人独资企业开业登记申请书》;申请人身份证明(身份证复印件);申请人委托代理人申请登记的,应当提交《指定代表或者共同委托代理人的证明》(投资人签字及指定代表或委托代理人的身份证复印件,由本人签字);企业经营场所证明(自有房产提交产权证复印件;租赁房屋提交租赁协议复印件以及出租方的房产证复印件;未取得房产证的,提交房地产管理部门的证明或者购房合同及房屋销售许可证复印件;出租方为宾馆、饭企业的,提交宾馆、饭企业的营业执照复印件);《企业名称预先核准通知书》;国家工商行政管理总局规定提交的其他文件。

3. 合伙企业注册登记应提交材料有:全体合伙人签署的设立登记申请书,全体合伙人的身份证明、照片,全体合伙人指定的代表或者共同委托酬代理人委托书,全体合伙人签署的合伙协议,出资权属证明,企业经营场所证明,《企业名称预先核准通知书》,国家工商行政管理总局规定提交的其他文件。

4. 有限责任公司注册登记应提交材料有:《企业设立登记申请书》;公司章程;法定验资机构出具的验资报告;《企业名称预先核准通知书》;股东资格证明;《指定(委托)书》;企业住所证明;经营范围涉及前置许可项目地,应提交有关审批部门的批准文件。

（四）刻制印章

企业印章是公司经营管理活动中行使职权的重要凭证和工具,盖有企业印章的文件,是受法律保护的有效文件,同时意味着企业对文件的内容承担法律责任。凡属以企业名义对外发文、开具介绍信、报送报表等一律需要加盖公司法人公章;凡属经营类的合同、协议等文本,一般使用企业合同专用章或企业法人公章;凡属财务会计业务的,用财务专用章。因此,企业印章必须在公安局备案,并在指定地点刻制。需要准备的材料有营业执照、法人授权书、经办人身份证、营业执照副本原件及复印件。

（五）办理组织机构代码

组织机构代码是对中华人民共和国内依法注册、依法登记的机关、企事业单位、社会团体和民办非企业单位颁发一个在全国范围内唯一的、始终不变的代码标识,其作用相当于单位的身份证号。组织机构代码证书包括正本、副本和电子副本(IC卡),代码登记部门在为组织机构赋码发证的同时,还要采集28项基础信息,并按照国家标准对这些信息进行编码,将这些信息存入代码数据库和代码证电子副本(IC卡)中,供代码应用部门使用。

代码登记部门所采集的基础信息包括机构名称、机构地址、机构类型、经济性质、行业分类、规模、法人代表等。因此,每个依法注册的新企业,都要申领自己的组织机构代码证,它是金业在社会经济活动中的通行证。办理组织机构代码证的机构是质量技术监督局,需要营业执照、法定代表人(或负责人)的身份证原件及复印件、经办人身份证原件及复印件、单位公章及其他所需资料。

(六) 税务登记

税务登记证,是从事生产、经营的纳税人向生产、经营地或者纳税义务发生地的主管税务机关申报办理税务登记时所颁发的登记凭证。企业自领取营业执照之日起 30 日内持有关证件,向税务机关申报办理税务登记。企业经营所涉及的税务按税种不同分国税和地税,前者征收的主要是维护国家权益、实施宏观调控所必需的税种(消费税、关税)和关乎国计民生的主要税种的部分税收(增值税),后者则主要负责适合地方征管的税种(营业税、耕地占用税、车船使用税)。开办企业需前往国税局和地税局办理,但现在很多地区行政机构为简化办事程序,通常设立办事窗口联合办证,大大提高了办证效率。

(七) 设立银行账户

银行账户是各单位为办理结算和申请贷款在银行开立的户头,也是单位委托银行办理信贷和转账结算以及现金收付业务的工具,它具有监督和反映国民经济各部门、各单位活动的作用。根据《银行账户管理办法》,银行账户分为基本存款账户、一般存款账户、临时存款账户和专用存款账户,各类账户均有不同的设置和开户条件。

基本存款账户是企事业单位的主要存款账户,该账户主要办理日常转账结算和现金收付,存款单位的工资、奖金等现金的支取只能通过该账户办理。基本存款账户的开立须报当地人民银行审批并核发开户许可证,许可证正本由存款单位留存,副本交开户行留存。企事业单位只能选择一家商业银行的一个营业机构开立一个基本存款账户。

一般存款账户是企事业单位在基本账户以外的银行因借款开立的账户,该账只能办理转账结算和现金的缴存,不能支取现金。

临时存款账户是外来临时机构或个体经济户因临时经营活动需要开立的账户,该账户可办理转账结算和符合国家现金管理规定的现金。

企业开设基本存款账户所需的材料有营业执照正本原件,组织机构代码证正本原件,组织机构代码 IC 卡,国、地税登记证正本原件,公章、财务专用章、法人章,法人及股东的身份证原件(或法人无法到场时需提供经办人身份证原件)。

二、创办企业必须考虑的法律与伦理问题

(一) 创办企业考虑的法律问题

大学生创业必须符合国家的法律法规等,大学生创业也离不开法律赋予的权利与义务,所以大学生创业必须了解和掌握相关的法律、法规。我们把与创业相关的法律按照其调整的法律关系分为以下六类:

第一类是企业设立期间的相关法律,如《公司法》《合伙企业法》《个人独资企业法》《公司登记管理条例》《企业破产法》等,还要了解有关开发区、高科技园区、软件园区等方面的法规等。这些法律法规规范的是企业设立期间的行为活动,包括企业设立要符合的条件、企业组织的设立和企业制度的设立等问题。

第二类是规范企业劳动关系的法律,如《劳动合同法》《就业促进法》《社会保险法》《工伤保险条例》等。这些法律法规都是处理好企业与劳动者之间的劳动关系,发挥劳动者的积极性,使企业创造更高效益的不可或缺的武器。

第三类是与知识产权相关的法律,如《专利法》《商标法》《信息网络传播保护条例》《计算机软件保护条例》等。掌握好这类法律法规,除了能够更好地保护自身的知识产权权益,同时也更好地保护了他人,避免自身创业行为侵犯他人的知识产权。

第四类是与企业市场交易活动有关的法律,如《合同法》《担保法》《产品质量法》《反不正当竞争法》《反垄断法》《广告法》《消费者权益保护法》等。这类法律法规主要是调整经营者和其他经营者、经营者与消费者之间的法律关系,其目的是规范经营者的合法经营,促进公平交易。

第五类是规范国家宏观调控行为的法律,如《环境保护法》《对外贸易法》《税法》《金融法》《投资法》等,其中《税法》中有营业税、增值税、所得税等等。这类法律都是调整政府与经营者之间的法律关系,政府对经营者的行为进行宏观调控的必不可少的法律法规。

第六类是与纠纷解决相关的法律,如《民事诉讼法》《刑事诉讼法》《行政诉讼法》《仲裁法》《劳动争议调解仲裁法》等,这些法律都是调整诉讼法律关系的重要法律。

(二) 创办企业考虑的伦理问题

1. 创业者与原雇主之间的伦理问题

尽管有些创业企业由学生或自我雇佣者建立,但大部分新企业仍是由曾经从事传统职业的人们所创建。在辞职进行创业后,一些创业者出乎意料地发现,自己已置身于受前雇主公司敌对的境地。以下是辞职时必须遵循的 2 个最重要原则:

(1) 职业化行事

(2) 尊重所有雇佣协议

2. 创业团队成员之间的伦理问题

(1) 未来业务的实质

(2) 简要的商业计划

(3) 创建者的身份和职位头衔

(4) 企业所有权的法律形式

(5) 股份分配(或所有权分割)方案

(6) 各创建者持有股份或所有权的支付方式(现金或相应股权)

(7) 明确创建者签署确认归企业所有的任何知识产权

(8) 初始运营资本描述

(9) 回购条款,明确当某位创建者逝世、打算退出,或法院传票逼迫其出售股份时的处理方案

3. 创业者和其他利益相关者之间的伦理问题

创业者和其他利益相关者之间的伦理问题涉及:

(1) 人事伦理问题:这些问题与公正公平对待现有员工和未来员工有关。不符合伦理的行为范围非常广泛,从招聘面试中询问不恰当问题到不公平对待员工的方方面面,其根源可能是因为他们在性别、肤色、道德背景、宗教等方面有所不同。

(2) 利益冲突:这些问题与那些挑战雇员忠诚的情景相关。例如,如果公司员工出于私人关系以非正当商业理由将合同交给其朋友或家庭成员,这就是不恰当的行动。

(3) 顾客欺诈:这个领域的问题通常出现在公司忽视顾客尊重或公众安全的时候,例

子包括误导性广告、销售明知不安全的产品等。

第三节 新企业选址策略与技巧

如何运用科学的方法决定设施的位置,使之与企业的整体经营运作系统有机结合,以便有效、经济地达到企业的经营目的。通俗地讲,就是确定在何处建厂或建立服务设施。它包括选位与定址两个层面的内容。

一、企业选址的重要性

(一)地址是制订经营战略及目标的重要依据

经营战略及目标的确定,首先要考虑所在区域的社会环境、地理环境、人口、交通状况及市政规划等因素。依据这些因素明确目标市场,按目标顾客的构成及需求特点,确定经营战略及目标,制定包括广告宣传、服务措施在内的各项促销策略。

事实表明,经营方向、产品构成和服务水平基本相同的餐厅,会因为选址的不同,而使经济效益出现明显的差异。不理会餐厅周围的市场环境及竞争状况,任意或仅凭直观经验来选择餐厅地址,是难以经受考验并获得成功的。

(二)地址选择是对市场定位的选择

地址在某种程度上决定了客流量的多少、顾客购买力的大小、顾客的消费结构、餐厅对潜在顾客的吸引程度以及竞争力的强弱等。选址适当,便占有了"地利"的优势,能吸引大量顾客,生意自然就会兴旺。

(三)地址选择是一项长期性投资

不论是租赁的,还是购买的,一旦被确定下来,就需要大量的资金投入。当外部环境发生变化时,餐厅的地址不能像人、财、物等其他经营要素一样可以做相应的调整,它具有长期性、固定性特点。因此,对餐厅地址的选择要做深入的调查和周密的考虑,妥善规划。

(四)地址选择反映了服务理念

地址选择要以便利顾客为首要原则。从节省顾客的购买时间、节省其交通费用的角度出发,最大限度地满足顾客的需要。否则就会失去顾客的信赖和支持,也就失去了存在的基础。

拓展阅读8-2

企业选址的要点

1. 检验停车场的可用性
2. 避免交通堵塞的区域
3. 场所已于访问并且容易引起注意
4. 注意附近不太协调的企业
5. 检查空闲场地的所有权
6. 所在地区的形象可能是一个重要因素
7. 检查附近企业成功和失败的记录

8. 评价这个地区每天、周末和晚上的客流量情况

9. 注意高低污染的区域

二、影响企业选址的主要因素

创业地址的选择受到市场、商圈、物业、所区、个人、价格等多种因素的制约。

（一）市场因素，可以从顾客和竞争对手两个角度来考虑。从顾客角度看，要考虑经营地是否接通顾客，周围的顾客是否有足够的购买力。对于零售业和服务业，企业铺的客流量和客流的购买力决定着企业的业务量。从竞争对手角度看，经营地点的选择有两种不同的思路：一是选择同行聚集林立的地方，同行成群有利于人气聚合与上升，比如当下的服饰一条街、家电市场、小商品市场等；另一种思路则是别人淘金我卖水，别人都蜂拥到某地去淘金，成功者固然腰缠万贯，失败者也要维持生存。如果到他们中间去卖水，肯定稳赚不赔。

（二）商圈因素，就是要对特定商圈进行特定分析。如车站附近是往来旅客集中的地区，适合发展餐饮、食品、生活用品；商业区是居民购物、聊天、休闲的理想场所，除了适宜开设大型综合商场外，特色鲜明的专卖企业也很有市场；影剧院、公园名胜附近，适合经营餐饮、食品、娱乐、生活用品等；在居民区，凡能给家庭生活提供独特服务的生意，都能获得较好发展；在市郊地段，不妨考虑向驾车者提供生活、休息、娱乐和维修车辆等服务。

（三）物业因素同样也不能忽略，在置地建房或租用企业铺前，创业者应首先了解地段或房屋规划的用途与自己的经营项目是否相符；该物业是否有合法权证；还应考虑该物业的历史、空置待租的原因、坐落地段的声誉与形象等，是不是环境污染区，有没有治安问题等都是创业者选择时需要考虑的。

（四）地区因素指的是经营业务最好能得到当地所区和政府的支持，至少不能与当地的政策背道而驰。

（五）个人因素有时会被一些创业者过多地关注，一些人常常选择在自己的住所附近经营。然而这种做法，可能会令创业者丧失更好的机会，或因经营受到局限，购买力无法突破。

（六）价格因素，创业者在购买或租赁商铺时，要充分考虑价格因素，包括资金、业务性质、创业成功或失败后的安排、物业市场的供求情况、利率趋势等，以免做出错误决定，对企业的经营造成不良影响。

选址工作切忌盲听、盲信、盲从，缺少调查和评估将难以找到符合条件的经营场所，因而，选址不能一味求快，创业者应该多对有意向的地段进行多方面的考查，权衡各个因素的优劣，从长远角度考虑，为自己公司以后的经营打下良好的基础。

三、新企业选址的基本步骤

（一）新企业开发计划。在开发一个地区的新企业之前，首先应制定新企业开发计划，企业不同阶段在同一个地区的发展计划会有不同，所以在刚刚进入某地区时，首先应该考虑在消费者心目中树立起品牌形象。除此之外，还要密切关注竞争对手的扩张计划，来制作自己新企业开设方案。

（二）市场资讯收集。在某一地区开发新企业，要详细了解该地区的市场资讯。包括人口、就业、购物场所、娱乐等方面。其中人口包括人口数、年龄、男女比例、住宅人口分布等；就业包括就业人口分布数量、类别、新企业之便利性、主要办公大楼的固定和流动人口等；购物场所包括所在地区、营业时间、主要顾客等；娱乐包括地点、使用率、年限、外观、营业时间等；交通包括总乘车人数、车站之乘客数等；竞争者（包括位置、相对的优点与缺点、预估其营业额等）；政府之计划与法规包括限建、未来计划、公路变更等；商业动态包括经济增长率、失业率、新工程等等方面。在市场资讯的收集中，应重点关注商圈。所谓商圈，指的是以新企业地址为中心，以周围一定的距离为半径所划定的销售区域。

（三）对地点的优劣进行评价。地点优劣评价就是评定一个地点的好坏，将一个地点同商圈内其他地点的几项特定属性进行评比而得出的结果。

（四）确定合理价格。根据地点的评定等级、面积大小、时间因素、建筑物结构和外观、商圈中相似物业的租售价等，确定业主或经纪人的要价是否合理。地点租金或售价的高低对新企业未来的盈利能力有较大的影响。

（五）地点实务评估。不是所有的好地点都适合开设新企业，特别是对于各种不同类型的企业，需要考虑的各种实务因素是否可以满足要求。

（六）营业额预估。在进行商圈调查和地点分析后，选择相类似的企业做比较，预估新企业每小时、每天、每周的营业额分布，再考虑季节性和假日的营业收入差异来预估新企业每月的营业额。

（七）财务状况。财务状况预测和分析是新企业选址中极为重要的环节，在这一步骤中要重点评估新企业的各项财务指标，包括获利能力、开发总成本、投资回报率、投资回收期、保本营业额、贡献利润、现金流量等。

（八）事后分析。在新企业开设以后，将预估的营业额及各种财务指标与实际相比较，以检查新企业选址中各个步骤是否正确，如有则修正，同时为以后新企业的开设积累经验。

📁 **拓展阅读 8-3**

企业选址技巧

1. 路口店的利弊

利：漏斗理论：马路旁边的黄金位置，其实由主干道延伸出的巷弄内，也有许多适合开店的地点。而一般评估巷道内的黄金店面，多使用漏斗理论，指的就是同一个街口，有数家三角窗商店，消费者通常会在回家的路程中顺道消费。因此，位于干道转进巷弄的第一家商店，会像漏斗一样，最先吸引消费者入店。理想的黄金地点，应该是下班路线右边的地点。

弊：大马路黄金地段也可能成为商店经营的死穴。首先，随着车流量的不断增大，紧邻大马路或主干道而带来的噪声、废气污染，与绿色、生态、环保、健康的流行居住趋势背道而驰。这是路边店的最大致命伤。其次，路边店由于受市政规划不确定因素的影响，遭受拆迁等的未来风险要大得多。政府对城市改造、规划的不断深入，越来越多的道路会面临着拓建、改造的可能。在这种情况下,最容易受影响的无疑就是紧贴在马路边的路边店了。

2. 拐角的位置较理想

交叉路口一般是指十字路口和三岔路口,由此形成的拐角的位置往往是很理想的,一般来说在这种交接地,商店建筑的能见度大,可以产生拐角效应。拐角位置的优点是:可以增加橱窗陈列的面积。两条街道的往来人流汇集于此,有较多的过路行人光顾;可以通过两个以上的入口以缓和人流的拥挤。由于商店位置面临两条街,选择哪一面作为自己商店的正门,则成为一个十分重要的问题。一般的做法是,选择交通流量大的街道作为商店的正门,即店面;而交通流量小的街道一面则作为侧门。但在选择十字路口的哪一侧时,则要认真考察道路两侧,通常要对每侧的交通流向及流量进行较准确的调查,应选择流量最大的街面作为商店的最佳位置和店面的朝向。如果是三岔路口,最好将商店设在三岔路口的正面,这样店面最显眼;但如果是丁字路口,则将商店设在路口的转角处,效果更佳。同时,并非行人越多越兴隆,理想的黄金地点,应该是下班路线右边的地点。

3. 同行密集生意好

同行密集客自来,这是经商古训。在商业经营中,在某一些街道或地点,集中经营同一类商品,以其商品品种齐、服务配套完善为特色,可吸引大量慕名而来的顾客。这种经营方法对生产者、消费者都有利,对商品经营者更是适应,市场需要的一种高明的竞争举措。

4. 商店选址与路面、地势、地形的关系

一般情况下,商店选址都要考虑所选位置的道路及路面地势情况,因为这会直接影响商店的建筑结构和客流量。通常,商店地面应与道路处在一个水平面上,这样有利于顾客出入店堂,是比较理想的选择。但在实际选址过程中,路面地势较好的地段地价都比较高,商家在选择位置时竞争也很激烈,所以,在有些情况下,商家不得不将商店位置选择在坡路上或路面与商店地面的高度相差很多的地段上。这种情况,最重要的就是必须考虑商店的人口、门面、阶梯、招牌的设计等,一定要方便顾客,并引人注目。

5. 走向情况

走向是指商店所选位置顾客流动的方向。比如,我国的交通管理制度规定人流、车流均靠右行驶,所以人们普遍养成右行的习惯,这样,商店在选择地理位置进口时就应以右为上。如商店所在地的道路如果是东西走向的,而客流又主要从东边来时,则以东北路口为最佳方位;如果道路是南北走向,客流主要从南向北流动时,则以东南路口为最佳。

【本章小结】

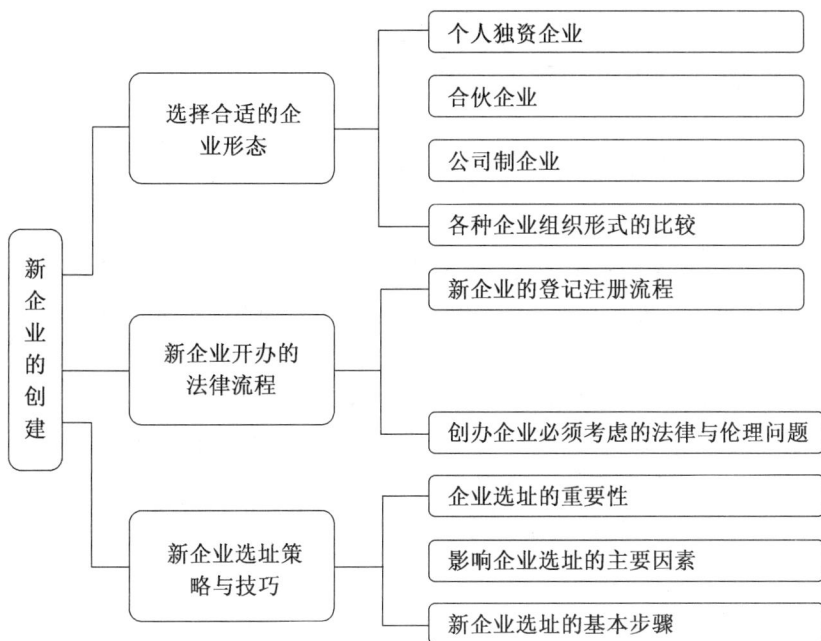

【实践活动】

训练1：

填写你拟创办企业的组织机构

企业将登记注册成	
□个体工商户 □有限责任公司 □个人独资企业 □合伙企业 □其他	
拟议的企业名称：	
企业的员工	
职　　位	职　　责

训练2：

　　小王是宜兴一家工艺品厂的技工,技艺娴熟,而且还是班长,多次被评为先进工作者,小王的妻子小李为人热情,在商场当营业员,销售能力强,一直是柜台的明星销售员。小王所在的工艺品厂在激烈的市场竞争中倒闭了,小王继而下岗。小王家有三间瓦房,夫妇俩有一万元存款,拥有一手好手艺的小王不想再进入其他企业工作,妻子销售能力强,口才又好,夫妻俩一核计,决定自己干。

　　请你帮助小王夫妇规划一下,模拟创办企业的流程。

第九章 初创企业的运行与管理

【内容提要】

万事开头难,初创企业更是如此。任何企业都要有自己的产品,产品在很大程度上决定了企业的盈利模式。大学生创业的目标,也是通过围绕产品展开的一系列流程而实现的。在商品大战中,谁的营销能力高,谁的营销管理能力强,谁就能在激烈的市场竞争中比对手更胜一筹,抢占商机。企业的构建一系列人力资源政策及相应的管理活动。这些活动主要包括企业人力资源规划,员工的招募与选拔、培训与开发,绩效管理、薪酬管理,员工流动管理,员工关系管理,安全与健康管理等。企业初创期人力资源管理的主要内容有人力资源规划、员工招聘、员工考核、员工培训与激励。

【学习目标】

知识目标:

1. 新产品开发的基本方式
2. 新企业的组织结构
3. 企业品牌管理

能力目标:

1. 新产品开发的流程
2. 市场销售渠道及组合策略
3. 员工的招聘与管理

【案例导入】

一个"80后"大学生创业十年赚两亿资产

"拿出1000万元为临沂大学设立助学基金,在企业内部和我家里都有不同声音,而我感觉这里曾帮助过我,是我成长的地方,所以就坚持了下来。"近日,在临沂大学李海鹏基金捐赠仪式结束后,年仅30岁的山东鹏宇控股集团董事长李海鹏对记者说。

坐在记者眼前的李海鹏,瘦瘦的身材,戴副眼镜略显书生气,并没有想象中财大气粗的样子。

"我骨子里有一种干事业的激情。"

李海鹏的经历颇具传奇色彩,细观他的创业史对人们尤其是大学生创业会有不少启示。

"我出生在一个农民家庭,每当看到年老的父母为了孩子而劳作不息的身影,我心里特别疼,我渴望自己快点长大成才,我骨子里有一种干事业的激情。我特别希望赚很多的钱让自己的父母、家人过上好日子。"在回忆创业之初的情形时,李海鹏说。1981年,李海鹏出生于东营市农村,父母都是农民,他在家排行老三,上面有两个姐姐。

2000年李海鹏考入临沂师范学院历史系,2004年毕业。由于家庭困难,上大学第一年的8000元学杂费、生活费还是父母东拼西凑借的。在校期间,李海鹏一边学习,一边利用业余时间兼职,但刚开始时并不顺利。"有一次,我在临沂一家家政公司打工,被派到了一个有钱人家去打扫卫生。那人要求非常严,一而再,再而三地要求返工。我从早上9点一直干到晚上8点,一点点地擦,一点点地清洗。一天下来,本来说好给50多元钱,最后那人还是以擦得不干净为由仅给了30元钱。"他先后干过家政、业务员、推销员等,2001年他用挣来的钱买了一辆二手出租车,简单装饰后就租了出去,最多时他曾买了七辆出租车营运手续。就这样,李海鹏在别的大学生还伸手向父母要钱的时候,就已经有了一份稳定的收入。

利用寒暑假,他还到北京、上海、深圳等地的企业锻炼,这大大开阔了他的眼界。后来他利用积攒的40多万元钱,同别人合伙在深圳开了一家汽车装饰品加工厂,佣工达到200多人,在2004年大学毕业时,他就已经拥有了五六百万元的资产。上大学期间,除了第一年8000元的花费,李海鹏没跟家里再要一分钱。

"我觉得能靠自己干一番事业"

"假如说刚开始打工时,是为了减轻家庭负担,那么到毕业时,我的想法有了改变,我觉得能靠自己干一番事业。"李海鹏说。也许是发现了自己的经商天赋,2004年大学毕业时,李海鹏没有像其他的大学生一样考研或者是考公务员,而是选择了自主创业。他利用闲置资金,在临沂开了一家火锅店,主营火锅、烧烤和特色菜,2006年酒店还被评为"临沂市十大火锅名店"。随后他又逐渐涉足文化、投资、建筑装修等行业,逐步完成了资本积累。

"竞争激烈,眼光必须转变得快。"针对好多项目为什么仅干两三年就不干了的疑问,李海鹏说。从创业至今,他涉足过几十个行业。近两年,他开始收缩战线,化零为整。2009年,他在菏泽创办了占地200多亩的山东皓宇服装有限公司。2010年,他又将企业总部搬到了济南。

今年5月份,企业改制成了控股集团,旗下有十几家企业,核心业务以投资担保为主,总资产达到七八个亿,年销售收入十多亿元,年仅30岁的李海鹏担任了董事长,如今他又开始筹划企业上市的事情。

今年年初,由《法制晚报》联合创业之家网站,历时半年调查,制作了2010年中国"80后"青年创富榜,李海鹏以2.1亿元资产位列第27位。

"毕业后创业首先要有规划"

"人过留名、雁过留声,对临沂大学的捐献只是个开始,我要将慈善进行到底。"李海鹏说,他甚至还计划到国外进行捐助。2006年5月在临沂师范学院65华诞之际,李海鹏就慷慨捐出12万元在社会发展学院设立"海鹏助学基金"。2007年1月和7月,李海鹏还分两次向共青团临沂市委的"希望工程"捐资共12.5万元。2007年9月,李海鹏赞助临沂市第五届"书圣文化节"20万元。

李海鹏的创业经历,已成为大学生自主创业的典范,很多人在他身上看到了"80后"的非凡之处。面对很多大学生美慕的目光,李海鹏只是淡淡地说,"在校期间要好好学习,勤于参加社会实践,毕业后创业首先要有规划。"他并没有特别鼓励大学生要在大学期间创业。

第一节　初创企业的产品开发

一、新产品开发的基本方式

企业研制开发新产品,一般有自行研制、技术引进、自行研制与技术引进相结合三种方式:

(一)自行研制,是一种独创性的研制。它根据国内外市场情况和用户的使用要求,或者针对现有产品存在的问题,从根本上探讨产品的原理与结构,开展有关新技术、新材料等方面的研究。在此基础上研制出具有本企业特色的新产品,特别是研制更新换代型新产品或全新新产品。企业自行独立研制新产品,要求具备较强的科研能力、雄厚的技术力量。凡是具备科研开发条件的企业,都应当组织独立研制,以便充分发挥企业的现有科学技术能力,促进科学技术的发展。

(二)技术引进,是指企业发展某种主要产品时,在国际市场上已有成熟的制造技术可供借鉴,为了争取时间,迅速掌握这种产品的制造技术,尽快地把产品制造出来以填补国内空白,而向国外生产这种产品的企业引进制造技术、复制图纸和技术文件的一种方式。这种方式有以下优点:

1. 可以节省企业的科研经费和技术力量,把企业研制新产品的人力、物力集中起来研制其他新产品,迅速增加产品品种;

2. 可以赢得时间尽快缩短竞争企业之间的技术差距;可以把引进的先进技术作为发展产品的新起点,加速企业的技术发展,迅速提高企业的技术水平;确保发展的产品有足够的经济寿命周期。技术引进是新产品开发常用的一种方式,特别是对于产品研究开发能力较弱,而制造力较强的企业更为适用。但是,一般说来,引进的技术多半属于别人已经采用的技术,该产品已占领一定市场,特别是从国外引进的技术,不仅需要付出较高的代价,而且还经常带有限制条件,这是在应用这种新产品开发方式时不能不加以考虑的因素。因此,有条件的企业不应把新产品开发长期建立在技术引进的基础上,应逐步建立自己的产品研究开发机构,或与科研产品设计部门进行某种形式的联合,发展自己的新产品。

3. 自行研制与技术引进相结合。这是在对引进技术充分消化和吸收的基础上,与本企业的科学研究结合起来,充分发挥引进技术的作用,以推动企业科研的发展、取得预期效果。这种方式适用于:企业已有一定的科研技术基础,外界又具有开发这类新产品比较成熟的一部分或几种新技术可以借鉴。

自行研制与技术引进相结合的新产品开发方式是一种比较好的方式。第一,花钱少效快,产品又具有先进性;第二,能促进企业自己技术开发的发展。因此,它在许多企业得

到广泛采用。采用这种方式开发新产品,又有多种多样的结合形式:

(1) 企业的现有技术与引进技术相结合;

(2) 企业的改进技术与引进技术相结合;

(3) 对引进技术的进一步发展。

不同企业或同一企业在发展不同新产品时,可根据情况量力而行,分别采用不同的新产品开发研制方式,以取得较好的经济效果。

二、新产品开发的方向

(一) 全新产品

全新产品是指应用新技术、新材料,具有新结构、新功能的产品。该产品在市场上首次出现,可以开发全新的市场。

(二) 改进新产品

改进新产品是指在原有产品的基础上进行更新换代,使产品在结构、功能、品质、花色、款式以及包装上具有新特点和新突破的产品。

(三) 系列新产品

系列新产品是指在原有产品基础上,不对原有产品进行任何改变,而生产出其他功能、花色、款式、规格的产品,与原有产品形成产品系列,一同进入市场进行销售。

(四) 仿制新产品

仿制新产品也称为新品牌新产品,是企业对市场上已有的产品进行模仿生产,以自己企业的品牌推向市场的产品。仿制新产品虽然在产品功能、结构上没有太大变化,但由于采用不同的品牌,能够带给消费者新的心理满足,也即带给了消费者新的利益。

(五) 再定位新产品

再定位新产品是指进入新的目标市场,或改变原有市场定位后再次推出的产品。

(六) 低成本新产品

低成本新产品是指由于企业采取了一定的措施后降低了生产成本,以低成本推出同样性能的产品。由于产品成本降低了,就可以以较低的价格出售,为消费者节省购买成本,带来新的利益。

三、新产品的开发的流程

通常情况下,产品研发需要经过六个步骤:

1. 寻求产品构想

它是产品创新过程的一个必经阶段。因为任何一个可行的产品化构思都是从无数构思中筛选出来的,这个阶段的过程管理可以来自客户、合作伙伴、售后、市场、制造以及研发的信息或想法,这些来自各个渠道的信息就构成了产品的最原始概念。

2. 进行筛选和可行性分析

这个阶段的焦点是分析市场机会和开发的可行性,主要通过快速收集一些市场和技术信息,以较低的成本和较短的时间对技术、市场、财务、制造、知识产权等方面进行可行性分析,并且评估市场的规模和的潜力,并开始塑造产品概念,这个阶段通常由一个项目发起人和几个助手参与即可。

3. 拟定开发方案

这个阶段是产品开发的准备阶段。主要任务是新产品定位,包括目标市场的定位,产品构思的定位,产品定位战略以及竞争优势的说明。需要明确产品的功能规格以及产品价值的描述等内容,决定产品开发的可行性,这个阶段工作内容较多,最好是由一个跨职能团队来共同完成。

4. 产品实体开发

这一阶段的重点是按照既定的方案来进行产品的实体开发,大部分具体的设计工作和开发活动都在这一阶段进行。同时,这一阶段还要着手测试、生产、市场营销以及支援体系等方面的工作,包括生产工艺的开发,计划产品的发布、客户服务体系的建设等。产品目标市场分析,客户意见反馈,财务分析报告以及知识产权方面的问题也需考虑解决。

5. 测试和验收

这一阶段的活动包括企业内部的产品测试,用户测试,产品小批量试生产,市场试销等工作。这一阶段的目标是通过产品测试,完成市场推广计划,以及建立可行的生产和支持体系。

6. 正式投入生产

这一阶段主要是实施营销启动计划与生产计划,让产品形成产量。

第二节　新企业的营销管理

一、企业营销管理概述

在商品大战中,谁的营销能力高,谁的营销管理能力强,谁就能在激烈的市场竞争中更胜一筹,抢占商机。

营销管理是以盈利为目的,对组织架构、人员培训、绩效考评、薪资等诸多要素加以综合制定并优化实施的行为。营销管理的实质是客户要求管理,即对需求的水平、时机和性质进行有效调节。具体来说,企业要设定一个预期的市场需求水平,然后企业营销管理者根据实际的市场需求水平与预期的市场需求水平之间的差异和矛盾,采取不同的营销管理对策,以确保企业目标的实现。

(一) 什么是市场营销

创业企业要能够快速健康地发展,提升产品的市场占有率和销售额是关键。为此,需要加强市场营销策略的优化和管理的创新。美国营销协会把营销定义为:"营销是引导产品和劳务从生产者到达消费者或用户手中所进行的企业活动。"从这个定义中可以归纳出市场营销的含义应包括以下几点:

1. 市场营销是一个综合的经营管理行为,贯穿于企业经营活动全过程。

2. 市场营销以满足顾客需要为中心来组织企业经营活动,通过满足需要而达到企业获利和发展的目标。

3. 市场营销是以整体性经营手段来适应和影响需求。

根据上述内容,我们可以将市场营销定义为:市场营销是企业以顾客需求为出发点,有计划地组织企业各项经营活动,为顾客提供满意的商品和服务而实现企业目标的过程。

(二)创业型营销的构成要素

所谓创业型营销,就是为获得和留住有营利性的客户,通过对风险管理、资源撬动和价值创造的方法创新,积极地引进市场机会的识别和开发。它把有关创业行为的想象力、愿景、创意等归结到营销的概念之中,运用到整个营销活动之中,包括市场研究、细分以及营销组合等。

创业型营销整合了营销和创业两方面的要素,是市场导向和创业导向的有机融合。主要包括七个方面的构成要素:一是机会驱动,机会代表着未识别的市场需求,或者是未得到充分利用的资源和能力,是潜在的持续利润来源;二是超前行动,机会都具有时效性,为抓住时机乘势而上,创业活动必须强调速效;三是顾客强度,强调的是影响营销成效的情感因素;四是注重创新,包括企业营销的技术、组织、制度和管理方面的创新;五是风险意识,强调要敏锐地识别各种风险因素,把风险成本减少到最低限度;六是资源利用,即善于利用他人资源去完成自己的营销计划,例如利用战略联盟、合资,以及情感交换、网络等资源和手段,获得营销支持;七是价值创造,需要善于发现未使用的顾客价值,创造独特的资源价值组合。

创业营销的营销主体是创业型企业,包括新创业企业和二次创业的企业。创业营销的客体是新产品,创业营销的对象是新市场。

二、目标市场定位

企业在经过市场细分,并选定目标市场后,还面临着如何对待当前与未来的众多的竞争者的问题。在激烈的竞争中,企业如何脱颖而出,以鲜明的特色吸引目标顾客,占据一席之地或保持长期的领先地位,这就关系到企业的竞争优势问题,科学的市场定位是其中的关键。

(一)市场定位的概念

市场定位是指企业根据所选择的目标市场的竞争情况和自己的优势,塑造企业和产品在目标顾客中的良好形象和确立企业合适的竞争地位。也就是说,这里所指的"地位",是产品在消费者感觉中所处的地位,是一个抽象的心理位置的概念。

市场定位的实质在于对已经确定的目标市场,从产品特征出发进行更深层次的剖析,进而确定企业营销组合,最终要落实到具体产品的生产和推销上。市场定位的任务就是创造产品的特色,使之在消费者心目中占据突出的地位,留下鲜明的印象。

企业产品的市场定位是否准确,直接关系到营销结果的成败。定位正确,可以发挥企业的资源优势,拥有足够的市场,确保生产经营活动的顺利进行;定位失误,寻找不到合适的市场,即使投入较高的营销费用,仍不能拥有大量的购买者,使企业陷入不利的生产经营境地。

企业市场定位的核心内容是设计和塑造产品的特色和形象。这种特色或形象可以是实物方面的,也可以是心理方面的,或两者兼而有之。有的可以从产品实体上表现出来,如形状、规格、成分、色彩、性能和构造等方面;有的可以从价格水平上表现出来,如高价、低价、满意价、折扣价和地区价等方面;还有的可以依据消费者的心理表现出来,如显示产品的时尚、朴素、清淡、典雅和热烈等;有的还可以通过质量、档次、包装等来反映。显然,产品不同,产品特色或个性的表现形式也会有所不同。例如,提到汽车,凯迪拉克以其豪华舒适、宝马以其卓越功能、丰田以其经济可靠、沃尔沃以其安全性而著称。随着市场上商品越来越丰富,与竞争者雷同、毫无个性的产品无法吸引消费者的注意,也就无法在市场立足。

(二) 市场定位策略

1. 抢占或填补市场空位策略

抢占或填补市场空位策略是企业把产品定位于目标市场的空白处。例如,"利郎"商务休闲装进入服装市场是填补了男士休闲高档衣物的空位。这种定位战略的明显优势是企业可以避开激烈竞争的压力,风险小、成功率高。因为,填补市场空白定位是避强就虚,其目标市场不是竞争者已经占领或正要占领的领域,而是被竞争者所遗忘和忽略的市场,企业产品能够迅速在市场上站稳脚跟,并能在消费者或用户心目中迅速树立形象。同时,空当定位从其本来意义上讲就是创新,而创新一旦成功,就能很快地确立企业的竞争地位,且由于局部的垄断还可以获取相当的超额利润。在采用这种策略前,企业应明确三个问题:

(1) 市场空白处的潜在顾客数量。市场出现空白,也许并非其他竞争者熟视无睹,而是该处缺乏需求,市场容量太小,这一点尤其应值得注意。

(2) 技术上的可行性。企业应当有足够的技术能力生产市场空白处的需求产品,否则,企业选择了这种策略也只能是望洋兴叹。

(3) 经济上的合理性,即企业填补市场空位要有利可图。

2. 与现有竞争者共存的策略

这种策略是企业把自己的产品定位在与现有竞争者的同一位置上,与现有竞争者和平共处。对于竞争者来说,如果有足够的市场份额,而且其既得利益没有受到多大损害,一般是不会在乎市场上多出一个竞争对手的。因为,激烈的对抗常常会两败俱伤,很多实力不雄厚的中小企业经常采用这种定位策略。例如,继天津大发小面包汽车面市之后,昌河、长安、佳宝、五菱等相继面市,各汽车厂家使用的就是与现有竞争者共存的策略。

企业采用这种策略的好处是:由于竞争者已开发出相同的或类似的产品,本企业可以节省大量的研究开发费用、降低成本,同时也能节省一定的推广费用,减少可能带来的风险。企业采用这种策略前应明确两个前提:一是该市场的需求潜力还很大,还有很大的未被满足的需求;二是企业推出的产品能否有自己的特色,能否与竞争产品一比高低,并很快立足于市场。

3. 逐步取代竞争者的策略

取代竞争者的策略就是逐步将竞争者挤出原有地位并取而代之。如果企业实力十分雄厚,有比竞争者更多的资源,能生产出比竞争者更好的产品,不甘于与竞争者共享市场,则可以采取这种取代策略。如以生产空调为主的江苏春兰集团,20世纪90年代末突然生产出"春兰虎""春兰豹"摩托车,一面市就很快地取代了本田以高档摩托车独霸市场的态势占领了警用摩托车市场。企业要实施这种定位策略,必须比竞争对手有明显的优势,提供比竞争者更加优越和有特色的产品,并做好大量的推广宣传工作,提高本企业产品的知名度和美誉度,冲淡顾客对竞争者产品的印象和好感。当然,采用这种策略的风险是相当大的,成功了,企业可以独占鳌头,但一旦失败,就会使企业陷入进退两难或两败俱伤的境地。因此,采用这种策略的企业应事前做好充分的准备。

(三)市场定位的主要任务

市场定位的主要任务就是在市场上,使企业的产品与竞争者有所不同。为获得竞争优势而进行的市场定位包括两项主要任务:一是要确定企业可以从哪些方面寻求差异化;二是找到企业产品独特的卖点。

1. 寻求差异化

差异化是指设计一系列有意义的差异,以使本企业的产品同竞争对手的产品区分开来。雷同、相近的东西很难让人记忆深刻,只有显著的差异才使人难以忘记。企业在实践中要突出自己与竞争对手的差异性,有五种途径:

(1)产品差异化。企业可以使自己的产品区别于其他产品。尤其像汽车、服装、家具、商业建筑等产品可以实现高度差异化。这种产品的差异化可以通过多种方式获得:增加产品的基本功能、提高产品的性价比、延长产品的预期使用寿命、提高产品的可靠性以及通过改变产品的风格与设计方式等方面,以实现差异化。

(2)服务差异化。竞争的激烈和技术的进步,使实体产品建立和维持差异化越来越困难。于是,竞争的关键点逐渐向增值服务转移。服务差异化日益重要,主要体现在订货方便、交货及时和安全、安装、客户培训与咨询和维修养护等方面。例如,通用电气公司不仅向医院出售昂贵的X光设备并负责安装,还对设备的使用者进行认真培训,并提供长期服务支持。

(3)渠道差异化。通过设计分销渠道的覆盖面、建立分销专长和提高效率,企业可以取得渠道差异化优势。如戴尔电脑、雅芳化妆品就是通过开发和管理高质量的直接营销渠道而获得差异化的。

(4)人员差异化。培养训练有素的人员是一些企业,尤其是服务性行业的企业取得强大竞争优势的关键。例如,上海航空公司率先招聘"空嫂",打破国内航空业界的常规,"空嫂"们以其良好的服务赢得了赞誉。

(5)形象差异化。形象是公众对企业及其产品的认识与看法。企业或品牌形象可以对目标顾客产生强大的吸引力和感染力,促其形成独特的感受。有效的形象差异化需要做到:建立一种产品的特点和价值方案,并通过一种与众不同的途径传递这一特点;借助可以利用的一切传播手段和品牌接触(如标志、文字、媒体、气氛、事件和员工行为等),传达触动顾客内心感受的信息。例如,耐克因其卓越的形象,在变幻莫测的青年消费者市场上始终保持着吸引力。

2. 寻求独特的"卖点"

任何产品都可以进行各种程度的差异化。然而,并非所有商品的差异化都是有意义或有价值的。有效的差异化应当能够为产品创造一个独特的"卖点",即给消费者一个鲜明的购买理由。有效的差异化遵循以下基本原则:

(1)重要性。该差异化能使目标顾客感受到较高的让渡价值带来的利益。

（2）独特性。该差异化竞争者并不提供，或者企业以一种与众不同的方式提供。

（3）优越性。该差异化明显优于消费者通过其他途径而获得的相似利益。

（4）可传播性。该差异化能被消费者看到、理解并传播。

（5）排他性。竞争者难以模仿该差异化。

（6）可承担性。消费者有能力为该差异化付款。

（7）营利性。企业将通过该差异化获得利润。

3. 避免定位失误

一般来讲，企业在定位时必须避免以下三种主要的定位错误：

（1）定位不足。指企业差异化设计与沟通不足，消费者对企业产品难以形成清晰的印象和独特的感受，认为它与其他产品相比没有什么独到之处，甚至不容易被消费者识别和记住。

（2）定位过分。指企业将自己的产品定位过于狭窄，不能使消费者全面地认识这种产品。例如，一家同时生产高、低价位产品的企业使消费者误以为只能提供高档产品。定位过分限制了消费者对企业及其产品的了解，同样不利于企业实现营销目标。

（3）定位模糊。指由于企业设计和宣传的差异化主题太多或定位变换太频繁，致使消费者对产品的印象模糊不清。混乱的定位无法在消费者心目中确立产品鲜明、稳定的位置，难以成功。

三、品牌建设

（一）品牌决策

1. 品牌的含义

品牌是指用以识别某个消费者或某群消费者的产品或服务，并使之与竞争对手的产品或服务区别开来的商业名称及其标志，通常由文字、标记、符号、图案和颜色等要素或这些要素的组合构成。

品牌是一个集合概念，包括品牌名称与品牌标志两部分。品牌名称是指品牌中可以用语言称呼的部分，如"联想""海尔""奇瑞"等都是品牌名称；品牌标志是指品牌中不能用语言称呼，但是可以被识别、易于被记忆的部分，通常由符号、字体、图案、颜色等组成。

2. 品牌与商标

品牌与商标是在使用过程中容易被混淆的两个概念。这两个概念所指示的对象是相同的，但实质和所涉及的范畴是不同的。品牌是一个市场概念，其实质是品牌使用者对顾客的承诺；商标则是一个法律概念，其实质是已获得专用权并受到法律保护的品牌或品牌的一部分。

3. 品牌的作用

品牌的作用有如下两个方面：

（1）品牌对企业的作用。品牌有助于树立企业形象、促进产品销售；有利于保护品牌所有者的合法权益；有助于扩大产品组合；有利于约束企业的不良行为。

（2）品牌对消费者的作用。品牌便于消费者识别商品、选购商品；有利于保护消费者利益；有利于满足消费者的多种需求。

4．品牌决策

（1）品牌使用决策。品牌使用决策所解决的就是企业是否使用品牌的问题。企业使用品牌会享受到品牌带给企业的各项有利影响，并且可能会促进产品的销售，为企业带来超额利润，但是却会增加成本，若使用不当反而会有不良影响。因此，企业需要根据所生产经营产品的特点、行业特点、环境特点等来决定是否使用一个品牌。

（2）品牌归属决策。品牌归属决策涉及的是产品品牌归谁所有的问题。一般实力雄厚、生产技术和经营管理水平俱佳的企业一般都使用自己的品牌。在现实生活中，产品品牌既可以是生产者的品牌，如"惠普""奔驰""娃哈哈"等，也可以是中间商品牌，如"华联""沃尔玛"等，还可以是部分产品使用自己的品牌，部分产品使用中间商品牌，即混合品牌。

（3）品牌统分决策。品牌统分决策解决的是为企业生产的所有产品如何命名的问题。企业可以采取个别品牌制：即企业不同的产品分别使用不同的品牌；同一品牌制：即企业所有的产品使用同一个品牌；分类品牌制：即企业同一产品线的产品使用同一个品牌，不同产品线的产品使用不同的品牌；主副品牌制：即企业每种产品都有两个品牌，主品牌为企业名称，副品牌为反映不同产品特点的产品名称。

（4）品牌设计与维护决策。在品牌的具体运营过程中还需要注意对品牌的设计与维护。为了使品牌起到标志性的作用，在设计时需要使用其简洁醒目、易读易记、构思巧妙、内涵深刻。另外，还要注意对品牌的维护，即要注意做到进行商品注册、认定驰名商标、申请互联网域名和打假。

（二）衡量品牌资产

由于一个品牌的能力是植根于消费者的头脑中并取决于消费者对品牌的反应，所以衡量品牌价值必须要鉴定、跟踪和评价消费者的态度。

1．确定品牌资产模型

当今美国品牌界领军人物，被誉为品牌资产鼻祖的大卫·艾克在1991年综合前人的基础上，提出品牌资产的"五度"概念模型，即认为品牌资产是由"品牌知名度、品牌认知度、品牌联想度、品牌忠诚度和其他品牌专有资产"5部分所组成，也是品牌策划的重要组成。

（1）品牌知名度

品牌知名度是用户对一个品牌的记忆程度，品牌知名度可分为无知名度、提示知名度、第一未提示知名度和第一提示知名度4个阶段。

一个新产品在上市之初，在用户心中处于没有知名度的状态。如果经过一段时间的广告等传播沟通，品牌在部分用户心中有了模糊的印象，在提示之下能记忆起该品牌，即得到了提示知名阶段。下一个阶段，在无提示的情况下，能主动记起该品牌。当品牌成长为强势品牌，在市场上处于"领头羊"位置时，用户会第一个脱口而出或购买时第一个提及该品牌，这时已达到品牌知名度的最佳状态。

（2）品牌认知度

品牌认知度是指用户对某一品牌在品质上的整体印象。它的内涵包括：功能、特点、可信赖度、耐用度、服务度、效用评价、商品品质的外观。它是品牌差异定位、高价位和品牌延伸的基础。研究表明：用户对品牌的品质的肯定，会给品牌带来相当高的市场占有率和良好的发展机会。

（3）品牌联想度

品牌联想度是指透过品牌而产生的所有联想，是对产品特征、消费者利益、使用场合、产地、人物、个性等等的人格化描述。这些联想往往能组合出一些意义，形成品牌形象。它是经过独特销售点（USP）传播和品牌定位沟通的结果。它提供了购买的理由和品牌延伸的依据。

（4）品牌忠诚度

品牌忠诚度是在购买决策中多次表现出来的对某个品牌有偏向性的（而非随意的）行为反应，也是用户对某种品牌的心理决策和评估过程。它由五类构成：无品牌忠诚者、习惯购买者、满意购买者、情感购买者和承诺购买者。

品牌忠诚度是品牌资产的核心，如果没有品牌用户的忠诚，品牌不过是一个几乎没有价值的商标或用于区别的符号。从品牌忠诚营销观点看，销售并不是最终目标，它只是用户建立持久有益的品牌关系的开始，也是建立品牌忠诚，把品牌购买者转化为品牌忠诚者的机会。

（5）品牌其他资产

品牌其他资产是指品牌有何商标、专利等知识产权，如何保护这些知识产权，如何防止假冒产品，品牌制造者拥有哪些能带来经济利益的资源、管理制度、企业文化、企业形象等。

品牌资产五度模型告诉我们：品牌是代表企业或产品的一种视觉的感性和文化的形象，它是存在于用户心目之中代表全部企业的东西，它不仅是商品标志，而且是信誉标志，是对用户的一种承诺。品牌资产评估就是对用户如何看待品牌进行评估和确认。由此可以说，用户才是品牌资产的真正审定者和最终评估者。

2. 品牌清单

一个企业往往拥有多个品牌，企业的品牌资产也是所有品牌共同作用的结果。因此，对企业品牌资产的衡量，就需要建立一个品牌清单，以便对各品牌的市场表现及其对企业品牌资产的贡献进行长期跟踪观察，从而帮助企业做出品牌资产运营和调整的正确决策。

3. 品牌跟踪

品牌资产的价值产生于消费者的印象和反应。因此，要准确地衡量品牌资产必须进行目标市场消费者的跟踪调查，了解品牌价值在消费者心目中的变化。

4. 评价品牌资产

目前，对品牌资产价值进行量化分析的方法很多，但主要是从两个方面进行评价。

（1）从品牌增值效应角度评价

（2）从品牌竞争效应角度评价

（三）新创企业的品牌策略

1. 品牌的设计要求

（1）简洁醒目，易读易懂。使人在短时间内产生印象，易于理解记忆并产生印象。

（2）构思巧妙，暗示属性。品牌应是企业形象的典型概括，反映企业个性和风格，产生信任。

（3）富蕴内涵，情意浓重。品牌可引起顾客强烈兴趣，诱发美好联想，产生购买动机。

（4）避免雷同，超越时空。在我国，品牌雷同的现象非常严重。据统计，我国以"熊猫"为品牌名称的有311家企业，"海燕"和"天鹅"两个品牌分别有193家和175家企业同时使用。

超越时空的限制是指品牌要超越地理文化边界的限制。不同的地域文化传统、语言民俗、价值观念，对产品品牌的认知必然具有较大的差异。

2.品牌的命名方法

（1）效用命名。即以产品的主要性能和效用命名，使消费者迅速理解商品功效，便于联想和记忆，如胃必治、太太口服液等。

（2）产地命名。即用商品的产地命名。可反映商品传统特色和优越性能，如茅台、鄂尔多斯等。

（3）人物命名。即以历史人物、传奇人物、制造者以及产品的特殊偏好的名人姓名命名，衬托和说明产品品质，提高产品身价，如麦当劳、李宁、吉利等。

（4）制法命名。多用于具有独特制造工艺或有纪念意义的研制过程的商品，表示制作精良以提高产品威望，如北京二锅头、北京烤鸭等。

（5）愿望命名。即以吉利的词句、良好的祝愿命名，既暗示商品优良性能，又迎合消费者美好愿望，如红双喜、金利来等。

（6）译名命名。指国外进口商品的商标译名，以及模仿国外商标译名而制作的中文品牌，有音译、意译和音意兼顾三种，如 SONY——索尼、CROWN——皇冠、PEPSICOLA——百事可乐等。

（7）夸张命名。即用艺术夸张的词句命名，以显示商品的独特功效，如永固、飞鸽等。

（8）企业命名。可直接说明商标的来源，有利于借助企业声誉推出新产品，如伊利、蒙牛等。

（9）形象命名。即用动物形象或抽象图案为商品命名，以增强感染力，如雪花、天鹅等。

（10）数字命名。即用阿拉伯数字命名。有两种情况，一是数字本身无任何含义，只是简单易记、活泼，如555、999等；二是数字的谐音暗含一定的意义，如888、520等。

（四）创业企业的品牌选择策略

在商品经济高度发展的今天，品牌的作用越来越突出。一方面，越来越多传统上不用品牌的商品纷纷品牌化；另一方面，品牌也成为一种无形资产。世界一流的企业无不是以品牌打天下。

使用哪家品牌一般有这样几种选择：

1.使用制造商品牌；

2.使用中间商品牌；

3.制造商品牌和中间商品牌混合使用。

产品在使用品牌的选择上，是分别使用不同品牌还是使用一个统一品牌或几个品牌，可供选择的策略主要有：

1.个别品牌，即企业各种不同产品分别使用不同的品牌。其好处是有利于企业扩充高、中、低档各类产品,以适应市场不同需求;还可在市场竞争中加大安全感。

2. 统一品牌,即企业所有产品统一使用一个品牌。其优点是节省品牌设计和广告费用,有利于为新产品打开销路。

3. 分类产品,包括两种情况:一是各生产线分别使用不同品牌,避免发生混淆;二是生产线销售同类型的产品,但质量水平有较大差异,使用不同品牌便于识别。

企业名称加个别品牌,即在产品的品牌名称前冠以企业名称,可使产品正统化,既保存企业已有的荣誉,又可使产品格各具特色,这是统一品牌与个别品牌并行的一种方式。

四、市场营销渠道及组合策略

(一) 分销渠道的含义和类型

分销渠道也叫销售渠道或销售通路,是指产品由生产者转移给消费者所经过的途径,是促使产品顺利地被使用或消费的一整套相互依存的组织结构。分销渠道的起点是生产者,终点是消费者和用户,中间环节包括批发商和零售商等中间商,包括经纪人和代理商,也包括物流公司、银行等辅助机构。企业有了符合市场需要的商品,如果没有适当的分销渠道,就不能及时、有效地把商品输送到潜在顾客需要购买的地方。因而,分销渠道在企业市场营销活动中的作用十分重要。正如海尔总裁张瑞敏所说:"市场营销网络是现代企业非常重要的财富。在美国考察时,最能引起美国人兴趣的就是海尔遍及全球的营销网络。许多人都希望利用海尔的网络进行合作。海尔的营销网就是海尔品牌的世界版图。"

分销渠道可以从不同的角度,按不同的标准来分类。

1. 按分销渠道有无中间环节,可以分为直接渠道和间接渠道

直接渠道是指生产者将产品直接销售给最终消费者和用户的渠道,中间不经过任何形式的中间商,是一种产销结合的经营方式。主要包括推销员上门推销、邮购、电视直销、产品订货会或展示会、开设自销商店、电子商务订购等方式。雅芳公司基本上都是依靠自己的推销员上门推销化妆品;李宁通过自己的专卖店销售体育运动类产品。采取直接渠道,意味着生产者不仅要承担生产职能,还要承担商品的贮存、运输、包装、资金周转等各种职能。

间接渠道是指商品的生产领域向最终消费者或用户转移时,要经过若干中间商的分销渠道。间接渠道通常有以下三种情况:

(1) 一级渠道

生产者和消费者之间包括一个中间环节,这在消费者市场通常是零售商,在生产者市场通常是代理商或经纪人。

(2) 二级渠道

生产者和消费者之间经过两个中间环节,这在消费者市场一般是一个批发商和一个零售商,在生产者市场则可能是销售代理商与批发商。

(3) 三级渠道

生产者和消费者之间经过三个环节,如某品牌服装,就是经过生产厂家—省级代理商—市级代理商—零售商—消费者,属于三级渠道。

2. 按分销渠道中间环节的多少划分,可以分为长渠道和短渠道

长渠道是指生产者经过两道以上的中间环节,把商品销售给最终消费者或用户。短渠道是指直接渠道或只经过一个中间环节的渠道。

分销渠道的"长""短"是相对而言的,不能仅从形式上判断它们的优劣,关键是企业在选择应用时应权衡利弊,选择适合自身特点的渠道,提高经营效益。例如,美国的 IBM 和 Dell 都是 IT 业的成功企业,IBM 是通过庞大的市场营销网络拓展市场的,而 Dell 的经营指导思想却是绕过分销商等中间环节,按单定制并将产品直接销售到客户手中,通过直销的形式直接与最终消费者或客户打交道。

3. 按分销渠道同一层次中间商的多少,划分为宽渠道和窄渠道

宽渠道是指在分销渠道的某个环节或层次中,使用同种类型的中间商数目比较多的渠道。窄渠道是指在分销渠道的某个环节或层次中,使用同种类型的中间商数目比较少的渠道。

当前,生产企业纷纷对自己的渠道策略进行调整,重组新的营销渠道,进行渠道变革。中国家电第一品牌"海尔集团"在销售渠道上经历了三部曲,先是依靠大型商场进行销售,然后在经过挑选的商场建立店中店或海尔专柜,现在则把目标转向建立海尔专卖店。

在传统的销售渠道中一级批发商、二级批发商、三级批发商、零售商,层次分明,商品在该渠道中有条不紊地流动。而现在的渠道变革则意味着批发商业衰落,销售渠道重组,销售渠道越来越短。渠道变革的实质是服务,在现代市场营销中,服务越来越重要。美国营销学者西奥多·莱维特曾指出:新的竞争不在于多个公司的工厂生产什么产品,而在于其产品能提供何种附加利益上。这里的附加利益,最重要的内容就是服务。在过长的销售渠道中,生产企业远离终端经销商,远离最终客户,由于渠道隔离,企业很难对终端经销商和最终消费者提供满意服务。

(二)中间商

美国企业家菲利普·麦克威说过:"中间商不属于由制造商所建立的营销锁链中被雇用的一个环节,它是一个独立的市场,为大量顾客进货并成为购买的焦点。"

企业生产的产品,除了由生产厂家直接卖给消费者这一直接渠道外,绝大部分产品是通过中间商转卖给消费者或用户的。中间商是指处于生产者和消费者之间,参与商品营销业务,促使买卖行为发生和实现的,具有法人资格的经济组织和个人。中间商作为分销渠道的重要成员,有两种基本形式:零售商和批发商。这是根据他们在商品流通过程中地位和作用的不同而划分的。

1. 零售与批发的性质及其区别

零售是指把商品或服务直接销售给最终消费者,供消费者个人非商业性使用的整个过程中的一切活动。这种活动不论由谁经营,归谁所有,也不论以何种方式、在何处销售商品或服务,都属于零售范畴。以经营零售业务为主要收入来源的组织或个人称为零售商。

在美国,零售业是最重要的行业之一。在美国的商业企业中,零售店约占 18%,零售企业的个数是制造业和批发业的 7 倍以上,并且作为美国的第三大就业行业,雇员超过 1 500 万人。其中萨姆·沃尔顿创立的沃尔玛连锁店是美国也是全球最大的一家零售企业,2011 年全年,沃尔玛净销售总额为 4 190 亿美元,名列世界 500 强第一位。

批发是指把商品或服务销售给那些为了再次出售或商业使用的单位或个人所进行的一切活动。专门从事批发交易的组织或个人称为批发商。

零售商和批发商虽然都是中间商,但许多方面性质不同,二者的区别包括以下几点:

(1)服务对象不同。零售商以最终消费者为服务对象;批发商以转卖者和生产者为服务对象。

(2)营业网点的选择不同。零售商面对广大消费者,考虑到消费者购买的便利性和需求的多样性,对店址、商店布置、促销都非常在意,一般选择在繁华地区和居民区;批发网点少,但市场覆盖面宽,一般设在租金低廉的地段。

(3)在流通过程中所处的地位不同。零售商处于商品流通过程的最后一个环节,商品售出后就离开流通领域,进入消费领域;批发商处于流通过程的起点或中间环节,批发交易结束,商品流通过程并未结束。

(4)交易数量和频率不同,零售商一般是零售交易,频率很高,基本属于劳动密集型企业;而批发业务数量大、频率低,属资金密集型企业。

(5)国家对批发和零售的法律政策和税收政策不同。

2. 批发商

按照经营主体,经营商品、销售地区、职能、流通阶段的不同进行分类,批发商可以分为以下几类:

分类标志	类别	含 义
经营主体	独立批发商	不依附生产部门,独立从事批发交易活动并对所经营商品拥有所有权的批发商
	制造批发商	大型制造商自设的以批发业务为主的销售机构,拥有制造工厂的批发商,或者将指定商品委托特定制造商生产的批发商
	共同批发商	由许多小零售商组成的共同批发企业,目的是通过大量采购,争取价格折扣,降低流通费用,提高竞争能力
	批零兼营批发商	以批发为主,同时兼营零售业务的批发商,一般以中小型批发商居多
	连锁批发商	由许多中小批发或批发经营机构组成的连锁批发组织
	代理商	接受委托人的委托,在一定范围内以委托人的名义代理委托人从事销售或采购业务,而对代理商品不拥有所有权的批发商
经营商品	普通批发商	经营一般商品且种类繁多、经营范围很宽的批发商,也叫综合批发商
	专业批发商	专业化程度较高、专门经营某一类或少数几类商品的批发商
销售地区	全国批发商	优点是利用大量采购而获得利益;缺点是销售领域太大,与用户接触少,有时提供的商品不一定适合当地用户的需要
	区域批发商	介于全国性批发商和地方性批发商之间的批发商,区域性批发商的经营范围比地方性批发商大,比全国性批发商小,其经营品种既可以是大众化商品,也可以是专门性商品
	地方批发商	优点是能详细了解当地的需求状况,能迅速将产品以较低运输成本送到用户手中;缺点是规模较小,不能大量进货和充分备货

分类标志	类别	含　义
职能	完全职能批发商	提供几乎所有的批发服务功能,诸如存货、推销队伍、顾客信贷、负责送货以及协助管理等服务。包括综合批发商、专业批发商、专用品批发商等
	有限职能批发商	对其供应者和顾客只提供较少的服务。包括现金自运批发商、直运批发商、卡车批发商、邮购批发商、货架批发商等
流通阶段	一次批发商	从制造商直接采购商品的批发商,也称产地批发商
	二次批发商	从一次批发商那里采购商品,然后再将商品销售给下一级批发商的批发商,也称集散地批发商
	三次批发商	从二次批发商那里进货,然后将商品直接销售给零售商或者其他用户的批发商,也称销地批发商

3. 零售商

零售业态分类是按照店铺的经营方式、商品结构、服务功能,以及选址、商圈、规模、店堂设施、目标顾客和有无固定营业场所等原则进行分类的。

20 世纪末,我国零售业经过长期积聚,开始迎来快速发展时期。为跟上零售业发展步伐,2000 年,国家制定并颁布了《零售业态分类》。2004 年,颁布了新的国家标准《零售业态分类》。该标准把零售业态从总体上分为有店铺零售业态和无店铺零售业态,无店铺销售方式被我国零售业承认,包括网上商店、电视购物、电话购物、邮政、直销、自动售货亭 6 种方式,淘宝商城、京东商城、卓越网、当当网等无店铺零售商悄然崛起,造就了如今网上零售业的蓬勃发展。中国电子商务协会电子商务研究中心发布的《2011 年中国电子商务市场数据监测报告》显示,中国 2011 年电子商务总销售额达到人民币 6 万亿元,比上年增长 33%。2011 年消费者网络购物开支较上年增长 70.2%,达到人民币 8 019 亿元。

4. 选择中间商的标准

虽然中间商在组织商品流通过程中可以发挥很大的作用,但在具体选择时,还要依据一定的标准,应考虑以下几方面的因素:

(1) 中间商对企业和产品的认可度和忠诚度

这应该是选择中间商的首要条件。中间商只有对产品高度认可,才会主动积极地开拓产品市场;只有忠诚敬业,才会对产品、市场、品牌负责,对消费者反映的产品使用中的问题,中间商才会认真解决,使消费者满意。这是中间商完成销售任务、不断提高产品市场占有率和知名度的保障。

(2) 中间商的合法经营资质

企业必须对中间商的各种必备合法证件认真审核,看其经营范围与企业产品是否相符,对特殊行业的产品如食品等,因为容易引发安全事件更需慎重,应对中间商的各种证件予以登记复印备案。

（3）中间商的信誉

企业所选用的中间商的信誉如何，直接关系到企业产品的销量，那些信誉高的中间商总是有众多的顾客。所以，企业应该选择信誉高的中间商来销售自己的产品。

（4）中间商的财力

中间商的财力雄厚，其销售成功的概率就相对大些。所有生产企业都希望中间商能及时结清货款。

（5）中间商的管理水平

中间商决策者的才能、经营水平、组织机构和人员配备对经营成败关系极大。所以，在其他条件相同的情况下，生产者尽可能选择管理水平较高的中间商来销售自己的产品。

（6）中间商对本企业产品的熟悉程度

如果中间商对企业的产品非常熟悉，对产品的性能、用途了解很深，那么中间商在经营这种产品时，就会得心应手。因而生产者尽可能选择那些熟悉本企业产品的中间商来销售自己的产品。

（7）中间商的地理辐射范围

要注意中间商是否处于距消费者较近、购买较方便的地理位置，同时考虑物流储运条件是否便于降低商品运输成本，方便第二次包装、运输、仓储、装卸搬运等分配活动，便于商品调配。

（8）中间商的服务水平

现代企业经营非常重视对消费者（或用户）提供各种服务，生产者往往把中间商能否提供各种服务，如送货上门、技术指导、维修保养、换零配件等，作为选择具体中间商时考虑的重要因素之一。

（三）组合策略

1. 常见的渠道组合策略

（1）集中型渠道

指的是在单一产品市场中多种渠道的运用。这些渠道彼此重叠，有时彼此竞争。

（2）选择型渠道

指相对每一个特定产品市场有相对独立的渠道，所有的渠道彼此不重叠也不竞争。

（3）混合型渠道

大多数企业并不追求单纯的集中型战略或单纯的选择型战略。两种方式的混合（Hybrid）则要普遍得多。典型的混合型战略是：某种单一渠道服务于某个或某些具有优先权的产品市场，彼此交叠的渠道组合则服务于较大规模的产品市场。

为了服务于这些不同的产品市场，企业必须拥有一系列直接（因特网、电子渠道、零售商店）和间接（旅行社）渠道。

这种混合模式，即选择型渠道覆盖模式服务于主要产品——市场，集中型渠道覆盖模式服务于大规模市场，具有非常强大的功能。这是一种渠道战略，它在提高产品销售量的同时保留了一支独立的销售渠道致力于为企业的核心客户提供优质的服务。大多数企业现在都采用这种混合渠道模式。

一个好的混合体系必须遵循以下四大原则：

第一，集中型覆盖模式与重要购买群体的结合。

第二，使渠道组合模式为利润率服务，而不是为销售额服务。

第三，在确实必要的情况下采用选择型覆盖模式。

第四，了解其中存在的问题，特别是与间接渠道之间的冲突。

2. 影响渠道组合策略选择的因素

（1）产品条件

a. 产品的价值。

b. 产品的时尚性。

c. 产品的易腐易毁性。

d. 产品销售工作中的渠道组合策略的体积与重量。

e. 产品的技术与服务要求。

f. 产品的生命周期。

g. 产品的用途。

（2）市场条件

a. 目标顾客的类型。

b. 潜在顾客的数量。

c. 目标顾客的分布。

d. 购买数量。

e. 竞争状况。

f. 购买者习惯。

（3）企业自身条件

a. 企业的规模和实力。

b. 企业声誉与市场地位。

c. 企业的经营管理能力。

d. 控制渠道的要求。

3. 开展渠道组合策略的前期工作

（1）分析公司的渠道现象。

（2）了解公司目前的渠道模式。

（3）收集渠道信息。

（4）分析竞争者渠道。

（5）评估渠道近期的有效性。

（6）制定近期的渠道组合计划。

（7）终端用户的需求分析。

（8）设计合适的渠道模式。

（9）制定渠道组合策略的选择方案。

（10）确定最佳渠道组合策略。

📂 **拓展阅读 9 - 1**

营销策略的创新

（一）信息技术运用和网络营销

为了做出一项正确的决策，营销管理者需要很多准确而又及时的有关销售、顾客、竞争者行为和其他市场情况等方面的一系列信息，对知识经济形成具有重要意义的信息技术的发展，为营销决策者瞬时获得"知识"提供了可能，同时信息技术特别是网络技术的发展也改变了人们的营销行为包括产品设计和开发、定价、广告和促销、分销等等。

另外，计算机网络技术的发展，推动了企业营销网络信息系统的开发，更重要的是随着国际互联网的日益普及，一种基于计算机网络的新的营销方式——网络营销已经兴起。国际互联网超越了时空限制，兼备多媒体声光功能，可以用于展示商品、联结资料库，又可以提供商品信良查询，收集市场信息。进行市场试销和消费者满意度的调查，国际互联网日益成为一个十分有效的营销工具。

在产品设计和开发方面，计算机辅助设计系统的应用可以使设计者毫无困难地人工制成产品的三维图像替代那些制造起来既昂贵又费时的实物模型，这种虚拟手段的出现，已使产品开发与设计可以在没有实体的情况下进行，网络技术的普及，也使企业的研究开发部门可以随时与客户沟通，生产符合顾客需求的产品。

在定价方面，信息技术的应用在一定程度上向营销决策者提供了更精确、更纤细的市场信息和更精确的成本数据，这使营销者能根据全面的信息更好地做出定价决策。例如由超市中扫描系统提供的数据使消费品营销人员能更好地估计价格改变或一个临时性降价的效果，并考虑在给定的一段时间内其他因素的影响。

在广告和促销方面，通过建立顾客数据库，使营销微型化，营销计划特别是广告和促销可以针对每一个顾客而设计实施，更利于发展与重点客户间的长期关系。分销方面，网上家庭购物系统的普遍使用，可以使更多的企业得以将其产品和服务直接分销给最终顾客，而且电子数据交换为供应商和零售商之间进行渠道合作提供了更为广阔的平台。

（二）商品体验化

产品设计是一个包括质量、功能、式样、包装、品牌等多种要素组成的有机整体，在今天，产品设计只关注产品本身的内部技术性细节是远远不够的，产品设计满足消费者体验化需求主要思路是顺应"人性化设计"趋势，树立"欲望主导产品""市场设计产品"的营销观念。

面对今天个性化和多样化的消费倾向，美国通用电气前任总裁韦尔奇说："当质量、品种、价格等与消费者正式关系不相上下时，营销活动就在于建立与客户之间的非正式关系，即以十倍于追求情人的热情精确了解顾客希望的商品和个性，找准顾客精确地介入他购买和更新产品的愿望。"在体验经济时代，为了达到产品的多样化差异化和个性化，现代企业必须以消费者的心理特征、生活方式、生活态度及行为模式为基础去研究产品设计、制造及销售，才能创造市场佳绩。例如，宝洁公司生产的舒肤佳香皂在式样设计时充分注意了使用的方便，枕头形状的香皂，在两条长边的中间往里凹一些，便于手握使香皂在弄湿时不致滑落，这一设计虽然谈不上高科技，但堪称人性化设计的经典之作。又如长时间以来许多电视机配有自动开关机这一功能,但有关调研发现99%的消费者从未使用这一功能。真正的个性化营销要求企业切实了解不同消费者的实际生活状态,选择与消费者实际生活状态相配合的营销模式,将帮助我们把市场定位技术和市场细分概念进一步引向深入。当企业真正切中消费者心脉的时候,产品和品牌就成为消费者眼中个性化需求的自然的组成部分。

另外很重要的一点体验化创新策略,即产品包装品牌设计诱发消费者情感体验。在体验经济时代,把商品的机能性——品质、情感性、个性甚至社会性、身份地位融入产品设计之中,是未来营销的趋势。消费者的理解和喜好有自己的倾向,它内在于隐秘的消费心理中,而表现于消费者的无意识和大量日常观感中,这就需要在产品设计的创意与消费者个性之间寻找其平衡点。

（三）商品主题化

电影和著作创造出了全新主题后才能够完全吸引观众,调整所有的观看和阅读体验。在企业经营过程中,精心创意的主题是迈向通往体验之路关键的一步,反之构思拙劣的主题不能给消费者留下深刻印象,更谈不上良好的体验和持久的记忆。体现主题化可以从以下几方面入手:

1. 良好的主题首先应该是简洁动人且符合消费心理,才能打动消费者情感,激发消费者的欲望。

2. 主题构成要素必须和谐制造韵味十足的体验。

3. 主题的烘托有赖于各种要素的有机匹配,各种要素的新颖设计,并且要素之间的组合恰到好处,才有利于加深顾客体验并突出主题。

4. 对企业而言,不管根据哪一类主题进行创造主题化体验,成功的关键在于领悟什么是真正瞩目和动人心魄的。

在体验经济时代,企业生产的不只是商品而是舞台的提供者,在他们精心制作的舞台上,消费者开始自己的值得回忆的表演,在体验经济时代,经营者需要发挥极大的想象和艺术探索精神,需要深入调查消费者的情感及心理过程,需要洞悉社会文化风土人情,需要尽可能丰富的各类知识,才能为消费者提供自我表现和创造体验的机会。

（四）在促销策略上创意强化体验的品牌形象

在产品多得令人眼花缭乱且同质化趋势日渐明显的激烈市场竞争中,单纯的利益需求不足以打动消费者的心,而能满足消费者自尊自我实现的高层次品位追求更能引起消费者的共鸣,因此结合企业产品的特点及消费心理,提出征服消费者内心的品位概念,创造一种强调体验的品牌形象确属时代的必然要求。世界著名的宝洁公司明确指出品牌有三重天,从基本的清洁功能型到中层的时尚型,最高境界是品牌精神行销。正因为如此,宝洁公司产品正经历着从过去的利益诉求向体现消费者情感和自我表现诉求转变,宝洁公司的精明之处在于他深刻认识到产品的同质是很迅速的,其做法就是争取在产品被赶超前占领概念的制高点。

第三节　新企业的人力资源管理

人力资源（human resource，简称 HR）是指一定时期内组织中的人所拥有的能够被企业所用，且对价值创造贡献作用的教育、能力、技能、经验、体力等的总称。

人力资源管理是指根据企业发展的要求，有计划地对人力资源进行合理配置，通过对企业中负工的招聘、培训、使用、考核、激励、调整等一系列过程，调动员工的积极性，发挥员工的潜能，为企业创造价值，确保企业战略目标的实现。它是企业的一系列人力资源政策及相应的管理活动。这些活动主要包括企业人力资源规划，员工的招募与选拔、培训与开发、绩效管理、薪酬管理，员工流动管理，员工关系管理，安全与健康管理等。

企业初创期人力资源管理的主要内容有人力资源规划、员工招聘、员工考核、员工培训与激励。

一、建立新企业组织结构

组织结构反映组织成员之间的分工协作关系，设计组织结构的目的就是为了更有效、更合理地整合组织成员的力量形成组织合力，为实现组织的目标而协同努力。随着企业的产生和发展及机制的演变，企业组织结构形式也经历了一个发展变化的过程。迄今，企业组织结构主要的形式有：直线制、职能制、直线-职能制、矩阵制、事业部制、模拟分权制等。

（一）直线制

直线制是一种最早也是最简单的组织形式，其形式犹如一个金字塔，处于最极端的是一名有绝对权威的老板，他将组织的总任务分成众块后分配给下一级负责，而这些下一级负责人员又将自己的任务进一步细分后分配给更下一级，这样沿着一根不间断的链条一直延伸到每一位雇员。其特点是：一条指挥的等级链（即从上到下实行垂直领导，下属部门只接受一个上级的指令）、职能的专业化分工、权利和责任一贯性政策（即各级主管负责人对所属单位的一切问题负责）

（二）职能制

在职能式组织结构中，除主管负责人外，企业从上到下按照相同的职能将各种活动组织起来设立一些职能机构，如所有的营销人员都被安排在营销部，所有的生产人员都被安排在生产部等，这种结构要求主管负责人把相应的管理职责和权力交给相关的职能机构，各职能机构就有权在自己业务范围内向下级行政单位发号施令。因此，下级行政负责人除了接受上级行政主管人指挥外，还必须接受上级各职能机构的领导。

当企业组织的外部环境相对稳定，而且组织内部不需要进行太多的跨越职能部门的协调时，或对于只生产一种或少数几种产品的中小企业组织而言，职能式组织结构不失为一种最为有效的组织形式。但由于环境趋向于不确定，组织结构逐渐向扁平化、横向结构的方向发展，几乎没有成功的企业能够保持严格意义上的职能式结构，企业必须建立横向联系以弥补纵向职能层级的不足，如建立各种综合委员会、内部跨部门的信息系统、各种会议制度、专职整合人员（如项目经理、客户经理等），以协调各方面工作，起到沟通作用。

（三）直线-职能制

直线—职能制是在直线制和职能制的基础上,取长补短,吸取这两种形式的优点而建立起来的。这种组织结构形式是把企业管理机构和人员分为两类,一类是直线领导机构和人员,按统一指挥原则对各级组织行使指挥权,其在自己的职责范围内有一定的决定权和对所属下级的指挥权,并对自己部门的工作负全部责任;另一类是职能机构和人员,按专业化原则,从事组织的各项职能管理工作,他是直线指挥人员的参谋,不能对直接部门发号施令,只能进行业务指导。目前,直线-职能制仍被我国绝大多数企业采用。

直线-职能制结构也存在着职能制结构之缺乏横向联系的弊病,也需要通过建立横向联系以弥补纵向的不足。

（四）矩阵制

矩阵制组织结构是为了改进直线职能制横向联系差,缺乏弹性的缺点而形成的一种组织形式。它纵向是职能系统,横向是项目系统,项目系统无固定工作人员,随任务需要随时抽调组合,完成工作后回原部门。项目组既要服从项目管理,又要服从公司各职能部门的管理。因此,这种组织结构非常适用于横向协作和攻关项目。

（五）事业部制

事业部制最早是由美国通用汽车公司总裁斯隆于 1924 年提出的,故有"斯隆模型"之称,也叫"联邦分权化",是一种高度(层)集权下的分权管理体制。

它是按地区、产品、市场或客户划分的二级经营单位,独立经营、独立核算、自负盈亏,既有利润生产和管理职能,又是产品或市场责任单位。适用于规模庞大,品种繁多,技术复杂的大型企业,是国外较大的联合公司所采用的一种组织形式,近几年我国一些大型企业集团或公司也引进了这种组织结构形式。

（六）模拟分权制

有许多大型企业,如连续生产的钢铁、化工企业等由于产品品种或生产工艺过程所限,难以分解成几个独立的事业部。又由于企业规模庞大,以致高层管理者感到采用其他组织形态都不容易管理,这时就出现了模拟分权组织结构形式。所谓模拟,就是要模拟事业部制的独立经营、单独核算,而不是真正的事业部,采用的价格也是企业的"内部价格"而不是"市场价格",其本质是一个"生产单位"。这些生产单位有自己的职能机构,享有尽可能大的自主权,负有"模拟性"的盈亏责任,目的是要调动他们的生产经营积极性,达到改善企业生产经营管理的目的。

"兵无常法,水无常形",企业的组织结构从来就没有固定不变或适用于一切"放之四海而皆准"的最佳模式,总是要根据环境的变化和自身的发展不断地调整、改革与创新。无论是直线职能制、矩阵制还是事业部制,还是其他热门的组织结构模式,关键是适应不同的外界环境与企业自身实际情况"量身定做"选择适合自己的组织结构模式。

二、明确职责与分工

（一）人力资源管理的一般职责

1. 制定人力资源计划

根据公司发展策略和经营计划,评估组织人力资源现状及发展趋势,收集和分析人力资源供给于需求方面的信息和资料,预测人力资源的供给和发展趋势,制定人力资源招聘配置、培训、调配、开发及发展计划等政策和措施。

2. 人员招聘

根据组织的岗位需要及岗位职责说明书,利用各种方法和手段,如接受推荐、刊登广告、委托招聘、参加招聘会等形式从组织内部或外部吸引招聘人员。经过资格审查,如接受教育程度、工作经历、年龄、健康状况方面的审查,从应聘人员中选出一定数量的候选人,再经过严格的考试,如笔试、面试、情景模拟等方法进行筛选,最终确定人员,应遵循平等就业、双向选择、有限录用的原则。

3. 人员的入职教育和培训

任何应聘进入公司的新员工,都必须接受入职教育,这是帮助新员工了解和接受组织文化的有效手段。入职教育主要包括组织的历史发展状况和未来发展规划、职业道德和组织纪律、劳动安全卫生、社会保障和质量管理知识与要求、岗位职责、员工权益及工资福利待遇等。为提高员工的工作能力和技能,有必要开展富有针对性的岗位技能培训。

4. 工作绩效考核

对照工作岗位职责说明书和工作任务,对员工的业务能力、工作态度及工作表现等进行评价,并给予量化处理的过程。这种过程可以是自我总结式、他评式或者是综合测评式。考核结果是员工晋升、接受奖惩、发放工资、接受培训等的有效依据,有利于调动员工的积极性和创造性,检查和改进人力资源管理工作。

5. 薪金与福利保障

人力资源管理部门要根据员工的资历、职级、岗位及实际表现和工作成绩等就方面,来为员工制定相应的具有吸引力的薪资报酬标准和制度。工资报酬应根据员工的职务升降、工作岗位的变换、工作表现好坏、工作成绩进行相应的调整,不能只升不降。福利是薪酬的补充和延续,包括节假日、生活补助、过节福利等等。

6. 保险(住房公积金)的交纳

养老保险、医疗保险、工伤保险、(失业保险、生育保险、住房公积金)。

7. 劳动关系及档案管理

负责保管员工入职时的简历及入职后的工作表现、工作主动性、工作成绩、工资报酬、职务升降、奖惩和接受培训教育等方面的书面记录材料。公司内部重要资料进行整理归档并进行妥善的保管。

(二)岗位分析、评价、分工和组织结构设计

管理的本质是实现组织发展目标,德鲁克先生曾经说过:"无论我们谈论的是企业、政府或者是非营利组织,包括医院和学校,对管理适当的定义只能有一种,就是让人力资源充分发挥生产力的作用"。因此,管理在某种意义上讲就是人力资源管理的代名词,要使企业中的人力资源发挥潜能和创造力,就需要设计相应的组织结构,明确企业中各部门、各岗位的设置原则,将人力资源与岗位相匹配。岗位分析和评价与企业组织结构设计相辅相成,都是完善企业管理的基础。

1. 组织结构设计原则

企业的组织结构设计远不止绘制组织结构图那样简单,组织结构设计是对企业组织框架体系、组织职能体系和组织协调方式的整体描述,在设计时要根据企业战略目标和业务特征进行部门划分与岗位设置,确定各部门和各岗位的主要功能与职责,确定各部门、各岗位在企业中的排列顺序、空间位置、地理位置和相互间的结合方式与监督制约机制等。

组织结构设计需要探讨和解决部门与岗位如何设置、专业化分工与协作关系、管理与汇报关系、管理层次与幅度和集权与分权等问题,目的是要明确工作由哪个部门、哪个岗位完成,决策由谁做出,谁对工作结果负责等。适应企业发展阶段的组织结构能够消除工作分工界定模糊导致的执行障碍,有效协调部门与部门之间、岗位任职者与工作任务之间的关系,从而高效的组织生产经营活动,保证企业目标顺利实现。组织结构设计的内涵如表9-1所示。

表9-1　组织结构设计内涵

组织结构设计需解决的问题	组织结构设计内涵
部门设置	1. 根据企业目标,按照业务、产品、地域和职能等标准进行部门划分。
	2. 根据部门工作目标按照职能或功能进行二级部门或组别划分。
专业化分工与协作关系	3. 明确各级部门或组别的任务和工作职责。
	4. 确定各部门对完成企业目标的贡献、价值和重要性。
管理与汇报关系	5. 确定工作任务专业类别和细分程度,明确分工与协作的基础。
	6. 根据专业化分工进行岗位设计和工作设计。
管理层次与幅度	7. 明确岗位工作专业知识和技能要求。
	8. 明确岗位任职者的工作汇报对象。
	9. 明确管理者的管理层次和有效领导员工数量。
集权与分权	10. 明确各种工作指令有效传达与反馈的链路。
	11. 明确各级管理者拥有的管理与监督权限。
管理规范化	12. 明确组织的规章制度和管控措施。

岗位分析和评价工作能够为企业组织结构设计提供帮助。首先,岗位分析能够通过岗位工作信息的收集对部门设置、专业化分工,管理层级和职权体系等一系列问题的解决提供依据。其次,岗位评价为了保证公正性与公平性需要选择统一的评价要素并制定评价标准,评价要素和评价标准的选择与制定,实质上是对企业战略目标的强化,也更加明确了所设置部门和岗位的功能与职能、贡献和价值。组织结构的设计不能脱离岗位分析和评价工作。在组织结构设计时,应遵循以下原则。

(1)战略适配原则

组织结构随企业战略目标而定,战略目标决定组织结构,组织结构是实现企业战略目标的有机载体和工具。符合企业战略目标的组织结构更容易形成企业特有的文化,更容易推动企业的高速发展。与此同时,企业的战略目标会随着外部环境等影响因素的变化而变化,这就要求组织结构必须根据企业战略目标的变化进行及时的调整,做到组织结构与业务发展相适应,任职者与岗位相适应。因此,在企业明确中长期发展战略的前提下,需要相应的对组织结构做出中长期规划和设计,使组织结构具有一定的拓展空间,在保证组织结构具有相对稳定性和适应性的同时,做到组织结构与战略目标高度适配。企业战略类型和组织结构特征如表 9-2 所示。

表 9-2 企业战略类型与组织结构特征

企业战略	战略目标	环境影响	组织结构特征
防守型战略	稳定和效率	稳定	分工协作,高度规范与集权,严密的监督控制体系
攻守兼备战略	稳定与灵活兼备	变化	适度集权控制,高度规范化,但对部分业务进行分权,低规范化要求
进攻型战略	灵活	动荡	分权制,低规范化要求,部门设计松散
反应型战略	抵御	动荡	被动反应,低效率,被动分权管理

（2）企业生命周期匹配原则

企业在不同的发展阶段需要有不同的组织结构与之相适应,企业生命周期可以划分为投入期、成长期、成熟期、衰退期和转折期五个阶段,企业在每一发展阶段对组织结构设计的要求是不同的,所选择的组织结构模式也不尽相同。企业生命周期与组织结构设计要求如表 9-3 所示。

表 9-3 企业生命周期与组织机构设计要求

设计要求	生命周期				
	投入期	成长期	成熟期	衰退期	转折期
专业化	低	较低	高	很高	低
部门化	低	较低	高	很高	高
指挥系统	简单	较复杂	复杂	很复杂	简单
管理幅度	大	较小	小	很小	大
集权	高	较高	低	较高	高
分权	低	较低	高	较低	低
规范化	低	较高	高	较低	较高
组织结构模式	直线制或直线职能制	事业部制或集团化	矩阵制	直线制或分级直线制	直线制

（3）客户导向原则

企业的组织结构设计越来越面向市场和客户。市场与客户是企业赖以生存和发展的基础,组织结构的设计必须以提高产品质量与服务质量,满足客户不断变化的需求为中心,达到始于客户需求,终于客户满意的目标。以客户导向为原则,结合企业所处行业特点和业务特征,设计具有弹性化和高灵活性的组织结构已经成为一种发展趋势,特别是随着互联网和移动互联网的发展与普及,互联网思维模式已经渗透到传统行业,面向客户体验的组织结构正逐渐打破各种传统的组织结构形式,成为组织结构设计的主流。

（4）精简高效原则

企业组织结构设计需要遵循精简高效原则。部门和岗位的设置合理,管理关系和工作流程明确,各项工作职责具体、清晰,不但能够有效控制人力资源编制,降低企业内部沟通成本、管理成本和人工成本,也能够确保信息传递通畅、决策快速准确,使企业的运营效率大幅度提高。

（5）分工协作原则

企业进行组织结构设计时,需要强调分工协作原则。术业有专攻,专业化的分工可以降低培训成本和生产运营成本,但企业的生产经营活动不是孤立的,各职能部门、各岗位在专业化分工的前提下,更需要强调部门之间、岗位之间的协调与配合,从而提高工作效率,实现工作目标。

（6）管理幅度与管理层次原则

企业组织结构设计必须做到有效管理幅度与合理管理层次相结合。在企业规模一定的情况下,管理幅度与管理层次成反比。管理幅度,是指一名管理者能够直接领导、指挥和监督的下属人数。管理幅度越大,人际关系越复杂,管理幅度与人际关系数量成指数函数关系,即下属数量按等差级数增加,则人际关系数按几何级数增加,因此,再有能力的管理者由于能力和精力所限,其管理幅度一定是有限的,但有效管理幅度不存在一种普遍适用的标准,一般而言,高层管理者的管理幅度以 3～6 人较为适宜,中层管理者的管理幅度以 5～9 人较为合适,基层管理者的管理幅度可以限定为 7～15 人。

（7）责、权、利对等原则

企业组织结构设计需要对岗位进行分析和设置,明确各个岗位的责、权、利。岗位任职者为了更好地完成工作任务必须责权明确,并得到与责权对等的利益。明确责任、适度授权、利益对等可以减少各管理层级的权利摩擦,提高员工参与企业发展的意识和主人翁责任感,从而加强各部门和岗位任职者在工作上的灵活性、自主性与创造性。组织结构的设计务必处理好责、权、利的关系,特别是权利分配问题。通常,企业有集权制和分权制两种基本的权利分配模式,集权制是指企业高层完全掌握经营决策权,分权制是指企业的中层和基层具有一定的经营决策权。一般而言,企业规模越大就越需要分权,因此,在组织结构设计时,必须根据企业实际情况,明确哪些权利需要集中,哪些权利有必要分散,集权和分权的设计一定要控制在合理的范围,既不能影响组织运营效率,又不能挫伤中层、基层管理者和员工的工作积极性。

（8）风险控制原则

为了防范企业潜在的经营风险,在强调自我约束、自我调节与制度保障的同时,必须建立完善的监督控制系统。在组织结构设计时,为保证监督机构的严肃性和公正性,应该单独设立监控机构并独立开展相关工作。

三、员工的招聘与管理

（一）员工招聘

懂得如何雇佣员工是成为一个好老板的一部分。企业选择合适的员工,可以采取以下五个步骤:

第一步,发布招聘广告并挑选可能的人选。通过报纸、网站、就业服务机构、熟人介绍等方式发布招聘信息。在招聘信息中提供摘要型的岗位说明,通常情况下应该提及工资待遇。

第二步，面试和测试候选人。对挑选出来的人进行面试，由于应聘者在面试时会十分紧张，要营造出轻松的氛围，这样有助于对面试对象有个真实的印象。通过面试可以介绍企业情况、讲明工资待遇、岗位要求，同时了解候选人的性格、资历、学识、技能情况，必要时可以组织笔试测验，以确定其能否胜任应聘岗位。给候选人提问的机会，通过交谈进一步掌握候选人对企业及岗位的看法。

第三步，选择合适的人选面试结束后，就要做出选择，这里有个情况值得注意，如何处理家庭成员或亲戚朋友的应聘？亲朋好友到公司帮忙会带来一些特殊的问题：他们往往想获得特殊待遇，模糊家庭与企业的界限，容易导致与其他员工产生摩擦，不利于企业的运作。因此要三思后行，取舍的关键在于要确保他们拥有适合该岗位的技能和工作态度。

第四步，签订劳动合同。对决定雇佣的员工要签订劳动合同。劳动合同应该详细说明各项工作条件、待遇，明确双方权利和责任，并签字确认，各自保存。

第五步，帮助新员工适应环境。员工招聘进来后，招聘工作还没有完结。新员工初次来上班，多少会觉得不知所措，并不真正了解这份工作到底是怎么回事。作为企业主，不能完全听之任之，有责任要对新员工进行入职介绍，帮助其尽快熟悉工作环境，以早日适应工作岗位。一般企业都是给新员工确定一名指导师傅，以利于新员工的快速成长。

创业初期企业难以留住人才，原因有多方面。创业企业对人员的要求比较灵活，工资待遇方面也无法和大中型成熟企业相比，员工的归属感较差，员工的流动快。面对这种情况，创业企业在招聘时要把握以下几个原则：① 对人才的需求要有清晰的定位，以够用为度；② 员工的招聘要切合企业实际，尽量招聘一专多能的复合型员工；③ 招聘的员工要能吃苦耐劳；④ 工作经历比学历更重要。

（二）员工考核

对员工进行考核是企业运营管理的催化剂，对员工进行考核，与工资待遇挂钩，有利于提高员工个人的业绩能力，也有利于提高公司的运行效率。保证了优秀人才能够脱颖而出，同时淘汰不适合的人员。对员工的考核不能随意化，要确立科学的考评原则和方法。科学考评的原则是：奖优罚劣、公正公开、综合全面。

初创企业的考核容易出现的问题是：老板的个人感情色彩较浓，对下属的业绩评价具有主观性和随意性；企业人员少，管理结构扁平，创业者元员工多半有血缘、乡缘或学缘关系，人情味较重，有时"抹不开面子"；初创期企业老板往往以业务为中心，业务占据了管理者大量的精力，无暇顾及下属的绩效考核，使得绩效考核流于形式。这些都是企业发展的大忌。

如何实现科学考评？答案就是要实行制度管人。初创企业普遍不重视制度建设，一提到制度化问题，许多老板就搞不清楚本企业应该建立和完善什么制度。企业制度是企业制度是企业文化的重要内容之一，甚至重于企业文化的"硬件"建设。因此，一般中小企业至少要建立"奖惩制度"和"考核制度"，精确的考核和公正的奖励是很必要的。

考核的方法一般分为定性和定量两个方面。初创企业对中层管理人员应以定性考核为主，从德、能、勤、绩、廉五个方面进行分析考评；对基层员工则应以定量考核为主，对他们的工作态度等方面进行打分考评。

（三）员工培训与激励

好的员工是企业的财富，创业初期企业员工的素质往往参差不齐，所以要对员工进行培训和激励。员工培训是为了提高员工的能力水平、敬业精神和团队合作精神，帮助员工充分发挥其潜能，更大程度地实现员工的自我价值，为企业创造财富。新创企业的员工多数是老板的亲朋好友或是他们介绍过来的，并不一定是企业最需要的人才，而且企业内部分工不细、管理粗糙简单，加之企业的人力资源主管一般由老板本人兼任，对于人力资源管理老板也是外行。因而我国大多数创业企业只会用人，不会培养人，这样不利于企业发展。那么如何对员工进行培训和激励呢？

1. 制订员工的培训计划

员工的基础技能有高有低，每个人都需要不断地学习和提高，企业要关注员工素质的提高，创造条件对他们进行培训。

培训方式上有在职培训和脱产培训。对于新创企业，比较合适的是以在职培训为主，在职培训可以采取多种方式进行：一是请老师傅带徒弟；二是请人来讲课；三是企业部门自己写资料、教材。企业发展壮大后，有条件的情况下可以组织员工脱产培训、国内外进修。目前很多企业加强了校企合作办学，在高校开设"订单班"，提前培养员工，也是一种很好的培训方式。

有些企业老板觉得员工流动性大，不愿意花费代价培训员工，这是狭隘的个人主义。办企业需要承担一定的社会责任，企业通过培训，使员工各方面得到了提高，个人价值得到了增值，即使将来该员工不能为己所用，企业也是对社会做出了贡献。员工即使将来离开了该企业，也必然会对企业心生感激。

2. 为员工制订职业发展规划

企业初创期存在规模小、待遇低等诸多障碍，但是要想留住员工，让他们安心与企业共成长，就必须让员工看到希望，自觉地为企业奉献。要为每一位员工量身定做职业发展规划，为其描绘个人发展蓝图，这样能增强员工的归属感和职业信心。

企业在创业时期往往有很多不确定因素左右着企业发展，如果老板能够经常和员工交流，使员工知道企业的发展方向，员工也能够很快明白老板的思路，没有太多形式上的条条框框，很容易引起员工的共鸣。

3. 制定合理的薪酬和福利制度

创业期虽然公司财务状况捉襟见肘，但既要马儿跑，又要马儿不吃草，经常拖欠员工工资，这是不明智的做法。特别是对一些优秀的人才，公司的薪酬水平要有市场竞争力，起码不能低于同行业标准。这是对人才的尊重和重视，能鼓励优秀员工与公司共成长。对一般员工要奖罚分明，以后公司发展成熟了，还可以在员工中采取股份和期权等多种形式的分配方式，使员工的切身利益与公司利益捆绑在一起，增强公司内部的凝聚力、战斗力，从机制上保证公司和员工都能共同发展。

4. 强化企业价值观的培育，建立企业文化

价值观是在企业中形成的大家用以判断是非和评价对错的标准，是员工思想和行为的依据。企业文化是企业为解决生存和发展的问题而树立形成的，被组织成员认为有效而共享，并共遵循的基本信念和认知。价值观是企业文化的核心，统一的价值观使企业内

成员在判断自己行为时具有统一的标准,并以此来选择自己的行为。

对初创企业来说,形成好的价值观,可以使企业更具活力,对企业生存和发展影响巨大。作为公司老板要身体力行,做好表率,并不断跟员工沟通,向员工灌输企业价值观,最终形成良好的企业文化。

四、寻找企业顾问

企业管理顾问是专指能够运用科学的原理和有效的方法,结合自身丰富的企业运营经验对企业的战略,管控和经营上带来改善的企业外部专家。

(一) 企业顾问的目的和意义

1. 管理咨询的目的

从根本上提高企业的素质,改善企业的运行机制,增强企业对环境的动态适应能力。从深层次上来探讨,不仅仅是直接提高经济效益和管理水平,更重要地对一个企业来说,不论它的生存和发展,归根到底取决于这个企业是否能形成一个目标正确、适应性很强的运行机制。企业顾问根本的目的,是要使这个企业能够通过管理系统自我直接发现问题,找出原因,不断优化企业管理机制,使整个企业运行形成良性循环。

2. 企业顾问的意义

(1)提高管理水平和经济效益,企业顾问是落实我国经济建设方针"以提高经济效益为中心"的重要环节。提高企业管理水平是提高企业经济效益的很重要的措施;企业顾问是针对不同企业的主要矛盾,提出不同的改善措施,来达到提高经济效益的目的。

(2)落实盘活存量和生产要素的最佳组合,企业顾问不仅针对一个企业、提高一个企业的经济效益,一个企业在社会经济活动中不是孤立的,因此为提高整个国民经济效益,还需要从企业彼此之间的关系来分析,可能要做结构性调整,包括对产业结构的调整、产品结构的调整,真正落实盘活存量,落实生产要素的重组,落实资源的优化配置,企业顾问就是一个很好的手段。

3. 寻找企业顾问

企业设立之初,企业迫切需要解决的是有关企业设立的法律问题,包括规范企业内部的法律关系,建立良好的企业运作规则,此时,企业就需要一位企业设立的法律顾问帮助企业建立顺畅的内部法律关系,保障和维护企业良好运作。

法律专业分工很细致,不同的学科都有自己的学科特点。因此在法学院校的专业划分上,也根据不同的法律门类设立不同的专业,比如刑法、民法等。律师也一样,都有自己的专长和专业领域。如果一位宣称自己精通法律,从婚姻、房产到企业融资、并购无所不知的律师,你就一定要小心了。就像一个医生向你宣称他包治百病,其实他可能什么都做不好。

一般来讲,具有一定规模和品牌的律所,在律师的招聘都会有严格的审核,这可以从根本上保证律师的专业水平;其次,由于具有相当的规模,律所各个部门的设立和分工就更加细化,这样也能确保各个部门律师的专业性。因此,选择律所时,可通过律所的网站,了解律师的数量,各个部门划分和分工是否细致全面。有的律所虽然网站很漂亮,部门设立也很全面,但律师数量并不太多,很多律师都是在几个部门兼职,这样的律所你就要仔细审视其专业性了。

律师基本分为两类:一是提成律师:只挂名在律所名下,以该律所律师的身份承接业务,只给所里缴纳一定的管理费,不接受律所特别管理;另一种是工薪律师,受聘于律所或律所的某一个部门,由该部门或律所发给一定的工资,接受该部门的管理,承办该部门的业务。

一般而言,提成律师由于自己承接业务,涉及的业务相对就比较宽泛,但也并不排除有些提成律师的专业性。而部门的薪金律师,主要涉及的是该部门的业务,相对而言,在该部门所涉及的专业知识方面是比较丰富的;其次,各个部门在承接业务时也根据律师的专业特长会进行进一步分工,比如将诉讼业务和非诉业务分别交由不同的律师办理,这样也就能充分利用各个律师的专业性,也能更加充分发挥部门的团队力量,为企业提供更好服务。

另外,在律所里,各个部门都由部门主任负责。特别在具有一定规模和品牌的律所里,对部门主任的人选的任职资格是有严格的限制的,这样也确保了该部门的专业性。因此,企业在寻找法律顾问时,直接寻找律所的专门部门,是基本能够保证法律顾问的专业性的。

【本章小结】

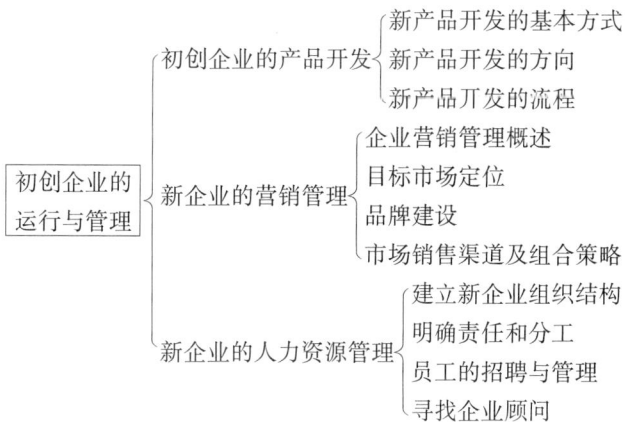

【实践活动】

1. 分析、设计分销渠道

要求:(1)对当地康师傅、可口可乐、特步等品牌的分销渠道进行实地参观访问,了解分销渠道的结构、特点。

(2)对上述分销渠道进行分析,并提出建议。

(3)撰写一份分销渠道的分析及设计报告。

2. 结合你自己的创业设想,谈谈创业初期为了提高企业存活率,你在企业管理方面有什么认识和措施?

【本章推荐阅读】

［1］姜雅丽. 企业市场营销创新. 合作经济与科技,2010(2).

［2］王蕴红. 中国企业营销创新的八个方面. 企业活力,2002(4).

［3］徐锐. 略论新经济下的营销创新. 当代经济,2004(8).

［4］仲伟林. 知识经济与营销创新. 国际商务研究,2001(3).

［5］朱冬林. 营销创新重在营销观念创新. 现代管理科学,2004(10).

［6］孙在国. 体验经济时代营销策略创新思考. 商业时代,2004(8).

第十章 "互联网＋"创业

【内容提要】

　　"互联网＋"就是"互联网＋各个传统行业",但并不是简单的两者相加,而是利用信息通信技术以及互联网平台,让互联网与传统行业进行深度融合,创造新的发展生态。"互联网＋"在创业创新、协同制造、现代农业、智慧能源、普惠金融、益民服务、高效物流、电子商务、便捷交通、绿色生态、人工智能等领域发展迅速。那么如何进行"互联网"创业,关键因素需要考虑的首先是"我是谁?",即明确定位;其次是业务系统方面,即消费者和利益相关方需要什么,还可以做什么;然后是找到安身立命的关键资源能力;再者是有清晰的盈利模式;最后是有合理的现金流结构。

　　而大学生进行互联网创业,往往会遇到不少问题。比如,创业扶持政策配套设施不完善,创业人群数量有待提升;创业目标定位模糊,成功率较低;高校的创新创业教育滞后或流于形式,人才培养理念有待改进;创新创业师资缺乏,创业导师与高校合作较少,教育方法手段有待加强等等。但大学生互联网创业也具有一定的主客观优势。比如,国家和社会各界鼓励支持大学生创新创业,创业氛围浓厚;大学生学习知识的能力强,思维活跃,易于接受新鲜事物,有极强的创新思维;互联网创业门槛低,风险小;互联网发展前景广阔,创业机会多。大学生进行互联网创业,需要懂得创业基础知识和计算机基础知识,要充分利用高校为大学生提供的创业实践平台,如实验室、工程训练中心、计算机机房等;同时还要加强师资队伍建设,提升教师创业指导能力和水平,也要与社会上的创业导师积极合作;在高校宣传创业典型,在校内营造良好氛围,激发更多大学生的创业激情和意识。互联网创业第一步很艰难,大学生互联网创业起步,可以从自己的痛点做起,也可以从自己的兴趣爱好做起,还可以从自己的专业做起,这三点是最容易启航的互联网创业点。

　　目前互联网＋初创企业跟一二十年前的初创企业相比,虽企业意识比以前要强很多,但是财务问题和法律问题仍然是创业者面临的两大难题。比如项目的合法性,创业合伙协议的问题,股权的问题,知识产权的问题,财务规范的问题,融资的问题等。这些都是初创企业应注意的法律风险。

【学习目标】

知识目标:

1. 了解"互联网＋"的内涵以及在典型领域的发展。
2. 理解互联网创业成功的关键要素。
3. 了解大学生互联网创业的主要问题以及主客观优势。

能力目标：

1. 清楚大学生互联网创业的机遇和挑战，并能够采取相应对策。
2. 大学生互联网创业的起点选择。

【案例导入】

互联网创业的葵花宝典

一个朋友在一家软件的大企业做了十年的软件研发，想出来创业，问我要注意什么。我开玩笑说，要想成功，必须学习互联网创业的"葵花宝典"，第一条就是"挥刀自宫"。

大的软件公司有很多资源，研发能力不错，各种推广资源也非常优越，但很少开发出来优秀的互联网产品。初步看上去，原因很多，比如很难调动个人的积极性、内部管理协调非常困难等。我认为还有一个重要的原因，就是方法不得当。大公司资源多，一个互联网创新项目，投入大量资源后，公司期望值高，考虑的问题自然多了，反而不容易做好。

从大公司离职出来创业，首先要"挥刀自宫"，干掉大公司这套做法，控制成本尽量少花钱，集中精力和资源解决核心的一两个问题就足够了。

不要想太多，不做太长时间的计划，尤其是计划不能太复杂！创业成功需要的是发现机会和快速突破的能力，再加一点运气。大公司的工作经验太多，有时候反而会限制自己的做法。互联网创业，越简单越单纯，越容易成功！

1. 专注：解决用户一个迫切的需求，解决的问题一句话就可以说清楚。

（1）一个明确而且用户迫切需要的产品，很容易找到明确的用户群。这样，产品研发出来后，不容易走偏。（2）选择的用户需求要有一定的普遍性，这点决定这个产品的未来市场前景。（3）解决的问题少，开发速度快，也容易控制初期的研发成本和风险。（4）解决明确问题的产品，容易给用户说清楚，推广也会相对简单。

2. 极致：要在这个功能点上做到所有同类产品的极致，做到最好才能赢。

（1）极致是互联网产品的核心，只要极致才能超出用户的口碑，形成口口相传的效应，给后期的推广带来了很大的便利。（2）专注才能做到极致，做到极致才能击败竞争对手。

3. 快：开发周期一定要控制在三到六个月的时间，一定要快。

（1）互联网时代，用户需求变化比较快，而且竞争也比较激烈。快速的开发，容易适应整个市场的节奏，并且节约成本。（2）用户试用过程中，如果发现问题，反应速度也要快，尽快改善尽快更新。初期，我认为要保持在一两周的更新速度。

4. 口碑：初期市场营销坚持少花钱甚至不花钱，才能看出产品对用户真正的吸引力。

（1）产品完成后，不要着急，先坚持在一个小规模的用户群中试用，听听用户反馈。（2）大规模的推广会带来如下的两个问题：一是，投入大量市场费用后，用户期望值很高，如果产品不完善，很容易引起负面的口碑，为以后的推广留下了隐患；二是，大规模市场推广得到的测试效果不准确。如果产品不完善，甚至需求选择有问题，会被数字掩盖。当推广费用停止后，用户量不增长甚至下滑，再改就来不及了。过去几年成功的互联网创业公司，其实在市场营销上花的钱都非常少，但这些公司在市场营销上花的精力并不少。

（3）刚开始最重要的推广技巧是搜索引擎优化和病毒式营销。

互联网创业的葵花宝典就是"专注""极致""快"和"口碑"！

一次完美的互联网创业，最好是技术、产品高手搭配的两三人创业，三到六个月内完成产品，再用半年到一年的时间测试完善产品，达成初步成功的门槛，再寻求融资，摸索成功的商业模式，然后投入大量的市场资源推广，形成规模化业务。

初步成功的标准，不同的业务要求不同。我有一个简单的标准供大家参考，就是产品推出半年到一年时间，网站页面过一百万 PV，或者客户端产品日净增安装量 1 万次，而且用户数还在持续增长。达成这个目标之后，需要琢磨的事情，就是在保持增长速度的同时，如何探索好的商业模式。

（资料来源：雷军的博客 http://blog.sina.com.cn/s/blog_4b0e23c90100c1ok.html）

第一节 "互联网＋"的内涵以及它在典型领域的发展

一、"互联网＋"的内涵

"互联网＋"是对创新 2.0 时代新一代信息技术与创新 2.0 相互作用共同演化推进经济社会发现新形态的高度概括。在 2012 年 11 月 14 日的易观第五届移动互联网博览会上，易观国际董事长兼首席执行官于扬先生首次提出"互联网＋"理念。他认为在未来"互联网＋"公式应该是我们所在的行业目前的产品和服务，在与我们未来看到的多屏全网跨平台用户场景结合之后产生的一种化学公式。我们可以按照这样一个思路找到若干这样的想法，而怎么找到你所在行业的"互联网＋"是企业需要思考的问题。

我国经济发展进入新常态，经济增长的驱动力也在发生深刻的变革。实施"互联网＋"行动计划是促进经济发展新优势和新动力的重要举措。那么，"互联网＋"的内涵是各行各业、各方面专家研究探讨的问题。腾讯 CEO、互联网方面的领军人物马化腾认为"互联网＋"就是指利用互联网的平台、信息通信技术把互联网和包括传统行业在内的各行各业结合起来，从而在新领域创造一种新生态。在 2017 年 8 月 25 日以"加快新旧动能接续转换、抢抓数字经济发展先机"为主题的"2017 中国两化融合大会"上，马化腾表示"互联网＋"是手段，数字经济是结果，网络强国是目标，"互联网＋"赋能实体经济将创造巨大的创新机会。同时，娃哈哈集团董事长兼总经理宗庆后、联想集团董事长兼 CEO 杨元庆等实体企业大咖也都对"互联网＋"给实体经济带来的增效表示过肯定。

阿里研究院在《"互联网＋"研究报告》中指出："'互联网＋'的本质是传统产业在线化、数据化。"有专业机构认为，"互联网＋"就是以互联网为主的一整套信息技术在经济、社会生活各部门的扩散、应用过程。综合各方面专家和机构的观点，普遍认为"互联网＋"就是充分发挥互联网在社会资源配置中的优化和集成作用，将互联网的创新成果融于经济社会各领域中，提升全社会的创新力，形成更广泛的以互联网为实现工具的经济发展新形态。所以，可以说"互联网＋"就是"互联网＋各个传统行业"，但这并不是简单的两者相加而是利用信息通信技术以及互联网平台，让互联网与传统行业进行深度融合，创造新的发展生态。当前大众耳熟能详的电子商务、互联网金融、在线旅游、在线影视、在线房产等行业都是"互联网+"的杰作。

2015年7月,国务院印发了《关于积极推进"互联网+"行动的指导意见》(下面简称《意见》),明确了未来三年以及十年的发展目标,明确推进"互联网+",促进创业创新、协同制造、现代农业、智慧能源、普惠金融、公共服务、高效物流、电子商务、便捷交通、绿色生态、人工智能等若干能形成新产业模式的重点领域发展目标任务,并确定了相关支持措施。到2018年,互联网与经济社会各领域的融合发展进一步深化,基于互联网的新业态成为新的经济增长动力,互联网支撑大众创业、万众创新的作用进一步增强,互联网成为提供公共服务的重要手段,网络经济与实体经济协同互动的发展格局基本形成。根据该《意见》可以看出,未来我国将在以下11个典型领域里促成与"互联网+"的融合。

二、"互联网+"在典型领域的发展

(一)"互联网+"创业创新

充分发挥互联网的创新驱动作用,以促进创业创新为重点,推动各类要素资源聚集、开放和共享,大力发展众创空间、开放式创新等,引导和推动全社会形成大众创业、万众创新的浓厚氛围,打造经济发展新引擎。(发展改革委、科技部、工业和信息化部、人力资源社会保障部、商务部等负责。列第一位者为牵头部门,下同)

拓展阅读 10-1

柴火创客空间

柴火创客空间是机器科技的工作坊。"创客"概念源自国外,来源于英文单词"Maker"意指热衷于创意、设计、制造的群体。柴火创客空间是深圳的创客们聚集的"创意会所"。据悉,每周三晚上,柴火创客空间像各地的创客空间一样,会举办聚会活动,创客们分享大家最近的战斗成果,或者关注到的最新的技术。

2010年,柴火创客空间正式成立。作为深圳第一家创客空间,承载了一份执着,一份信念,当然也终于给在深圳的创客们带来了一个可以拧成一绳的契机。柴火建立的初衷很简单,犹如名字的由来:众人拾柴火焰高。也因此一直以来,柴火的理念都是为创客们提供一个好的场所,让来自各界各有所长的人碰撞出更多的火花,并且加些催化剂,把这火花炸得更欢腾,让普通大众能够看到能够感受能够喜欢。创客来源于生活但不拘泥于生活,归根结底,柴火一直都想把不甘寂寞的人变为创客,让创新创业变为他们不甘寂寞的一种宣泄。

2015年1月4日,李克强总理在深圳考察柴火创客空间,体验各位年轻"创客"的创意产品,称赞他们充分对接市场需求,创客创意无限。总理说,你们的奇思妙想和丰富成果,充分展示了大众创业、万众创新的活力。这种活力和创造,将会成为中国经济未来增长的不熄引擎。

"互联网+",与时代发展的脉搏高度契合;万众创新,与民族复兴的目标高度一致。让互联网与创新深度融合、协同增效,中华大地必将有更多精彩值得期待。

(资料来源:百度百科 https://baike.baidu.com)

(二)"互联网+"协同制造

推动互联网与制造业融合,提升制造业数字化、网络化、智能化水平,加强产业链协作,发展基于互联网的协同制造模式。在重点领域推进智能制造、大规模个性化定制、网络化协同制造和服务型制造,打造一批网络化协同制造公共服务平台,加快形成制造业网络化产业生态体系。(工业和信息化部、发展改革委、科技部共同牵头)

拓展阅读 10-2

实现"互联网+"协同制造

2015年7月,国务院发布的《关于积极推进"互联网+"行动的指导意见》中,"互联网+"协同制造是重点行动之一,旨在推动互联网与制造业融合,提升制造业数字化、网络化、智能化水平,加强产业链协作,发展基于互联网的协同制造新模式。在重点领域推进智能制造、大规模个性化定制、网络化协同制造和服务型制造,打造一批网络化协同制造公共服务平台,加快形成制造业网络化产业生态体系。

实际上,早在2000年,国际著名的咨询机构ARC针对生产制造模式新的发展,详细地分析了自动化、制造业以及信息化技术发展现状,从科技发展趋势对生产制造可能产生影响的角度,做出过全面的调查研究,并提出了用工程、生产制造、供应链三个维度描述的数字工厂模型。

其中,从生产流程管理、企业业务管理一直到研究开发产品生命周期的管理而形成的"协同制造模式"(Collaborative Manufacturing Model,CMM)。CMM协同制造模式为制造行业的变革提出了一个理论依据和行之有效的方法。它利用信息技术和网络技术,通过将研发流程,企业管理流程与生产产业链流程有机地结合起来,形成一个协同制造流程,从而使得制造管理、产品设计、产品服务生命周期和供应链管理、客户关系管理有机地融合在一个完整的企业与市场的闭环系统之中,使企业的价值链从单一的制造环节向上游设计与研发环节延伸,企业的管理链也从上游向下游生产制造控制环节拓展,形成一个集成了工程、生产制造、供应链和企业管理的网络协同制造系统。

当前,网络化的信息空间和现实化的物理空间可共同组成协同空间,信息空间对未来制造业的发展和竞争力将产生至关重要的影响,未来制造业将进入虚实交互的协同时代。

未来的智能制造形态将是将制造商、零部件供应商、销售商乃至消费者搬到线上,构成生产资源、人力物力、研发创新的网络协同结构,主要目的是实现市场与研发的协同、研发与生产的协同、管理与通信的协同,从而形成一个完整的制造网络——协联网(Internet of Collaborative Manufacturing),由多个制造企业或参与者组成,它们相互交换商品和信息,共同执行业务流程。企业、价值链和产品生命周期这三个维度贯穿于各个价值链中的制造参与者之间。

"互联网+"协同制造将成为未来智能制造的核心,协联网平台具体应满足三个"CM"要素。具体而言,在前端,顾客对工厂(C2M)将提供自己的标准化模块供消费者组合,或是吸引消费者参与到设计、生产的环节中来;在内部,通过并行制造(CM)提升生产组织能力,以柔性化的智能制造去服务于海量消费者的个性化定制需求;在后端,通过云制造(CM)积极调整供应链,使之具备更强的资源整合能力,做到低成本、高效率和短工期。

以往,制造业企业一定要通过原料、设备、生产、运输、销售五大环节组织生产制造。而这五个环节是相对固定的,且不可或缺的。并行制造时代,这五个环节可以相对独立,变成五个可以动态配置的模块。每个模块都有自己相应的软件系统以及物联网感知系统,根据消费者需求,五个模块可以自行高效整合,满足生产制造的工艺需求。除了大幅缩短工期之外,还能大幅降低成本。

传统观点认为,只有等到所有产品设计图纸全部完成以后才能进行工艺设计工作,所有工艺设计图完成后才能进行生产技术准备和采购,生产技术准备和采购完成后才能进行生产。而并行制造则将各有关流程细化后进行并行交叉,尽早开始各项工作。

通过分散价值网络上的并行制造,产品设计与工艺过程设计、生产技术准备、采购、生产等种种活动并行交叉进行。充分利用信息化和自动化的手段,在产品开发、生产、销售、物流、服务的过程中,借助软件和网络的监测、交流沟通,根据最新情况,灵活、实时地调整生产工艺,而不再是完全遵照几个月或者几年前的计划。从而有效实现灵活性的大幅提升。

未来,除了研发设计之外,制造业的各个工艺流程都将并行化、透明化、扁平化,实现真正意义上的智能制造。并行化的智能制造过程将通过利用网络世界无限的数据和信息资源,突破物理世界资源有限的约束。这样一来,可以一边设计研发、一边采购原材料零部件、一边组织生产制造、一边开展市场营销,从而降低了运营成本、提升了生产效率、缩短了产品生产周期,也减少了能源使用。

(资料来源:OFweek 工控网 http://gongkong.ofweek.com/2017 - 06/ART - 310045 - 8500 - 30139695.html)

(三)"互联网+"现代农业

利用互联网提升农业生产、经营、管理和服务水平,培育一批网络化、职能化、精细化的现代化"种养加"生态农业新模式,形成示范带动效应,加快完善新型农业生产经营体系,培育多样化农业互联网管理服务模式,逐步建立农副产品、农资质量安全追溯体系,促进农业现代化水平明显提升。(农业部、发展改革委、科技部、商务部、质检总局、食品药品监管总局、林业局等负责)

📁 拓展阅读10-3

"互联网+现代农业"到底要加什么

在信息化高速发展的当下,互联网的身上往往被贴上"快"的标签,而受气候、季节特征约束的农业领域,因为周期长总是难以摆脱"慢"的影子。如何让"快""慢"不同的领域互相促进、共同发展? 当我们谈论"互联网+现代农业"时,我们还需要哪些"佐料"和途径?

2015年底,国务院办公厅印发了《关于推进农村一二三产业融合发展的指导意见》(以下简称《意见》),《意见》对发展农业新型业态做出了具体要求:实施"互联网+现代农业"行动,推进现代信息技术应用于农业生产、经营、管理和服务。采用大数据、云计算等技术,改进监测统计、分析预警、信息发布等手段,健全农业信息监测预警体系。大力发展农产品电子商务,完善配送及综合服务网络。推动科技、人文等元素融入农业。鼓励在大城市郊区发展工厂化、立体化等高科技农业,提高本地鲜活农产品供应保障能力。鼓励发展农业生产租赁业务,积极探索农产品个性化定制服务、会展农业、农业众筹等新型业态。

推进现代信息技术应用、健全农业信息监测预警体系、发展农村电商、提高高科技农业水平、发展农业生产租赁业务,这些都需要资金、技术的支持,需要社会资本和企业的广泛参与。

然而,周期、成本和效率的问题,让许多投资人望而却步,艾格农业董事长黄德钧在日前举办的"中国农业创新发展资本论坛"上指出,中国目前农产品附加值较发达国家而言相对偏低,国外农业较发达国家产品附加值大致在1:3.8到1:4之间,而国内大约为1:1.8。换而言之,"企业的直接收入并不是主要来自土地里的产品,而是来自后加工。在这方面,金融还是需要可持续发展和盈利空间的。"

种植经济附加值高的产品,是否就一定会有更好的效益?春晓资本创始合伙人何文对此有不同看法,他认为这会让企业面临新的问题,因为这些产业规模相对较小,并不一定能达到企业预期,而且由于周期长等原因,对于产业资本来说还是有一定风险。

大唐金融控股集团刘洋在"中国农业创新发展资本论坛"上提出了"健康厨房"的方案,"中央厨房这个大概念,其实是通过整合城市的市场,倒过来去整合上游的种植,围绕健康厨房这个核心,整合上下游,重视市场这个产业链。"

推进农业供给侧结构性改革,促进农业增效、农民增收和农村繁荣,要用工业理念发展农业,以市场需求为导向,完善利益联结机制,以制度、技术和商业模式创新为动力,构建农业与二、三产业交叉融合的现代产业体系,形成城乡一体化的农村发展新格局。

"农民最关心的是把农产品卖到城里去,让他的产品进入到城市里的千家万户;现在很多农村电商在考虑怎么把原来城里人消费的一些品牌、包装、食品或是日用品卖到农村里去,另外还有城市里一些科技含量高的东西,怎么把它们弄到农村里去改善农村的生产效率",何文如是说。

由此看来,完善农村物流体系,打造差异化地方特色品牌,用更好的方式去提供供应链金融服务,这些都将为农村服务升级,为推动"互联网＋现代农业"发展提供更多良性互动。

(资料来源:新华网 http://www.moa.gov.cn/fwllm/xxhjs/dtyw/201705/t20170518_5612567.htm)

(四)"互联网＋"智慧能源

"互联网＋"智慧能源是一种互联网与能源生产、传输、存储、消费以及能源市场深度融合的能源产业发展新形态,对提高可再生能源比重,促进化石能源清洁高效利用,推动能源市场开放和产业升级具有重要意义。通过互联网促进能源系统扁平化,推进能源生产与消费模式革命,提高能源利用效率,推动节能减排。加强分布式能源网络建设,提高可再生能源占比,促进能源利用结构优化。加快发电设施、用电设施和电网智能化改造,提高电力系统的安全性、稳定性和可靠性。(能源局、发展改革委、工业和信息化部等负责)

📁 **拓展阅读 10－4**

"互联网＋"智慧能源：未来能源发展方向就是它了

"互联网＋"智慧能源概念。目前,我国能源行业改革进入深水期,行业调整结构迫切需求转型升级的关口,能源企业纷纷希望借助"互联网＋"实现改革、开拓、创新的发展新局面。"互联网＋"智慧能源是实现转型升级、创新发展的重要途径。

"互联网＋"智慧能源,就是以电力系统为核心纽带,构建多类型能源互联网络,即利用互联网思维与技术改造传统能源行业,实现横向多源互补,纵向"源—网—荷—储"协调,能源与信息高度融合的新型能源体系。其中,"源"是指煤炭、石油、天然气、太阳能、风能、地热能等一次能源和电力、汽油等二次能源;"网"是指涵盖天然气和石油管道网、电力网络等能源传输网络;"荷"和"储"是指代表各种能源需求和存储设施。实施"源—网—荷—储"的协调互动,实现最大限度消纳利用可再生能源,实现整个能源网络的"清洁替代"与"电能替代",推动整个能源产业的变革与发展。"互联网＋"智慧能源就是能源生产"终端"将变得更为多元化、小型化和智能化,交易主体数量更为庞大,竞争更为充分和透明。通过分布式能源和能源信息通信技术的飞跃进步,特别是交易市场平台的搭建,最终形成庞大的能源市场,能源流如信息流一样顺畅自由配置。

"互联网＋"智慧能源将经历能源本身互联、信息互联网与能源行业相互促进,以及能源与信息深度融合三个阶段。首先,能源本身的互联阶段,以电力系统为核心枢纽的多种能源物理互联网络,实现了横向多源互补。其次,信息互联网与能源行业相互促进,信息指导能量,能量提升价值。一方面,互联网催生了能源领域新的商业模式;另一方面,信息的高效流动使分散决策的帕累托最优[①]替代了集中决策的整体优化,实现资源配置更加优化。最后,能源与信息深度融合,能源生产和消费达到高度定制化、自动化、智能化,形成一体化的全新能源产业形态。

（资料来源：OFweek 公众平台 http://mp.ofweek.com/solar/a345653229246）

（五）"互联网＋"普惠金融

促进互联网金融健康发展,全面提互联网金融服务能力和普惠水平,鼓励互联网与银行、证券、保险、基金的融合创新,为大众提供丰富、安全、便捷的金融产品和服务,更好地满足不同层次实体经济的投融资需求,培育一批具有行业影响力的互联网金融创新型企业。（人民银行、银监会、证监会、保监会、发展改革委、工业和信息化部、网信办等负责）

📁 **拓展阅读 10－5**

蚂蚁金服

蚂蚁金服是一家旨在为世界带来普惠金融服务的科技企业,起步于 2004 年成立的支付宝。2014 年 10 月,蚂蚁金服正式成立。蚂蚁金服旗下拥有支付宝、支付宝钱包、余额

---

① 帕累托最优:也称为帕累托效率（Pareto efficiency）,是指资源分配的一种理想状态,假定固有的一群人和可分配的资源,从一种分配状态到另一种状态的变化中,在没有任何人境况变坏的前提下,使得至少一个人变得更好。帕累托最优状态就是不可能再有更多的帕累托改进的余地。帕累托最优是公平与效率的"理想王国"。

宝、招财宝、蚂蚁小贷及网商银行等品牌。

蚂蚁金服以"为世界带来更多平等的机会"为使命,致力于通过科技创新能力,搭建一个开放、共享的信用体系和金融服务平台,为全球消费者和小微企业提供安全、便捷的普惠金融服务,致力于"为世界带来微小而美好的改变"。

2017年6月,摩纳哥与支付宝签订战略合作协议(MOU),举国商户将接入支付宝。成为第12个接入支付宝的欧洲国家。这是蚂蚁金服第一次与主权国家政府签订战略合作协议,也是"一带一路"国际合作高峰论坛召开后,中国移动支付技术"走出去"到达的又一个欧洲国家。此次战略合作备忘录的签订,对摩纳哥来说意义重大。号称欧洲"旅游心脏"的摩纳哥有望通过这种政府主导推广支付宝的合作方式,将摩纳哥打造成首个无现金国家。

2017年7月20日起,再引11家基金公司分别是:华夏基金、华安基金、易方达基金、富国基金、招商基金、中欧基金、上投摩根基金、广发基金、万家基金、光大保德信基金、嘉实基金。

(资料来源:百度百科 https://baike.baidu.com/)

(六)"互联网＋"益民服务

充分发挥互联网的高效、便捷优势,提高资源利用效率,降低服务消费成本。大力发展以互联网为载体、线上线下互动的新兴消费,加快发展基于互联网的医疗、健康、养老、教育、旅游、社会保障等新兴服务,创新政府服务模式,提升政府科学决策能力和管理水平。(发展改革委、教育部、工业和信息化部、民政部、人力资源社会保障部、商务部、卫生计生委、质检总局、食品药品监管总局、林业局、旅游局、网信办、信访局等负责)

拓展阅读 10－6

开通仅一年半82万人次通过微信挂号华西第二医院

2017年4月20日,在杭州举办的2017中国"互联网＋"数字经济峰会上,腾讯研究院发布了《中国互联网＋数字经济指数(2017)》报告,是目前中国唯一的"互联网＋"应用于公共事业、经济活动的数字化报告,呈现了中国"互联网＋"的发展现状。

报告显示,四川地区近年在"互联网＋"领域发展成果显著,以四川大学华西第二医院"互联网＋智慧医疗"为例,该医院在微信服务号上开通预约挂号、全流程缴费、检查预约、报告查询、在线问诊、诊后随访等贯穿就医全流程的便捷就医服务。

该服务自2015年10月上线以来,微信关注量已达85余万,挂号82万人次,缴费57万人次,累积交易金额2.16亿元,微信交易量占总门诊量的65%以上,平均节省患者就医时间超过2.5小时。全院2 000多名职工使用微信企业号"医互通"平台进行移动办公,开通公文收发、工资条、请假管理、订餐管理、PAC随访、会议室预定、内部发文、材料文件处理、设备申购等功能,为医院每月节省约30 000张纸的办公成本,提升医院内部办公管理效率约400%。

2016年10月四川大学华西第二医院还取得了"互联网医院"的牌照,成为西南地区首家互联网医院,建立了"微信智慧医院"平台,对弥平医疗资源鸿沟、有效推进优质医疗资源向基层延伸发展起到巨大作用。

（资料来源：成都商报 http://news.chengdu.cn/2017/0420/1870711.shtml）

（七）"互联网+"高效物流

加快建设跨行业、跨区域的物流信息服务平台，提高物流供需信息对接和使用效率。鼓励大数据、云计算在物流领域的应用，建设智能仓储体系，优化物流运作流程，提升物流仓储的自动化、智能化水平和运转效率，降低物流成本。（发展改革委、商务部、交通运输部、网信办等负责）

拓展阅读 10-7

2017 互联网+物流格局论坛在京开幕启动首届中国快递员节

2017（第三届）互联网+物流格局论坛于 8 月 28 日在北京举办，会上多位专业人士、物流企业精英以及专家学者展开对话，共同探索物流行业的未来发展方向与机遇。当日论坛上还启动了首届中国快递员节，呼吁各大快递企业规范快递员行为，并加强对快递员的人文关怀。

本届大会以"人与无人"为主题，围绕科技与人之间的竞争与融合，结合当前物流行业热门技术"无人机/无人仓"，探讨这是否会成为物流业新格局的支点，并从产业环节探讨了物流大数据的未来走向。

据国家邮政局发展研究中心研究员方玺在论坛上发布的数据，2017 年上半年中国快递企业量累计完成 173.2 亿件，同比增长 30.7%；业务收入累计完成 2 181.2 亿元，同比增长 27.2%；快递与包裹服务品牌集中度指数进一步提高，8 家企业的产品集中度达到 77.8%。

物流企业在经历新一轮的变革之前，一直被视为劳动密集型行业，运营中需要大批劳务人员从事分拣、配送等工作。如今，随着"三无"智能装备（无人仓、无人机、无人车）的发展，改变着物流企业在末端配送服务的质量与效率，让整个行业充满"智慧转型"的期待。一场关于无人科技的技术竞赛，正在打破人们对传统物流业的粗放式发展。

苏宁物流副总裁张海峰表示，科技是物流企业"精兵简政"的新方式，大大降低了物流企业的运营成本，迎合国家供给侧结构性改革，科技又是智慧物流概念落地的第一步，将终端与末端紧密相连，云仓、无人机、机器人等科技大大提升物流的服务体验，并且不断减低成本提升效率，"科技满足了物流企业对无人的一切想象"。

据统计，无人分拣技术可将人工效率提高近 7 倍，节省七成人力，避免无效运输；无人机技术可在偏远地区搭建低空飞行网络实现物流服务触达，发掘农村电商潜力。

统计显示，目前中国从事社会化电商物流行业的有 203.3 万人。在无人机送货大范围实现之前，这 200 多万名快递员往返折回在各个城市楼宇之间，九成以上的快递员每天要工作 8 小时以上，三成男性快递员日均工作 12 小时以上，七成以上的快递员表示压力很大。

2017 年 8 月 28 日，北京商报社联合中国经济报刊协会、北京市商联会、北京电子商务协会等相关协会，会同苏宁、菜鸟、百世等物流企业共同启动首届中国快递员节。主办方呼吁相关协会和物流企业共同发出倡议,中国快递员要实行"四不"准则,即不违背职业操守、不泄露客户隐私、不违反交通规则、不冷脸面对客户,同时希望全社会也对快递员给予充分尊重和理解。

(资料来源:中国新闻网 http://www.chinanews.com/cj/2017/08-28/8316022.shtml)

(八)"互联网十"电子商务

巩固和增强我国电子商务发展领先优势,大力发展农村电商、行业电商和跨境电商,进一步扩大电子商务发展空间。电子商务与其他产业的融合不断深化,网络化生产、流通、消费更加普及,标准规范、公共服务等支撑环境基本完善。(发展改革委、商务部、工业和信息化部、交通运输部、农业部、海关总署、税务总局、质检总局、网信办等负责)

📂 **拓展阅读 10-8**

中国跨境进口电商跨入"万亿时代"跨境网购走向常态化

中国电子商务研究中心最新发布的《2016—2017年度中国跨境进口电商发展报告》显示,2016年中国跨境进口电商交易规模为12 000亿元,相比2015年增长33.3%,意味着中国跨境进口电商交易规模跨入"万亿时代"。

近年来,我国跨境进口电商市场规模增速迅猛。中国电子商务研究中心主任曹磊表示,2016年跨境进口电商在激烈竞争中不断提升用户体验,扩展平台商品种类,完善售后服务,未来中国跨境进口电商市场交易额会继续保持增长态势。

目前,中国跨境进口电商平台在行业洗牌下,逐渐显示出不同层次阵营,大致可以划分为"三个梯队",第一梯队是相对规模较大平台旗下的跨境进口电商;第二梯队是一些综合性的电商平台;第三梯队大多是母婴类产品平台。

报告认为,跨境进口电商历经多年发展,从个人代购到海淘再到规范化的跨境网购,是消费者消费习惯的转变,也是消费者对商品品质、品类追求的提升。随着消费者跨境网购需求愈发旺盛,跨境网购正走向常态化。

网易考拉海购首席执行官张蕾表示,中国消费升级正为全球企业与品牌带来新机遇,跨境电商已成为海外品牌进入中国市场的新通道。

当前,在跨境进口电商领域,业界普遍关注的一大热点是税收监管政策。2016年4月8日相关主管部门发布跨境电子商务零售进口税收新政,要求跨境电商零售进口商品不再按物品征收行邮税,而是按货物征收关税、增值税、消费税等。后经国务院批准,自2016年5月11日起,我国对跨境电商零售进口有关监管要求给予一年过渡期,后来过渡期延长至2017年底。

曹磊表示,跨境电商税改目的:一是,维护全国税收政策、法律法规执行中的统一性,尽可能减少国家进口税款流失;二是,降低线上线下进口消费品价差,维护传统进口贸易、商品流通渠道的合法利益,减少因政策不到位引起的对当下实体零售业的冲击;三是,规范过去几年一直"野蛮生长"的跨境进口电商行业,尤其是个人海淘代购行为。

洋码头创始人兼首席执行官曾碧波认为,税收新政明确了跨境电商的监管标准按照个人物品进行,不再受制于通关单,意味着从检验检疫上为跨境电商松了绑,对行业发展意义重大。同时,通过门槛降低,流通效率提高,消费者也将受益于市场竞争,享受到更低的价格。

值得关注的是,中国跨境进口电商行业表面繁荣背后也存隐忧。报告显示,随着用户消费升级,近年来跨境海淘类投诉占比上升明显,疑似售假、物流速度、客户服务是跨境进口电商需要解决的痛点问题。

(资料来源:新华网 http://www.rmzxb.com.cn/c/2017-08-02/1695262.shtml)

(九)"互联网+"便捷交通

加快互联网与交通运输领域的深度融合,通过基础设施、运输工具、运行信息等互联网化,推进基于互联网平台的便捷化交通运输服务发展,显著提高交通运输资源利用效率和管理精细化水平,全面提升交通运输行业服务品质和科学治理能力。(发展改革委、交通运输部共同牵头)

拓展阅读 10-9

智能共享单车发明者摩拜亮相数博会,创新成就引关注

摩拜单车发明了世界上第一辆智能共享单车,充分利用大数据、云计算和物联网技术,让自行车回归城市,并引领"中国智造"扬帆出海。2017年5月27日,摩拜单车创始人兼总裁胡玮炜出席2017中国国际大数据产业博览会(以下简称"数博会"),在会上,胡玮炜进行演讲展现了过去一年摩拜取得的创新成就,受到参会嘉宾的广泛关注。

首创智能共享单车

公开资料显示,摩拜单车创立于2015年,2016年4月正式进入城市开始运营。摩拜团队针对城市共享出行的特点,全新设计车辆、整合上下游供应链、发明了"智能共享单车"这一新物种,研发了拥有自主知识产权的卫星定位智能锁,并以此为基础构建了全球最大的移动物联网平台,同时摩拜还推出了行业唯一一个人工智能大数据平台"魔方",在骑行预测、供需平衡、停放管理等领域发挥关键作用,以创新驱动摩拜单车的成长。

全球第一大互联网出行平台

胡玮炜在演讲中还透露,目前摩拜单车已覆盖北上广深、成都、贵阳、新加坡等海内外超过80个城市,已投放超过450万辆智能共享单车,每天提供超过2 000万次骑行,是全球第一大互联网出行服务。

此前,第三方权威市场调研机构速途研究院的最新数据也显示,今年第一季度,摩拜单车已占据国内共享单车市场约57%的市场份额,领先行业第二名近30个百分点,市场领导地位稳固。

摩拜单车的蓬勃发展,不仅很大程度上化解了城市出行"最后一公里"痛点,更让环保出行、绿色交通的理念进一步深入人心,为城市生态带来了众多积极变化。据自去年4月进入第一座城市上海以来,摩拜单车在一年多的时间里已经成为城市第三大公共出行方

式,仅次于公交和地铁。

引领"中国智造"扬帆出海

此外,作为"中国智造"的代表企业,摩拜单车发挥了巨大的实体经济拉动作用,整合优质产能、推动供应链技术与模式革新,助力供给侧改革。

目前,摩拜单车已经与富士康、高通、爱立信、华为、中移动、汉能、陶氏等各领域顶尖企业达成战略合作,携手将智能共享单车推向海内外市场。

(资料来源:齐鲁晚报 http://kuaixun. qlwb. com. cn/index. php/home/index/detail/id/102444. html)

(十)"互联网+"绿色生态

推动互联网与生态文明建设深度融合,完善污染物监测及信息发布系统,形成覆盖主要生态要素的资源环境承载能力动态监测网络,实现生态环境数据互联互通和开放共享。充分发挥互联网在逆向物流回收体系中的平台作用,促进再生资源交易利用便捷化、互动化、透明化,促进生产生活方式绿色化。(发展改革委、环境保护部、商务部、林业局等负责)

📁 **拓展阅读 10-10**

《"互联网+"绿色生态三年行动实施方案》

国家发改委办公厅近日印发《"互联网+"绿色生态三年行动实施方案》(以下简称《方案》)。《方案》提出了"互联网+"绿色生态三年行动的总体要求,即推动互联网与生态文明建设深度融合,完善污染物监测及信息发布系统,形成覆盖主要生态要素的资源环境承载能力动态监测网络,实现生态环境数据的互联互通和开放共享。充分发挥互联网在逆向物流回收体系中的平台作用,提高再生资源交易利用的便捷化、互动化、透明化,促进生产生活方式绿色化。

《方案》提出,要加强资源环境动态监测,会同地方政府建立资源环境监测预警数据库和信息共享平台。研究建设资源环境动态监测应急系统,组织开展农作物、草原等农业生态要素遥感及地面动态监测工作。制定《"互联网"+林业行动计划》。积极推动生态红线监测、生态红线一张图建设。建设适应"互联网+"绿色生态的林业标准体系等。

《方案》还提出,大力发展智慧环保,利用智能监测设备和移动互联网,完善污染物排放在线监测系统,增加监测污染物种类,扩大监测范围,形成全天候、多层次的智能多源感知体系。加强企业环保信用数据的采集整理,将企业环保信用记录纳入全国统一信用信息共享交换平台。完善环境预警和风险监测信息网络,提升重金属、危险废物、危险化学品等重点风险防范水平和应急处理能力等。

《方案》强调,要完善废旧资源回收利用和在线交易体系,制定《"互联网+"资源循环行动方案(2016—2020)》,起草下发《关于推动再生资源回收行业转型升级的意见》,支持回收行业利用物联网、大数据开展信息采集、数据分析、流向监测,推广"互联网+"回收新模式等任务。

(资料来源:中国高新技术产业导报 http://paper. chinahightech. com/html/2016-01/25/content_17770. htm)

(十一)"互联网+"人工智能

依托互联网平台提供人工智能公共创新服务,加快人工智能核心技术突破,促进人工智能在智能家居、智能终端、智能汽车、机器人等领域的推广应用,培育若干引领全球人工智能发展的骨干企业和创新团队,形成创新活跃、开放合作、协同发展的产业生态。(发展改革委、科技部、工业和信息化部、网信办等负责)

拓展阅读 10-11

"互联网+"人工智能

2017年8月24日,出门问问发布了针对"家居"场景的智能音箱产品——问问音箱Tichome,搭载了可以跨场景联动的虚拟个人助理,集成了QQ音乐、喜马拉雅FM、口袋故事、大众点评等数字应用与内容,可查询路况、火车飞机票、酒店、餐厅等生活服务,还能用语音控制上百种智能设备。

出门问问的人工智能音箱产品"问问音箱",为工业经济的数字化转型以及创新数字服务打开了新的空间。国务院近日出台《关于进一步扩大和升级信息消费持续释放内需潜力的指导意见》(以下简称《意见》),《意见》指出当前我国信息消费正从1.0阶段向2.0阶段跃升,即从"信息的消费"转向"信息+消费"。这就意味着一个"信息+消费+工业生产制造"的数字服务经济正在大规模形成,而类似"问问音箱"这样的新型人工智能前端就有望成为这个数字服务经济的入口。

"人工智能前端+消费互联网+工业互联网"就是"信息+消费+工业生产制造"的现实样板。作为人工智能前端代表的"问问音箱",基于腾讯云与腾讯云小微智能开放连接平台,能与最终消费者建立深度连接,动态感知客户需求,通过连接腾讯等消费互联网生态进而连接工业互联网,最终形成以用户为中心的工业互联网。

小微是腾讯云全力打造的智能服务开放平台,在今年6月腾讯云+未来峰会上首次亮相。腾讯云小微可以让硬件快速具备听觉、视觉感知能力,同时赋予硬件更多的能力扩展,从而构建一个从云到端的"智能云生态"。目前已有30余家合作伙伴接了腾讯云小微的能力,出门问问就是其中一家。

有了小微的连接,家电、汽车、智能硬件等厂商无须巨额IT投入,就可以"零门槛"拥有语音交互能力,迅速切入人工智能商业场景、打开新增长空间。当用户开车时说"小微,播我歌单里的音乐",打开冰箱说"小微,帮我订购一箱牛奶"等等,通过小微的人工智能连接,企业在另一端就能自动根据个性化、小众化、高端化的需求,快速释放生产力、创造高利润产品与服务,并通过社会化的网络把产品与服务快速交付到最终消费者手里。

前不久腾讯云还首次发布了AI即服务的智能云,开放计算机视觉、智能语音识别、自然语言处理三大核心能力。其中,顺丰使用腾讯云的OCR识别服务,3小时即可识别2000万张快递手写运单;人民日报与腾讯云合作了刷爆10亿人朋友圈的"军装照H5",腾讯云优图实验室提供了对图片的智能分析、融合处理等技术;微众银行基于腾讯智能云客服的小微机器人,每天处理客户难题高达97.9%,加上8名人工客服可处理微众银行客服微信公众号上每日超过90万条的信息。这些都是人工智能新连接的代表,视觉连接、语音连接、智能连接等在创造着新型数字服务入口。

（资料来源：中关村在线 http://www.cnii.com.cn/internetnews/2017 - 08/28/content_1884917.htm）

三、互联网创业成败的五要素

事实上，不仅仅是互联网创业，在任何一个领域内创业，都需要解决"定位""业务系统""盈利模式""关键资源能力""现金流"这五大决定创业成败的问题。而且要注意，这五大问题是有轻重缓急的，应当依次解决。

（一）定位——我是谁？我的网站或技术有怎样的差异性和利益点？

定位需要回答三个问题：我们的业务是什么？我们的目标客户是谁？应该向他们提供什么样的产品或服务？通过对业务的定义，可以界定谁是我们的客户和竞争者，谁是我们的合作伙伴，我们应该拥有什么样的资源和能力？

以电子商务中B2C企业为例子，凡客诚品以低价快时尚品牌形象出现，用9块钱丝袜、29块钱的T恤、59块的帆布鞋迅速吸引了无数时尚男女。再以点评网站中的豆瓣为例，"文艺、小资、优雅"是豆瓣自创始之初就坚持的品牌调性，豆瓣读书、豆瓣电影、豆瓣音乐三大板块无不彰显着这样的味道，即便现如今已经拥有了4 500万活跃用户，豆瓣也没有生硬地将商业意愿强加给消费者，而是顺应用户的使用需求不断调整产品形态。对于互联网企业来说，用户永远是最大的财富。而坚持清晰独特的定位，就是改变用户鼠标移动方向的最有效方式。假如我们想做电子商务网站，那我们就要思考，是做像1号店那样的"网上沃尔玛"还是像京东那样的"网上国美"？是以满足象牙塔里的少男少女为目的还是22～32岁的都市白领？同样的商品，你的产品、价格和服务有什么优势？这些都是需要我们率先规划好的。

（二）业务系统——消费者和利益相关方需要什么？我们还能做什么？

业务系统的建立关键在于对市场环境、消费需求、竞争对手及自身优劣势的通盘分析，从而找出最佳的切入点。对于大多数想创业却又犹豫不决的人来说，能否找到这个"最佳切入点"是其首要解决的问题。对于任何一个打算进入某个行业的创业者来说，都应该反复询问以下问题来确定利益相关方。

1. 我们拥有哪些优异能力？这个叫"内功"，比如资金实力、技术实力、互联网创业经验等。

2. 周边环境可以为我提供哪些业务活动？谓之"外力"。简单举例：地域环境方面，如身处江浙一带，从事服装、鞋帽或小商品的国内外贸易具有明显优势；行业环境方面，比如曾因开发了网游加速器而红极一时的四川迅游网络科技，其成功就和成都市政府对游戏开发企业大力扶持密不可分。

3. 我们可以为各个相互作用的主体提供什么价值？此称"人和"。在互联网产业价值链中，这些价值点往往需要去满足：网民需要更便捷、更有趣的网络生活，商家需要更迅速、更稳定的售卖渠道，广告主需要更精准、更有效的广告发布平台，而互联网企业需要更多更具消费黏性的用户。譬如，广州大学城区域内学生人数众多，可是尚缺少一个公共平台，可以将社交、游戏、电子商务等功能都涵盖。聚焦电子商务方面，则可能有这样的机会点——可为校外的商家和校内的学生搭建一座直接有效的对接桥梁。

大学生创新创业教程

4. 从共赢的角度,我们应该怎样才能将这些活动形成一个有机的价值网络,同时又让其他利益相关方面得到他们想要的利益。注意,这里说的是"有机的价值网络",就必须通过吸力将利益相关方连接在一起,而不是一厢情愿地生拉硬绑在一起。那么,对于互联网企业来说,流量和人气就是生命线,而这生命线上的"命根"则是产品品质和用户体验。

(三)关键资源能力——我们最大的优势是什么?用什么来安身立命?

这是保证我们的创业构思和设计得以实施的关键因素,关键资源能力包括金融资源(财力、资金投入是靠团队成员拼凑还是银行借贷)、实物资源(办公场所、办公用品等)、人力资源(团队成员的各自分工如何,是否需要再招募成员,成员间的利益具体如何分配等)、信息(保证创业项目开展过程中的外部信息通畅及内部信息秘密)、客户关系(如果做电子商务,上游供货商、物流商、下游终端消费者如何管理)等等。

阿里巴巴为什么那么成功?因为他们有马云,更因为马云身后有强大的帮铁杆智囊团和后援队。唯品会——"一家专门做特卖的网站",创立不足10年,被业界誉为"与天猫、京东共同组成了中国一线电商阵营"的典范,唯品会也是B2C,也自建物流,做跨境电商,为什么行业大多都在亏,而它还在继续赚?因为唯品会的特色模式,"精选品牌、深度折扣、限时抢购",有完善的配套服务,真正吸引和留住顾客。腾讯为什么以IM起家却能够成功地延伸到门户网站、游戏平台、微博,还有占据社交类APP霸主地位的微信?因为这只企鹅具备超高的人气,并且总能够带来无法释怀的使用体验。

(四)盈利模式——我们的利润来自哪里?

清晰的盈利模式很重要,可是也要注意避免盈利模式的单一或生硬化。从谁那里可以获取利益?谁可以分担投资或支付成本?以电子商务网站为例,盈利来源是靠网站上的广告吗?还是从商家到消费者中间的差价?或者是商家会员的月费、销售提点?

这两年人气日益高涨的豆瓣多被业内人士诟病为发展速度缓慢、盈利模式不清晰,事实上,豆瓣一直在努力。豆瓣的传统盈利模式是,在每本书下悬挂不同的购书网站的logo和价钱,每次有用户通过豆瓣网的链接进入当当、亚马逊、京东这样的大型网上商城购物,双方就会按照事先约定的比例进行利润分成。但是当豆瓣规模变大,团队扩张、成本膨胀后,如此单一的收入渠道未必满足它的运营成本。在2010年,豆瓣推出了自己的广告产品,主要包括展示类广告、品牌小站和豆瓣FM中的音频广告。到2012年11月,豆瓣已经与将近200个品牌合作,为他们提供定制化的广告方案。2012年5月相继开通豆瓣阅读电子售卖平台和豆瓣电影在线选座购票,还有豆瓣同城演唱会、话剧等官方售票;2013年1月7日发布豆瓣FM付费版——豆瓣FM PRO;2017年3月7日,豆瓣上线了内容付费产品"豆瓣时间",首期专栏为北岛主编的音频节目。

(五)现金流——创业者的血液

创业的终极目标是获得收益,而收益好坏的直观表现就是现金流的状况。对于大多数狂热的互联网创业者来说,财务规划始终是个令人头疼的事情。当他们有一个自认为绝佳的创业点子时,总会不顾一切地投入其中,直到碰得头破血流,才会清醒地认识到创业的现实意义。为什么互联网是个烧钱的行业呢?因为太多人不知道该怎样花钱。

综合考虑现金流结构时,我们需要逐项考虑以下问题:网站的建设成本大概有多少?建成上线后的推广成本有多少?需要投入多长时间可以收回成本?多久可以开始盈利?

270

成长风险有多大？如何规避风险？

在越来越集中和垄断的中国互联网市场，纯粹的模式创新一次又一次经历了"长江后浪推前浪，前浪死在沙滩上"的弱肉强食过程。中国的 IT 技术高手有很多，然而互联网创业能否成功，不仅需要高超的技术和不可磨灭的热情，更需要周密系统的商业思考。希望能够给那些心怀梦想的互联网创业者些许启示。

拓展阅读 10－12

雷军：小米成功是学了马云的三大秘诀

小米公司董事长雷军在"2014 第二届中国天使投资人大会"的演讲中表示，自己深入研究了阿里成功的三大因素，这对小米的成功非常有借鉴。雷军分析称，阿里的三大成功因素包括：1. 有一个巨大的市场；2. 找一群超级靠谱的人才；3. 相对同行来说，要有一笔永远也花不完的钱。谈到资金的时候，他还特别强调，有了钱才有坚持的勇气。

阿里成功的三大关键因素

为了完成这个目标，雷军开始认真学习、研究、琢磨大佬的创业历史，比如马化腾、马云的。尤其是马云的创业史。阿里巴巴十多年创业的历史中他总结了三点：第一点，要有一个巨大的市场。任何一个大公司的成功，它的创业背景一定是巨大的市场，如果没有一个巨大的市场需求，想把公司做成是不可能的；第二点，要找一个超级靠谱的人；第三点，相对同行而言，要有一笔永远也花不完的钱。

为找人打九十几个电话

雷军觉得未来手机一定是软件、硬件、互联网相结合的，他认为如果能从微软、Google、摩托罗拉这三个公司找最顶尖的人办一个新的公司，觉得会有很大的机会。当他有了这样的方向以后，开始一个个打电话去找。很多创业者总是抱怨说找不到人，其实抱怨找不到人的创业者是因为在找人上花的时间是不够的，其实找人是天底下最难的事情。而雷军就是这样打了九十几个电话，一个个约出来聊。我在说服硬件人才的时候花的精力远远超出想象，所以找人是一件大事。

拿别人的钱创业才有压力

其实对于一般创业者来说找钱是很难的过程，雷军自己在几次创业的过程之中，也是极为艰难才找到钱的。其实这里面没有什么太多的技巧，最最重要的是你希望做成一件伟大的事情，怎么让投资者相信你能够做成。

初期一年多时间小米都是隐姓埋名的，在这样的情况下雷军找了最好的朋友，跟他聊了一个通宵，融到 500 万美元，虽然他自己并不差那 500 万美金，但是他想，如果这个钱全是自己投的，可能没有那么大压力。我得从别人手上拿到。另外，在 A 轮和 B 轮，小米 70 多个员工投资总共投了 1 000 多万，也就是每个人投了几十万人民币。所以，拿别人的钱创业才有压力，与大家花自己钱感觉是不一样的。

创业的勇气和财力成正比

小米融了第二轮资、融了第三轮资，第三轮融资挺夸张，因为手机很火，但是没上市，在将成未成之时，没钱又做不成手机。找供应商很痛苦，找的都是大公司，订货时候要全款预定，提前三个月付款，其实资金压力很大。雷军就跟投资人说，我大概还需要小一亿美金,你们能不能支持我,作价十亿美金。我非常庆幸得到了支持,因为大家觉得小米这种干法是有机会的。

因此,雷军也感谢碰到投资界很多极有远见的人,在他们的努力下,在过去创业三年多时间拿了五六亿美金,使他做手机的时候拥有了跟同样创业公司完全不一样的财力和勇气。这个勇气是和多少钱有关,当有这么多钱的时候,一点点风险你扛得住。

回顾了小米逐梦之旅,希望对大家有帮助,包括让创业者投一点钱,有参与感,而且不惜代价找到最优秀的人。当然,小米目前还在创业的过程之中,现在谈成败的确为时过早,相信小米通过不断的迭代会越来越好。

(资料来源:网易财经综合 http://money.163.com/14/0521/14/9SPAVTMI00253G87.html)

第二节 大学生与互联网创业

一、大学生互联网创业的主要问题

(一) 创业扶植政策逐渐启动,大学生自主创业人数有待提高

大学生创业工作已受到越来越多的重视和关注,国家、省、市出台了一系列大学生创业扶持政策,教育部也出台了国家级大学生创新创业训练计划,要求将创业基础知识课程作为高校大学生的必修课,并创办了"全国大学生创业服务网",很多高校也通过建立大学生创业基地、提供创业扶持基金等措施,在校园内营造出扶持创业、支持创业的良好氛围。但是,目前出台的创业扶持政策尚属起步阶段,一些扶持政策的配套措施还无法满足大学生创业工作的实际和需要,不能很好地调动在校大学生创业的热情。同时,因为项目的选择、资金的局限、学校工作发展的不平衡等等因素,我国大学生自主创业人数还有待提高,发展空间较大。据统计,目前我国大学生创业的比例平均不到1%,而这一数据在以美国为代表的西方发达国家约为20%。

(二) 创业目标定位模糊,创业成功率较低

随着国家、社会和学校的政策越来越健全,大学生参与创业的积极性不断提高,一部分学生积极投身创业实践,有很高的创业热情和激情。但是因为受视野、阅历、知识、能力以及市场了解程度等因素的影响,很多大学生创业领域有很大的局限性,创业盲目性较大,创业项目容易重复、跟风和扎堆,较多关注在创业能否赚钱上,而对自身创业精神、创业意识的培养和创新能力的提高等方面重视不够,创业目标定位模糊不清,缺乏长远规划。同时,计算机作为现在必不可少的工具,在大学里面缺少针对性的培训和教育,很多学生对互联网在社会各领域、行业和本专业的应用缺乏一定的认识和了解,创业时,往往不能有效地发现和利用互联网领域的商机和信息,所以,很多大学生在校期间创业,既耽误了学业,创业成功率也较低。据报道,目前我国大学生创业成功率不到10%,远低于美国大学生30%的创业成功率,而且,我国大学生创办的企业能长期坚持下去的则更少。

(三) 高校创业教育滞后,人才培养理念有待改进

2012年,教育部办公厅印发了《普通本科学校创业教育教学基本要求(试行)》,从教

学目标、教学原则、教学内容、教学方法和教学组织五个部分,对高校组织实施创业教育,做出了部署和要求。但是,因为各高校在创业教育、大学生自主创业工作方面发展不均衡,认识也不一致,现阶段能按照教育部的要求面向全体学生开设创业基础知识课程的高校并不多,相比较而言,地方所属高校更是少之又少。同时,部分高校开展创业教育流于形式,游离于人才培养体系之外,无法充分调动学生积极参与创新创业体验,激发大学生创业的激情和动力,更谈不上激发学生的创业意识,提高学生的社会责任感、创新精神和创业能力。

(四)创业教育师资队伍匮乏,教育方法与手段有待加强

高水平的创业教育师资队伍是将创业教育推向更深层次、满足社会和大学生实际需要的核心,更是培养高素质产业创新人才的根本保障。我国高校开展和实施创业教育与大学生创业工作起步较晚,还面临着很多发展中的实际困难和问题。其中,创业教育师资匮乏已成为全面推进创业教育、开展大学生自主创业工作的"瓶颈",主要表现在:一是理论知识丰富,实践经验和能力欠缺。现在在高校承担创业教育教学任务的老师,很多是"学院派",属于学校经济,管理等专业课教师或是从事毕业生就业指导工作的专职干部,基本上是从校园到校园,他们虽然掌握了丰富的理论知识,但是对企业的运作、发展、管理与经营以及商机的发现、把握等方面不太熟悉;二是受教师自身因素以及高校条件的限制,创业教育目前更多是以课堂教学为主,教学手段和方法不够丰富,远远满足不了在校大学生的实际需求。

二、大学生互联网创业的主客观优势

(一)大学生创业氛围浓厚,社会广泛认可

党的十八大报告提出,要实施创新驱动发展战略,要鼓励青年成长,支持青年创业。大学生创业工作已引起国家的高度重视,各省、市、自治区也积极响应国家号召,广泛宣传国家鼓励大学生自主创业的政策,创建大学生创业孵化基地(创业园),鼓励和吸引大学生积极参与创业,为大学生营造了良好的舆论氛围,部分城市更是提出了全民助推创业的发展战略,创业者得到广泛的尊重与支持。特别是2012年7月,国务院表彰了一批创业先进城市以后,国家加大了创业的宣传和支持力度,一批小微企业、中小企业发展迅猛,在社会创业大氛围的影响和带动下,大学生创业氛围也越来越浓厚,大学生创业得到了社会和家长的广泛认可与支持。

(二)大学生自主学习知识能力强,思维活跃,具有极强的创新思维

高等教育的任务一方面是传授大学生专业知识、技能;另一方面,也是更重要的,就是培养大学生的自主学习能力。大学生具有极强的领悟能力和可迁移能力,自主学习能力也较强,善于接受和利用新事物,有一定的批判思维,能将所学的知识内化为能力,外化为创造,进而对事物加以改进创新。而且,大学生运用IT技术的能力较强,能够通过互联网获得和发现很多信息,能更快地适应互联网发展潮流,掌握更先进的互联网技术,也能推动互联网技术的变革与创新。同时,互联网创业可以涵盖所有层次的大学生,竞争机会均等。据统计,目前,在大学生互联网创业群体中,高职、大专学校学生占到62.23%,本科院校学生占到31.48%,研究生占1.45%。而且,大学生自主创业获得成功的典型,很

大一部分是选择互联网作为创业方向。

(三) 互联网创业门槛低,风险小

互联网创业不受时间、地点、条件的限制,前期投入较少,有的项目只需要一台或几台能上网的电脑就可以开展。电子商务迅猛发展,人们的消费观念也发生了很大的变化,极大满足了消费者个性化的需求,具有传统消费渠道不可比拟的优势,基于淘宝网、易趣网、京东等电子商务平台的网络创业属于微型创业,创业启动资金要求不高,投入不大。据杭州大学阿里巴巴商学院网络创业研究中心的调查数据显示,70.75%的大学生网络创业者创业启动资金在1 000元以内,大部分为数百元,有的甚至仅仅只有几十元。在浙江义乌工商学院,有1 200名学生在淘宝网上开店创业,他们共享供货平台、商业资讯和物流系统。在他们中间,钻石级卖家达到400人,人均月收入达3 000元。

(四) 互联网是全球性的大市场,发展前景广阔,创业机会多

互联网是全球一体的,不受时间、地点、区域的限制,应用十分广泛,国内、国外市场连成一体。而且随着互联网技术的高速发展,时间、空间观念不断被改变,在互联网的两端,不需要任何中介,就能将产品和服务信息传送给全球任何一个角落的顾客。同时,随着互联网技术的不断发展,互联网、云计算、云服务等网络技术被广泛应用,依托互联网技术的开发、服务、项目等方面还有很大的市场空间和发展前景,所带来的市场在不断、迅速地扩大和增长。

三、大学生互联网创业的发展对策

(一) 在大学生中广泛普及创业基础知识和计算机基础知识

根据教育部《普通本科学校创业教育教学基本要求(试行)》的要求和部署,高等学校创造条件,面向全体学生单独开设"创业基础"必修课,重点是要教授创业知识、培养创业精神、激发创业激情和锻炼创业能力,将创新创业教育理念融入人才培养全过程。同时,随着网络时代的到来,计算机已如同语言一样,成为人们生活中必不可少的工具。在大学生中普及计算机知识,一方面要提高大学生运用、操作计算机的能力,适应未来职业发展的需要;另一方面可以使学生熟悉计算机基础知识和发展趋势,将计算机与专业学习结合起来,与日常生活结合起来,运用创新创业知识和理念,在学习、生活中发现互联网创业机会,开展创新创业实践与体验,激发大学生互联网创业潜能,实现互联网创业。在教学过程中要牢牢把握"面向全体、注意引导、分流施教、结合专业、强化实践"的五条教学基本原则。

(二) 整合和利用资源,为大学生开展互联网创业实践提供平台

随着高校办学条件的不断改善,高校可利用的资源越来越多,实验室、工程训练中心、计算机机房等都可以作为大学生参与创业实践体验的平台。各高校要进一步整合现有资源,让学生进实验室、进项目、进课题,在第二课堂的学习中,掌握更多的专业前沿知识,提高大学生发现问题、分析问题、解决问题的能力进而提高大学生的创新创业能力。同时,各高校要结合大学生创业体验实际,建立校、院两级创业实践基地,鼓励和引导大学生创业团队入驻基地,要有重点和有针对地扶持门槛低、风险小的互联网创业项目入驻,形成群体效应、资源共享,为学生开展互联网创业提供良好的环境保障。

(三) 加强师资队伍建设，提升教师创业指导能力和水平

开展创业教育和大学生创业工作，师资队伍是保障，各高校一方面要建设一支专兼职结合的创业教育教师队伍，有针对性地在大学生中开展创业基础知识教育，激发大学生的创业激情；另一方面也要从各大企业聘请有一定创业经验和成就的成功人士，补充学校开展大学生自主创业指导的创业导师队伍，提高大学生自主创业的成功率。同时，国家相关职能部门也应出台政策，一方面鼓励创业教育教师（工作人员）到民营企业、中小企业挂职锻炼，开阔创业教育教师的视野，提升创业教育教师的创业指导能力；另一方面要加大培训力度，不断提高创业教育师资队伍的能力、素质和水平。

(四) 大力培育和宣传互联网创业典型，在校园内营造良好氛围

大学生创业典型的创业精神和创业经历对大学生投身创业是一种激励，使创业深入学生心中。在大学生中培育和宣传创业典型，一方面是对创业大学生本身的肯定与帮扶，坚定创业者的信心和决心，另一方面能够激发更多大学生的创业激情与意识，让大学生发现更多的互联网创业机会，吸引更多大学生参与到互联网创业体验中来。各高校可以通过校园网、校报、学校广播站宣传互联网创业成功人士的创业事迹，邀请到校进行专题讲座，开展互联网创业沙龙等活动，以及组织大学生赴互联网创业企业（基地）参观、见习、实习等形式，为在校学生互联网创业树立学习的榜样和目标。同时，各高校要结合大学生互联网创业工作的特点，对于已经在创业基地开展项目实践或已经自主创业的大学生，要积极总结他们创业的成绩和收获，通过创业成果展示和创业经验交流会等方式，在大学生中广泛分享和宣传，主动培育和挖掘深受学生欢迎和喜爱的项目（团队）。在学生中树立"身边的创业典型"，让广大学生看得见、学习得来，不断激发学生的创业热情和创业潜能，引导更多的学生勇于创业、乐于创业、善于创业，最终实现成功创业。

四、大学生互联网创业的起步选择

如果要创业，可以做互联网创业。这里是有可能成就创业两三年就可成为亿万富翁的发财梦的地方，你的人生值得进来赌一把。

互联网创业第一步很艰难，从自己的痛点做起，从自己的兴趣做起，从自己的专业做起，这三点是最容易启航的互联网创业点。

(一) 从你自己的痛点做起

互联网创业，从何处起步？从你自己的痛点做起！用户的痛点，就是创业的最好出发点。结合互联网的技术手段，寻拥有相同痛点的人，用互联网和移动互联网来解决痛点，就是极佳的互联网创业出发点。

在实际生活中，人们总是会有这样那样的不满，各种产品和服务总是有所缺失，这些问题就是用户的"痛点"。如果你能够提供合适的解决方案，你就能获得用户的拥护。在打造痛点思维时，你可以从产品、需求、体验三个角度着手。

拓展阅读10－13

移动营销要有痛点思维，用户需求才能无处可逃！

1. 产品痛点

（1）站在用户的角度思考，坚持客观分析

想要以用户的产品痛点为突破口，你首先就要从用户的角度去思考。很多产品经理会抱怨："我就是从用户的角度去思考的啊，整个设计过程，我都把自己当作用户，我觉得这个产品棒极了。"

此时，你一定要分清楚，你是把自己当作了用户，只是把自己的需求当作用户的需求，还是真正从用户的角度去思考？

在解决用户产品痛点之前，你一定要抛弃自己的固定角色，努力将自己还原成一无所知的"小白"，从而对目标用户的产品痛点进行客观分析，还要综合商业、科技都要素综合考量。

（2）发现用户的产品痛点，不断优化实现

当你能够站在用户的角度思考，坚持客观分析，就能够发现真正的产品痛点。以此为出发点，你就能够开始努力实现痛点。在发现到实现的过程中，则需要你发挥自身的专业能力，对发现的东西进行分析，在大数据时代下，数据分析是更好的方法。因为如今的数据背后不再是简单的销量、规模，而是每个用户的所有信息数据，基于此，你就能够找到真正可以实现的痛点，并将之打造为产品。

（3）遵从产品的基本原则，交给用户选择

在产品设计时，你需要尊重用户的自由度，尽量降低用户的使用门槛、减少用户的体验障碍。而在产品开发完成之后，你就要将选择的权力交到用户的手中，利用论坛、微博、微信等工具，制定各种用户反馈机制，让用户告诉你，他们对于产品还有怎样的需求。此后，你则可以对痛点产品进一步优化改进。

2. 需求痛点

（1）抓住大众、高频的"刚性需求"

只有抓住用户的需求痛点，你才能在移动互联网市场脱颖而出。然而，并非任何需求痛点都能将你带向成功，若非大众、高频的"刚需"，你的解决需求痛点的产品，也只能成为小众产品，其使用率也可能极低。因此，在对挖掘需求痛点时，你一定要清楚：究竟有多少用户需求？他们的需求程度又如何？

例如，出行是所有人生活必不可少的一部分，但"打车难、服务差"的传统出租车服务，却很难满足用户的出行需求。基于如此大众且高频的需求痛点，Uber、滴滴打车顺势而生，解决了用户的需求痛点，甚至对传统出租车行业造成冲击，将专车服务逐步打造为市场主流。

（2）切实解决用户的需求痛点

当你抓住了用户的"刚需"，你就要能够切实解决用户的需求痛点，对症下药，而不是简单地将之作为吸引用户的噱头，这样的做法只会让用户"用脚投票"，也让自己的名声因此败坏。

例如,对于网购一族而言,"海淘"是当之无愧的需求痛点。因此,越来越多的电商开始做起"海淘"业务,几位"留学精英"也由此开发出号称"真正美国货"的APP。但打开APP之后,首页全是Dior、Levi's等品牌,用户看到就走——谁要在"海淘"里购买国内就有的品牌呢?

3. 体验痛点

体验痛点的存在,也为痛点思维的实践提供了突破口。在发展汹涌的移动互联网市场,已经很难再找到一片"处女地",此时,你可以通过市场调查,找到阻碍用户流畅体验的节点,并对其进行改善,从而满足用户的体验痛点。

例如,二手市场一直存在着大量的供需需求,但却很少有一个二手市场能够让供需双方满意,因为卖家怕卖便宜了,买家则怕买贵了、买错了。闲鱼则从此出发,根据产品的类型、折旧等,给予卖家"推荐价格"。同时,平台会对产品进行一定审核,让买家根据评分简单选择。

(资料来源:A5创业网 http://www.admin5.com/article/20170421/738378.shtml)

拓展阅读 10 - 13

小红书:境外购物的"知乎",解决了用户什么痛点

小红书是一个社区电商平台,目的是为下一代消费者找到全世界的好东西。多数用户是一线城市85后和90后,以学生、白领居多,其中女性占到大半。主要包括两个板块,UGC(用户原创内容)模式的海外购物分享社区,以及跨境电商"福利社"。由毛文超和瞿芳创办于2013年6月。小红书在2015年迅速蹿红,到底解决了用户什么痛点?小红书最初的身份是"购物攻略",主要瞄准的是爱好出境游和购物价值的女性用户,尤其是一二线城市的白领。到2014年12月,当单纯的攻略已无法满足用户的需求时,才正式上线了"福利社"开始向购物分享社区转型,让用户可以直接点击购买。在华丽转型后,2015年半年时间做出销售额高达7亿元的成绩单。

创始人毛文超是如何发现商机的呢?在2012年,毛文超在斯坦福留学深造,他的父母到美国游玩,他在网上替父母找来了一堆旅游攻略,却发现几乎找不到购物攻略。2007年,他从上海交大毕业后曾经去过20多个国家,虽然没有狂热的购物需求,但也经常为身处异国该去哪里购物、在哪家店买东西合算而感到麻烦。

毛文超意识到,旅游类网站和应用有很多,却没有人去解决这个细分领域里的一个痛点:购物,网络上有关出境游购物的信息非常零散、稀少。于是,他在2013年与相识多年、对购物信息十分敏感的女性朋友瞿芳创办了行吟信息科技,并于2013年9月及12月在iOS平台分别上线了"小红书出境购物攻略""小红书购物笔记"。不久之后,小红书发现当女性用户在一个购物分享社区中逛久了,会很自然地产生"买买买"的需求,提供海淘服务的小红书福利社,在2014年12月底的一次用户调研会上也应运而生。就此,一个发现、分享、购买的商业闭环形成。

小红书也经历了从PGC到UGC,从PC端到移动端,从社区到社区电商的转变。而紧随其后的,是真格基金和硅谷基金追投的数百万美元A轮投资和由GGV纪源资本领

投的 B 轮数千万美元投资。小红书,开始迅速成长,在不断地尝试、转型中,探索着属于自己的商业道路。

（资料来源:港网整理 http://www.iishk.com/Thost/News/it/2016124641.html）

(二) 从自己的兴趣爱好做起

如果连自己都不爱,又怎么能吸引到互联网黏性用户? 有句话说:业余时间决定你未来的职业生涯。上学、上班做的事常常并非一个人所爱而是被迫的,但是业余时间痴迷的事却是不给钱甚至自己掏钱也愿意做的事。这个爱好吸引力如此之大,是否存在有相同爱好的人呢? 你不妨将个人爱好与互联网社区或互联网产品相结合,做一个聚集所有与你有相似爱好的人的方案网站。你对他们够了解,因为你就是他们!

📁 **拓展阅读 10－14**

石榴集的印花裙子

每个中国人都知道旗袍,但到底什么是旗袍? 在许多人眼中,那不过是酒店服务员身上的迎宾服,或是拍照扮美的道具。一个名叫石榴的姑娘并不满足于这样的答案,热爱旗袍的她不仅追根溯源弄清了旗袍的前世今生,做过一个行为艺术"365 天穿旗袍",穿着旗袍走过了三大洲的三十几个城市,写出了一本有趣的旗袍书——《可我就是爱旗袍》,还加印两次。带着对旗袍的热爱,石榴尝试推出旗袍品牌,但因品类太小众而作罢。顺着女装、美学、强记忆点等思路探寻,最终选择印花作为切入点,并设计出美感十足,加入时尚印花元素的印花裙子,成功创办石榴集女装品牌,主打"没印花裙子的生活,不叫生活"。

2017 年 3 月前,石榴集主要通过自媒体转化销售,3 月到 5 月,开始发力小红书、天猫等渠道,而从 5 月开始,他们开始把衣服拿给明星穿,比如唐嫣、佟丽娅、胡可等,进行品牌营销。目前石榴集的全年销售额约为 2 000 万元,其中天猫占 60%,小红书占 25%,微信和淘宝占 15%,未来石榴集也会走到线下。

（资料来源:亿邦动力网 http://www.ebrun.com/20170809/241926.shtml）

(三) 从自己的专业做起

把你的专业放到互联网上去,让所有人参与。你也许是位卖保险的,做销售的,做人力资源,做文员的,做律师,做生产检验的……无论你过去从事什么工作,都可以试着想一想,如何将曾经的专业与互联网结合,服务大众,同时让大众也能广泛参与进来。互联网创业的特点是连接性,连接你的用户和你以及和你有相同背景的人。

从自己的痛点做起,从自己的兴趣爱好做起,从自己的专业做起,这三点是最容易启航的互联网创业点。这三点看似不同其实有一个共同点:即是你非常熟悉的点,你得熟悉自己的痛点、那点爱好和自己的专业,比别人了解得都深入,这样才能说服和你有相同点的人加入你的网站,聚集这群人。

五、"互联网+"初创企业应注意的法律风险

目前的初创企业相比一二十年前的初创企业,创业者(俗称"创客")普遍更为年轻,学历也更高,企业保护意识也比以前的创业者要强得多。而财务问题和法律问题则是创业

者不得不面临的两大问题。

（一）创业项目本身是否合法

很多创业者选择的项目本身不合法。比如驾照销分、信用卡套现、办假证等等，虽然"市场"需求巨大，但这些项目本身违法涉嫌刑事犯罪，不可能得到法律的保护。

还有部分项目目前属于法律的空白，比如滴滴专车，虽然无论从运营模式到乘客安全均存在着较大的争议，但由于行政管理法无禁止即可为，该项目在得到高层支持和肯定的同时有可能引发相关行业改革。

（二）创业合伙协议的法律问题

创业合伙协议非常重要，"没有永远的朋友，只有永远的利益。"在创始人关系好的时候就应当详细约定。

约定的内容有项目背景、项目概述、出资、股权比例、各合伙人分工、盈亏承担、薪资、财务管理、决策和表决、股权成熟、股权稀释、创业项目保护、股权转让、退伙和吸收入伙、清算等多方面的问题。项目背景和项目概述是创业合伙人之间对于项目背景的描述及对未来的构想，是创业合伙人的提纲；出资及股权比例是各合伙人的出资，应当约定出资方式、出资时间及未按时出资的违约责任，非货币出资的，应当约定出资的转移期限；股权比例是各合伙人之间股权比例的约定，建议要有控股合伙人；各合伙人分工是将每个合伙人之间的职务承担，通过书面的方式确定下来，比如谁是 CEO、CTO、CFO，不仅是对职务的确认，也为之后的决策和表决打下基础；盈亏承担即对于各合伙人之间的盈亏方式进行约定，包括盈利分配的时间、方式、形式，以及亏损弥补的规则及程序；薪资即合伙人担任职务是否取得报酬；决策和表决同样重要，可以约定公司老大可以拥有一票否决权等；股权成熟期是目前创始企业很流行的一种约定，是关于初创合伙人离开时的股权回购的条款的约定；股权稀释即引入 VC 和 PE 后的股权稀释的约定；创业项目保护是对于初创企业的项目进行保护的机制约定，比如说创始合伙人的同业竞争、商业秘密保护等问题；股权转让、退伙和吸收入伙，在创业过程中，肯定存在部分合伙人退出的问题，对于退出的准许、退伙流程、吸收入伙条件、表决和表决程序，必须做出约定；清算涉及公司因为各种原因注销，财产的清算流程和清算规则的问题。

（三）认缴出资的法律问题

按照新公司法的规定，注册资本采用认缴制，即股东以认缴的出资额为限承担有限责任，同时，刑法的司法解释也明确了虚报注册资本罪、虚假出资抽逃出资罪不适用于认缴制的公司。

但这并不是说股东可以随意出资，如果公司股东尚未出资、出自资本虚假、出资后又抽逃的，仍然要在认缴出资的范围内对其他股东、公司债权人承担民事责任。

同时，公司法规定了也可以用实物、知识产权、土地使用权等可以用货币估价的非货币财产作价出资。但是，该非货币财产不得高估或者低估。需要特别注意的是，股东不得以劳务、信用、自然人姓名、商誉、特许经营权或者设定担保的财产作价出资。

（四）股权问题（初始股东安排与公司结构）

初创的企业，团队必须有控股股东，切记股权平均分散。公司的核心（即灵魂人物）必须具有决策权，以免由于股权平均导致丧失决策权。同时，各股东均应有相应的安排，避免在项目谈判及融资时一个股东都不管。初始创业企业结构应当尽量简单,同时,委派任免权尽量集中在少数股东手里。大股东与管理团队尽量避免重合,同时尽量避免裙带关系过多。初始股权应当考虑到融资及股权激励的份额,在指定创始合伙协议中做出代持或者其他约定。

(五)人力资源问题

首先,公司应当与员工签订劳动合同,并为员工交纳五险一金;其次,新招聘的员工应当与前企业解除劳动合同;再次,应当注意竞业限制(包括创始合伙人自身的竞业限制以及招聘员工的竞业限制);最后,在签订劳动合同前,如果拟招聘员工与原单位有竞业限制协议及保密协议,应当详细分析协议内容,以避免因侵犯其他公司的商业秘密与员工共同承担责任。

(六)知识产权保护

互联网企业及APP企业一般都是轻资产企业,因此,知识产权显得极为重要。知识产权包括商标、著作权和专利。

首先,在公司商标的选择和使用方面,建议选择比较大众化的公司名称,在公司运营后,再以心仪的名称作为具体项目名称,申请商标、域名及微信公众号注册保护。

其次,在著作权登记方面,我国实行的是著作权登记备案,直接通过版权登记机关备案即可。

最后,在专利方面,建议通过专利代理机构的指导申请注册专利。

(七)商业秘密保护

商业秘密的重要性毋庸置疑。商业秘密主要包括设计、程序、产品配方、制作工艺、制作方法、管理诀窍、客户名单、货源情报、产销策略、招投标中的标底及标书内容、计算机软件的源代码及目标代码、准备申请专利的技术方案、已申请但还未公开的专利技术方案等。创业公司招聘员工时要细致考察员工的价值观,对知识产权漠视的人今后也可能泄露商业秘密。所有员工入职后要签订保密协议,并需要和重要员工续约签订竞业禁止协议。防止商业秘密泄露,最重要的筛选出重要的信息进行分级,建立完备的文件管理系统。

同时,公司为员工提供足够的物质激励和精神激励,使员工有强烈归属感和自豪感。员工离职时,提供公平的补偿。实践中,不少商业秘密泄露的行为都是离职员工的恶意报复。

(八)企业规章制度的制定和完善

企业规章制度的制定,对于规范企业员工的行为具有相当重要的作用。所谓不以规矩,无以成圆。因此,员工手册、保密手册的制定非常重要,还有公司的印章管理、合同管理等。

(九)财务规范

企业运营初期,很多企业财务管理并不规范,出资人与企业的财产混同,且企业财务管理较为随意。建议创业者:首先,应当在创业合伙协议中,对于谁负责财务做出明确约定。再次,企业运营初期,可以找代账公司,但是,财务监管及内部控制还是必须要由管理者自己完成。最后,做好内部控制,要做到职务分离,规范内部审批流程,并且管理好印鉴章。

（十）融资

融资方式包括外部融资与内部融资两大类。其中,外部融资分为直接融资与间接融资,直接融资又分为股权融资(VC、PE、IPO、配股、增发)和债券融资(企业债/公司债、可转债、短期融资券),间接融资又分为银行贷款和吸收合并。而内部融资则又可分为折旧、留存收益及表外融资三种。以下只对股权融资的主要条款进行简单介绍和分析。

1. 股权优先条款

一般来说,投资人享有优先分红权,即投资人按一定比例取得股息前,公司不得向创始合伙人以及其他股东支付分红。

同时,投资人还享有新股认购权,即当公司发行新股份时,投资人有权选择按照约定的价格和条款认购公司的新股份,以保证其股份比例不被稀释。

2. 对赌条款

对赌条款指投资方与创始合伙人签订融资协议时,对于未来不确定的情况进行的约定。如果约定的条件出现,投资方可以行使一种权利;如果约定的条件不出现,融资方则行使一种权利。实际上就是期权的一种形式。

一般的对赌条款是基于公司业绩而在投资人和创始股东之间进行股权调整的约定。如果达到预先设定的财务目标,如净利润指标、净资产收益率指标等等,则投资人向创始合伙人之间转让一定股份,如达不到,则创始合伙人向投资人转让股份或者回购股份。

3. 回购条款

回购条款投资人会要求创业者公司同意其有权在投资完成一段时间之后要求公司按照其投资价款(加上一定比例的回报)回购其股份。一般为在交割日后第4～6年时间,届时如公司无法上市,投资人有权退出保障。有些情况下投资人会要求创始人在公司无法完成回购时,以个人财产对投资按照其投资价款(加上一定比例的回报)进行回购。

4. 反稀释条款

指创业者公司将来发行新股的时候,如果新发行的价格低于投资人投资时的购股价格,投资人有权将所持有的股票数量按照约定的方式进行调整。通常是VC在企业进行后续低价融资时,保护自身利益的一种方式。

反稀释条款主要可以分成两类:一类是在股权结构上防止股权价值被稀释,另一类是在后续融资过程中防止股份价值被稀释。反稀释条款的转换价格条款主要分成完全棘轮条款和加权平均条款两种。

5. 创始人的股份授予与股权回购

投资人为制约创始人,让其致力于公司经营,某些情况下会要求创始人仅先持有其应得全部股权的一小部分,其后,在创始人继续担任公司职务的情况下,按照公司经营情况逐年/月实现创始合伙人应得的股份。与之对应,股权回购是指投资人会要求创始人在其雇佣合同期满之前提前离开公司,则公司有权回购其全部或者部分(视创始人离职时间而定)创始人未实现的股权。

6. 创始股东股份转让限制

未经投资方事先同意,创始人不得直接或者间接转让其在公司中持有的股份,同时,投资人还有"股权转让优先受让权",即在一定条件下,当创始人普通股股东向第三方转让其全部或者部分股份时,公司最先,投资人其次,有权选择按照相同的价格与条件优先受让。

7. 核心团队非竞争条款

为了达到制约创始人和关键员工并保证公司良好发展的目的,投资人一般会要求创始人、关键员工和公司签署保密、不竞争及知识产权归属的协议。

8. 员工股权激励计划

创始人要在 VC 进来之前以股权激励作为激励员工努力工作的一种手段,从而使公司员工的目标与企业的长期发展目标相一致,实现企业价值最大化。

9. 跟售权和拖售权

跟售权(随售权)通常指在一定条件下,当创始人/普通股股东向第三方转让其全部或者部分股份时,未选择行使优先受让权的投资人有权选择以相同的价格与条件按照其股份比例转让相应数量的股份给受让方。

拖售权通常指在一定条件(时间和价格)下,如果投资方股东向第三方出售公司股份,该投资方股东有权要求其他股东(创始人股东)将其持有的股份以同等条件及价格全部一同出售给受让方以完成交易,最终完成退出。

10. 清算优先权条款

清算优先权条款是指投资人一般享有"清算优先权",即如果发生清算时间,投资人可优先获得相当于其投资价款的 1 倍或者几倍的偿付,如还有剩余财产,才在各创始合伙人之间进行分配。

📁 **拓展阅读 10 - 15**

给早期创业者的 44 条建议

1. 选切入点。找切入点本质上是找你能赢的点,不只是为了找用户需求。说白了就是在一个巨大的市场里找到一块暂时的蓝海,还要确保你能赢,所以别去找一个自己胜算不高的点。

2. 任何一个时代都会有时代鲜明的杠杆。当你在想切入点的时候,一定要考虑到这个切入点本身能不能给你提供杠杆,这个杠杆可以是打法的杠杆,资源的杠杆,资本的杠杆。无论是 58 同城还是汽车之家这些公司,他们早期都是做搜索引擎,本质上是靠搜索引擎杠杆起家的。

3. 关注所选的市场能不能收敛。有很多市场无论你再怎么做,其特性天生就是分散的。分散的市场将会增加推广、运营等成本。像这样的市场正常情况下不要去做,除非你发现了一种创新的商业模式或运营模式。

4. 要选择适合发展的市场,有些市场再大也与你无关。经常会听到有人说这个市场好大,我们要去做,但有的市场根本不是给创业者准备的。真正适合创业者的市场还是早期萌芽阶段,最好是谁都不知道这个市场的游戏规则怎么玩。如果这个市场大家都知道怎么玩了,说白了这个市场就是堆钱、堆人的游戏。

5. 选择切入点需要从团队特点出发。你需要回答自己的这个团队凭什么能赢?

(一) 搭团队

6. 找你真正熟悉且信任的人搭伙建团队。创业是个艰难的过程,才认识一两天的人哪怕再相谈甚欢,也需要花足够长的时间让彼此加深了解,建立信任。

7. 团队规模在 10 个人以下时,人贵精不贵多。雇人反而要挑剔,宁可两个人干三个人的活,给更高的工资与股份,也不要三个人干三个人的活。这不是为了省钱,早期做产品的人越少,效率越高,沟通成本越低,每个人成长的速度也会更快。

8. 创业公司都要有一股气,朝九晚五的上下班,往往会不利于公司的精神文化形成。

9. 如今互联网创业要求一开始就有相对完整的核心团队。当你计划好了创业,紧接着就要想办法找到和自己互补的搭档。如果不能,那就要好好重新考虑一下你的计划。有些投资人一般不会投没有能力或不愿聚合一个小团队和自己一起干的创业者,比如我。

10. 结合所处市场的特性来建团队。如果你去做一个早期的市场,尝试做具有创新性的产品,对团队要求更多的是在产品能力与技术能力方面,这就需要团队里有一个技术合伙人;如果你进入的是一个偏运营的成熟市场,那搭建团队时则需要考虑产品、运营、商务、领导、各方面的人才,这就需要团队里有一个能力出色的人来当 CEO。

(二) 做产品

11. 对于一个早期产品,最好能找到一群最需要它的核心用户。那些试图满足越多用户的产品,往往会越复杂,也越不让人满意。

12. 用简短的语言说清楚产品的核心需求和核心功能。如果这两点不能通过两句话说清楚,就不是一个好的产品。

13. 不是一定要做没人做过的产品。借鉴已有的应用和模式做增量创新或整合式创新其实也是一条好的路,只要你能做出好的区隔点。如果你要做全新的需求,最好是要能确定这个需求一年内有明显的量。再远的话,最好能找到一个一年内过渡需求的点。

14. 启动产品开发的基本原则:用最快的速度开发出核心功能,尽快发布,尽快获得用户测试反馈,尽快改进(或放弃)。

15. 在中国有一些很糟糕的现象。第一,我们很容易把将产品做到极致和磨洋工或者半年出一个版本这些事等同起来;第二,完美主义很容易形成孤芳自赏的状态。创业者必须明白,快速发布产品是公司的生命力和活力所在,这和把产品做好并没有冲突。

16. 开发第一版产品应集中于开发出核心功能——用户愿意花 70% 时间的功能,放弃非核心需求。第一个版本尽量定义为二到四个人可以在二到四个月内开发出来,可以给几百上千个用户用。如果预期超过这个时间和资源,就削减外围功能和简化设计,保证在钱和资源以及时间用完前,自己还能做数次探索。

17. 只要满足用户需求,第一版可以用尽量简单的解决方案。比如部分后台和算法,可用先静态页面,人工干预的方法解决。

18. 找到所有相似、相关、上下游的产品,充分研究学习。

19. 盲目的数据收集没有意义。要想清楚自己想验证的用户行为和数据是什么,做好数据跟踪分析模块,发布前还需有明确的发布目标和验证目标。

20. 产品的界面要简洁。确保核心功能在首界面的主要位置,用户可立即找到,一键访问无歧义,这比美观的风格更重要。

21. 专注把80%的精力放在核心功能上,一次只做一个方向,一个核心需求的探索。除非失败,再做下个方向探索,绝不同时做两个方向。

22. 快速与稳定永远是产品开发的第一要求。无论是网站还是软件,基本做到这两点是发布的前提。功能可以削减,有问题的功能也可以先不开放。

23. 严格进度,日毕日清。如遇严重问题瓶颈,不要拖延或过分纠缠,尽早解决或调整计划,或者迅速放弃。

24. 产品要有明显方便用户反馈的接口,重视用户的反馈。

(三) 赚钱

25. 早期创业赚钱也非常重要。对于早期创业团队而言,你很难精确预测到什么时候能拿到下一笔钱,所以活下去是第一位的。而且如果你能赚钱,你就能在投资人面前获得主动权,公司价值也会更高。

26. 赚钱的方式,务求简单,不要把事情想复杂了。有些技术出身的创业者去帮人开发网站,这种方式是我比较推荐的。但是,如果你需要通过非常复杂的运营来赚钱,那我就不推荐了。你需要明白早期赚钱的模式可能不等于你最终的商业模式,所以能拿到钱就行。

27. 早期赚钱的方向最好能与你的核心业务是相关的。从能和主营业务有相关的方向去考虑,这样既能帮助你去探索真正主营的产品赚钱模式,也不至于让你太分心。如果在早期你的主营业务不能赚钱,建议宁可通过压缩成本的方式,也不要考虑采用与主营业务相差太大的赚钱方式,因为这势必会影响主营业务的发展。

28. 不是所有的创业公司都需要考虑早期赚钱。符合以下三个特征的公司一开始就可以不用考虑收入:第一,产品能以非常低的成本获取用户;第二,产品的用户运营成本较低;第三,产品有巨大的潜在用户群。

(四) 做推广

29. 不少产品出身的创始人,相信只要产品本身做好了,接下来推广就很简单了。实际上产品如何到达用户,这和产品本身是一样重要的,也属于一个产品问题。

30. 你需要明确推广的真正目的。有的创业者经常会搞错,比如明明是想要活跃注册用户的,结果搞了一大堆PV。所以明确目的是推广第一重要的,到底你想要的是用户、流量,还是数据? 是验证产品使用规模、分析目标人群,还是其他有效度?

31. 推广前建立符合你的目的跟踪系统、antispam和效果衡量指标。

32. 选择渠道时不是看渠道总流量有多大,而是看这个渠道有效用户有多少,以及与你的目标用户群的重合度高低。

33. 如果你要找到真正有效且便宜的渠道,就要深入研究目标用户的习惯,比如他们是谁? 经常用什么软件上网? 生活习惯是什么? ……

34. 任何推广,哪怕是"免费"的推广,类似SEO、媒体、资源交换、独占合作,都是有成本的。最少也要消耗团队尤其是创始人的时间和人脉,甚至产品体验,合作限制等,所以有时候免费的推广反而是最贵的。

35. 如果要做大规模的付费推广,最好等有收入以后,推广流量能把推广费赚回来。

36. 每新增一个渠道,要先免费或小额测试效果,算清转化率和ROI(投资回报率)后再正式投放。

37. 选择渠道要与你现在的产品成熟度以及需要的规模相匹配,最好的渠道不见得在早期就要使用。

(五)容易犯的错误

38. 准备不足。首先,你是不是真正研究过你想做的事?如果一个创业者和我谈的时候,我作为投资人比他在这件事情上懂得还多,那我不但不会投,反而会劝他回去认真思考和严肃对待创业这件事。

39. 过于重视点子,忽视执行。很多创业者非常重视他的点子,完全不愿和别人说,把整个创业的成败都压在上面。创业是有秘密的,但这个秘密不是在点子本身,而是在点子的执行里,如何把它做出来。如果是一个点子,你觉得别人一知道,自己就感到非常不安,那你注定会失败。这个问题还有一个连带问题就是,过于追求点子,一味求新求变,追求不同,反而会产生一堆没有可执行性的计划。

40. 选择过于复杂,超出创业公司能力的项目。很多创业者都有平台梦,我奉劝还是选择从一件简单明确的事做起,现在很多的互联网平台型公司,大部分也是从一个应用开始的。那些一开始就需要大量引入第三方的资源,或整个链条的大部分环节在控制之外的事情,创业初期最好都不要碰。

41. 长时间兼职创业。在创业前期的准备阶段不辞职是可以的,但长时间兼职创业是不可取的。创业是一件需要全力投入的事,兼职往往导致执行力低下,团队无法真正组建,也会影响融资,丢失市场机会或轻易放弃。大部分创业往往第一版产品和第一次尝试都不会那么成功,成功往往来自后继的不断学习改进。如果你对自己做的事情在大方向上非常相信,就不要兼职创业了。

42. 多线开发,想做的事情太多。希望产品功能丰富,于是不断堆砌功能,不能抓住用户核心需求和核心价值。同时有些创业者在多线开发的时候,还不注意政策调控和地方限制,选择太狭窄的方向,不去考虑推广渠道,盈利模式等,这几类原因叠加在一起都足以让一家创业公司走向毁灭。

43. 拼命地去市场上收集市场反馈,以此来确定公司的发展方向。这在快速改进产品的时候是有用的,但当你还没确定方向的时候,了解用户反馈没有任何意义。确定方向要靠你对整个市场和用户的理解,才能找出真正的点。同时获得用户反馈和初期反映只能是用来验证你一开始找到的那个点或者使用的方法是正确与否,不要指望它来告诉你该去做什么方向。

44. 盲目相信快速迭代。小步快跑和快速迭代,绝对是正确的一件事。但只有在你已经找到了打法之后,才可以快速迭代,迅速地拉开即将抄袭你和跟你采纳同样打法的人的差距。

(资料来源:36氪 https://36kr.com/p/5075099.html)

【本章小结】

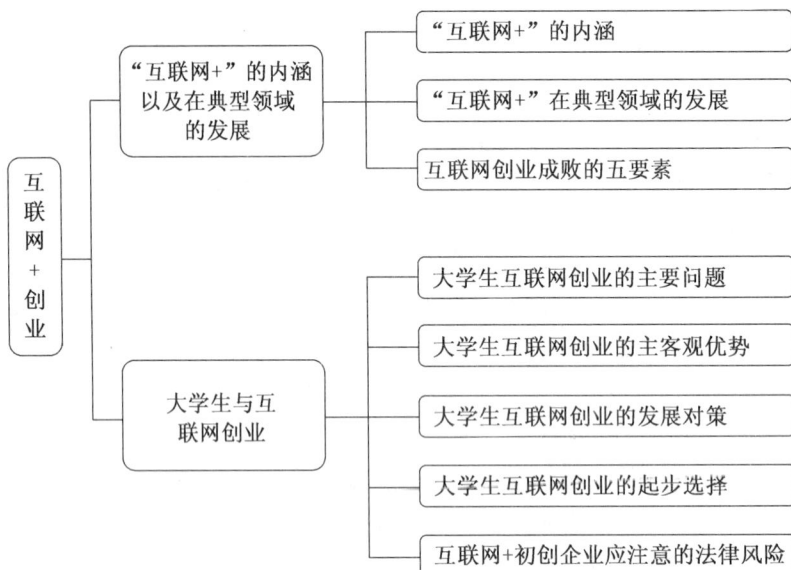

【实践活动】

1. 创新思维画圈圈游戏,让想法像爆米花一样蹦出来

(1) 所需材料:

· 一支笔

· 一张画有 20 个圆圈的纸(可手绘除 20 个圆圈,也可打印出模板)

(2) 你有两分钟时间,尽可能多的将圆圈转变为另一种物体。例如,你可以画成一个星球或一个笑脸。

(3) 请准备,开始! 当两分钟到时,请立即停笔,看一下所有的圆圈,并数一下有多少圆圈没有转变成另一种图形。请思考 20 个圆圈的挑战设计,帮助你进行创新思维的训练。

2. 可以先找个不用投资的项目练练技术,然后再根据自己的专业和兴趣等情况,物色好的项目进行尝试,前提是你必须有一定的计算机知识。如果没有,可自行先进行学习或进入相关领域如网络公司进行实践。

【知识链接】

1. https://www. pencilnews. cn/p/15047. html

2. https://www. pencilnews. cn/p/15043. html

3. http://www. ebrun. com/20170830/244579. shtml? eb=hp_home_lcol_df

4. http://www. ebrun. com/20170830/244628. shtml

5. http://www. 100ec. cn/detail-6412740. html

【本章推荐阅读】

［1］郭勤贵,耿小武.2016.股权设计:互联网+时代创业公司股权架构［M］.北京:机械工业出版社.

［2］曹政.2016.你凭什么做好互联网:从技术思维到商业逻辑［M］.北京:中国友谊出版社.

［3］姬剑晶.2017.一本书读懂 24 种互联网创业模式［M］.上海:立信会计出版社.

图书在版编目(CIP)数据

大学生创新创业教程：放飞梦想 扬帆起航／王敏
弦，杨涵主编. －－南京：南京大学出版社，2019.7(2024.1重印)
ISBN 978－7－305－20923－9

Ⅰ. ①大… Ⅱ. ①王… ②杨… Ⅲ. ①大学生－创业
－高等学校－教材 Ⅳ. ①G647.38

中国版本图书馆 CIP 数据核字(2018)第 207587 号

出版发行　南京大学出版社
社　　址　南京市汉口路 22 号　　　　邮　编　210093
书　　名　**大学生创新创业教程——放飞梦想 扬帆起航**
　　　　　 DAXUESHENG CHUANGXIN CHUANGYE JIAOCHENG
　　　　　 ——FANGFEI MENGXIANG　YANGFAN QIHANG
主　　编　王敏弦　杨　涵
责任编辑　刘　飞　蔡文彬　　　　　编辑热线　025－83592146
照　　排　南京南琳图文制作有限公司
印　　刷　南京人文印务有限公司
开　　本　787×1092　1/16　印张 18.5　字数 435 千
版　　次　2024 年 1 月第 1 版第 10 次印刷
ISBN 978－7－305－20923－9
定　　价　45.00 元

网址：http://www.njupco.com
官方微博：http://weibo.com/njupco
官方微信号：njupress
销售咨询热线：(025) 83594756